LE DROIT DES CONTRATS SPÉCIAUX DE L'OHADA

Voudwe BAKREO

LE DROIT DES CONTRATS SPÉCIAUX DE L'OHADA

Préface d'André AKAM AKAM

Avant propos de Charles MBA-OWONO

L'Harmattan
Cameroun

5-7, rue de l'École-Polytechnique – 75005 Paris
www.editions-harmattan.fr
ISBN : 978-2-336-58942-8
EAN : 9782336589428
Dépôt légal : janvier 2026

SOMMAIRE

PRÉFACE

S'engager dans une étude consacrée au « droit des contrats spéciaux dans l'espace OHADA » peut sembler, de prime abord, ambitieux, voire paradoxal. Cette entreprise suppose en effet l'existence, au sein de l'ordre juridique communautaire africain, d'un socle normatif cohérent, articulé autour de principes généraux applicables aux obligations contractuelles, à l'instar d'un véritable droit commun des obligations. Or, cette base conceptuelle — qui, dans les traditions civilistes, précède et fonde l'étude des contrats spéciaux — demeure encore largement éclatée dans l'espace OHADA, en raison de l'absence d'un Acte uniforme consacré de manière systématique à la théorie générale du contrat.

Le postulat d'une « spécialité contractuelle » implique, sur le plan théorique, l'existence d'un droit commun préalable auquel ces contrats viendraient déroger ou s'ajouter. Cette distinction, héritée des constructions du droit romano-germanique, oppose les règles générales applicables à toute convention (validité, formation, exécution, extinction) aux règles particulières régissant certaines figures contractuelles spécifiques en raison de leur nature, de leur fonction économique ou de leur usage social. Dans les systèmes occidentaux, cette dualité est longuement travaillée par la doctrine civiliste — notamment à travers les typologies du contrat, l'analyse des régimes dérogatoires, ou encore la conceptualisation des obligations synallagmatiques, intuitu personae, ou encore aléatoires.

Or, dans l'espace OHADA, cette architecture théorique reste incomplète. Le droit uniforme s'est majoritairement structuré autour des nécessités pratiques de la vie des affaires, sans procéder à une systématisation préalable de la matière contractuelle. Il en résulte une approche fonctionnelle, parfois fragmentaire, du droit des contrats, dont les contours demeurent mouvants. Cela n'a pas empêché, bien au contraire, l'émergence progressive de règles substantielles concernant plusieurs types de contrats usuels, au gré des besoins d'uniformisation et d'intégration juridique.

En effet, si le droit OHADA ne consacre pas explicitement une théorie générale du contrat comparable à celle du Code civil français ou du BGB allemand, il n'en demeure pas moins que plusieurs Actes uniformes — en particulier l'AUDCG (Acte uniforme relatif au droit commercial général) et l'AUS (Acte uniforme sur les sûretés) — contiennent des dispositions qui encadrent, parfois de manière précise, la formation, les effets ou la résolution de certains contrats dits « spéciaux ». On y retrouve ainsi une forme de normativité contractuelle spécifique, dont les sources sont à la fois textuelles, jurisprudentielles et doctrinales, et qui tend à s'autonomiser progressivement vis-à-vis des droits nationaux subsidiaires.

C'est cette tension féconde — entre éclatement des sources et quête de systématicité, entre droit uniforme et résidus nationaux — que le présent ouvrage se propose d'explorer. Il s'inscrit dans une démarche de clarification conceptuelle et de théorisation d'un champ encore en voie de consolidation.

Le droit des contrats spéciaux joue un rôle structurant dans les systèmes juridiques contemporains, notamment dans les contextes de pluralisme normatif et d'hybridation des sources. Il constitue le point de rencontre entre logique juridique, rationalité économique et régulation sociale. En harmonisant les régimes de certains contrats types — tels que la vente, le mandat, le bail ou le prêt —, le législateur communautaire poursuit un objectif de sécurité juridique, de prévisibilité des rapports contractuels et d'attractivité du droit africain des affaires. Il répond ainsi à une exigence de rationalisation des échanges économiques, tout en prenant en compte la diversité des réalités nationales.

Pourtant, force est de constater que cette dimension spéciale du droit des contrats demeure sous-exploitée par la doctrine. La littérature juridique s'attarde souvent sur les principes généraux ou sur les règles procédurales (notamment en matière d'arbitrage ou d'exécution forcée), reléguant au second plan les régimes substantiels de certains contrats pourtant cruciaux dans la pratique. Ce déséquilibre doctrinal nuit à la compréhension globale du droit OHADA et freine l'émergence d'une dogmatique cohérente en matière contractuelle.

Le présent ouvrage entend répondre à ce déficit. Il propose une approche méthodique du droit des contrats spéciaux dans l'espace OHADA, en articulant une analyse textuelle rigoureuse des Actes uniformes, une étude critique de la jurisprudence de la CCJA et des juridictions nationales, ainsi qu'un examen des apports doctrinaux contemporains. L'objectif est double : d'une part, mettre en lumière les logiques internes qui président à la construction de ces régimes spéciaux ; d'autre part, identifier les tensions et les carences qui appellent des réformes ou des clarifications.

L'approche retenue se veut à la fois théorique et pratique. Théorique, en ce qu'elle mobilise les outils conceptuels de la science juridique pour interroger les fondements, la cohérence et les finalités du droit des contrats spéciaux OHADA. Pratique, en ce qu'elle prend appui sur les usages contractuels réels, les pratiques juridictionnelles et les besoins des opérateurs économiques dans un environnement globalisé.

Une attention particulière est portée aux dialectiques entre unification juridique et pluralisme socio-juridique, entre sécurité normative et adaptabilité contextuelle. En d'autres termes, il s'agit de penser l'uniformisation non comme un effacement des diversités nationales, mais comme une matrice évolutive susceptible de dialoguer avec les réalités économiques, sociales et culturelles des États membres.

Cet ouvrage s'adresse à un public diversifié : universitaires, chercheurs, magistrats, praticiens du droit, mais aussi décideurs publics et opérateurs économiques. À travers une démarche analytique, contextualisée et prospective, il espère contribuer à la consolidation d'une pensée juridique africaine autonome, capable de dialoguer avec les traditions civilistes tout en affirmant sa spécificité.

Dans un contexte de mondialisation normative, où le droit contractuel devient un levier stratégique de développement, il est impératif que l'Afrique dispose de référents juridiques solides, cohérents et adaptés. Le présent travail ambitionne, modestement, d'y participer.

Tel est le vœu de son auteur.

André AKAM AKAM

Agrégé de droit privé,
professeur des universités hors échelle

Douala, le 07 juillet 2025

AVANT-PROPOS

Le droit des contrats spéciaux de l'OHADA s'inscrit dans une entreprise de systématisation, de clarification et de réflexion critique autour du droit des contrats spéciaux dans l'espace OHADA, matière à la fois technique et fondatrice du droit privé, qui mérite une attention soutenue tant de la doctrine que des praticiens du droit.

Dans l'architecture générale du droit des obligations, les contrats spéciaux occupent une place charnière. Ils constituent une déclinaison concrète du droit commun, en adaptant ses principes aux réalités particulières de certaines catégories contractuelles. Cette spécialisation contractuelle, loin de n'être qu'un prolongement technique, traduit une volonté normative de mieux encadrer des relations économiques ou sociales récurrentes, en tenant compte de leur spécificité fonctionnelle, de leur dimension économique et des impératifs d'équilibre contractuel. Ainsi, étudier les contrats spéciaux, c'est interroger le droit des obligations dans son expression la plus pragmatique et opérationnelle, tout en prenant acte des logiques socio-économiques qui fondent la diversité des figures contractuelles.

Dans le contexte africain francophone, le droit OHADA – en tant que système d'unification juridique régional – offre un cadre original d'analyse. Le législateur sous-régional n'a pas adopté un Acte uniforme autonome consacré aux contrats spéciaux, mais ces derniers sont disséminés dans plusieurs textes, notamment l'Acte uniforme relatif au droit commercial général, l'Acte uniforme portant organisation des sûretés, ou encore dans certaines dispositions du droit des sociétés ou du droit des procédures collectives. Cette dispersion normative rend la matière parfois difficile d'accès pour les étudiants et les praticiens, et justifie pleinement une démarche de regroupement, de mise en cohérence et d'interprétation systématique.

Le présent manuel s'efforce de combler ce besoin. Il se propose de présenter les principales figures contractuelles classiques – telles que la vente, le louage, le mandat, le dépôt, le prêt, ou le transport – en les replaçant dans leur cadre juridique OHADA, tout en exposant les lignes directrices de leur régime juridique, leurs conditions de formation, leurs effets, ainsi que les causes de leur extinction ou les régimes de responsabilité qu'elles impliquent. Cette présentation s'accompagne d'un effort constant de mise en perspective doctrinale, à travers l'analyse des fondements théoriques, des tensions d'interprétation, des enjeux économiques sous-jacents et des apports jurisprudentiels récents.

Sur le plan méthodologique, l'ouvrage adopte une approche à la fois pédagogique, analytique et critique. Il ne s'agit pas seulement de décrire les textes, mais de les interroger à la lumière des grands principes du droit des obligations, du droit comparé, et de la rationalité propre du droit OHADA. L'objectif est de permettre au lecteur non seulement de connaître les règles applicables, mais également de développer une culture juridique réflexive, en le confrontant aux débats doctrinaux contemporains, aux difficultés d'application, et aux pistes d'évolution souhaitables.

Cet ouvrage est destiné avant tout aux étudiants en droit privé de licence, de master et doctorat, pour lesquels il constitue un outil de structuration intellectuelle et de préparation aux examens et concours juridiques. Il s'adresse également aux enseignants-chercheurs, soucieux de disposer d'un support synthétique et documenté, ainsi qu'aux praticiens du droit – magistrats, avocats, notaires, juristes d'entreprise – confrontés quotidiennement à la pratique contractuelle dans l'espace OHADA.

Ce manuel se veut également une contribution plus large à la consolidation d'une doctrine juridique africaine, exigeante, contextualisée, et porteuse d'une vision scientifique du droit, adaptée aux réalités économiques et sociales du continent. Le droit OHADA n'est pas figé : il est en devenir, tributaire des jurisprudences nationales, des initiatives supranationales et des mutations du droit global. C'est pourquoi une analyse continue, théoriquement fondée et empiriquement éclairée, demeure indispensable.

Que ce travail puisse servir de point de départ à d'autres recherches, nourrir la curiosité intellectuelle, et susciter des lectures critiques : telle est l'ambition que je forme pour le lecteur, qu'il soit juriste de formation ou acteur du droit en pratique.

Charles MBA-OWONO

Université Omar BONGO

Libreville - Gabon

INTRODUCTION

1. Dans une formule célèbre, le Doyen Carbonnier[1] énonçait que la famille, la propriété et le contrat sont les trois « *piliers* » du droit. Cette affirmation vaut aussi pour le droit OHADA, au moins en ce qui concerne le dernier pilier[2]. S'il en est ainsi, c'est que d'une part, le droit OHADA réglemente quelques contrats[3]. C'est également, d'autre part, parce que le droit OHADA constitue le droit des affaires des pays membres et on a pu penser à propos du droit des affaires qu'il a « *vocation à englober toutes les règles qui se rapportent à l'entreprise, dans son acception économique, et qui sont relatives aux opérations qui concourent à la production et à la diffusion des richesses économiques* »[4] . Il est difficile de ne pas voir dans le contrat un acte essentiel de production et de diffusion des richesses économiques. On peut même estimer à juste titre que le contrat est l'acte juridique essentiel dans ce domaine. Légitimement – et non pas seulement légalement –, le contrat – au moins le contrat commercial – est donc au centre des préoccupations du droit des affaires.

2. Cela étant, il semble que la relation que le droit OHADA entretient de manière générale avec le droit des contrats[5] soit caractéristique des rapports traditionnels qu'entretiennent le droit commun et le droit spécial, puisque

---

1 J. CARBONNIER, Flexible droit. Pour une sociologie du droit sans rigueur, LGDJ, 10e éd., 2001, 490 p.

2 Aziber Seid Algadi, *Contrats et droit OHADA des procédures collectives : étude à la lumière du droit français*, L'Harmattan, 2009, préface du Professeur Marie-Hélène Monserie-Bon.

3 J. ISSA SAYEGH, *« La vente commerciale en droit OHADA : apports et emprunts »*, in *European* Journal of Law Reform 2011 (13), pp. 3-4 ; J.R. GOMEZ, « Un nouveau droit de la vente commerciale en Afrique », *Recueil Penant*, 1998, n° 827, p. 145 ; A. FENEON et J.R. GOMEZ, « Le droit de la vente commerciale », *Cahiers juridiques et Fiscaux*, *CFCE*, 1998, n° 2, p. 271.

4 D. BA, « Le problème de la compatibilité entre l'UEMOA et l'OHADA », in *La libéralisation de l'économie dans le cadre de l'intégration régionale : le cas de l'UEMOA*, *Actes du Colloque de Ouagadougou*, 16-17 décembre 1999, Publications du CEEI, n° 3 (2001).

5 P. JESTAZ et C. JAMIN, *Méthodes du droit*, La doctrine, Dalloz, coll., 2004, spéc. p. 139-155 ; E. ADDE et E. Savaux, *La théorie générale du contrat, mythe ou réalité?* Préf. J.-L. Aubert, LGDJ, coll. Bibliothèque de droit privé, 1997, p. 17, n° XXVII qui dénonce la confusion entre théorie générale et droit positif. La théorie générale du contrat est une construction intellectuelle, qui s'inscrit dans un mouvement doctrinal plus vaste dont les origines remontent aux dernières années du XIXe siècle. Elle ne se confond pas avec l'ensemble du droit positif applicable aux contrats, ni même avec le droit commun des contrats, par opposition au droit spécial des différents contrats.

l'OHADA régit en majorité des contrats dits spéciaux. Or, deux diagnostics, plus ou moins alarmants et alarmistes, sont souvent faits pour présenter la liaison fatale qu'entretiennent le droit commun des contrats et les droits spéciaux.

En premier lieu, le constat de la marginalisation du droit commun. Confrontée à l'autonomie du droit spécial, que symbolise et consacre la création des codes spécifiques[6], l'histoire du droit commun des contrats serait celle d'une régression constante. L'expansionnisme du droit spécial se traduirait par un amenuisement progressif et significatif du domaine du droit commun et se solderait par un important déficit d'influence de ce dernier[7]. Qui plus est, le diagnostic de la colonisation du droit commun des contrats par les droits spéciaux est parfois effectué. Non seulement la branche s'est faite plus grosse que le tronc, mais encore elle l'a purement et simplement absorbé ![8] Ainsi, peut-on lire sous une plume particulièrement respectée que le droit de la consommation, par exemple, est le « *nouveau droit des obligations* »[9].

En second, l'existence d'un rapport conflictuel. On sait, par exemple, que de longue main le droit des sociétés s'est efforcé de maîtriser la nullité. Le constat d'un reflux de cette sanction et d'un infléchissement de ses effets civils est classique[10]. Parce que le droit civil n'avait à proposer pour sanction des irrégularités des actes juridiques qu'une nullité intégrale et rétroactive quand le droit des sociétés était intéressé à préserver l'existence et le fonctionnement de l'être social, le droit spécial s'est installé dans une logique de rupture avec le droit commun. Adossé à ses spécificités, le droit des affaires s'est progressivement détaché du droit commun. Il en est même résulté une législation précise et impérative dont l'esprit vétilleux s'éloigne du libéralisme civil. C'est dans ce contexte qu'il faut comprendre, en droit OHADA, la prolifération de ces contrats.

3. Mais, l'intérêt qu'a le législateur OHADA pour ces contrats trouve, en outre, ici des justifications propres au droit africain[11]: d'abord, avant l'OHADA, la plupart des systèmes juridiques des États membres en étaient restés aux contrats tels qu'ils étaient conçus et organisés par le Code civil français en 1804, c'est-à-

---

[6] Il existe aujourd'hui plusieurs contrats qui sont régis par des codes autonomes. On peut citer à titre d'exemple, en droit OHADA, l'adoption d'un acte uniforme sur le droit de transport des marchandises par route, ou, ailleurs, l'élaboration des codes de la consommation…

[7] En ce sens, V. F. TERRE, Ph. SIMLER et Y. LEQUETTE, *Droit civil : les obligations,* Dalloz, 11e éd. 2010.

[8] *Ibid.*

[9] J. CARBONNIER, *Droit civil, Les obligations,* PUF, 20e éd., n° 12.

[10] N. BANGOI, *La nullité des sociétés commerciales en droit OHADA*, Mémoire de Master, Université de Yaoundé 2, 2017 ; ABDOURAMAN DENBOUNG, *La nullité des décisions de sociétés en droit OHADA,* Mémoire de Master, Université de Ngaoundéré 2016.

[11] J.-R. GOMEZ, « Un nouveau droit de la vente commerciale en Afrique », *Revue Penant* No. 98, 1998, p. 145 ; A. FÉNÉON et J.-R. GOMEZ, « Le droit de la vente commercial », *Cahiers juridiques et fiscaux*, N°. 2, 1998, p. 271.

dire pour constituer un droit commun des contrats (et non spécialement ceux des affaires) largement dépassé et inadapté à la réalité actuelle[12]; ensuite, la volonté de consacrer dans un texte, en les y intégrant, toutes les solutions de la jurisprudence et des usages professionnels apportées aux problèmes nés de l'expansion internationale des échanges, des pratiques multiples que la modernité des moyens de communication et la complexité technique des marchandises circulantes avaient fait surgir; enfin, la volonté d'offrir aux acteurs économiques de tout l'espace OHADA des instruments juridiques uniques pour faciliter la circulation des biens[13] à la façon de la Convention des Nations Unies sur les contrats de vente internationale de marchandises de 1980[14].

La nécessité de faciliter les échanges économiques sur le plan régional ou mondial, d'une part, et de proposer des solutions au plus grand nombre de difficultés ou péripéties pouvant surgir dans la vie des affaires se perçoit parfaitement dans les contrats ainsi spécialement régis par l'OHADA[15].

4. Cela dit, il peut paraître curieux d'utiliser pour cet ouvrage l'appellation « *droit des contrats spéciaux OHADA* ». Cela laisserait croire, en effet, qu'il existerait dans le corpus OHADA un ensemble de règles générales applicables à tous les contrats, constituant un droit commun. Ce n'est toutefois pas le cas. L'idée d'élaborer un droit commun des contrats OHADA a, certes, plusieurs fois, été abordée dans le cadre de l'OHADA, comme en témoignent les projets successifs d'Acte uniforme sur le droit des contrats[16]. Mais plusieurs fois également, ces idées ont été abandonnées. L'expression peut aussi à tort évoquer l'idée de contrats particuliers, dérogeant au droit commun et présentant par conséquent un caractère marginal.

---

[12] Seuls le Sénégal en 1966 (Arts. 261-371 du code des obligations civiles et commerciales) et la Guinée en 1992 (Arts. 2243-2270 du code des activités économiques) avaient réformé le droit commun de la vente. Pour un exemple de droit comparé entre le droit OHADA et la législation de la RDC sur la vente, V. M. MWEZE, « La vente commerciale en droits congolais et OHADA », *Ohadata D-05-34*.

[13] Le contrat de vente est à cet effet le contrat qui illustre le mieux ce mouvement.

[14] La Convention des Nations Unies sur les contrats de vente internationale de marchandises (CVIM), 11 avril 1980, disponible à <www.uncitral.org/uncitral/fr/uncitral_texts/sale_goods/1980CISG.html>. CISG en anglais.

[15] Aziber Seid Algadi, « L'attractivité contractuelle du droit des procédures collectives de l'espace OHADA », *La lettre d'option droit et affaires*, 2012

[16] L. BOY, « Contrats d'affaires et droit de la concurrence : Pratiques contractuelles et ordre public de direction et de protection dans les espaces régionaux », *Colloque de Libreville sur « Les pratiques contractuelles d'affaires et les processus d'harmonisation dans les espaces régionaux »* du 26 au 28 octobre 2011, pp. 297- 306 ; M. FONTAINE, « Le projet d'Acte uniforme OHADA sur les contrats et les principes d'UNIDROIT relatifs aux contrats du commerce international », *Rev. Dr. Unif.*, 2004, p.253-273.

De même, il convient de reconnaître que cet intitulé n'a pas l'ambition de couvrir la totalité des contrats relatifs aux affaires. Des contrats relevant des activités d'assurances ou de banque ont acquis une telle importance et présentent de telles spécificités qu'ils fondent dans l'espace OHADA l'existence de branches différentes. Si de tels contrats et ceux que la pratique génère sont exclus de l'étude, il va de soi que la distinction entre contrats commerciaux et contrats d'affaires que la doctrine tente d'établir entre les contrats du droit OHADA n'a plus de raison d'être.

Enfin, l'expression « *droit des contrats spéciaux* » peut laisser penser qu'il peut y avoir place en droit OHADA, à une véritable discipline, qu'il existe, outre la théorie générale du contrat contenu dans les droits internes des pays membres, une théorie des contrats spéciaux. Or, tel n'est pas le cas, même s'il est souhaitable d'avoir, à défaut d'un droit commun des contrats OHADA, une telle théorie[17].

5. À l'évidence, il apparaît bien difficile de nommer l'étude de ces différents contrats réglementés par le droit OHADA. Aussi, est-on obligé de préciser qu'il s'agit des principaux, ou des grands contrats du droit OHADA, régis par le droit OHADA, précision certes encore approximative, mais moins sujette à débat. Aussi convient-il d'emblée d'identifier ces contrats, de déterminer leurs sources avant de tenter leur classification.

A- Identification des contrats spéciaux de l'OHADA

6. Compte tenu de la profusion des contrats spéciaux et de la vastitude du domaine matériel de l'OHADA, des délimitations paraissent nécessaires. On commencera par laisser de côté bien évidemment tous les contrats non régis par les actes uniformes OHADA. Entrent dans cette catégorie les contrats administratifs, si intéressants et si diversifiés soient-ils. En effet, le mouvement de spécialisation des contrats n'est pas propre au droit privé[18]. Pour qu'un contrat soit administratif, il faut d'abord qu'il soit conclu par une personne publique ou par une personne agissant pour le compte d'une personne publique. Il faut ensuite, soit qu'il ait pour objet l'exécution d'une mission de service public, soit qu'il contienne une clause exorbitante du droit commun, c'est-à-dire une clause « *qui*

---

[17] V. F. COLLART DUTILLEUL, « La théorisation des contrats spéciaux : du droit des contrats au droit des biens », *Revue des contrats*, avril 2006, n° 2, p. 604 et s ; P-Y. GAUTHIER, « Prolégomènes à une théorie générale des contrats spéciaux », *Revue des contrats*, p. 610 ; J. RAYNARD, « Pour une théorie générale des contrats spéciaux : des insuffisances respectives du droit général et du droit spécial », *Revue des contrats*, avril 2006, p. 597 et s.

[18] V. M. AVOM., *Contrats des collectivités locales*, Mémoire de Master, Université de Yaoundé 2, 2018.

2, recensant 102 variétés de contrats en la matière ; adde : Les contrats de partenariat institués par l'ordonnance n° 2004-559 du 17 juin 2004, v. ss 917.

diffère par sa nature de celles qui peuvent être stipulées dans un contrat analogue de droit privé »[19]. En outre, certains contrats sont, par essence, des contrats administratifs[20] (marchés de travaux publics, ventes d'immeubles de l'État, contrats comportant une occupation du domaine public), tandis que d'autres sont réputés être des contrats de droit privé (baux ruraux des collectivités publiques) ou encore appelés à redevenir des contrats privés.

7. Il ne s'agira pas non plus d'étudier tous les contrats de droit privé, même ceux à propos desquels certains auteurs ont émis le vœu de voir intégrer, un jour, dans l'ordre juridique OHADA, en raison notamment du lien très étroit qu'ils entretiennent avec les objectifs de l'OHADA. Il s'agit notamment des contrats comme celui de transfert de technologie[21], de recherche, d'auteur, de la propriété industrielle, qui ne sont pas consacrés par l'OHADA et dont on connaît les liens étroits qu'ils ont avec l'objet de l'OHADA. Même si leur exclusion par le législateur OHADA peut se justifier - cela s'expliquant certainement par la volonté de ménager les susceptibilités en n'empiétant pas sur le domaine de compétence des organisations d'intégration juridique, comme l'OAPI, la CEMAC, l'UEMOA, voire la CEDEAO - certains auteurs regrettent cependant que, bien qu'au même titre que les contrats liés au financement, de coopération - interentreprises, de partenariat public-privé, miniers et pétroliers, sont perçus comme indispensables au développement des activités économiques de l'Afrique et qu'ils ne soient pas intégré dans le droit OHADA[22].

8. De même, demeurent exclus, les contrats auxquels le législateur OHADA fait furtivement allusion, sans en aménager un régime juridique. Il en est ainsi des contrats, tels que le contrat de franchisage, d'affacturage[23] et

---

[19] Plus généralement, V. M. SIN-KODO, « La notion de contrat administratif », *RTD civ.* 1993. p. 239 ; F. CHAUVIN, « Vers la privatisation des contrats de l'administration », *Mélanges Blaise,* Economica, 1995. p. 95 ; L. également, « Les diverses contributions », in *Mélanges Moderne*, Dalloz 2004.

[20] B-R. GUIMDO DONGMO, « Le contrat de délégation de service public et l'harmonisation dans le cadre de l'OHADA : Cas de la régie intéressée, de la concession et de l'affermage », in *Colloque de Libreville sur « Les pratiques contractuelles d'affaires et les processus d'harmonisation dans les espaces régionaux »* du 26 au 28 octobre 2011, p. 168-178, C. NDEYE AWA INSA, *L'encadrement du contrat de partenariat public-privé au Sénégal*, Mémoire Master, UCAD, 2011.

[21] La CEDEAO, par exemple, entend promouvoir la technologie (article 3 du Traité), encourager la coopération dans ledit domaine, promouvoir l'autonomie individuelle et collective en la matière, coopérer dans le développement, l'acquisition et la vulgarisation de la technologie, harmoniser les législations en matière de transfert de technologie (article 27 du Traité). Voir également la loi sénégalaise n°2019-04 du 1e février 2019 relative au contenu local dans le secteur des hydrocarbures.

[22] H.-D. M. KOKO BEBEY, LPA, 25 sept. 2015, n°192, p. 45 ; P. A. S. BADJI, « La difficile systématisation des contrats d'affaires en droit OHADA », revue actualité trimestrielle de droit des affaires, *https://legiafrica.com/revue/42774-revue-lga-n08---2021-atda*.

[23] J. DJOGBENOU, « La réception de l'affacturage en droit OHADA des contrats », in Colloque de Libreville sur « Les pratiques contractuelles d'affaires et les processus

de sous-traitance. Ces différents contrats sont consacrés respectivement par le chapitre 35 du Titre VIII du Plan comptable général, le chapitre 15 du Titre VIII du Plan comptable général et du compte 62 à la sous-traitance. Certains auteurs[24] regrettent d'ailleurs que ces contrats ne soient pas suffisamment pris en compte dans les actes uniformes de l'OHADA alors qu'ils devraient l'être pour les États africains. Ces modes de collaboration, qui dépassent le cadre national et régional, ont une importance indéniable en termes de création d'entreprise et de création d'emploi. Le législateur OHADA devrait tenir compte de ces contrats modernes qui se sont développés sur le plan international et qui demeurent des instruments d'échanges commerciaux entre les entreprises des pays du nord et celles des pays du sud[25].

9. S'il n'est ainsi pas possible d'embrasser tous les contrats spéciaux et si des exclusions sont nécessaires, il est en revanche difficile de laisser dans l'ombre ce que l'on pourrait qualifier de « *petits contrats* », dont le régime juridique paraît pourtant bien aménagé par l'OHADA. Cela dit, la catégorie des contrats spéciaux n'existe pas en tant que telle. La doctrine peine d'ailleurs à les systématiser[26].

10. Il reste donc que les contrats spéciaux de la présente étude sont les différents contrats faisant déjà partie de l'ordonnancement juridique OHADA. Le Doyen J. MESTRE avait essayé de les énumérer en les regroupant autour de trois catégories : les contrats structurels, les contrats ponctuels et les contrats d'intermédiation qui constituent une catégorie à part. Pour cet auteur, les contrats structurels sont ceux qui gravitent autour du fonds de commerce[27]. Il s'agit du bail commercial, de la vente et de la location-gérance du fonds de commerce. En revanche, les contrats ponctuels sont la vente commerciale, les contrats de transports de marchandises par route. Quant aux contrats d'intermédiaires, ils constituent des contrats à part. Il s'agit donc des contrats qui ont fait l'objet, dans le cadre de l'OHADA, d'une réglementation totale ou partielle à l'occasion de l'élaboration des actes uniformes actuellement en vigueur. Suivant cette logique, on peut citer limitativement : le contrat de vente commerciale (consacré par l'Acte uniforme portant droit commercial général ci-après AUDCG nouveau), le bail à usage professionnel (AUDCG nouveau), le contrat de sûreté conventionnelle (l'Acte uniforme portant droit des sûretés ci-après AUS), le contrat de transport de marchandises

---

d'harmonisation dans les espaces régionaux » du 26 au 28 octobre 2011, p. 100-113.

[24] P. A. S. BADJI, *Ibid.*

[25] H. SERI, *L'OHADA et la pratique,* op.cit., p.130. L'auteur renvoie à la Revue internationale de droit de comparé de 1982, plus particulièrement à l'article de FINKELSTEIN intitulé, « Les accords de distribution exclusive en France et aux États-Unis ».

[26] P. A. S. BADJI, *Ibid.*

[27] J. MESTRE, « Regards contractuels sur l'OHADA », *Revue Le Lamy droit civil*, n°67, 1er janvier 2010.

par route (consacré par l'Acte uniforme portant droit des transports de marchandises par route ci-après AUCTMR), les différents contrats portant sur le fonds de commerce (AUDCG), les contrats d'intermédiaire de commerce (AUDCG), les contrats portant sur les litiges tels que les conventions d'arbitrage (ci-après l'Acte uniforme portant relatif au droit de l'arbitrage ci-après AUA) ou de médiation (l'Acte uniforme relatif à la médiation ci-après AUM), le contrat de société commerciale (consacré par l'Acte uniforme portant droit des sociétés et du groupement d'intérêt économique ci-après AUSGIE) ou de société coopérative (consacré par l'Acte uniforme portant droit des sociétés coopératives ci-après ASCOOP).

En définitive, notre choix ne portera donc que sur ces contrats régis par l'OHADA, même si les règles consacrées à chacun d'eux varient en intensité d'un contrat à un autre ; ce qui rend bien évidemment nécessaire la détermination des sources des règles qui doivent leur être applicable.

B- Les sources du droit des contrats spéciaux de l'OHADA

11. Les différents actes uniformes constituent la source principale du droit des contrats spéciaux de l'OHADA. Ils organisent les différents contrats ; ils leur donnent un nom et c'est pourquoi on peut parler à leur égard de contrats nommés. La liste établie par le législateur OHADA n'a rien de fantaisiste. Elle est une réponse aux besoins pratiques exprimés par les milieux d'affaires. Elle ne reprend pas systématiquement les contrats contenus dans les droits internes, c'est-à-dire le Code civil de 1804, alors applicable dans la plupart des pays membres de l'OHADA avant l'entrée en vigueur de celui-ci. Le législateur s'est donc engagé dans l'élaboration de certains types de contrats. Il l'a fait dans des textes précis, des actes uniformes, en nommant ces différents contrats.

Les dispositions de certains actes uniformes invitent cependant à penser que lesdits contrats sont soumis à d'autres règles que celles relavant du droit OHADA. C'est le cas de l'article 237 de l'AUDCG, qui stipule que « la vente commerciale est soumise aux règles de droit commun des contrats et de la vente qui ne sont pas contraires aux dispositions du Livre présent »[28]. Selon ce passage et d'autres semblables, certains accords régis par l'OHADA relèvent du droit commun des contrats.

12. Dans le cadre de l'OHADA, le droit commun désigne le droit interne des pays membres. La majorité de ces États sont en effet d'anciennes colonies françaises, et leur législation est composée principalement des dispositions du Code civil de 1804 et des codes nationaux adoptés après l'indépendance[29].

---

[28] V. également l'AUSGIE, notamment l'article 916.

[29] Pour le Sénégal, par exemple, il s'agit du Code des obligations civiles et commerciales.

13. La référence aux droits internes des États membres comme source des contrats spéciaux de l'OHADA soulève des questions. Elle soulève notamment la question de leur combinaison avec les Actes uniformes. Heureusement, certains actes uniformes contiennent des solutions. Par exemple, l'article 237 (1) de l'AUDCG prévoit que les règles du droit commun des contrats et de la vente ne s'appliquent que si elles ne sont pas contradictoires avec les dispositions du Livre VIII. L'AUSGIE formule également pareille solution à l'article 916 lorsqu'il dispose que « *le présent Acte uniforme s'applique aux sociétés soumises à un régime particulier sous réserve des dispositions législatives ou réglementaires auxquelles elles sont assujetties. Les clauses des statuts de ces sociétés, conformes aux dispositions abrogées par le présent Acte uniforme, mais contraires aux dispositions du présent Acte uniforme et non prévues par le régime particulier desdites sociétés, sont mises en harmonie avec le présent Acte uniforme dans les conditions prévues à l'article 908 ci-dessus* »[30]. Il s'agit dans ces deux exemples d'une application particulière de l'article 10 du Traité OHADA qui consacre la primauté des actes uniformes OHADA sur les dispositions nationales contraires. La seule hypothèse où le droit commun des contrats a vocation à s'appliquer est celle où les actes uniformes n'ont rien prévu. Application parfaite de l'adage *specialia generalibus derogant*. Il faut donc dans ce cas se reporter aux droits internes des États membres pour retrouver ces règles. Dans les pays où le Code civil de 1804 est encore en vigueur, comme le Cameroun, ce sera par exemple les articles 1108 et suivants qui devront s'appliquer aux conditions de formation du contrat[31].

14. Le droit des contrats spéciaux de l'OHADA prend également appui sur un certain nombre de conventions internationales[32]. Celles-ci sont abondantes dans le domaine des transports (Convention de Bruxelles et bientôt, on l'espère, Règles de Rotterdam, sur les transports maritimes ; Convention de Montréal sur les transports aériens ; Convention de Budapest sur les transports fluviaux...) et influencent le régime du contrat de transport de marchandises par route. Il convient de signaler surtout la Convention de Vienne du 11 avril 1980 sur la vente internationale de marchandises qui a largement inspiré le régime juridique de la vente commerciale OHADA. D'autres conventions ont une portée plus réduite : elles ne cherchent qu'à résoudre des questions de confits de lois et posent uniquement des règles

---

[30] L'art. 908 précise quant à lui que « Les sociétés et les groupements d'intérêt économique constituent antérieurement à l'entrée en vigueur du présent Acte uniforme sont soumis à ses dispositions. Ils sont tenus de mettre leurs statuts en harmonie avec les dispositions du présent Acte uniforme dans un délai de deux (2) ans à compter de son entrée en vigueur ».

[31] CA Abidjan, n°497 du 06 mai 2005 : Juriscope.org.

[32] FALL et T. DETHIE, Les aspects de la réglementation applicable au contrat d'affaires international, Mémoire Master, UCAD, 2011 ; CORREA, L. JOSEPH JEAN, Les Droits économiques et sociaux dans les pays africains, Mémoire Master, UCAD, 2011.

d'aiguillage vers telle ou telle loi, sans vouloir fixer le contenu même des normes applicables. La plus importante est la Convention de Rome du 19 juin 1980 sur la loi applicable aux obligations contractuelles, transformée en 2008 en un règlement européen[33].

15. Il faut, enfin, tenir compte de la jurisprudence qui joue également un très grand rôle. Ces textes sur les contrats spéciaux, bien ou mal rédigés, laissent nécessairement une place importante aux juges. Reflet des réalités quotidiennes, la jurisprudence des contrats spéciaux permet de découvrir le paysage économique et social de l'espace OHADA.

On pourrait même pousser la logique plus loin et espérer que la jurisprudence des contrats spéciaux s'alimente aussi dans les décisions des « *autorités administratives indépendantes* ». L'Autorité de la concurrence, même si elle s'interdit toute immixtion dans les relations contractuelles, contribuerait à moraliser le contenu de certains contrats.

C- Classification des contrats spéciaux régis de l'OHADA

16. Les classifications des contrats sont nombreuses. L'étude de la théorie générale permet de se rendre compte que la réalité contractuelle est extrêmement variée. Aux contrats dont les types sont connus depuis des siècles et que le Code civil réglementait dès 1804 – vente, louage de chose, louage d'ouvrage, société, mandat, dépôt, prêt, transaction… – s'en sont ajouté et s'en ajoutent encore beaucoup d'autres. Le législateur ayant reconduit certains d'entre eux en a donné naissance à de nouvelles figures contractuelles qui tentent de répondre aux besoins sans cesse changeants de la vie économique des États parties.

17. Afin d'ordonner cette diversité et de permettre au droit commun des contrats de « *coller* » à cette réalité, des classifications ont été élaborées qui correspondent à des sous-catégories de contrats. Grâce à elles, on peut énoncer des règles suffisamment diversifiées pour permettre d'appréhender cette réalité complexe. Certaines de ces classifications sont anciennes, soit qu'elles figuraient déjà dans le code de 1804, soit qu'elles aient été élaborées par la doctrine pour rendre compte de la réalité contractuelle de l'époque. La vente étant prise pour modèle de référence, il s'agit de montrer qu'il existe à la marge de celui-ci des variantes. À côté du modèle classique du contrat synallagmatique, à titre onéreux, commutatif et à exécution instantanée, se rencontrent des contrats qui peuvent être unilatéraux, à titre gratuit, aléatoires ou encore à exécution successive. L'intérêt de ces classifications n'est pas contestable, dès lors qu'elles traduisent des caractéristiques fondamentales des

[33] Règl. 2008, dit Rome I.

contrats et renvoient à autant de régimes particuliers. Mais on sait toutefois qu'elles ne sont suffisantes et qu'elles sont trop générales pour assurer la classification efficace des contrats spéciaux de l'OHADA, chacun pouvant appartenir à plusieurs d'entre elles.

Aussi, la doctrine s'est efforcée de manière générale de rechercher des critères de classification aptes à rassembler des familles homogènes[34]. Les plus avancés alors étaient le critère de la nature de l'objet du contrat qui oppose le contrat translatif de propriété à ceux qui ne le sont pas ; le critère de prestation caractéristique opposant le contrat sur les services aux contrats sur les choses.

18. D'autres classifications, plus récentes, reflètent les lignes de force de l'évolution actuelle d'un droit des contrats qui rompt avec l'image classique d'un contrat conçu sur le modèle de l'échange entre des parties de condition à peu près égale. Se rencontrent alors des contrats inégalitaires où l'une des parties ne peut qu'adhérer aux conditions définies par l'autre, des contrats organisant des montages contractuels complexes – contrat cadre et contrats d'application, groupes de contrats, ensembles contractuels –, ou encore des contrats organisant la poursuite d'entreprise commune ou mettant en place des groupements, pour lesquels la dimension temporelle est nécessairement présente, mais avec une configuration assez différente des contrats à exécution successive traditionnels modelés sur la figure de l'échange. Dans les articles 1105 et suivants, les auteurs de l'ordonnance française de 2016 ont repris, en les toilettant, les définitions traditionnelles. Ils en ont aussi introduit de nouvelles, sans que pour autant les classifications qui figurent dans le code suffisent à rendre compte de l'ensemble de la réalité contractuelle contemporaine.

Plus précisément en droit OHADA, certains auteurs ont proposé des classifications des contrats spéciaux de l'OHADA. Le Doyen J. MESTRE, par exemple, les a classés en trois catégories : les contrats structurels, ponctuels, et les contrats qui constituent une catégorie à part. Selon J. MESTRE, les contrats structurels gravitent autour du fonds de commerce[35]. Il s'agit du bail commercial, de la vente et de la location-gérance du fonds de commerce. En revanche, les contrats ponctuels sont la vente commerciale[36], les contrats de

---

[34] V. PLANIOL, « Classification synthétique des contrats », *Rev. Crit. Législ. Jurisp.*, 1904, p. 470 et s ; J.-F. OVERSTAKE, *Essai de classification des contrats spéciaux*, LGDJ, coll. « Bibl. dr. privé », 1969, t. 91.

[35] J. MESTRE, « Regards contractuels sur l'OHADA », *Revue Le Lamy :* droit civil, n°67, 1er janvier 2010.

[36] En droit français, deux conceptions de la vente commerciale existent : une conception large en vertu de laquelle la vente commerciale est un contrat conclu par un commerçant dans l'exercice de son commerce et une conception stricte selon laquelle la vente commerciale est une vente entre seuls commerçants pour leur activité professionnelle. Dans le premier cas, l'acte peut être mixte ou conclu entre deux commerçants. V. O. SALVAT, « Synthèse-Vente commerciale », *Jurisclasseurs*-Contrats Distribution, 28 mai 2018, n°3.

transports de marchandises par route. Quant aux contrats d'intermédiaires, ils constituent des contrats à part. D'ailleurs, on constate une limitation textuelle de l'intermédiation aux actes juridiques à caractère commercial[37].

19. Mais toutes ces classifications, comme les autres, ne sont pas efficaces en raison notamment de l'existence en droit OHADA de contrats n'entrant dans aucune des catégories proposées, car dépassées.

20. L'échec d'une synthèse contraint à procéder à des choix de critères originaux, sans doute plus économiques que juridiques, pour découper entre les contrats retenus. La réflexion nous conduit à scruter du côté des objectifs de l'OHADA. Le droit OHADA est le droit des affaires des pays membres. Il se propose à cet effet de promouvoir les affaires dans lesdits pays. Un des objectifs primordiaux de l'OHADA est donc le développement des affaires. Et presque tous les contrats réglementés par l'OHADA tournent autour de cet objectif. À partir de cet objectif, donc, il est possible d'adopter un critère simple de classement : le critère de l'opération économique à réaliser. Dès lors, il est possible que certains contrats entendent effectivement permettre la réalisation de ces affaires ; alors que d'autres n'entendent que faciliter la réalisation de ces affaires. Entreraient ainsi dans la première catégorie des contrats, tels que le contrat de société commerciale, le contrat de société coopérative, le contrat de vente commerciale, les différents contrats portant sur le fonds de commerce (cession et location du fonds). Par contre, relèveraient de la deuxième catégorie le contrat de transport, les contrats d'intermédiation commerciale et les contrats de sûreté conventionnelle. À ces deux grandes catégories, il convient d'ajouter, naturellement, les contrats relatifs aux litiges commerciaux.

Suivant cette limitation, on retiendra donc trois parties :

Première partie - Les contrats réalisant les affaires

Deuxième partie - Les contrats facilitant la réalisation des affaires

Troisième partie - Les contrats relatifs aux litiges d'affaires

---

[37] Article 169 AUDCG.

PREMIÈRE PARTIE

LES CONTRATS PERMETTANT DE RÉALISER LES AFFAIRES

21. Le contrat est au cœur de la vie économique ; il est l'instrument par excellence pour réaliser les affaires. Le législateur OHADA l'a bien compris ! Plusieurs contrats semblent avoir en effet été aménagés à cette fin. Il en est ainsi de certains contrats qui ont le plus souvent pour objet de réaliser « *une permutation de biens* » entre opérateurs économique. Entrent dans cette première catégorie, le contrat de vente commerciale et la cession du fonds de commerce prévus par l'AUDCG. Il en est de même pour d'autres contrats, qui ne font pas partie des précédents et qui visent à réaliser une « agrégation de biens et de services » en vue d'atteindre un certain but par les hommes d'affaires. Font partie de cette deuxième catégorie, le contrat de société commerciale prévu par l'AUSGIE et le contrat de société coopérative prévu par l'AUSCoop. Enfin, à mi-chemin des deux types de contrats précédents, il est possible de citer une troisième catégorie, celle où on est en présence de contrats où un contractant fournit à l'autre des moyens afin que celui-ci les exploite dans leur intérêt partagé.

Les contrats réalisant ainsi les affaires prévues par le législateur OHADA, sont tantôt des contrats organisation (Titre 1), tantôt des contrats-échange (Titre 2).

TITRE 1

LES CONTRATS PERMETTANT DE RÉALISER LES AFFAIRES DANS UN CADRE STRUCTUREL

22. Les contrats-organisation sont des contrats qui ont pour objet une « *agrégation de biens et de services* » en vue d'atteindre un certain but[38], c'est-à-dire de réaliser les affaires. Le contrat-organisation se forme par un « *processus d'agrégation qui peut être longtemps continué et qui n'est jamais irréversible* »[39]. Il ne fonctionne véritablement que lorsque les parties ont apporté ce qu'elles avaient promis, de telle sorte que peut commencer l'activité visée par le contrat. Il crée entre les parties les conditions d'un jeu de concentration où les parties peuvent gagner ou perdre ensemble. Il conjugue des intérêts identiques et répond à une logique de synergie.

23. Le plus souvent, la poursuite de ce but passera par la création d'une personne morale[40]. Ainsi en va-t-il du contrat de société par lequel deux ou plusieurs personnes conviennent de mettre en commun des biens ou leur industrie en vue de faire des bénéfices et de se les partager (Chapitre 1) et du contrat de société coopérative qui est une combinaison d'un regroupement de personnes et d'une entreprise fondée sur la participation économique des membres, en capital et en opération (Chapitre 2).

---

[38] P. DIDIER, p. 75 ; rappr. F. CHENEDE, *Les commutations en droit privé*, Thèse Paris II, éd. 2008, préf. A. GHOZI, p. 18 et s., p. 27 et s., qui distingue les opérations de commutation et les opérations de distribution. V. aussi J.-F. HAMELIN, *Le contrat-alliance*, Thèse, Paris II, éd. 2012, préf.
N. MOLFESSIS, qui prolonge et approfondit l'analyse de A. SERIAUX distinguant contrat-échange et contrat-alliance (Le droit, une introduction, 1997, n°125, p. 110 ; Contrats civils, 2001, n°3)
[39] P. DIDIER, *RJ com.* nov. 1995, p. 75.
[40] F. TERRE, Introduction générale au droit, op.cit., n°236.

CHAPITRE 1

LE CONTRAT DE SOCIÉTÉ COMMERCIALE

24. L'AUSGIE envisage deux processus de création de la société. D'une part, l'article 4 dit que la société commerciale peut être créée par un contrat (dit contrat de société). La société est alors le résultat de la volonté de deux ou plusieurs personnes. D'autre part, l'article 5 dispose que « *la société commerciale peut également être créée (...) par une seule personne, dénommé « associé unique », par acte écrit* ». Dans cette hypothèse, il s'agit d'une société unipersonnelle et qui résulte d'un acte juridique unilatéral. Une telle société ne peut être que soit une SARL (V. art. 309 AUS), soit une SA (V. art. 385 AUS) ou encore SAS (V. art. 853-1 AUS).

La forme dominante en matière sociale demeure bien entendu la société créée par un contrat. Aussi, comme pour tout contrat, les conditions générales fixées par les articles 1108 du Code civil et des conditions spécifiques résultant de l'AUS doivent être respectées (Section *1*). Régulièrement formé, le contrat produit alors des effets (Section 2) qui cessent à son extinction (Section 3).

Section 1- La formation du contrat de société commerciale

25. Aux termes de l'article 4 de l'AUS, « *la société commerciale est créée par deux ou plusieurs personnes qui conviennent, par un contrat, d'affecter à une activité des biens en numéraire ou en nature, ou de l'industrie dans le but de partager le bénéfice ou de profiter de l'économie qui pourra en résulter* ». La société est donc un contrat. Comme tel, le contrat de société obéit aux conditions de validité de tout contrat. Il s'agit donc de conditions de fond qu'il faut étudier en premier (Paragraphe 1). Ensuite, nous envisagerons les conditions de forme qui sont importantes, le contrat de société étant un contrat formel (Paragraphe 2).

Paragraphe 1- Les conditions de fond

26. Comme pour tout contrat, les conditions générales fixées par les articles 1108 du Code civil doivent être respectées (A). En outre, d'autres conditions spécifiques au contrat de société doivent être réunies pour que la société soit valablement constituée (B).

A- Les conditions générales

27. En tant que contrat, le contrat de société obéit aux conditions de validité de tout contrat fixé par l'article 1108 du Code civil. Le contrat de société est soumis à quatre conditions de validité : le consentement des parties (1), leur capacité juridique (2), l'existence d'un objet certain (3) et d'une cause licite (4).

1- Le consentement des parties

28. Les parties au contrat de société sont les futurs associés. Elles doivent exprimer clairement et librement leur volonté de s'associer, c'est-à-dire de créer une société. Cette volonté doit être consciente, c'est-à-dire que celui qui l'exprime doit être capable de comprendre et vouloir les engagements qu'il prend.

Chaque partie doit donc donner son consentement à l'acte constitutif de la société. Ce consentement doit exister réellement. Il s'agit d'une condition essentielle de formation de la société, que ce consentement soit exprimé par l'associé lui-même ou par l'intermédiaire d'un mandataire[41].

Il est important de vérifier la sincérité du consentement des parties, et ce, afin de démasquer les sociétés fictives[42]. Les objectifs poursuivis par les créateurs d'une société fictive sont des plus variés : souvent il s'agit pour le promoteur de la société de masquer l'exercice personnel d'une activité en créant une société de façade. Dorénavant, la possibilité largement ouverte de créer une société d'une seule personne devrait diminuer les occasions de recourir à ce procédé, qui continue cependant d'être employé pour contourner certaines interdictions, notamment celles qui résultent des sanctions prononcées au titre de la liquidation de biens. Plus fréquemment encore, la société fictive est un procédé de simulation, le contrat de société recouvrant une autre convention qui traduit la volonté vraie des parties[43]. À titre d'exemple, un auteur[44] évoque « *le contrat de prêt pour échapper à la répression de l'usure ; le contrat de travail pour se soustraire aux lois sociales ; le contrat de vente pour bénéficier d'une fiscalité moins lourde ; la donation pour échapper aux règles protégeant la réserve héréditaire* ».

29. Cela dit, dans les sociétés à responsabilité limitée et les sociétés par actions, l'existence d'un vice du consentement (ou d'une incapacité) ne peut

---

[41] J.-P. SORTAIS, « Constitution des sociétés », *Répertoire de droit des sociétés.*

[42] I. FALL, *La notion de société fictive*, Mémoire de Maitrise, Université Gaston Berger (Saint Louis, Sénégal), 2005, M. GUEYE, *La fictivité des sociétés commerciales*, Mémoire de Maitrise, Université Gaston Berger (Saint-Louis, Sénégal), 2005.

[43] V. M. DAGOT, *La simulation en droit privé*, 1965, LGDJ ; *adde :* P. ROUAST-BERTIER, « Société fictive et simulation », *Rev. Sociétés*, 1993, p. 725.

[44] P. MERLE et A. FAUCHON, *Droit commercial : Sociétés commerciales*, 19e éd., 2016, Précis Dalloz.

entraîner la nullité de la société, contrairement aux autres sociétés (sociétés commerciales de personnes)[45] pour lesquelles la sanction de la nullité de la société n'est pas exclue, mais n'aura en général qu'une portée limitée, puisqu'en principe ni la société ni les associés ne peuvent se prévaloir d'une nullité à l'égard des tiers de bonne foi, à moins précisément qu'il ne s'agisse d'une « *nullité résultant de l'incapacité ou de l'un des vices du consentement* ». Sous le bénéfice de cette observation préliminaire, on envisagera successivement : l'erreur, le dol et la violence.

L'erreur, vice du consentement, doit, pour être prise en considération, porter soit sur les qualités substantielles de la chose, soit dans les conventions conclues *intuitu personae,* sur la personne de l'un des contractants. Plusieurs sortes d'erreurs sont susceptibles d'affecter le contrat de société et amènent à procéder à certaines adaptations des règles générales du droit des contrats.

L'erreur sur la nature du contrat rend le contrat nul : celui qui se trompe sur la nature même du contrat qu'il conclut est, par définition, dépourvu d'*affectio societatis.* Est également prise en considération l'erreur portant sur le type ou la forme de la société : la forme de la société est bien un élément essentiel du contrat, car l'étendue des engagements des associés en dépend. On admet, par extension de cette solution, qu'une erreur commise par un associé sur l'étendue de ses engagements peut conduire à la nullité de la société.

L'erreur portant sur la personne de l'associé (ou d'un associé) n'est pas, en principe, cause de nullité « *à moins que la considération de cette personne ne soit la cause principale de cette convention* »[46]. Appliquée au contrat de société, cette règle amène à distinguer les sociétés de personnes, marquées d'un fort *intuitu personae*[47] (seules susceptibles d'annulation pour erreur sur la personne) et les sociétés de capitaux[48].

30. Quant au dol, de même que l'erreur, il est une cause de nullité du contrat de société dans les sociétés de personnes : le dol sera retenu en cas de manœuvres ou d'agissements frauduleux, de déclarations mensongères ou de dissimulations ayant déterminé le consentement de l'associé. Dans les sociétés de capitaux où l'annulation de la société elle-même est exclue, l'associé dont le consentement a été vicié, pour quelque cause que ce soit, demande la nullité de son engagement suivant le droit commun, car « *on ne conçoit pas que la*

---

[45] M. A. MOUTHIEU NDJANDEU, « L'intuitu personae au regard de l'Acte uniforme sur le droit des sociétés commerciales et du GIE », *Juridis Périodique*, n° 41, Janvier-Mars 2000, p. 128-137.
[46] C. civ., art. 1110.
[47] M. A. MOUTHIEU NDJANDEU, « L'intuitu personae au regard de l'Acte uniforme sur le droit des sociétés commerciales et du GIE », *op. cit.*,p.47 et ss.
[48] J.-P. SORTAIS, « Constitution des sociétés », *Répertoire de droit des sociétés,* op. cit.,

victime d'un vice du consentement ou qu'un incapable soit tenu de demeurer dans la société »[49].

L'application aux sociétés des règles du droit commun en matière de dol suscite des difficultés dans les sociétés de plus de deux personnes. En effet, pour être une cause de nullité, le dol doit émaner du cocontractant, ce qui pose le problème de la détermination de ce cocontractant. Si le dol émane de l'ensemble des autres associés ou de leur représentant, il aura pour conséquence l'annulation du contrat à l'égard de toutes les parties. Si le dol émane d'un coassocié isolé, il donne simplement ouverture à une action en dommages-intérêts. Il est à noter que la responsabilité de la société elle-même peut être engagée par les actes dolosifs de ses représentants dès lors que ceux-ci « *ont agi dans l'exercice de leurs fonctions et dans l'intérêt immédiat de leur société, dont le besoin de trésorerie était évident et qui [...] a tiré un profit manifeste des agissements de ses représentants* »[101].

31. S'agissant de la violence, elle ne se rencontre pratiquement jamais, du moins lorsqu'il s'agit de la constitution des sociétés commerciales. Si, par extraordinaire, la constitution d'une société était viciée par la violence exercée sur l'un des associés pour lui arracher son consentement, il conviendrait d'appliquer les principes ci-dessus dégagés.

2- La capacité des parties

32. La capacité amène à s'interroger sur les incapacités : ce dernier terme sera pris dans le sens large. Ainsi, « *toute interdiction faite à une personne de passer un acte juridique est une incapacité* »[50].

Certaines personnes sont incapables de participer à la constitution d'une société en raison d'une incapacité générale que la loi institue pour les protéger contre les engagements inconsidérés qu'elles pourraient être amenées à prendre en raison de leur âge ou de l'altération de leurs facultés mentales[51] : c'est le cas des mineurs (a) et des incapables majeurs (b).

33. Dans d'autres cas, ce sont des préoccupations inspirées par l'ordre public et l'intérêt général qui conduisent à interdire à certaines personnes la participation à une société ou à tel type de société : d'où les interdictions, incompatibilités et déchéances qui les empêchent de participer à la constitution d'une société.

34. Enfin, la constitution d'une société crée certains liens entre les associés ; il peut arriver que ces liens se superposent à d'autres liens,

---

[49] R. HOUIN, obs. RTD com. 1969.1013, n°15. Cass. com. 27 nov. 1972, Gaz. Pal. 1972.2.55.
[50] HOUIN, « Les incapacités », *RTD civ.* 1947, p. 383.
[51] V. A. MOULOUL, *Le régime juridique des sociétés commerciales dans l'espace OHADA : l'exemple du Niger,* Paris, LGDJ, 2005, Coll. Bibliothèque de Droit Privé, 604 p.

conjugaux ou familiaux : les données du droit de la famille peuvent alors infléchir certaines solutions du droit des sociétés (c).

a- Les mineurs

35. L'incapacité du mineur n'est pas un obstacle absolu à sa participation à une société[52]. Plusieurs critères sont à retenir : celui de la situation des associés et, à cet égard, il importe de savoir si, dans la société où l'entrée du mineur est envisagée, les associés ont de plein droit la qualité de commerçant ; celui de la finalité de l'emploi fait des biens du mineur : s'agit-il du simple placement de fonds disponibles ou d'une opération plus risquée, le patrimoine du mineur étant engagé dans l'entreprise sociale ?

Ainsi, le mineur, sauf s'il est émancipé[53], ne peut, en aucun cas, participer à la constitution d'une société dans laquelle la qualité d'associé emporte celle de commerçant[111] : cela exclut donc toute participation d'un tel mineur aux sociétés en nom collectif, aux sociétés en commandite si ce mineur intervient en qualité de commandité et aux sociétés en participation ayant un objet commercial. Il ne peut participer à de telles sociétés ni par lui-même ni par l'intermédiaire de son représentant légal.

36. Seules sont donc à considérer les sociétés dans lesquelles la qualité d'associé ne confère pas la qualité de commerçant. Bien que la souscription d'actions soit considérée comme un acte de commerce, il a toujours été admis que le mineur émancipé avait la capacité requise pour souscrire des actions ou des parts de société à responsabilité limitée. Ce qui est interdit au mineur émancipé, c'est l'acquisition de la qualité de commerçant ; or, la souscription d'actions ou de parts de société à responsabilité limitée ne constitue qu'un acte de commerce isolé et ne peut conférer une telle qualité. Doté de la pleine capacité civile, le mineur émancipé peut donc valablement participer à la constitution d'une telle société.

37. Il en va, bien sûr, différemment pour le mineur non émancipé. Un point est certain : le mineur qui ne possède pas la capacité civile ne peut pas participer personnellement à la constitution d'une société anonyme ou d'une société à responsabilité limitée ; la souscription sera donc faite en son nom par son représentant légal (administrateur légal ou tuteur) ; comme l'observent certains auteurs, « *malgré le caractère commercial de la souscription, chacun s'accorde à s'attacher essentiellement à la finalité de l'acte plutôt qu'à ses caractères juridiques [...] dans les sociétés à responsabilité limitée ou par actions, le souscripteur accomplit en vérité un placement, un acte sûr, sans*

---

[52] V. pour plus détail, M. KONE, *Le nouveau droit commercial de zone OHADA : comparaison avec le droit français*, Paris, LGDJ, 2003, Coll. Bibliothèque de Droit Privé, 399 p ; NDEYE FATOU KEBE BA, *Le mineur associé*, Mémoire de Master, UCAD, 2003.

[53] V. art. 7 AUDCG.

gros aléas »[54]. Cette idée de placement explique que l'on ait toléré pendant longtemps que les représentants des incapables puissent procéder à de telles souscriptions[55]. Cette solution est applicable aux sociétés anonymes, aux sociétés par actions simplifiées et aux sociétés à responsabilité limitée.

38. Les conditions dans lesquelles la souscription peut être faite au nom du mineur dépendent à la fois du régime de protection auquel le mineur est soumis (administration légale pure et simple, administration légale sous contrôle judiciaire ou tutelle) et de la nature des apports (apports en numéraire ou apports en nature) qu'il s'agit d'effectuer.

Par rapport aux apports en numéraire, c'est au conseil de famille qu'il appartient de déterminer la nature des biens qui peuvent être acquis en emploi[56] : cette directive peut être soit spéciale (auquel cas, elle ne vaut que pour la constitution de la société désignée), soit générale et viser alors toute une série d'opérations de souscriptions. On en déduira que, dans l'administration légale pure et simple, les parents procèdent ensemble à la souscription au nom du mineur ; à défaut d'accord entre les parents, la souscription devra être autorisée par le juge : cette dernière solution s'applique également en cas d'administration légale sous contrôle judiciaire.

Pour ce qui est des apports en nature, des distinctions sont à faire selon la nature du bien à apporter : si l'apport en nature porte sur des fruits, c'est-à-dire sur des revenus d'un capital, ou sur des meubles d'usage courant, il peut être fait librement soit par le tuteur[57], soit par les parents, voire par l'un d'eux, du moins en ce qui concerne les rapports avec les tiers[58].

Si l'apport en nature a pour objet tout autre bien à l'exception des immeubles et fonds de commerce, le tuteur ne peut y procéder qu'avec l'autorisation du conseil de famille.

---

[54] B. MERCADAL, P. JANIN, A. CHARVÉRIAT et A. COURET, op. cit.; n° 292; BA NDEYE FATOU KEBE, op. cit., 22 p.

[55] V. HOUIN, « De l'apport en société de biens appartenant à des mineurs », *Journ. soc.* 1905, p. 481 ; A. RAISON, « Minorité, administration légale, tutelle », *Journ. not. et av.* 1966, art. 47.221 ; « Les mineurs et la réforme des sociétés », *Ibid.* 1967, art. 48. 97 ; G. DURRY et M. GOBERT, « Réflexions sur la réforme de la tutelle et de l'administration légale », *RTD civ.* 1966.5 ; P. ESMEIN, « Les actes d'administration du tuteur, spécialement quant aux fonds et valeurs mobilières », *Gaz. Pal,* 1966.1, doctr. p. 23 ; R. SAVATIER, « Le rajeunissement de la tutelle française des mineurs », *D.* 1965.51 ; A. ROUAST, « La nouvelle législation de la tutelle et de l'administration légale », *JCP* 1965. I. 1917.

[56] C. civ., art. 455, al. 2.

[115] C. civ., art. 389.6

[57] C. civ., art. 456, al. 2.

[58] C. civ., art. 389.

b- Les incapables majeurs

39. À la différence des textes applicables aux mineurs, il n'y a pas à distinguer, à leur propos, entre les diverses formes de société.

Rien ne s'oppose à ce qu'un majeur placé sous la sauvegarde de justice participe à la constitution d'une société, peu importe la forme de cette dernière, la nature des biens apportés et l'étendue de la responsabilité encourue, puisque « *le majeur placé sous la sauvegarde de justice conserve l'exercice de ses droits* »[59].

40. Quant au majeur en curatelle, il doit être assisté de son curateur pour accomplir tout acte qui, sous le régime de la tutelle, requerrait une autorisation du conseil de famille[60] ; il ne peut non plus, sans cette assistance, recevoir des capitaux ni en faire emploi. L'apport en numéraire constituant un emploi de capitaux requiert donc l'assistance du curateur ; *a fortiori* doit-il en aller de même pour les apports en nature (sauf s'ils consistent en meubles d'usage courant ou en fruits) et tout spécialement pour les apports d'immeuble ou de fonds de commerce.

41. S'agissant enfin des majeurs en tutelle, on peut renvoyer purement et simplement à ce qui a été dit pour les mineurs en tutelle, étant donné que les pouvoirs du tuteur sont définis en termes identiques dans les deux cas.

c- Les sociétés entre époux

42. Supprimée par le législateur OHADA[61], l'incapacité de la femme mariée n'est plus aujourd'hui qu'un lointain souvenir[62]. L'article 9 AUS affirme en effet que « *deux époux ne peuvent être associés d'une société dans laquelle ils seraient tenus des dettes sociales indéfiniment et solidairement* »[63]. C'est donc reconnaître, certes implicitement, que la société entre époux n'est pas interdite, sauf dans certains cas[64].

---

[59] C. civ., art. 491.
[60] C. civ., art. 510, al. 1er.
[61] V. C. NJIKE, *Le statut du conjoint de dirigeants sociaux en droit des affaires OHADA : l'étude spécifique du contexte juridique camerounais*, Mémoire de DEA, Yaoundé II (Cameroun), 2009.
V. dans le même sens en France, les lois de 1938 et de 1942.
[62] Initialement, la question n'intéressait que la femme mariée ; celle-ci avait en effet quelques problèmes pour participer à une société dont les membres étaient des commerçants. V. J. NGUEBOU TOUKAM, *La participation d'un époux à l'activité professionnelle d'un autre*, Thèse, Yaoundé II (Cameroun), 1995, p. 97 et s.
[63] V. FATOU KATY SECK, *Les époux associés*, Mémoire de master, UCAD, 2000 ; O. DIOUF, *La société entre époux*, Mémoire de master, UCAD, 2003, 30 p.
[64] E. TANGOUE ; YI-TCHOUTEZO, *L'activité commerciale de la femme mariée dans l'Acte uniforme OHADA*, Mémoire de DEA, Dschang (Cameroun), 1999, p.39 et s.

Contrairement à son homologue OHADA, le législateur français s'est voulu plus libéral. En effet, le principe y est fermement établi que « *deux époux seuls ou avec d'autres personnes peuvent être associés dans une même société et participer ensemble ou non à la gestion sociale* »[65]. Cette liberté de constitution des sociétés entre époux permet à ceux-ci de constituer entre eux ou avec d'autres tout type de société ; elle trouve son expression la plus achevée lorsque les deux conjoints ont adopté le régime de la séparation de biens : les seules limites qu'elle rencontre alors sont celles qui résultent de ce qu'il est convenu d'appeler le « *régime matrimonial primaire* »[66] et des dispositions concernant les donations entre époux[67], lesquelles prévoient la nullité des donations déguisées entre époux.

43. À partir du moment où les époux sont mariés sous un régime de communauté, les solutions sont moins simples[68]. Il convient, en effet, de prendre en considération le caractère, propre ou commun, des biens qui sont utilisés pour réaliser l'apport, ce que suggère déjà la formulation initiale de l'article 1832-1 précité du Code civil : « *Même s'ils n'emploient que des biens de communauté pour les apports à une société ou pour l'acquisition de parts sociales, deux époux seuls ou avec d'autres personnes, etc.*. ». Les pouvoirs de l'un et l'autre époux sur les biens communs vont donc être en jeu ; il faudra également, en fonction des circonstances, déterminer lequel des deux conjoints pourra prétendre à la qualité d'associé à moins que l'un et l'autre puissent prétendre à ce titre.

Le droit français paraît ainsi bien plus en avance sur le droit OHADA et permet aux époux d'être seuls ou avec d'autres personnes, associés dans n'importe quelle forme de société[69]. Or, en droit OHADA, il s'agit d'une possibilité limitée aux seules sociétés dans lesquelles ils ne seraient pas indéfiniment et solidairement tenus des dettes sociales, c'est-à-dire dans une société anonyme, une société par actions simplifiée ou une société à responsabilité limitée.

3- L'objet

44. L'objet est susceptible de deux compréhensions en matière sociale. D'un côté, il peut désigner la « *chose* » mise en commun par les fondateurs de la société (V. art. 4 AUS). Ce sont les apports. D'un autre côté, l'objet prend une acception plus concrète : c'est l'objet social, c'est-à-dire le genre

---

65 C. civ., art. 1832-1, al. 1er.

66 C. civ., art. 214 et s.

67 C. civ., art. 1091 à 1100.

68 V. R. ADIDO, « Les sociétés entre époux : survivance du principe de la prohibition dans la réforme de l'OHADA », *Pénant*, n 848, 2004, p. 380-395.

69 J.-P. SORTAIS, « Constitution des sociétés », *Répertoire de droit des sociétés*, op. cit.,

d'activité que la société se propose d'exercer pour obtenir des bénéfices ou des économies. C'est en ce sens que l'art. 19 de l'AUS édicte que « *Toute société a un objet qui est constitué par l'activité qu'elle entreprend et qui doit être déterminée et décrite dans ses statuts* ».

45. Cela dit, toute société doit avoir un objet licite et être constituée dans l'intérêt commun des associés. L'objet est soumis à des principes (a) et exigences particulières (b).

a- Le principe de spécialité de l'objet

46. On considère que ce principe traduit en fait le particularisme de la condition juridique des personnes morales[70]. À la différence des personnes physiques dont la capacité, lorsqu'elles sont majeures et capables, n'a pas de limites, les personnes morales ne peuvent participer à la vie juridique que dans la mesure de l'objet qui leur a été assigné, d'une part, et, d'autre part, la société prend fin « *par la réalisation ou l'extinction de son objet* »[71]. D'où les difficultés qui peuvent se présenter lorsque l'objet social a été défini de manière étroite : les avatars de la Compagnie universelle du canal de Suez[72], après 1956, en sont une illustration.

47. Pour cette raison, l'objet social, qui est déterminé par les statuts, doit être défini avec un degré suffisant de précision tout en ouvrant des perspectives assez larges pour ménager l'avenir et ne pas s'obliger à des modifications statutaires chaque fois que les activités de la société doivent évoluer, voire changer, en fonction de la conjoncture. D'où l'habitude qui s'est répandue de faire figurer *in fine* de cette définition une formule du type suivant : « ... *et plus généralement toutes opérations commerciales, industrielles et financières, mobilières et immobilières pouvant se rattacher, directement ou indirectement, à l'objet social ci-dessus défini* ». Cette clause n'est pas sans danger, car, si elle accroît virtuellement le champ des activités de la société, elle augmente également les pouvoirs de ses dirigeants, avec toutes les conséquences qui peuvent en résulter pour les associés eux-mêmes[73].

Il faut faire une distinction cependant pour les sociétés en nom collectif[74] et les sociétés en commandite simple, la définition donnée de l'objet social marque ici en même temps la seule limite qui soit aux pouvoirs du gérant, puisque « *dans les rapports avec les tiers, le gérant engage la société par les actes entrant dans l'objet social* » cependant que « *les clauses statutaires*

---

[70] V. P. COULOMBEL, *Le particularisme de la condition juridique des personnes morales de droit privé*, Thèse, Nancy, 1950.
[71] Art. 200 AUS.
[72] V. T. com. Seine, 22 juin 1959, Journ. soc. 1959.317.
[73] J.-P. SORTAIS, « Constitution des sociétés », *Répertoire de droit des sociétés*, op. cit.
[74] Art. 277-1 AUS.

limitant les pouvoirs des gérants sont inopposables aux tiers »[75]. Compte tenu de l'étendue des engagements des associés dans les sociétés de ces types, il y a là un motif de ne pas définir démesurément l'objet social. En revanche, dans les sociétés à responsabilité limitée et dans les sociétés par actions, la société est engagée même par les actes du gérant[76], de l'administrateur général, du directeur général ou du conseil d'administration qui ne relèvent pas de l'objet social à moins qu'elle ne prouve que le tiers sût que l'acte dépassait cet objet ou qu'il ne pouvait l'ignorer compte tenu des circonstances. Il est exclu que la seule publication des statuts suffise à constituer cette preuve. Pour se dégager des conséquences juridiques d'un acte qui serait étranger à l'objet social et que ses dirigeants auraient passé avec un tiers, une société à responsabilité limitée ou une société par actions doit donc démontrer la connaissance effective qu'avait ce tiers du dépassement de pouvoir commis par ces dirigeants. Elle ne peut le faire qu'en se référant à autre chose qu'au texte de ses statuts, régulièrement publiés.

48. La définition donnée par les statuts de l'objet social implique l'impossibilité de la changer, sauf modification statutaire qui exige, dans les sociétés de personnes, le consentement unanime de tous les associés.

49. L'objet social a longtemps joué un rôle essentiel comme critère de distinction entre les sociétés civiles et les sociétés commerciales : étaient civiles les sociétés dont l'objet était civil; et commerciales celles dont l'objet était l'exercice d'activités commerciales. L'AUS a introduit dans ce domaine le critère de la commercialité formelle en déclarant commerciales par la forme toutes les sociétés (sociétés en nom collectif, sociétés en commandite simple, sociétés à responsabilité limitée, sociétés anonymes, sociétés par actions simplifiées)[77].

b- Les caractères de l'objet

50. Autant qu'il peut y avoir lieu de distinguer siège statutaire et siège réel, autant il est parfois nécessaire de distinguer l'objet social statutaire, c'est-à-dire l'objet de l'exploitation sociale tel qu'il est défini par les statuts et l'objet réel, celui-ci correspondant à l'activité effectivement exercée par la société : et, lorsqu'on s'interroge sur la licéité de l'objet, c'est ce sens du terme qu'il convient de retenir[78]. Cela permet d'annuler des sociétés qui dissimuleraient une activité illicite sous le couvert de leurs statuts

---

[75] Art. 277-1, al.3 AUS.
[76] Art. 329, al. 2 AUS.
[77] Art. 6, al. 2 AUS.
[78] V. pour plus de détails sur l'objet social en droit OHADA, I. TCHIKOUA, *L'objet social en droit des sociétés OHADA*, Mémoire de DEA, Ngaoundéré, 2009 ; F. SEYE, *L'objet social*, Mémoire de Maitrise, Université Gaston Berger (Saint-Louis, Sénégal), 2008.

mentionnant un objet social parfaitement licite. Ainsi, il a été jugé que la constitution d'une société de portefeuille[79] ayant pour objet d'acquérir et de gérer la majorité des titres représentant le capital d'une autre société n'est pas en elle-même une opération illicite, aucune règle ne permettant d'affirmer qu'une société holding, même si elle n'a qu'une seule filiale doive, par principe, être assimilée à une convention ayant pour objet de dépouiller l'actionnaire minoritaire de cette société, tenue pour un écran fictif, de son prétendu droit de vote dans les assemblées de la filiale[155].

51. La détermination du caractère licite ou illicite relève du pouvoir d'appréciation des juges, qui peuvent fonder leur conviction sur l'ensemble des éléments qui leur sont soumis, alors même que certains des faits allégués constitueraient des infractions n'ayant pas donné lieu à des poursuites pénales.

Toute activité qui serait illicite pour une personne physique l'est également pour une société. Est illicite toute activité prohibée par une loi impérative, par l'ordre public ou les bonnes mœurs. Tel est le cas d'une société constituée pour l'exploitation d'une maison de tolérance, pour la vente de remèdes secrets ; pour le commerce avec l'ennemi ; pour financer les fabrications de guerre de l'ennemi ; pour entraver le déroulement normal des enchères, etc.

Lorsque l'activité envisagée par la société n'est licite que moyennant certaines autorisations ou la possession de certains diplômes, il y a lieu de mentionner au registre du commerce et du crédit mobilier ces autorisations ou diplômes. Une société qui se constituerait pour exercer ces activités sans les autorisations ou les diplômes requis aurait, de ce fait, un objet illicite : tel serait le cas de la société qui se constituerait pour l'exploitation d'une officine de pharmacie par des personnes non diplômées ; à cet égard, certaines activités licites en soi peuvent devenir illicites en société : ainsi est interdite toute société entre pharmaciens et membres des professions qui établissent des ordonnances (médecins, chirurgiens, dentistes, sages-femmes, orthopédistes).

La nullité de la société pour illicéité de l'objet social sanctionne la violation de l'ordre public, des bonnes mœurs ou d'une loi impérative : il s'agit donc d'une nullité absolue pouvant être invoquée par toute personne intéressée. Encore faut-il qu'il y ait eu atteinte à l'ordre public : tel n'est pas le cas lorsque seul un intérêt privé a été lésé. C'est ainsi que la Cour de cassation française a censuré un arrêt qui avait annulé pour atteinte à l'ordre public une convention de « *bourse commune* » conclue par plusieurs courtiers maritimes alors que les juges du fond n'avaient relevé que la lésion des intérêts particuliers de l'un des contractants[80].

[79] Sur la validité de principe des sociétés holding, V. Cass. com. 2 juill. 1985, Bull. Joly 1985.229.

[80] Cass. com. 1er févr. 1961, Gaz. Pal. 1961.2.55.

La jurisprudence a longtemps assimilé les sociétés dont les statuts contenaient une clause léonine dont on considérait qu'elle viciait le contrat tout entier aux sociétés nulles pour illicéité de l'objet social pour les soumettre au même régime[81].

Si l'illicéité de l'objet social peut justifier la nullité de la société elle-même, cette nullité obéit à un régime assez particulier : étant absolue, elle ne peut être couverte et, à supposer que sa cause ait cessé d'exister avant que le tribunal saisi d'une action en nullité ne statue, cela n'empêchera pas le juge - par une dérogation expresse à la règle générale - de la prononcer.

Les effets de la nullité prononcée pour illicéité de l'objet social sont identiques à ceux des autres causes de nullité : la nullité met fin à l'exécution du contrat et « *à l'égard de la personne morale qui a pu prendre naissance, elle produit les effets d'une dissolution prononcée par justice* »[82] ; elle opère donc sans rétroactivité. Dans les rapports avec les tiers, la nullité ne peut être invoquée ni par la société ni par les associés eux-mêmes à l'encontre des tiers de bonne foi[83] : ni la société ni les associés ne peuvent donc empêcher les créanciers sociaux d'exercer leur droit de gage général sur l'ensemble du patrimoine de la société ; en revanche, les créanciers personnels des associés pourront se prévaloir de la nullité pour se payer sur les biens apportés et venir ainsi en concours avec les créanciers sociaux ; de même, les créanciers sociaux pourront, à l'occasion, trouver un intérêt à se prévaloir de la nullité lorsqu'ils entendent poursuivre sur ses biens personnels l'associé qui a traité avec eux, car, ayant traité au nom d'une société nulle, cet associé n'a pu engager que lui-même. Enfin, la connaissance par le tiers de l'illicéité de l'objet social le constitue de mauvaise foi.

4- La cause

52. Le terme cause doit être envisagé ici dans les deux acceptions qu'il revêt en droit civil, à la fois comme contrepartie d'un engagement et comme objet d'engagement.

En tant que contrepartie d'un engagement ou d'une prestation, la cause existe presque nécessairement lors de la constitution d'une société, car à un apport, on concevrait mal que ne corresponde pas une attribution de titres. Il n'y a que dans l'éventualité où cette attribution serait, quantitativement, dérisoire que l'on pourrait véritablement parler d'absence de cause. Mais cette éventualité reste nécessairement rare.

---

[81] V. F. SEYE, *L'objet social*, op. cit.
[82] C. civ., art. 1844.
[83] C. civ., art. 1844. C. civ., art. 1131.

Comme l'objet, la cause doit exister et être licite. Ainsi, peuvent être nulles, des sociétés créées pour faire échec au droit de gage général des créanciers ou à une obligation de non-concurrence ou à une interdiction professionnelle pesant sur une personne physique.

Telles sont les conditions de fonds que le contrat de société doit absolument respecter en vue de sa validité. Il reste à rappeler à présent quelles sont les exigences de forme auxquelles doit ledit contrat de société doit également satisfaire.

B- Les conditions de fond spécifiques

53. La définition de la société commerciale de l'article 4 de l'AUS met en exergue les principaux éléments caractéristiques du contrat de société, à savoir la pluralité d'associés, les apports, la participation aux résultats et la contribution aux pertes, *l'affectio societatis*. Seuls la pluralité des associés (1) et l'affectio societatis (2) constituent des conditions de formation du contrat ; les apports et la participation aux résultats et la contribution aux pertes étant en réalité des manifestations des effets dudit contrat.

1- La pluralité de parties

54. Il convient d'abord de préciser la notion d'associé. L'associé est toute personne qui est membre d'une société, quelle que soit la forme de celle-ci. Dans les sociétés par actions, l'associé est couramment appelé « *actionnaire* », c'est-à-dire le titulaire d'une action (l'action est un titre négociable émis par la société par actions et qui représente une fraction du capital social), même comme le législateur préfère employer le terme « *associé* » pour désigner les membres d'une société par actions simplifiée.

55. Hormis le cas de la société unipersonnelle[84] qui est constituée d'un seul associé, le principe est que la société suppose, comme toute convention, la réunion d'au moins deux associés. Il s'agit des associés fondateurs. Pour la

---

[84] V, Y. AGNIGNA, La société unipersonnelle : une solution à la crise de l'entreprise en Afrique ? (Une lecture critique de l'Acte uniforme relatif au droit des sociétés commerciales et du GIE), op. cit ; DIOUF NDEYE, *La société unipersonnelle,* Mémoire UCAD, 2006, 60 p ; L. MISSOU ANOI, *La société Unipersonnelle dans L'AUSCGIE,* Mémoire UCAD, 1998, 32 p ; E. NGOM MALICK, *La société unipersonnelle, conséquences théoriques et intérêts pratiques*, Mémoire UCAD, 1998, 79 p ; SARR IBOU, *La société unipersonnelle,* Mémoire UCAD, 2006, p. 44. ; F. MEMAN THIERO, « La société unipersonnelle dans le droit des affaires OHADA : une œuvre (législative) à parfaire », *Pénant*, n° 8-8, 2009, p.312 ; A. AYAWA TSAKADI, « Réflexions sur les pouvoirs de l'associé unique », *Juridis Périodique*, n 81, janvier-février mars 2010, p. 82-103 ; F. NDIENG, « Les effets de la dissolution d'une société unipersonnelle en droit OHADA », *Revue Sénégalaise de Droit des Affaires*, n 5-6-7-8, 2005-2006, p. 35-60 ; DIALLO FATOU, *La pratique de la société unipersonnelle au Sénégal*, Mémoire de Master, UCAD, 2008.

jurisprudence, a seule qualité d'associé la personne qui réunit en elle-même les trois éléments caractéristiques du contrat de société, c'est-à-dire a fait un apport, participe aux bénéfices et aux pertes et qui a eu la volonté de s'associer. En général, la détermination de la qualité ne suscite pas de difficulté. Mais, il en va autrement dans quelques hypothèses qu'il faut rapidement évoquer.

D'abord, en cas d'indivision (situation juridique ou plusieurs personnes détiennent des droits concurrents sur un même bien sans qu'il y ait division de leurs parts) affectant des parts sociales ou actions, la jurisprudence considère que chaque indivisaire a la qualité d'associé, et non l'indivision elle-même : « *les héritiers d'un associé décédé ont, lorsqu'il a été stipulé que la société continuerait avec eux, la qualité d'associés* ». Dans la pratique, les indivisaires doivent désigner un représentant pour exercer les droits attachés à leurs parts ou actions.

Ensuite, l'attribution de la qualité d'associé peut être difficile en cas de *mariage*. Il n'y a pas de problème si les époux sont mariés sous un régime de séparation de biens ou de participation aux acquêts (chaque époux étant libre de disposer de ses biens). La question est délicate lorsque l'entrée en société est réalisée au moyen de biens communs. Comme il a déjà été relevé, les deux époux ne peuvent être membres d'une société de personnes. Par contre, s'agissant de la SA, il faut distinguer deux situations. Lorsque l'apport ou l'achat d'actions a été fait conjointement par les deux époux, chacun d'eux a la qualité d'associé. Lorsque l'apport ou l'achat a été réalisé au moyen de biens communs par un seul des époux, c'est à celui-ci que doit être reconnue la qualité d'associé[85].

56. Par ailleurs, en cas de convention de croupier, par laquelle un associé, sans le consentement des autres, convient avec un tiers de partager les bénéfices et pertes résultant de l'activité sociale. Une telle convention, quoique valable, ne confère pas au croupier, c'est-à-dire au tiers, la qualité d'associé.

Enfin, en cas de convention de portage c'est-à-dire une convention par laquelle une prise de participation dans une société est effectuée par un établissement financier qui n'entend rétrocéder les titres sociaux à une personne demeurée dans l'ombre. La jurisprudence est divisée. Certains tribunaux ont décidé que l'établissement financier a seule qualité d'associé[86] alors que d'autres reconnaissent cette qualité à la personne ayant traité avec l'établissement[87].

---

[85] J.-P. SORTAIS, « Constitution des sociétés », *Répertoire de droit des sociétés,* op. cit..
[86] Paris, 9 juin 1983, D. 1984.IR. 81.
[87] TGI Lille, 28 oct.1986.

2- L'affectio societatis

57. Bien que non prévues textuellement, la doctrine et la jurisprudence considèrent généralement l'*affectio societatis*[88] comme un élément spécifique du contrat de société. Cette locution latine, qui signifie littéralement intention de s'associer, puiserait sa source d'un texte d'ULPIEN rapporté au Digeste de JUSTINIEN[89]. En réalité, pendant des siècles, les auteurs ne prêteront pas une grande attention à l'intention de s'associer. POTHIER ne l'évoquera que d'une manière incidente. Le Code civil napoléonien n'attachera pas d'importance particulière à cet élément. La formule latine réapparaîtra pour la première fois en 1880 sous la plume de P. PONT. C'est à partir de cette date que l'élément intentionnel du contrat de société prendra progressivement de l'importance.

58. Comme pour toutes les conventions[90], le contrat de société suppose que les associés aient bien l'intention de former une société, c'est-à-dire de s'associer. Une société dont les associés n'auraient pas l'intention de se comporter en associés serait fictive. L'hypothèse classique était celle où le consentement n'est donné que pour rendre service à un ami en lui permettant de constituer une société malgré l'absence d'une pluralité d'associés[91]. La création d'une société comportant une responsabilité limitée autorisait le complu à agir sous couvert d'une personne morale qui lui servait d'écran protecteur. La fictivité permettait de la sorte de sanctionner les sociétés unipersonnelles. Mais depuis l'avènement de l'OHADA, avec la reconnaissance et la banalisation des sociétés unipersonnelles, l'intention de s'associer est devenue un élément moins essentiel dans la formation du contrat de société.

59. Malgré tout, comme le souligne Y. GUYON, « de tous les éléments du contrat de société, l'affectio societatis est sans doute celui qui donne lieu aux difficultés les plus nombreuses et les plus graves »[92]. L'origine de ce trouble vient du fait que l'affectio societatis est une notion qui ne peut être ramenée à l'intention de s'associer. Dès ULPIEN, l'affectio societatis est apparu comme une notion fonctionnelle nécessaire pour départager le contrat de société de contrats ou de situations voisines. ULPIEN se demandait comment distinguer

---

[88] V. pour plus de détails sur la question A.K. KANTE, *Le rôle de l'affectio societatis dans le fonctionnement des sociétés*, Mémoire de maitrise, Université Gaston Berger (Saint-Louis, Sénégal), 2003.

[89] Digeste, XVII, 2, Pro socio, 44.

[90] C. civ., art. 1108.

[91] F. EPOKO MBONGO, *La bonne foi dans le contrat de société*, Mémoire de Master, Douala (Cameroun), 2014.

[92] Y. GUYON, « *Affectio societatis* », *J.-Cl. sociétés*, fasc. 20-10 ; V. aussi P. SERLOOTEEN, « L'*affectio societatis*, une notion à revisiter », in *Mélanges Y. GUYON*, 2003, Dalloz, p. 1007 ; N. REBOUL, « Remarques sur une notion conceptuelle ou fonctionnelle : *l'affectio societatis* », *Rev. Sociétés*, 2000, p. 425.

une indivision ordinaire née de l'ouverture d'une succession, d'une copropriété sociale née d'un contrat de société. Il fallait, selon lui, rechercher si les parties avaient eu ou non l'animus contrahendae societatis, autrement dit la volonté d'entrer en société. Par la suite, les juristes ont cherché à différencier la société du prêt. Le droit canonique autorisait les sociétés, mais condamnait fermement le prêt à intérêt. Même si le prêt à intérêt est aujourd'hui autorisé, la répression de l'usure invite parfois les parties à maquiller leurs conventions. La distinction conserve tout son intérêt, spécialement lorsqu'un prêteur est rémunéré par un intérêt variant en fonction des bénéfices[93]. S'agit-il d'un prêteur qui aura droit au remboursement des fonds en même temps que les autres créanciers sociaux, ou d'un associé qui n'aura droit au remboursement de son apport qu'après le désintéressement complet des créanciers sociaux ? S'agit-il d'un prêteur qui pourra se retourner contre les associés ou au contraire d'un associé déguisé qui sera obligé aux dettes sociales ? L'enjeu du débat est crucial tant pour les créanciers que pour le prêteur. Mais comment être certain de la qualité de l'apporteur des fonds ? L'intitulé du contrat ne fournit nullement une indication suffisante, puisque les juges peuvent redonner à la convention sa qualification véritable. Le contrat a peut-être clairement déterminé les modalités de remboursement en prévoyant expressément l'absence de partage des risques de l'entreprise. Il s'agit d'un indice sérieux. Ainsi, la prise d'une sûreté par le prêteur peut relever sa volonté de ne pas partager les risques de l'opération[94]. Mais, d'un autre côté, il est également possible d'y voir une clause léonine nulle qui exclurait l'associé de toute participation aux pertes. Pour sortir de l'impasse, la doctrine précisa qu'il existe, en plus des deux éléments caractéristiques de la société que sont les apports et le partage des bénéfices, un troisième élément, l'affectio societatis. Ce raisonnement fut appliqué toutes les fois qu'il semblait difficile de distinguer à coup sûr la société d'un contrat ou d'une situation voisine. Les situations de conflit s'étaient d'ailleurs multipliées en raison de l'extrême plasticité des éléments caractéristiques du contrat de société. Analysons par exemple un contrat de travail avec intéressement aux bénéfices. Dans cette hypothèse, les deux éléments classiques du contrat de société semblent présents. Il existe un apport en industrie et une vocation au partage des bénéfices. Là encore, pour surmonter la question de la qualification, la doctrine trouvera la solution dans l'affectio societatis. Mais, comme l'indique avec pertinence A. VIANDIER, si l'affectio societatis est un instrument permettant, en cas de doute, de qualifier le contrat de société, « définir l'affectio societatis par la volonté d'entrer en société, c'est amorcer un cercle vicieux puisque l'objet

---

[93] V. G. RIPERT, « Prêt avec participation aux bénéfices et société en participation », *Annales dr. com.* 1905 p. 53.
[94] V. FALL FATIMA, *L'affectio societatis*, Mémoire UCAD, 1991, p.39.

de la recherche est, précisément, de déterminer qu'il y a société »[95]. L'affectio societatis ne peut donc être ramené à l'intention de s'associer.

60. La doctrine a cherché à donner une définition précise de l'*affectio societatis*. Étant un élément discriminant, la majorité des auteurs l'a généralement objectivé en y intégrant tout ce qui semble manquer pour caractériser suffisamment la société. Leurs tentatives se sont malheureusement révélées infructueuses. Pour certains, la notion d'*affectio societatis* rejoindrait « *l'idée du partage d'un risque d'entreprise* »[96]. J. HAMEL avait également défini l'*affectio societatis* comme « la volonté d'union dans un but intéressé et la volonté de courir les mêmes risques »[97]. Cette idée est *a priori* intéressante. Soulignons cependant que tous les participants, associés ou non, courent le risque de l'entreprise. Si les affaires périclitent, les apports comme les prêts ordinaires ne seront probablement pas remboursés. Les associés acceptent seulement de souffrir un risque plus important que les autres[98]. Leurs apports ne leur seront remboursés qu'après désintéressement complet des créanciers sociaux, et les dividendes ne leur seront versés que si les produits de l'activité permettent d'abord de régler les charges. Ils acceptent de supporter, de plein fouet, le risque de l'entreprise commune. Mais le partage du risque d'entreprise est en réalité consubstantiel de la notion d'apport et de partage de bénéfices. N'apportant pas d'élément nouveau, le critère devient inutile. Il est même parfois inopérant. Quelques créanciers, comme les titulaires de titres subordonnés à durée indéterminée, acceptent aujourd'hui de courir le risque d'entreprise, alors que certains associés refusent de souffrir ce risque en intervenant comme simples porteurs de titres.

---

[95] A. VIANDIER, *La notion d'associé*, 1978, Bibliothèque de droit privé, t. 156, LGDJ, p. 77.

[96] D. VIDAL, « *Affectio societatis* et partage du risque d'entreprise », *Rev. huissiers* 1993. 3 ; F. EPOKO MBONGO, *La bonne foi dans le contrat de société*, Mémoire de Master, Douala (Cameroun), 2014

[97] J. HAMEL, « *L'affectio societatis* », *RTD civ.* 1925., p. 627.

[98] J.-P. SORTAIS, « Constitution des sociétés », *Répertoire de droit des societes*, op. cit., F.-X. LUCAS, « Promesse d'achat de droits sociaux à prix garanti et prohibition des clauses léonines : à la recherche de la cohérence perdue », *JCP*, éd. E, 2000, p. 168 ; P. SOUMRANI, *Le portage d'actions*, 1996, coll. Bibliothèque de droit privé, t. 260, LGDJ ; A. COURET, « Les conventions de portage », in *Colloque de l'IDA d'Aix-en-Provence du 28 janv. 1994*, Presses Universitaires d'Aix-Marseille, 1994, p. 81 ; F. AUCKENTHALER, « Les transferts temporaires de titres », *RJDA* 1993/5, p. 315 ; J.-P. BERTREL et M. JEANTIN, « Le portage d'actions, » *RJDA* 1991/10, p. 683 ; M. JEANTIN, « Conventions de portage et droit des sociétés », *RD bancaire et bourse* 1991, p. 122 ; D. SCHMIDT, « Les opérations de portage de titres de sociétés », in *Les opérations fiduciaires*, *Colloque de Luxembourg* des 20 et 21 sept. 1984, LGDJ, 1985, p. 29 et s. ; J.-M. MOUSSERON, « Le devenir des conventions de portage », *RD bancaire et bourse* 1991, p. 131.

Pour d'autres auteurs, l'*affectio societatis* serait la désignation maladroite du droit pour les associés de participer à la gestion de la société[99]. Cette idée est également intéressante. Tout associé a le droit de participer aux décisions collectives. Celui qui n'est pas associé ne dispose en principe d'aucun droit de vote. Un bailleur de fonds peut parfaitement contrôler l'affectation des sommes versées. Mais il ne s'immisce pas dans la gestion ; il ne collabore pas de façon active à la marche de l'affaire. La vocation de participer à la gestion (ou au moins au contrôle de la gestion) est seulement le corollaire du risque important qu'accepte l'associé. La distinction n'est toutefois pas aisée en pratique. Par exemple, il a été jugé qu'une banque qui avait consenti un prêt, puis une garantie d'achèvement à une société civile immobilière n'était pas sortie de son rôle de bailleur de fonds, alors qu'en l'espèce, face aux difficultés de trésorerie de la SCI, la banque menaçait la société de faire nommer un administrateur judiciaire et subordonnait le maintien ou l'augmentation des découverts à des versements complémentaires par les associés[100]. Lorsque les affaires vont mal, les dispensateurs de crédit ont fréquemment tendance à exercer une influence sur la gestion de l'entreprise. Mais en s'immisçant dans les affaires sociales, les banquiers ne souhaitent justement pas courir les mêmes risques que les associés. Leur but consiste à réduire leur exposition au risque de l'entreprise. Si leurs ingérences peuvent les transformer en dirigeants de fait, ils ne deviennent pas pour autant des associés de fait. Par ailleurs, d'une manière plus générale, il faut tenir compte de l'évolution du droit des sociétés, qui tend à disjoindre la fonction de preneur de risque de celle de participant à la gestion des affaires sociales. Dans les grandes sociétés anonymes, la gestion et le contrôle des affaires sociales sont aujourd'hui de plus en plus confiés à des professionnels (équipe de dirigeants professionnels, administrateurs, commissaires aux comptes, investisseurs institutionnels ou professionnels...). L'actionnaire est cantonné à un rôle de preneur de risque, autrement dit d'investisseur, et son droit de vote devient pour lui un élément secondaire. En autorisant la création d'actions de préférence sans droit de vote, donc pratiquement sans pouvoir d'intervention ou de contrôle de la gestion, le législateur a même accentué ce phénomène. Dans de nombreuses sociétés, certains associés se comportent comme les maîtres de l'affaire en occupant les postes de direction, alors que les autres ne font qu'apporter des capitaux à la société sans avoir l'intention de s'immiscer dans la gestion des affaires sociales. On en conclut que le contrat de société ne devrait s'appliquer que partiellement aux simples investisseurs. Parce qu'ils ne seraient pas habités par le moindre *affectio societatis,* la prohibition des clauses léonines ne

---

[99] P. DIDIER, *Droit commercial, t. 2, L'entreprise en société, Les groupes de sociétés*, 3e éd., 1999, PUF, p. 32.

[100] Cass. com. 15 juin 1993, *Bull. Joly* 1993. 1262, note Y. CHAPUT.

s'appliquerait par exemple pas à ces associés investisseurs[101]. Cette analyse est pour le moins contestable. La société en commandite, qui a longtemps été une figure essentielle dans le paysage juridique, fut construite à partir de l'idée que certains associés devaient s'occuper de la gestion des affaires sociales pendant que les autres participaient au financement de l'activité. Ainsi, les commanditaires ne peuvent en aucun cas s'immiscer dans la gestion externe de la société, sous peine d'engager leur responsabilité vis-à-vis des tiers[261]. Or, ces commanditaires sont bien des associés qui doivent, comme tous les autres associés, être habités par l'*affectio societatis.* La volonté de participer à la gestion des affaires sociales n'est par conséquent pas un critère suffisamment pertinent pour distinguer l'associé du tiers.

Enfin, certains auteurs proposent une synthèse des deux thèses précédentes. Il est en effet possible de voir dans l'*affectio societatis* la volonté de supporter le risque d'entreprise et, éventuellement, de participer à la gestion ou au moins au contrôle de la gestion de l'entreprise. Force est d'admettre qu'une telle définition, encore plus évasive, n'est pas suffisamment discriminante. Quelques auteurs retiennent une approche plus précise en définissant l'*affectio societatis* comme « *une collaboration volontaire, active, intéressée et égalitaire* »[102]. Mais, du coup, la définition semble trop riche. Le modèle dominant de la société n'est nullement aujourd'hui celui « *d'un coude à coude entre associés* »[103]. Le *jus fraternitatis* qui dominait l'ancien consortium entre frères est en général complètement absent[104].

61. La recherche d'une conception unitaire de l'*affectio societatis* se révélant une entreprise périlleuse, la doctrine adopte une conception pluraliste de l'*affectio societatis.* Comme le souligne Y. GUYON, « *l'affectio societatis peut prendre diverses formes selon les types de sociétés et les circonstances, allant depuis la collaboration volontaire à la participation à la gestion jusqu'au parallélisme des intérêts et à l'absence de subordination* ». Quatre définitions au moins de l'*affectio societatis* apparaissent en jurisprudence. Il s'agit tantôt d'une collaboration volontaire, tantôt d'une participation à la gestion, tantôt d'une convergence d'intérêts, tantôt enfin d'une absence de lien

---

[101] V. En ce sens, F.-X. LUCAS, *Les transferts temporaires de valeurs mobilières. Pour une os fiducie de valeurs mobilières*, 1997, Bibliothèque de droit privé, t. 283, LGDJ, n 292 et s., p. 152 ; *Promesses d'achat de droits sociaux à prix garanti et prohibition des clauses léonines,* JCP, éd. E, 2000. 168 ; V. égal., C. CHAMPAUD, « Catégories d'actions ou sortes d'actionnaires », in *Prospectives de droit économique, Dialogues avec M. JEANTIN*, 1999, Dalloz, p. 161. Art. 299 AUS.

[102] E. THALLER et J. PERCEROU, *Traité élémentaire de droit commercial*, op. cit., nº 232 ; P. PIC et J. KREHER, *Des sociétés commerciales*, op. cit., nº 72.

[103] L. MAZEAUD, « Rapport sur la souveraineté de fait dans la société anonyme en droit français », *Travaux Assoc. H. Capitant*, 1963, p. 330.

[104] Y. GUYON, « La fraternité en droit des sociétés », *Rev. sociétés* 1989, p. 439. Cass. com. 3 juin 1986, *Rev. sociétés* 1986. 585, note Y. GUYON.

de subordination. La Cour de cassation française utilise l'*affectio societatis* comme un concept mou à géométrie variable sans jamais adopter une conception unitaire clairement définie. Par exemple, un arrêt du 3 juin 1986 de la chambre commerciale de la Cour de cassation a indiqué que l'*affectio societatis* implique que « *les associés collaborent de façon effective à l'exploitation dans un intérêt commun et sur un pied d'égalité, chacun participant aux bénéfices comme aux pertes* »[265]. Et une autre décision de cette même chambre a précisé en 1991 que l'*affectio societatis* doit être « *entendu comme la volonté d'union et l'acceptation d'aléas communs* »[105]. En refusant d'opter pour une définition unique de l'*affectio societatis,* la Cour de cassation permet à cette notion de conserver toute sa souplesse et d'assurer pleinement sa fonction discriminante[106].

62. L'*affectio societatis* ne devrait être qu'un élément secondaire du contrat de société, un simple élément discriminant nécessaire en cas de doute sur la qualification de l'accord. Mais on estime également que l'*affectio societatis* n'est pas seulement une condition d'existence de la société, mais aussi de sa pérennité. Autrement dit, le défaut d'*affectio societatis* pendant l'exécution du contrat pourrait entraîner la dissolution de la société. D'ailleurs, si en cours de vie sociale, il apparaît que l'un des associés n'est plus animé par l'*affectio societatis* et que cette perte a des répercussions graves sur le fonctionnement de la société, entraînant sa paralysie, la dissolution de la société pourrait être prononcée par les tribunaux, à la demande d'un associé. La paralysie du fonctionnement de la société est cependant un élément déterminant pour le prononcé de la dissolution de la société par les tribunaux. L'absence d'*affectio societatis* en cours de vie sociale est à elle seule insuffisante pour provoquer la dissolution de la société, alors que son absence au moment de la constitution serait une cause de nullité. Mais la jurisprudence française a néanmoins estimé que la perte de tout *affectio societatis* pouvait entraîner la nullité de la société[107].

Paragraphe 2- Les conditions de forme

63. La constitution de la société obéit à un certain formalisme. Celui-ci tient d'une part à l'établissement de l'acte de société (A) et à l'accomplissement de formalités de publicité (B).

---

105 Cass. com. 19 févr. 1991, n° 89-16-590.
106 J.-P. SORTAIS, « Constitution des sociétés », *Répertoire de droit des sociétés,* op. cit.
107 CA Paris, 8 déc. 2000, Bull. Joly 2001. 302, obs. A. COURET.

A- L'établissement de l'acte de société

64. Qu'elle procède d'un contrat ou d'un acte unilatéral, la constitution de la société donne lieu à l'établissement d'un document écrit appelé « *Statuts* »[108]. L'article 12 de l'AUS confirme bien cela en énonçant que « *Les statuts constituent soit le contrat de société, en cas de pluralité d'associés, soit l'acte de volonté d'une seule personne, en cas d'associé unique* ». C'est dire l'importance des statuts dont il faut préciser la forme (1) et le contenu (2).

1- La forme des statuts

65. Jusqu'à l'avènement de l'OHADA, la forme notariée, c'est-à-dire la forme authentique, était obligatoire pour les actes constitutifs des SA, des SCA ou des SARL[109]. Il s'agissait donc d'une exigence de forme solennelle qui ne souffrait d'aucune restriction. L'AUS apporte un certain assouplissement. En effet, l'article 10 dispose que « *sauf dispositions nationales contraires, les statuts sont établis par acte notarié ou par tout acte offrant des garanties d'authenticité dans l'État du siège de la société* (...) ». En outre, l'article 11 prévoit clairement la possibilité de statuts rédigés par acte sous seing privé. Ainsi, il est acquis que l'exigence d'un acte authentique n'est plus de rigueur.

66. Lorsque la société est constituée par acte sous seing privé et qu'il s'agit d'une société de personnes, il convient de dresser autant d'originaux qu'il existe d'associés ou, plus précisément, autant d'originaux qu'il est nécessaire pour le dépôt d'un exemplaire au siège social, l'exécution des diverses formalités requises et la remise d'un exemplaire à chaque associé. Dans les autres sociétés constituées par acte sous seing privé, la règle générale est qu'il est dressé autant d'originaux qu'il est nécessaire pour le dépôt d'un exemplaire au siège social et l'exécution des diverses formalités requises ; enfin, dans le cas particulier des sociétés à responsabilité limitée, un exemplaire des statuts établi sur papier libre doit être remis à chaque associé[110]. Ainsi, l'intérêt de la forme notariée apparaît lorsque le nombre des associés est important : le notaire conserve l'original au rang de ses minutes et délivrera autant d'expéditions qu'il est nécessaire.

67. Dans certains cas, la forme notariée, sans être obligatoire, est très fortement recommandée : ainsi, dans le cas des sociétés constituées entre

---

[108] V. pour plus de détails, O. BASSE, *Les formalités de constitution des sociétés commerciales*, Mémoire de Maitrise, Université Gaston Berger (Saint-Louis, Sénégal), 2010.

[109] V. pour plus de détails MAGUETTE DIAW, *Les statuts des sociétés commerciales et droit français et l'acte uniforme portant droit des sociétés commerciales*, Mémoire de Master, UCAD, 2005.

[110] V. art. 11, al. 11 AUS. V. O. BASSE, *Les formalités de constitution des sociétés commerciales*, op. cit.

successibles, si la société est constituée par acte notarié, l'éventuel avantage que pourrait constater l'acte de société au profit d'un héritier ne donnera pas lieu à rapport lors de l'ouverture de la succession[111].

Il est enfin des situations où l'acte authentique est obligatoire : c'est le cas, très fréquent en pratique, des sociétés auxquelles il est fait apport d'un bien ou droit immobilier ou d'un droit au bail d'une durée supérieure à douze ans ; la publicité au bureau des hypothèques étant obligatoire, la rédaction d'un acte notarié est elle-même obligatoire.

68. Cela dit, qu'ils soient établis par acte notarié ou par acte sous seing privé, les statuts doivent être signés par toutes les parties. Celles-ci peuvent le faire directement ou par l'intermédiaire d'un mandataire muni des pouvoirs nécessaires. La société est constituée à compter de la signature de ses statuts[112].

L'acte constitutif de la société doit être établi par écrit. Cet écrit, ce sont les statuts. À défaut de tels statuts, on se trouve en présence d'une société créée de fait qui ne peut être immatriculée et n'a par conséquent pas de personnalité juridique[167].

69. Qui plus est, l'écrit dont la rédaction est exigée est susceptible de remplir plusieurs fonctions : il est, tout d'abord, une condition préalable à l'opposabilité de la société et va servir de support à toutes les mesures de publicité qui achemineront vers l'octroi de la personnalité morale à la société. Seule la société en participation échappe à cette exigence, puisqu'elle se définit comme une société dont les associés ont convenu qu'elle ne serait pas immatriculée, d'où l'on déduit qu'elle peut être prouvée par tous les moyens, quel que soit le caractère civil ou commercial de son objet. C'est là une solution tout à fait particulière à ce type de société. Dans la généralité des cas, l'écrit sera nécessaire pour faire la preuve du contrat de société : il remplit donc une fonction de preuve ; enfin, exceptionnellement, il peut se présenter comme une condition de validité même du contrat de société.

70. Comme instrument de preuve, il convient d'appliquer au contrat de société les règles générales du droit commun de la preuve, ce qui se présente comme une solution dérogatoire puisque normalement la preuve est libre en matière de contrats commerciaux. La question de la preuve de la société est à envisager distinctement selon qu'il s'agit des rapports entre associés ou des rapports de ceux-ci avec les tiers.

La question de la preuve de la société peut se poser, en effet, dans les rapports entre associés : par exemple, si une contestation survient alors que, le contrat de société ayant été conclu, la société n'a pas encore été

---

[111] C. civ., art. 854.
[112] V. art. 101 AUS; V. art. 115 AUS.

immatriculée ; elle est alors régie par le droit des contrats[113], ce qui, en matière de preuve, renvoie à l'article 1341 du Code civil[114]. De même, lors d'un litige survenant entre les associés d'une société supposée nulle : en effet, la nullité fonctionnant sans rétroactivité, à la manière d'une dissolution, il doit être procédé à sa liquidation selon les dispositions des statuts de sorte que, pour obtenir une liquidation et un partage conformes à ses droits, l'associé doit prouver l'existence du contrat de société supposé valable bien qu'aucun écrit n'ait été dressé ; si les contractants veulent contraindre leurs coassociés à l'exécution ou à des dommages-intérêts pour inexécution, ils auront à faire la preuve du contrat.

Dans tous ces cas, c'est une preuve écrite qui doit être fournie ; mais la jurisprudence admet que cette interdiction du recours à la preuve testimoniale ne s'applique pas s'agissant de l'interprétation des clauses obscures des statuts[170]. En l'absence d'écrit, le recours à la preuve par témoins ou par présomptions n'est permis que s'il existe un commencement de preuve par écrit.

Dans les rapports avec les tiers, les associés ne peuvent, en aucun cas, leur opposer une clause ou stipulation qui serait contraire aux statuts tels qu'ils ont été publiés. Quant aux tiers, ils pourront faire la preuve des engagements ou des obligations des associés en invoquant les statuts écrits.

Mais, s'ils peuvent invoquer les statuts, les tiers ne sont nullement tenus de le faire ; ils peuvent, dès lors qu'ils n'ont pas été partie au contrat de société, en prouver l'existence par tous les moyens conformément à la règle du droit commun selon laquelle le contrat, qui est un acte juridique pour les parties, n'est qu'un fait à l'égard des tiers[115]. En outre, les tiers sont en droit d'établir l'existence de la société telle qu'elle leur est apparue, même si sa nature réelle est différente, pourvu que celle-ci leur soit demeurée inconnue[116]. Ils peuvent donc se prévaloir à l'encontre des associés d'un contrat de société qui n'a pas été publié ni passé par écrit lors même que ce défaut de publicité serait une cause de nullité du contrat.

---

[113] C. civ., art. 1842, al. 2.

[114] Nécessité d'un écrit dès lors que l'intérêt litigieux dépasse un certain seuil de somme d'argent. Cass. civ. 4 nov. 1885, DP 1886.1.302, S. 1888.1.365 et 18 nov. 1913, Journ. soc. 1915.258 ;
C. HOUPIN et H. BOSVIEUX, op. cit., t. 1, n 140.

[115] V. O. BASSE, *Les formalités de constitution des sociétés commerciales*, op. cit.,

[116] M. DE GAUDEMARIS, « Théorie de l'apparence et sociétés », *Rev. Sociétés*, 1991, p. 465. Art. 75 AUS. S. BRAHIM, *Le registre du commerce et des sociétés en Mauritanie*, Mémoire de DEA, Université Gaston Berger (Saint-Louis, Sénégal), 2003 ; Art. 77 AUS.

71. Quant à l'écrit comme condition de validité de la société, il faut noter qu'il existe, en effet, des cas exceptionnels dans lesquels l'écrit est requis à peine de nullité de la société elle-même.

En règle générale, l'écrit n'est exigé que pour permettre l'accomplissement des formalités de publicité. L'absence d'acte écrit ne constitue donc pas en principe une cause de nullité. En effet, elle ne figure pas dans la liste limitative des causes de nullité prévues par l'article 75 AUS. La première conséquence du défaut d'écrit sera le blocage du processus de création de la société : à défaut d'écrit, le greffier, chargé de vérifier la régularité de la constitution, ne pourra que refuser l'immatriculation, ce qui empêchera la société d'acquérir la personnalité morale.

72. En outre, les éventuels vices de forme ou irrégularités dans les formalités prescrites peuvent donner lieu à régularisation : une action, à cette fin, est prévue qui est ouverte à tout intéressé et au ministère public. L'existence de l'action, à ce stade initial de la constitution, est cependant controversée parce que cette action *« se prescrit par trois ans à compter de l'immatriculation »*[117] ; certains en déduisent qu'elle ne peut être exercée qu'après l'immatriculation de la société[118] ; on peut toutefois estimer que les trois ans courant à partir de l'immatriculation marquent seulement un point d'aboutissement et non un point de départ : passé ces trois ans, l'action ne peut plus être exercée[119] ; mais rien n'interdit de l'exercer dès avant l'immatriculation et c'est même durant cette période qu'elle présente le plus d'intérêt.

2- Le contenu des statuts

73. L'article 13 de l'AUS précise les mentions obligatoires qui doivent figurer dans les statuts de toute société commerciale. Ainsi, les statuts doivent mentionner : la forme de la société ; sa dénomination suivie, le cas échéant, de son sigle ; la nature et le domaine de son activité, qui forment son objet social ; son siège social ; sa durée ; l'identité des apporteurs en numéraire avec, pour chacun d'eux, le montant des apports, le nombre et la valeur des titres sociaux remis en contrepartie de chaque apport ; l'identité des apporteurs en nature, la nature et l'évaluation de l'apport effectué par chacun d'eux, le nombre et la valeur des titres sociaux remis en contrepartie de chaque apport ; l'identité des apporteurs en industrie, la nature et la durée des prestations fournies par chacun d'eux, le nombre et la valeur des titres sociaux remis en contrepartie de chaque apport ; l'identité des bénéficiaires d'avantages particuliers et la nature de ceux-ci ; le montant du capital social ; le nombre et

---

[117] B. MERCADAL, P. JANIN, A. CHARVÉRIAT et A. COURET, op. cit., n 28443.
[118] V. J. HÉMARD, F. TERRÉ et P. MABILAT, *Sociétés commerciales*, t. 1, 1972, Dalloz, n° 209.
[119] V. Y. CHARTIER, « La société dans le Code civil après la loi du 4 janvier 1978 », *JCP* 1978. I. 2917, spéc. N° 109.

la valeur des titres sociaux émis, en distinguant, le cas échéant, les différentes catégories de titres créées ; les clauses relatives à la répartition du résultat, à la constitution des réserves et à la répartition du boni de liquidation ; les modalités de son fonctionnement.

74. L'article 75 de l'AUS sanctionne le défaut ou l'insuffisance des mentions des statuts. En effet, il énonce : « Si les statuts ne contiennent pas toutes les mentions exigées (...) tout intéressé peut demander à la juridiction compétente, dans le ressort de laquelle est situé le siège social, que soit ordonnée, sous astreinte, la régularisation de la Constitution. Le ministère public peut également agir aux mêmes fins ». Cette action en régularisation vise donc à corriger les statuts et à les rendre conformes aux exigences légales.

B- Les formalités de publicité

75. Le processus de constitution de la société s'achève par l'accomplissement d'un certain nombre d'actes de publicité. La publicité du contrat de société est nécessaire pour faire connaître aux tiers l'existence de la personne morale qui va se livrer à l'exploitation commerciale. Il ne s'agit pas seulement d'une formalité destinée à régler un conflit de droit, mais d'une règle constitutive de la société. Il importe de s'arrêter un instant sur les moyens de la publicité avant de voir quelles peuvent être les sanctions de cette formalité.

Il s'agit de l'immatriculation[120], du dépôt d'actes ou de pièces au greffe et de l'insertion d'un avis dans un journal habilité à recevoir des annonces légales.

L'immatriculation[121] est l'acte par lequel la société accède à la vie juridique. Elle se fait au Registre du commerce et du crédit mobilier tenu par le greffe du tribunal dans le mois qui suit la constitution de la société. En effet, lorsque la société est définitivement constituée, elle fait l'objet d'une inscription au RCCM, qui lui confère la personnalité morale.

---

[120] A. FENEON, A. DELABRIERE, *Rapport relatif à l'élaboration des formulaires et du registre du commerce et du crédit mobilier prescrits par l'Acte uniforme sur le droit commercial général de l'OHADA*, Paris, Cabinet Fénéon, 1998 ; P.S. AKUETE, « L'immatriculation au nouveau registre du commerce et du crédit mobilier », *Revue Togolaise de Droit des Affaires et de l'Arbitrage*, mars 2000, 1998, p. 2 et s. ; A. DELABRIERE, « Le registre du commerce et du crédit mobilier, instrument d'information et de sécurité des créanciers dans l'espace OHADA », *Pénant,* n 840, 2002, p. 369.

[121] V. art. 34 et s. AUDCG ; S. BRAHIM, *Le registre du commerce et des sociétés en Mauritanie*, Mémoire Master, UCAD, 2003.

76. Les greffiers ou les autorités compétentes n'exigent le dépôt d'actes enregistrés auprès des autorités fiscales que lorsque l'enregistrement est obligatoire en application de la loi fiscale de l'État partie[122].

Enfin, un avis de constitution de la société, signé par le notaire ou par les fondateurs, doit être inséré dans un journal destiné à recevoir des annonces légales dans l'État où se trouve le siège social. Cette insertion, qui doit contenir certaines énonciations, doit être faite dans un délai de 15 jours suivant l'immatriculation[123].

77. Toutes les formalités de publicité sont effectuées à la diligence et sous la responsabilité des représentants légaux de la société[181]. Elles visent, pour l'essentiel, à révéler l'existence de la société aux tiers. Il s'agit donc de mesures d'information qui ont une vertu protectrice pour les tiers, et notamment pour les créanciers des fondateurs. Ceux-ci savent désormais, grâce à la publicité, que leur débiteur a participé à la constitution d'une société et, dès lors, ils peuvent user des voies de droit qui leur sont reconnues pour sauvegarder leurs intérêts (action paulienne, action oblique, etc.).

78. En définitive, l'AUS sanctionne les manquements aux règles de constitution de la société. Comme on le verra plus tard, il s'agit d'une sanction grave qui frappe la société. Mais avant d'envisager l'étude des sanctions de violation des conditions de formation du contrat de société de manière générale, il est important de présenter les conditions de formation qui lui sont propres.

Section 2- Les effets du contrat de société commerciale

79. Le contrat de société produit des effets bien sûr à l'égard des parties (Paragraphe 1). Mais le contrat de société commercial donne naissance à une situation que les tiers ne peuvent ignorer (Paragraphe 2).

Paragraphe 1- Les effets du contrat à l'égard des parties

80. Le contrat de société commercial fait naître à la fois des droits (A) et des obligations entre les parties (B).

---

122 V. art. 258 AUS.
123 V. art. 261 et 262
AUS. V. art. 259 AUS.

A- Les droits des parties ou associés

81. Les droits des parties (les associés) sont nombreux. On peut les classer en deux grandes catégories : les droits financiers d'une part (1) et les droits politiques d'autre part (2).

1- Les droits financiers

82. La société a un but lucratif ; les associés y entrent pour gagner de l'argent. Les droits financiers s'expriment essentiellement par la perception de dividendes[124], lesquels correspondent à la distribution des bénéfices réalisés, et par un droit aux réserves qui représentent les bénéfices non distribués. En outre à la dissolution de la société, c'est le boni de liquidation qui sera partagé entre les associés.

La notion de bénéfice est importante, car celui-ci constitue le critère caractéristique de la société et qui permet de la distinguer de l'association[125]. En effet, on considère que si un groupement est fondé dans le but de partager des bénéfices, il y a société. Au cas contraire, il s'agit d'une association. Malgré l'importance qu'il revêt, le législateur n'a pas défini ce qu'est un bénéfice. Sur le plan comptable, les bénéfices recouvrent généralement les résultats annuels de l'entreprise. Cette assimilation est cependant source de confusion. Les bénéfices (ou les pertes) d'un exercice ont toujours un caractère provisoire, puisqu'un résultat en sens contraire, lors d'un autre exercice, peut les faire disparaître. Les « *vrais* » bénéfices n'apparaissent en réalité qu'au moment de la liquidation de la société (a). Par la suite, l'usage naîtra d'autoriser les associés à prélever des fonds en cours de vie sociale (b).

a- Le partage du bénéfice à la dissolution

83. Lorsque la société n'a pas la personnalité juridique, le bénéfice s'obtient en retranchant à tous les produits de l'exploitation les charges y afférentes[126]. Contrairement à une opinion répandue, la détermination du bénéfice est en réalité largement dépendante de la volonté des associés. Même lorsque les règles comptables s'imposent aux associés en raison de la nature commerciale de l'activité, les comptes sociaux peuvent être aménagés par les associés[127]. Dès la rédaction du contrat de société, les associés peuvent parfaitement décider si la contribution de l'un des associés présentera le caractère d'un

[124] Y. DJIGO, *La notion de dividende en droit OHADA*, Mémoire de DEA, Université Gaston Berger, 2012

[125] V. pour une vue générale, H. F. EYONG ONANA, *La participation aux résultats de la société commerciale*, Mémoire de DEA, Faculté des Sciences juridiques et politiques de l'Université de Ngaoundéré (Cameroun), 2009.

[126] V. FATOU GUEYE, *La répartition des bénéfices*, Mémoire de master, UCAD, 2001.

[127] H. HOVASSE, « Comptes sociaux et liberté contractuelle », *Dr. sociétés*, mars 2004, p. 7.

apport ou d'une charge[128]. Si cette contribution est considérée comme une charge, l'associé aura droit à la rémunération prévue, qu'il y ait ou non des bénéfices. Il pourra même se retourner contre ses associés pour en exiger le paiement[129]. Par ailleurs, le bénéfice partageable entre les associés sera diminué du montant de cette charge. À l'inverse, si la contribution constitue un apport, la rémunération prévue ne sera versée que si les produits sont suffisants pour payer toutes les charges.

84. Dans l'hypothèse où la société a la personnalité juridique, le bénéfice à la dissolution se traduit par un boni de liquidation. Celui-ci peut être défini comme ce qui reste après le désintéressement complet des créanciers sociaux et le remboursement des apports au moyen des sommes provenant de la vente des différents éléments du patrimoine de la société. Le bénéfice se présente comme un enrichissement du patrimoine social. Pour être précis, le bénéfice correspond à la valeur nette marchande de l'entreprise commune. Il est effectivement concevable que la liquidation de la société s'effectue en un seul bloc plutôt que par pièces détachées. Lors de la dissolution de la société, la cession de l'entreprise en entier, c'est-à-dire de l'ensemble des biens et/ou des ressources humaines réunis en vue d'une exploitation déterminée, est du reste plus intéressante pour les associés[130]. La valeur d'une entreprise vaut normalement plus que la somme des différents éléments la composant, et ce, en raison de l'effet de synergie provoqué par la réunion de ces mêmes éléments. Cette approche est conforme à la théorie économique[131]. L'évaluation des actions ou des parts sociales nécessite une évaluation préalable de l'entreprise commune. Chaque élément peut d'abord être évalué séparément. Mais il faut également prendre en compte la capacité de l'ensemble à générer des flux financiers supérieurs à ceux normalement produits par l'ensemble des éléments pris individuellement (les *goodwill* ou survaleur). Dans le cas d'une liquidation de la société, les associés se partagent ainsi la valeur nette marchande de l'entreprise, c'est-à-dire la valeur vénale de l'entreprise moins les dettes sociales et les apports. Si l'entreprise n'est plus capable de générer des profits, les éléments sont évalués et cédés individuellement. Dans le cas contraire, la cession de l'entreprise dans son entier reste l'opération la plus intéressante sur le plan financier. La répartition du boni de liquidation s'effectue en principe en fonction des apports. Mais cette règle n'est nullement d'ordre public. Les associés peuvent parfaitement

---

[128] CA Paris, 17 mai 1991, Bull. Joly 1991. 830, note X. DAVERAT.

[129] L. JOBERT, « L'obligation des associés aux dettes à l'égard du créancier associé », *JCP, éd. E*, 2005. 445.

[130] V. J.-P. SORTAIS, « Constitution des sociétés », *Répertoire de droit des sociétés,* op. cit.,

[131] H. E. EYONG ONANA, *La participation aux résultats de la société commerciale*, op. cit., P. DE LA CHAPELLE et B. COUPEZ, *L'évaluation des entreprises*, 2004, Economica ; E. TCHEMINI, *Évaluation d'entreprises,* 2003, Economica ; R. BAKER, C. THIBIERGE et A.-M. SAHLA, *Évaluation des entreprises*, 2002, éd. Les Échos.

convenir d'un autre mode de calcul. Il n'est, cependant, pas possible d'attribuer à l'un des associés la totalité du profit procuré par la société ou d'en exclure totalement un autre[132]. Ces clauses, nulles, sont à vrai dire rares. Il est par exemple parfaitement licite de prévoir l'attribution de la totalité du *boni* de liquidation et le remboursement de tous les apports au dernier associé survivant. Même s'il n'y a pas, au sens propre, de partage des résultats, la clause tontinière n'a rien de léonin, puisqu'il est impossible de savoir *a priori* quel en sera le bénéficiaire[133].

85. L'associé dispose en cours de vie sociale d'un droit latent sur le boni de liquidation. Ce droit peut en effet être analysé soit comme une créance conditionnelle, soit comme une créance à terme. Si l'on considère que le droit aux bénéfices est conditionné par deux événements, à savoir la dissolution de la société et l'existence d'un boni de liquidation, la thèse de la créance conditionnelle doit être retenue. En revanche, si l'on fait valoir que la dissolution de la société est un événement certain et que l'existence d'un boni de liquidation n'a pas d'influence sur la naissance de la créance, mais seulement sur son montant, alors la thèse de la créance à terme s'impose. Or, cette seconde analyse emporte la conviction. D'une part, le contrat de société est impérativement à durée déterminée. D'autre part, contrairement au remboursement de l'apport conditionné par le désintéressement préalable des créanciers sociaux, le partage entre les associés ne dépend d'aucun événement particulier ; il a lieu simplement après paiement des dettes et remboursement du capital.

86. Il est en effet toujours possible que les associés décident d'accroître le montant du capital social en sollicitant de nouveaux apports. Cette opération ne pose *a priori* pas de difficultés majeures. Il suffit d'une décision des associés prise en assemblée. Néanmoins, un problème peut apparaître si l'augmentation de capital est l'occasion de l'arrivée de nouveaux associés. Ces nouveaux membres obtiendront le droit au remboursement de leurs apports, mais également le droit au partage des bénéfices. Or, ce droit au partage des bénéfices concernera aussi bien les bénéfices que la société réalisera dans le futur que les bénéfices déjà réalisés et non distribués. De fait, les nouveaux arrivants acquièrent, dès leur entrée, un droit potentiel au partage des réserves accumulées. La multiplication des prétendants aux réserves accumulées entraîne mathématiquement une baisse de la valeur des droits des anciens associés. Pour que l'augmentation de capital social puisse se réaliser sans préjudice pour les anciens associés, le législateur a ainsi imposé le droit préférentiel de souscription, et la pratique a créé la prime d'émission

---

[132] V. art. 54 al. 2 AUS.

[133] G. BAFFOY, « L'usage de la tontine en droit des sociétés », *JCP, éd. E*, 2003, p. 306 ; M. COZIAN, « La clause tontinière », *Dr. et patrimoine,* 1994, oct. 1994 ; A. DEPONDT, « Les applications du pacte tontinier », *Dr. et patrimoine*, mars 1995, p. 42 ; J.-G. RAFFRAY, « Tontine et contrat de société », *JCP*, éd. N, 1996. I. 375.

afin de sauvegarder les droits latents des actionnaires sur les réserves[134]. En réalité, ces « *réserves* » ne sont rien d'autre qu'une extrapolation du boni de liquidation. Le mode de calcul du droit préférentiel atteste en effet que le législateur a voulu protéger le droit latent de l'actionnaire sur l'enrichissement net du patrimoine social et non seulement sur les seules réserves comptables. Il en ressort que l'associé d'une société dotée de la personnalité morale dispose d'un droit potentiel à une quote-part de la valeur marchande nette de l'entreprise.

b- Le partage du bénéfice en cours de vie sociale

87. En raison de la longévité de la société, le partage du bénéfice à la liquidation de la société s'avère *a priori* peu séduisant pour les associés[135].

Ainsi, annuellement, les associés approuvent les comptes de l'exercice écoulé, constatent l'existence de sommes distribuables et déterminent la part attribuée à chacun sous forme de dividendes[136].

88. Pour percevoir un dividende, deux conditions doivent être remplies. Les comptes de la société doivent attester l'existence de bénéfices distribuables, calculés selon les règles comptables. Une décision collective relative à l'affectation des bénéfices distribuables est également nécessaire[137]. Il est toutefois possible d'aménager ces deux conditions. Concernant la condition économique, le dividende ne peut être versé qu'après constatation de l'existence de sommes distribuables, et est prélevé par priorité sur le bénéfice distribuable de l'exercice. Il y a lieu également de déduire la réserve légale pour les sociétés à responsabilité limitée ou les sociétés par actions. Ces conditions, impératives, peuvent être complétées par d'autres, si les associés le désirent. Des « *actions-reflet* » dites aussi « *actions traçantes* » peuvent de la sorte être créées. Ces actions confèrent à leurs titulaires des dividendes qui reflètent le résultat d'une filiale ou d'une activité particulière de la société distributrice138. L'actionnaire perçoit un dividende à la double condition qu'existent des sommes distribuables, calculées selon le droit comptable et que l'activité ou la filiale génère des profits, calculés selon une méthode

---

134 J.-M. DE BERMOND DE VAULX, *Les droits latents des actionnaires sur les réserves dans les SA*, préf. R. HOUIN, 1964, Sirey p. 3 ; D. GERRY, *Le droit préférentiel de souscription*, Thèse, Paris, 1981 ; A. COURET, *Le droit préférentiel de souscription*, Thèse, Toulouse, 1978.

135 V. pour plus de précisions sur les conditions de répartition des bénéfices, CA de LOME, Arrêt n 044 du 26 mars 2009, OHADA, Recueil de jurisprudence nationale, 2010, p. 95

136 V. pour plus de détails Y. DJIGO, *La notion de dividende en droit OHADA*, Mémoire de DEA, Université Gaston Berger (Sénégal), 2012 ; FATOU GUEYE, *La répartition des bénéfices*, op. cit.,

137 Art. 144 à 146 AUS.

138 A. VIANDIER, « Les actions-reflet », *RJDA* 2001/1, p. 3.

déterminée lors de l'émission des actions. Concernant la décision de distribution, des aménagements sont également envisageables. Le versement d'un dividende peut ainsi être prévu dans les statuts, limitant d'autant le rôle de l'assemblée générale. Il est également loisible de créer des actions dénommées actions de préférence, assorties de droits particuliers de toute nature, à titre temporaire ou permanent par rapport aux droits minimums attachés par la loi aux actions qu'on dénomme de ce fait actions ordinaires. Les actions de préférence peuvent, par exemple, conférer à leurs titulaires un dividende préciputaire. Dans ce cas, les dividendes leur sont d'abord versés, et, si les bénéfices le permettent, le reliquat est attribué aux propriétaires d'actions ordinaires139. L'avantage peut être complété par un système de dividende cumulatif. Au cas où l'insuffisance des bénéfices d'un exercice ne permettrait pas d'effectuer le paiement intégral des dividendes revenant aux titulaires d'actions de préférence, le solde impayé serait prélevé sur les bénéfices du ou des exercices suivants, avant tout prélèvement au profit des propriétaires d'actions ordinaires. Toutes ces combinaisons, et d'autres viennent limiter les pouvoirs de l'organe compétent relativement au montant de la distribution.

89. On s'accorde ainsi à reconnaitre la naissance d'une créance sur le dividende entre les mains de chaque associé dès lors qu'il existe des sommes distribuables et une décision de distribution prise par l'assemblée des associés. En revanche, l'origine de cette créance suscite une vive polémique. D'abord, certains se sont demandé si cette créance ne surgissait pas *ex nihilo*. Mais une telle allégation paraît difficile à soutenir puisque l'origine de cette dernière réside dans le contrat de société. D'autres ont ensuite vu dans le dividende le résultat d'une novation du droit dans les bénéfices. Enfin,

---

[139] M. GERMAIN, « Les actions de préférence », *Rev. sociétés* 2004, p. 597 ; V. MAGNIER, « Les actions de préférence : à qui profite la préférence ? », *D.* 2004. 2559 ; C. BAERT, « Les actions de priorité : une catégorie de titres en voie d'extinction après l'ordonnance du 24 juin 2004 », *Bull. Joly* 2004. 1571 ; B. RICHARD, « Quels droits pour les actions dites de préférence », *Petites Affiches*, 21 janv. 2005, n 15, p. 7 ; J.-M. MOULIN, « Les actions de préférence », *Petites Affiches* 22 sept. 2005, n 189, p. 25 ; F. MONOD, « Droits financiers attachés aux actions privilégiées », *Dr. Sociétés*, mars 1995, chron. 3 ; « Capital-développement. Les pactes d'actionnaires », *Capital Finance*, 1993, p. 37 et s. ; « Droits non financiers attachés aux actions privilégiées », *Dr. sociétés*, juin 1996, chron. 9 ; « Trois innovations révolutionnaires pour les actions de préférence », *Capital Finance*, 2 nov. 2004, p. 10 et 11 ; *Dialogues avec M. JEANTIN*, 1999, Dalloz, p. 213 ; Colloque Paris II, du 24 juin 2004, « Le nouveau droit des valeurs mobilières », *in Dr. et patrimoine*, oct. 2004, p. 79 ; A. LIENHARD, « Présentation de l'ordonnance réformant les valeurs mobilières », *D.* 2004. 1956 ; Ph. BISSARA, « Commentaire de l'ordonnance portant réforme du régime des valeurs mobilières émises par les sociétés par actions », *Rev. sociétés* 2004, p. 461 ; « La réforme du régime des valeurs mobilières », *RD bancaire et fin.* sept.-oct. 2004, p. 348 ; J. MESTRE, « La réforme des valeurs mobilières », *Lamy Sociétés commerciales*, Bull. n 174, déc. 2004 ; M.R. KANA KENGNI, *La distribution des dividendes en droit des sociétés commerciales OHADA*, Mémoire de Master, Dschang (Cameroun), juin 2013, p. 126.

d'autres ont estimé que la créance de dividende ne serait qu'une exécution anticipée du droit au boni de liquidation. Cette réflexion part de la constatation que le calcul des bénéfices distribuables pour un exercice déterminé vise justement à mettre en relief l'accroissement de la valeur nette du patrimoine social pendant cette période, comme s'il s'agissait d'une liquidation anticipée. D'autant que, comme le fait remarquer un auteur, «... *même s'il n'y a pas de distribution, l'actionnaire retrouvera ces sommes à la dissolution ; il ne souffre que d'un retard* »[227]. Toutefois, un obstacle important s'érige contre l'idée que la distribution de bénéfices puisse être considérée comme une exécution anticipée du droit au boni de liquidation. En effet, le jour de la dissolution, l'associé n'est nullement certain de récupérer les sommes non prélevées - et donc mises en réserve -, car, par exemple, le dernier exercice pourrait accuser un déficit qui engloutirait toutes les réserves accumulées. Toutes les sommes qui ne sont pas distribuées restent soumises à l'aléa de l'exploitation. La distribution de dividendes est en réalité un moyen accordé aux associés de soustraire une partie de l'enrichissement du patrimoine social aux risques sociaux. Si cette distribution était considérée comme une exécution anticipée du boni de liquidation, les actionnaires devraient reverser les dividendes perçus en cas d'inexistence de boni de liquidation le jour de la dissolution. L'étude du régime juridique des acomptes sur dividendes atteste également de l'impossibilité de considérer les dividendes comme des exécutions partielles anticipées de la créance à terme sur la valeur nette marchande de l'entreprise. L'autorisation accordée aux associés de prélever certaines sommes en cours de vie sociale a bouleversé l'étendue de leur droit aux bénéfices. Les associés n'ont pas seulement une créance à terme correspondant à la valeur marchande nette de l'entreprise qui apparaîtra le jour de la liquidation, ils disposent également de possibilités conditionnelles de prélèvement sur l'actif en cours de vie sociale. La question se pose alors de savoir si cette faculté, accordée collectivement aux associés, n'entraîne pas la naissance d'un véritable droit individuel de percevoir un dividende lorsque la société réalise des bénéfices distribuables.

90. Dès l'instant où le législateur a prévu pour les sociétés par actions que la vie sociale serait divisée en exercices à l'issue desquels les associés devraient déterminer si la gestion commune a été bénéficiaire et éventuellement procéder à une répartition de ces bénéfices au titre de dividendes, la doctrine s'est interrogée afin de savoir si l'actionnaire n'avait pas un droit aux dividendes. Certains soutinrent que l'associé possède un droit absolu aux dividendes, car l'article 4 de l'AUS ou l'article 1832 du Code civil supposerait la recherche de bénéfices et leur partage immédiat

et intégral[140]. Selon cette thèse, le rôle de l'assemblée serait uniquement de constater le montant exact du dividende à verser, la distribution étant quasi automatique. Cependant, cette conception s'avère critiquable, car l'article 4 AUS n'indique nullement que le partage des bénéfices doit être immédiat. Aussi, pour une autre partie de la doctrine, la mise en réserve ne serait jamais discutable, car il ne s'agirait que d'un simple retard. Sous cet angle, l'associé n'aurait aucun droit aux dividendes ; il bénéficierait essentiellement d'un droit au boni de liquidation. Mais, là encore, l'approche ne fut pas entièrement convaincante dans la mesure où la possibilité de distribuer des bénéfices en cours de vie sociale a été instaurée afin précisément de permettre aux associés de percevoir une partie des bénéfices sans attendre la dissolution de la société. Aujourd'hui, nombreux sont ceux qui pensent que « *la société commerciale est constituée pour réaliser des profits et les distribuer à ses actionnaires. Elle méconnaîtrait gravement son objet, qui est d'incarner l'intérêt commun de ceux-ci en les privant indûment de distribution* »[141].

2- Les droits politiques

91. Certains auteurs[142] considèrent l'associé comme un citoyen de cette cité qu'est la société, d'où ses prérogatives politiques[143]. Non seulement cette citoyenneté ne peut lui être retirée contre son gré et tout associé a le droit de participer aux votes des décisions collectives[596]. Cette prérogative revêt en réalité deux formes : la première est le droit à l'information de l'associé sur les comptes et la politique sociale[144] ; la seconde est le droit de vote qui lui permet de participer aux décisions stratégiques et d'exercer son droit de contrôle sur les dirigeants, en mettant fin à leurs fonctions au besoin[145]. Le droit pour tout associé de participer aux décisions collectives est d'ordre public ; les statuts ne peuvent en conséquence déroger à ces dispositions. Autrement dit, les statuts ne peuvent contenir une suppression pour certains

---

[140] V. AMIAUD, *Traité des comptes de réserves dans les sociétés par actions*, Thèse, Paris, 1920, n 141, p. 244.

[141] Ph. BISSARA, « L'intérêt social », *Rev. sociétés* 1999. 5, spéc. p. 25 ; M.-A. NDJANDEU MOUTHIEU, Thèse, op. cit.,

[142] M. COZIAN, F. DEBOISSY, A. VIANDIER, *Droit des Sociétés*, 29e éd., Litec, 2016, p. 169 et s.

[143] Y. GUEUKAM TCHAKO, *Les prérogatives des associés dans les sociétés commerciales OHADA*, Mémoire de Master, Douala (Cameroun), 2014 ; Y. R., ESSENGUE NSON, *Le droit de vote de l'associé dans l'Acte uniforme sur le droit des sociétés commerciales et du GIE*, Mémoire de Master, Douala (Cameroun), 2010. V. art. 125 AUS.

[144] L. D. NGNINTEDEM, *L'information en droit des sociétés commerciales*, Mémoire de Master, Douala (Cameroun), 2013.

[145] H. MBOVUA EBANG, *Le droit de vote des actionnaires*, Mémoire de Master, UCAD, 2010.

associés du droit de vote non prévus par la loi[146]. Ainsi, dans les SA, la possession d'une action ouvre l'accès aux assemblées générales ; l'AUS ne contenant aucune possibilité de subordonner, par une clause spécifique des statuts, cet accès à la possession d'un minimum d'actions.

92. Le principe d'égalité est ainsi une vertu d'ordre politique encore qu'elle n'ait pas la même portée qu'en droit constitutionnel[147]. Le droit de vote est en effet attaché aux parts sociales ou actions et, par principe, un associé a autant de voix que de titres ; de ce point de vue, le régime peut paraître inégalitaire. La règle selon laquelle un homme vaut une voie est retenue dans les sociétés d'essence non « *capitalistique* », telles que la SNC ou les GIE. Les statuts peuvent toutefois retenir une solution contraire. La loi autorise dans les SA des fantaisies qui seraient irrecevables dans les autres types de sociétés ; on peut en effet y trouver des formules aussi insolites que les actions sans droit de vote, et les actions à droit de vote double. Enfin, on peut rencontrer dans les SAS des actions à droit de vote multiples.

B- Les obligations des parties

93. Le contrat de société fait naître principalement deux types d'obligation à la charge des parties ou associés : une obligation qui naît dès la formation de la société, qui s'analyse en l'obligation pour chaque partie de réaliser un apport (1), et une autre qui dure toute la vie du contrat et parfois lui survit même, la contribution aux dettes (2).

1- Les apports

94. L'obligation d'apport est une obligation légale. Il résulte de l'article 37 de l'AUS que « *Chaque associé doit faire un apport à la société* ». C'est la confusion des apports des associés qui constituent l'élément de base du patrimoine social. Chaque apport donne droit à une contrepartie que l'on appelle « *part sociale* » ou « *action* ». Comme le dit l'art. 38 « *En contrepartie de leurs apports, les associés reçoivent des titres émis par la société...* ». Ces titres représentent les droits des associés[148].

Il existe différentes sortes d'apports dont la réunion constitue en principe le capital social. L'article 37 al. 2 énonce que « *Chaque associé est débiteur envers la société de tout ce qu'il s'est obligé à lui apporter en numéraire, en nature ou en industrie* ». Il en résulte qu'il existe trois principales formes

---

[146] F. M. FATOU, *Le droit de contrôle des associés de la gestion sociale*, Mémoire de Maitrise, Université Gaston Berger (Saint-Louis, Sénégal), 2003 ; Cass. com. ; 9 févr. 1999 : *Rev. sociétés* 1999, p.80, note Le CANNU.

[147] M. COZIAN, F. DEBOISSY, A. VIANDIER, op. cit., p. 170.

[148] V. art. 51 AUS.

d'apports : les apports en numéraire, les apports en nature et les apports en industrie. La liste des apports est limitative, comme le confirme l'article 40 *in fine : « Tout autre apport est interdit »*. Il s'agira donc essentiellement des apports en numéraire (a), en nature (b) ou en industrie (c).

a- Les apports en numéraire

95. L'apport en numéraire n'est autre que l'apport d'une somme d'argent. Cette forme d'apport a les faveurs du législateur, qui autorise même les associés à différer la transmission effective des fonds. La souscription, qui fait naître sur la tête de l'associé l'obligation d'effectuer son apport, doit effectivement être distinguée de la libération de l'apport, qui correspond à la mise à disposition effective de l'apport, c'est-à-dire au versement au profit de la société de la somme promise. La société ne peut être créée que si les associés ont souscrit des apports. En revanche, les conditions de la libération des apports sont généralement déterminées par les statuts, qui peuvent imposer soit une libération immédiate, soit une libération par fractions échelonnées. Pour certaines sociétés, la liberté en ce domaine est totale. À la limite, on estime que les associés d'une société en nom collectif ou d'une société civile pourraient parfaitement libérer leurs apports 99 ans après la création de leur société[149]. Mieux, la libération pourrait intervenir par affectation des bénéfices réalisés. Comme le soulignent certains auteurs, « *cette grande liberté tempère considérablement le principe de l'exigence des apports posé par l'article 1832 C. civil* ». Quoi qu'il en soit, lorsque l'associé n'exécute pas volontairement son obligation, il peut y être contraint par ses coassociés ou par les créanciers sociaux, tant par la voie de l'action oblique[150] que par la voie d'une action directe que leur a reconnue la jurisprudence[151].

L'associé n'étant pas un philanthrope, les sommes qu'il verse à la société devront lui être remboursées. Mais ce remboursement n'interviendra normalement qu'à la dissolution de la société, sous réserve que les créanciers sociaux aient été intégralement désintéressés au préalable. Le droit au remboursement de l'apport étant conditionnel, l'associé se trouve dans une situation nettement moins favorable qu'un prêteur[152]. Il effectue un « prêt » hasardeux et apparaît comme une sorte de créancier de dernier rang. Mais ses gains potentiels seront à la hauteur de cet aléa, puisqu'il percevra une quote-part des bénéfices. Les entrepreneurs cherchent cependant généralement à limiter leurs risques. Le montage le plus classique et le plus répandu consiste à n'apporter que les sommes strictement nécessaires sur le plan juridique et à

---

[149] Pour ce cas de figure, V. C. FÉLIX, « De l'importance du capital social dans certaines sociétés civiles immobilières », *JCP*, 1984. I. 13.

[150] C. civ., art. 1166.

[151] Cass. civ. 4 janv. 1887, DP 1887. 1. 124.

[152] J.-P. SORTAIS, « Constitution des sociétés », *Répertoire de droit des sociétés,* op. cit.,

prêter le restant sous forme d'un prêt, qualifié maladroitement d'apport en compte courant.

96. L'apport en numéraire se distingue des « *apports en compte courant* », simples opérations de prêt, dans lesquelles un associé accepte de mettre à la disposition de la société une certaine somme, productrice d'intérêts et destinée à être remboursée soit à tout moment, soit à un certain délai de date. Contrairement à l'apport ordinaire, l'avance en compte courant n'est donc nullement irréversible ou conditionnelle, sauf dispositions contractuelles particulières. L'associé peut récupérer son avance même si les affaires ne sont pas florissantes[153].

En définitive, il convient de relever que les apports en numéraire sont réalisés par le transfert à la société de la propriété des sommes d'argent que l'associé s'est engagé à lui apporter[154]. Ils sont libérés intégralement lors de la constitution de la société. Ne sont considérés comme libérés que les apports en numéraire correspondant à des sommes dont la société est devenue propriétaire et qu'elle a intégralement et définitivement encaissées.

97. En cas de retard dans le versement, les sommes restantes dues à la société portent de plein droit intérêt au taux légal à compter du jour où le versement devait être effectué, sans préjudice de dommages et intérêts, s'il y a lieu. À moins que les statuts ne l'interdisent, les apports en numéraire réalisés à l'occasion d'une augmentation de capital de la société peuvent être réalisés par compensation avec une créance certaine, liquide et exigible sur la société

b- Les apports en nature

98. Les apports en nature comprennent tous les apports autres qu'en espèces. Mais, la loi se veut plus précise. De la combinaison de l'art. 40 al. 3 et 45 AUS, il ressort que les apports en nature sont réalisés par le transfert à la société des droits réels portant sur des biens mobiliers ou immobiliers, corporels ou incorporels et par la mise à la disposition effective des biens sur lesquels portent ces droits. Ils peuvent même consister en un apport de droits personnels (créances). Comme les apports en numéraire, les apports en nature sont libérés intégralement lors de la constitution de la société[196].

99. Le législateur ayant parfois imposé des seuils minimums d'apports, il est nécessaire de procéder à leur évaluation afin de savoir si le seuil est dépassé ou non. Cette phase est délicate. L'associé cherchera éventuellement à «

---

[153] I. URBAIN-PARLEANI, *Les comptes courants d'associés*, 1986, LGDJ ; J. CALVO, « Les comptes courants d'associés, aspects juridiques et fiscaux », *Petites Affiches*, 1998, n 8 ; A. COURET, « Dépendance ou indépendance des qualités d'associé et d'apporteur en compte courant », *Bull. Joly* 1992. 7 ; D. DANET, « Comptes courants d'associés : pour en finir avec un apartheid juridique », *RTD com*. 1993. 55.
[154] Art. 41 et s. AUS. V. art. 45 al. 2.

gonfler » la valeur de son apport. Si l'apport est surévalué, les créanciers sociaux seront lésés. La valeur réelle des biens apportés, qui constituent leur principale garantie dans les sociétés à risque limité, se révélera inférieure à leurs espoirs légitimes. De plus, l'apporteur en question sera abusivement privilégié par rapport à ses coassociés. Il obtiendra plus de droits dans le capital social que ce à quoi il pourrait normalement prétendre, ce qui introduira nécessairement un déséquilibre dans la société. Si, au contraire, l'apport est sous-évalué, les créanciers sociaux ne souffriront d'aucun désagrément. En revanche, l'associé apporteur sera lésé puisqu'il ne recevra pas la juste contrepartie de son apport. Mais l'associé est normalement en mesure de défendre lui-même ses intérêts vis-à-vis de ses coassociés. Dès lors, le législateur a surtout cherché à éviter les surévaluations en mettant en place un dispositif de contrôle par un commissaire aux apports. L'opération génère des coûts non négligeables, même si le législateur a parfois allégé le contrôle pour tenir compte de cette contrainte financière.

100. L'apport en nature peut se faire suivant deux modalités : soit en pleine propriété, soit en jouissance.

L'associé peut apporter la propriété d'un bien ou seulement un droit réel démembré, tel l'usufruit. Mieux, il peut se contenter d'apporter la jouissance d'un de ses biens. Cette faculté le met dans une situation bien plus confortable qu'un apporteur en numéraire.

L'apport en pleine propriété consiste, pour l'associé apporteur, à transférer définitivement la propriété du bien à la société. Celle-ci en devient donc la propriétaire dès lors que le transfert s'est effectué conformément à la loi et notamment si les formalités usuelles de publicité ont été réalisées (tout dépend de la nature du bien concerné : immeuble, fonds de commerce, etc.). La société bénéficie de la même protection que l'acquéreur d'une chose. En effet, l'art. 46 prévoit que « *Lorsque l'apport est en propriété, l'apporteur est garant envers la société comme un vendeur envers son acheteur* ». Cela revient à dire que l'apporteur garantit la société contre les vices cachés de la chose et contre l'éviction.

101. Quant à l'apport en jouissance, en principe, il s'agit d'un mode exceptionnel d'apport. L'apport en jouissance consiste à mettre un bien à la disposition de la société sans lui en transférer la propriété. Autrement dit, la société va pouvoir user du bien pendant le délai prévu, mais l'associé apporteur en demeure propriétaire. Il rentre normalement en possession du bien soit au terme du délai, soit à la dissolution de la société (droit à restitution).

En matière d'apport en jouissance, il convient de distinguer plusieurs hypothèses. En premier lieu, s'il s'agit d'un corps certain, il y a apport en usufruit, c'est-à-dire que l'apporteur transfère à la société l'usufruit de la chose (usus et fructus), mais en conserve la nue-propriété (abusus). Dans ce cas, l'apporteur, comme le dit l'art. 47, est garant envers la société comme un bailleur envers son preneur. Autrement dit, il doit entretenir la chose pour qu'elle soit en état de servir à l'usage pour lequel elle a été apportée, et, d'autre part, assurer une jouissance paisible à la société. En second lieu, lorsque l'apport porte sur des choses de genre (choses fongibles) ou sur des choses consomptibles, il y a en réalité transfert de la propriété des biens apportés à la société, à charge, pour la société, dit l'art. 47, « *d'en rendre une pareille quantité, qualité et valeur* ». Dans cette hypothèse, l'apporteur est garant, envers la société, du vice caché de la chose et contre l'éviction.

102. Quoi qu'il en soit, pour un apport en jouissance d'un corps certain, si la société-personne morale fait faillite, le bien apporté échappera à l'action des créanciers sociaux, puisqu'il ne fait pas partie du patrimoine social[155]. Ainsi s'expliquent d'ailleurs certaines recommandations de praticiens qui militent pour les apports de sommes d'argent en jouissance[156]. Ces apports permettraient de réduire le risque subi par les associés. Au demeurant, les apports en jouissance de « *choses de genre* », dont la monnaie n'est qu'une espèce, ne sont pas soumis au même régime. En cas de liquidation judiciaire, l'associé ne sera nullement certain de récupérer ses fonds, spécialement si la totalité de l'actif s'est volatilisée. Mais cet exemple est néanmoins symptomatique des recherches entreprises par les praticiens pour limiter, autant que faire se peut, les risques des associés, et par-delà, le montant des apports[157].

Dans tous les cas, les associés évaluent les apports en nature[158]. Cette évaluation est contrôlée par un commissaire aux apports. Les statuts contiennent l'évaluation des apports en nature.

c- Les apports en industrie

103. On considère qu'il s'agit d'une variété d'apports en nature[159]. Les apports en industrie sont des apports en connaissances techniques ou professionnelles ou en services[160]. L'associé peut apporter son activité

---

155 C. REGNAUT-MOUTIER, *La notion d'apport en jouissance*, LGDJ, 1994 ; N. DECOOPMAN, « La notion de mise à disposition », *RTD civ.* 1981, p. 301.

156 P. ENGEL, « Associé et créancier : l'apporteur en jouissance dans les sociétés de capitaux », *JCP*, éd. E, 1998, prat, p. 2056 et s.

157 J.-P. SORTAIS, « Constitution des sociétés », *Répertoire de droit des sociétés,* op. cit.,

158 V. art. 49 et s. AUS.

159 V. pour plus de détails D. R. SOH FOGNO et C. TALLA, « L'apport en industrie en droit des sociétés de l'OHADA », in *Annales de la Faculté des Sciences juridiques et politiques de l'Université de Dschang*, 2009, p. 199-226 ; DOUDOU GUEYE, *L'apport en industrie*, Mémoire de master, UCAD, 2001.

160 V. art. 40 AUS ; DIALLO BADARA, *Le régime juridique des apports en industrie : réflexion sur une réalité inexistante*, Mémoire de Master, UCAD, 2008 ; I. DAW PAPA, *Le régime juridique des apports en industrie : Réflexions sur une réalité inexistante*, Mémoire UCAD, 2008, p. 23 ; GUEYE DOUDOU, *L'apport en industrie*, Mémoire UCAD, 2001, p.18.

professionnelle, ses connaissances techniques, voire le crédit que peut représenter son image. L'apport en industrie n'est licite que si son objet est lui-même dans le commerce et, par voie de conséquence, ne heurte aucune disposition d'ordre public. C'est ainsi qu'on ne saurait admettre, sous peine d'encourir les sanctions de la corruption, qu'un homme politique apporte son crédit politique à quelque société que ce soit.

104. L'apport en industrie est traditionnellement présenté comme un apport futur et successif. Les diligences effectuées par les fondateurs pour la constitution de la société ne leur permettent pas de devenir associés et d'obtenir une quote-part des bénéfices dans la mesure où leurs prestations sont réalisées au moment de la création de la société et non après. Par ailleurs, le caractère successif de l'apport en industrie a pour conséquence que les risques pèsent sur l'apporteur. Si l'associé interrompt sa contribution pour une cause quelconque, comme la maladie, un accident ou un décès, ses droits dans la société s'en trouveront généralement affectés. L'apport en industrie est de la sorte affectée d'un vice congénital qui le rend peu attractif. Pour en prendre pleinement conscience, il suffit de comparer la situation de l'apporteur d'un bien avec celle d'un apporteur en industrie. L'associé, qui se contente d'apporter un ordinateur portable dont la valeur sera proche de zéro au bout de 20 ans, aura droit au partage des bénéfices pendant toute la durée de vie de la société (soit 99 ans indéfiniment renouvelables), alors que l'apporteur en industrie n'aura plus aucun droit de percevoir des bénéfices s'il vient à cesser son activité après vingt ans de bons et loyaux services. La situation est d'autant plus difficile pour l'apporteur en industrie qu'il lui est impossible de se substituer un tiers pour poursuivre sa contribution. Le caractère *intuitu personae* de ce type d'apport explique cette solution. L'apporteur en industrie reçoit, en échange de son apport, des parts d'industrie. Mais, contrairement aux parts sociales attribuées en rémunération des autres apports, ces parts sont incessibles et doivent être annulées lorsque leur titulaire perd la qualité d'associé pour quelque cause que ce soit. Sauf à considérer qu'une libération intégrale pourrait avoir lieu au moment de la constitution de la société, sous forme d'une transmission d'un savoir-faire, par exemple, et que l'apporteur recevrait en contrepartie des parts sociales ou des actions cessibles ou négociables, l'apport en industrie restera pour longtemps un mal-aimé[161]. Une société ne peut être valablement constituée dans l'hypothèse où les associés se contenteraient d'apporter exclusivement leur industrie. Il est vrai que cette forme d'apport est expressément interdite dans les sociétés anonymes.

---

161 C. MALECKI, « L'apporteur en savoir-faire : du mal-aimé au bien-aimé ? », *Bull. Joly* 2004. 1169 ; L. NURIT-PONTIER, « Repenser les apports en industrie », *LPA,* 3 juill. 2002, p. 4 ; E. RICHARD [sous la direction de], *Droit des affaires, Questions actuelles et perspectives historiques*, 2005, PU Rennes, p. 271

Cependant, la jurisprudence a déjà reconnu qu'une société de fait peut-être créée entre deux associés, simples apporteurs en industrie[162].

105. S'il désire contribuer par son travail à l'entreprise commune, l'associé peut choisir un statut parfois plus attractif que celui d'apporteur en industrie. Il peut, en plus d'être associé par le biais d'un apport en numéraire ou en nature, devenir salarié ou dirigeant. En choisissant d'être salarié, l'associé percevra une rémunération en contrepartie de son travail, même si la société ne réalise pas de bénéfices. Mieux, si la société réalise des bénéfices, il y aura droit, le cas échéant par le biais des règles de la participation et de l'intéressement. Le salarié peut même aujourd'hui devenir associé sans verser le moindre apport, au moyen d'une distribution d'actions gratuites[163]. Dans certains pays, le législateur souhaite même instaurer un « *dividende du travail* »[164]. L'évolution est telle que l'on peut sérieusement se demander si le futur modèle de la société n'est pas celui de la société anonyme à participation ouvrière. Instituée en France par une loi du 26 avril 1917, cette société particulière est une structure dans laquelle une seule et même prestation de travail vaut à la fois exécution d'un contrat de travail et libération d'un apport en industrie. La pierre angulaire de cette construction est constituée par les « *actions de travail* » créées à côté des actions de capital et attribuées collectivement au personnel de la société. Poursuivant dans cette logique, le législateur contemporain a tendance à considérer que le travail du personnel salarié de la société est une sorte d'apport qui doit être rémunéré par le versement d'une quote-part des bénéfices et par l'octroi de titres ayant les mêmes caractéristiques que les actions ordinaires. Mais, contrairement à l'associé apporteur en industrie qui risque de ne pas être rémunéré pour le travail accompli, le salarié, devenu également associé, perçoit un salaire, quels que soient les résultats de l'activité. Le statut de salarié est d'autant plus intéressant qu'il existe de nombreuses règles protectrices, par exemple en matière de salaire minimum, de licenciement, d'assujettissement à la Sécurité sociale, de la fiscalité des traitements et salaires, etc. Les avantages du contrat de travail sont tel que l'apport en industrie ne peut attirer que ceux qui trouvent le statut de salarié trop coûteux en raison précisément des charges sociales. Dans ce cas de figure, l'associé a alors la possibilité d'opter pour le statut de dirigeant.

---

162 V. DIALLO BADARA, *Le régime juridique des apports en industrie : réflexion sur une réalité inexistante*, op. cit., Cass. 1 civ. 16 juill. 1997, Bull. Joly 1997. 992, note J.-J. DAIGRE

163 J.-Ph. DOM, « L'attribution gratuite d'actions », *Bull. Joly* 2005. 188 ; M. VASSEUR, « La loi du 24 octobre 1980 créant une distribution gratuite d'actions en faveur des salariés des entreprises et les principes du droit français », *D.* 1981, chron. 63 ; Y. GUYON, « La distribution gratuite d'actions aux salariés », *JCP*, 1982. I. 3006 ; A. VIANDIER, « La loi créant une distribution gratuite d'actions aux salariés », *Rev. Sociétés*, 1981. 475.

164 En France, par exemple, V. La Tribune, 10 mars 2006, p. 4.

106. Cela dit, il convient de noter que l'apport en industrie n'est pas admissible dans toutes les formes de société. Il ne peut être effectué au profit des sociétés dont la responsabilité des associés est limitée au montant de leurs apports, principalement la société anonyme[165]. Enfin, cette forme d'apport pose, plus que toute autre, le problème de son évaluation. Il est généralement admis que celui qui n'a apporté que son industrie doit être traité comme l'apporteur en numéraire ou en nature qui a le moins apporté[166].

Il convient de préciser que, quelle que soit la forme de l'apport, celui-ci doit être réel, effectif (c'est-à-dire de nature à procurer à la société un bien ou une activité représentant une valeur certaine) et non fictif. L'apport fictif est nul. Les tribunaux apprécient souverainement le caractère fictif ou non des apports. Ont été jugés fictifs : les apports d'un bien par une personne qui n'en est pas ou n'en est plus propriétaire ; d'un bien sans valeur pécuniaire (brevet nul ou périmé) ; d'un bien ne pouvant être transféré à la société. Cette appréciation doit se faire au moment de la constitution de la société, soit au jour de la signature des statuts ou de l'augmentation du capital. C'est dire que toute perte de valeur postérieure du bien ne doit pas être prise en considération.

107. En définitive, il faut noter que les apports en industrie ne concourent pas à la formation du capital social, mais donnent lieu à l'attribution de titres sociaux ouvrant droit au vote et au partage des bénéfices et de l'actif net, à charge de contribuer aux pertes. Toutefois, les droits de vote attachés aux titres sociaux résultant d'apports en industrie ne peuvent être supérieurs à vingt-cinq pour cent (25%) de l'ensemble des droits de vote. La part totale attachée à ces titres sociaux ne peut excéder vingt-cinq pour cent (25%) des bénéfices, de l'actif net et des pertes de la société.

2- La contribution aux dettes

108. L'article 4 AUS, *in fine*, dispose que « *les associés s'engagent à contribuer aux pertes* ». L'introduction expresse de cette règle est cependant source de troubles en raison du vocabulaire employé. Que signifie contribuer aux pertes ?

L'expression « *les associés s'engagent à contribuer* » de l'article 4 suscite d'autres interrogations. Elle semble impliquer une obligation positive, une obligation de faire à la charge de l'associé, celle de combler les pertes. En réalité, la contribution aux pertes consiste essentiellement dans une obligation de ne pas faire. Pour comprendre cette affirmation, il convient d'abord de

---

165 V. 50-1 AUS ; V. M. L. DIOP, *L'apport dans la société commerciale OHADA*, Mémoire de Maitrise, Université Gaston Berger (Saint-Louis, Sénégal), 2008.

166 V. art. 1853 al 2 C. civ cam : « *À l'égard de celui qui n'a apporté que son industrie, sa part dans les bénéfices ou dans les pertes est réglée comme si sa mise eût été égale à celle de l'associé qui a le moins apporté* ».

préciser ce que n'est pas la contribution aux pertes en la distinguant de notions voisines, comme l'obligation aux dettes et l'obligation de répondre aux appels de fonds (a) ; avant de découvrir, par la suite, ce qu'elle est véritablement (b).

a- Ce que n'est pas la contribution

109. La contribution aux pertes sociales est relative aux rapports entre les associés et la société ou entre les associés entre eux, alors que l'obligation aux dettes sociales est relative aux rapports entre les associés et les créanciers sociaux. Les associés sont obligés aux dettes sociales lorsque les tiers peuvent leur demander directement le paiement d'une dette, même s'ils ne sont pas considérés comme parties au contrat passé. Les sociétés civiles et les sociétés en nom collectif fonctionnent selon ce principe. L'obligation aux dettes apparaît comme une garantie très importante pour les tiers qui contractent avec ces sociétés. Si des mesures d'exécution contre la société se révèlent infructueuses, voire si celle-ci refuse de payer, les créanciers pourront directement poursuivre les associés sur leur patrimoine personnel. Cette garantie existe que la société soit bénéficiaire ou déficitaire. Elle est d'autant plus intéressante pour les créanciers qu'elle est indéfinie. Mieux, dans les sociétés en nom collectif, les associés répondent indéfiniment et solidairement des dettes sociales. Autrement dit, le créancier peut à son gré se borner à attraire un seul des associés pour le paiement de l'intégralité de la dette. C'est après ce paiement que la contribution aux pertes jouera le cas échéant dans les relations entre les associés. Celui qui aura payé pourra se retourner contre ses coassociés en exigeant d'eux qu'ils contribuent aux pertes conformément aux dispositions statutaires. La contribution aux pertes peut être généralement calculée selon la part de chaque associé dans le capital social[167], mais il est possible de prévoir un autre mode de répartition. La seule limite est fixée par l'article 54, alinéa 2 AUS qui prohibe les stipulations qui exonéreraient un associé de toute contribution aux pertes ou mettraient à la charge d'un autre la totalité des pertes[168].

110. L'obligation de contribuer aux pertes, qui existe dans toutes les sociétés, doit également être distinguée de l'obligation de répondre aux appels de fonds, qui n'existe que dans certaines sociétés. En effet, la responsabilité indéfinie des sociétés civiles et des sociétés en nom collectif invite parfois les associés à faire en sorte que leur société soit en mesure d'honorer ses engagements, sous peine de poursuites directes et déplaisantes. Ces derniers prévoient par conséquent dans les statuts qu'ils reconstitueront, au fur et à mesure, l'actif de la société pour lui permettre de payer ses dettes. Le versement d'appels de fonds successifs est généralement lié à la constatation

---

[167] V. art. 54 al. 1 AUS.

[168] V. J.-P. SORTAIS, « Constitution des sociétés », *Répertoire de droit des sociétés,* op. cit.,

de pertes comptables. La répartition des charges peut être déterminée à proportion des apports de chaque associé ou à partir d'autres critères[169]. Une telle clause est très fréquente dans les sociétés dont l'objet n'est pas de réaliser des bénéfices, mais des économies. N'ayant pas vocation à réaliser des profits, leur résultat d'exploitation est chroniquement déficitaire et leurs comptes ne peuvent être équilibrés que si les associés leur donnent régulièrement des moyens financiers suffisants. Dans les sociétés qui ont pour objet la réalisation de bénéfices, une telle stipulation est plus exceptionnelle, mais elle demeure possible. Il est vrai que, pour ces sociétés, les bénéfices accumulés doivent normalement permettre le paiement des créanciers sociaux. Mais les statuts pourraient prévoir que l'appel de fonds interviendra, comme la répartition des bénéfices, chaque année, dès que l'assemblée aura approuvé les comptes de l'exercice au cours duquel une perte sera apparue. Une telle clause a l'avantage de faciliter la trésorerie de la société. On ne s'étonnera d'ailleurs pas que les appels de fonds soient souvent qualifiés d'appels de trésorerie.

111. Ces appels de fonds suscitent néanmoins diverses interrogations juridiques. S'agit-il d'apports nouveaux ? La réponse est assurément négative. L'apport en numéraire est bien la mise à disposition de la société d'une somme d'argent. Mais, contrairement à l'appel de fonds, l'apport en numéraire est rémunéré par un droit dans le capital social. À la dissolution de la société, l'associé aura le droit de reprendre ses apports, mais non les appels de fonds. S'il reste de l'argent après le remboursement des apports, les associés se partageront ce boni de liquidation comme s'il s'agissait d'un bénéfice. Par ailleurs, un associé ne peut jamais être contraint de faire un apport nouveau. En effet, même si la majorité peut décider de procéder à une augmentation du capital social, les associés ne sont pas tenus d'y souscrire[170]. Une augmentation obligatoire de ses apports, par l'associé, serait analysée en une augmentation de ses engagements, qui ne saurait lui être imposée. Par conséquent, si l'appel de trésorerie pouvait être qualifié d'apport nouveau, personne ne pourrait contraindre l'associé à y souscrire.

S'agit-il de l'exécution de l'obligation de contribuer aux pertes ? On peut penser que le versement de cotisations n'est qu'une modalité de la contribution aux pertes prévue par l'article 4 AUS. En vérité, cette affirmation n'est pas satisfaisante. Elle pourrait laisser croire que l'associé est toujours tenu de répondre aux appels de trésorerie même quand cette faculté n'a pas été prévue dans les statuts. L'obligation de contribuer aux pertes ne joue en réalité qu'au moment de la dissolution de la société. Cette solution ne doit pas surprendre.

---

169 CA Paris, 27 juin 2000, *Bull. Joly* 2001. 193, note H. LE NABASQUE, *JCP*, éd. E, 2000. 1594.

170 V. *CCJA*, arrêt n° 12, affaire : Compagnie Bancaire de l'Atlantique Côte d'Ivoire dite cobaci c/ 1) Société Shaftesbury Overseas ltd ; 2) Société Benath Company ltd, le juris-ohada, n° 4/2006.

La contribution aux pertes n'intervient, sauf dispositions statutaires contraires adoptées à l'unanimité, qu'à la dissolution. L'obligation de contribuer aux pertes impose-t-elle pour autant une obligation de combler le *mali* de liquidation ? Pour répondre à cette question, il convient d'approfondir la notion de contribution aux pertes.

b- Ce qu'est la contribution aux pertes

112. On prétend généralement que la contribution aux pertes serait la contrepartie du droit aux bénéfices (ou aux économies). Mais il a déjà été vu que le droit aux bénéfices avait pour contrepartie l'obligation de réaliser un apport. En réalité, la notion de contribution aux pertes est consubstantielle de la notion d'apport et de droit aux bénéfices. Parce que les apports ne sont remboursés qu'après désintéressement complet des créanciers sociaux, les associés supportent le risque de perdre leurs apports. Par là même, ils acceptent de contribuer aux pertes. De la même manière, les associés ne peuvent percevoir des dividendes tant qu'il n'y a pas de bénéfices distribuables. Si des pertes comptables sont enregistrées, les associés ne pourront percevoir aucune rémunération. Les gains que l'associé obtiendra de la société ne peuvent en aucun cas être certains. Les clauses d'intérêt fixe qui garantissent aux associés le paiement d'un intérêt en contrepartie de leurs apports, quels que soient les résultats de l'activité, sont nulles. De même, un dirigeant ne peut s'engager, en cette qualité, à verser aux autres associés de la même société une somme annuelle minimale en rétribution de leurs parts sociales. Un tel engagement aurait pour effet de dispenser ces associés de leur participation aux pertes pour les exercices déficitaires, tout en assurant la rémunération de leurs apports, quel que soit le résultat de l'exploitation. En fait, ce qui compte, c'est que subsiste pour chacun un espoir de profit, mais aussi un risque. L'obligation de contribuer aux pertes se traduit donc fondamentalement par une obligation de ne pas faire ; ne pas percevoir de dividendes tant qu'il y a des pertes (comptables), ne pas reprendre son apport tant que les créanciers ne sont pas désintéressés, sauf dérogations légales[171].

113. Dans les sociétés à risque illimité, telles les sociétés en nom collectif, les associés devront éventuellement payer certaines dettes si les actifs sont insuffisants pour régler l'intégralité du passif social. Mais cette obligation positive résulte avant tout de l'obligation aux dettes et non de la contribution aux pertes. Un associé, pourtant responsable indéfiniment des dettes sociales, pourrait parfaitement limiter son risque au montant de son apport. Si un créancier lui demande de payer une dette sociale, il devra s'exécuter, car la limitation de son engagement ne sera pas opposable aux tiers. En revanche, il pourra se retourner contre ses coassociés afin d'obtenir le remboursement du

---

[171] J.-P. SORTAIS, « Constitution des sociétés », *Répertoire de droit des sociétés,* op. cit.,

trop-payé, c'est-à-dire le remboursement de l'intégralité de la dette. Il aura en effet déjà contribué aux pertes en effectuant son apport et en acceptant de l'exposer aux risques de l'entreprise commune.

114. Dans les sociétés à risque limité, la mise en œuvre de la procédure de réduction du capital motivée par des pertes contraint parfois les associés à procéder à de nouveaux apports pour reconstituer le capital social[172]. En effet, lorsque le montant des pertes est tel qu'il dépasse la moitié de son capital, les associés peuvent être convoqués, aux fins de décider ou non la dissolution de la société. S'ils écartent la dissolution, les capitaux propres doivent être reconstitués à hauteur d'au moins la moitié du capital. Bien évidemment, si la réduction fait passer le capital social en dessous du minimum légal, les associés doivent s'engager dans le même temps à l'augmenter. Cette opération est qualifiée de « *coup d'accordéon* », car on diminue le capital social pour l'augmenter dans la foulée[173]. Mais, même dans cette situation, les associés ne sont pas individuellement tenus de faire de nouveaux apports. Seuls certains d'entre eux pourraient participer à l'augmentation du capital social. De manière curieuse, la jurisprudence décide que, lorsque le capital social est d'abord ramené à zéro, ceux qui n'ont pas souscrit à l'augmentation du capital social ne font plus partie de la société[174]. La Cour de cassation justifie cette exclusion en affirmant qu'il s'agit d'une modalité de la contribution aux pertes. Cette explication n'est pas très convaincante. La contribution aux pertes n'a pour limite que la règle selon laquelle « *en aucun cas les engagements d'un associé ne peuvent être augmentés sans le consentement de celui-ci* ». Une décision de la majorité des associés ne saurait ainsi contraindre l'un des associés à verser à la société une somme supérieure à celle qu'il s'était engagé à fournir. Même si une assemblée peut parfaitement décider, à la majorité qualifiée, de procéder à une augmentation du capital social, aucun associé ne peut être contraint à y souscrire. La survenance de difficultés financières n'impose en réalité aucune obligation supplémentaire à la charge des associés ou de l'un d'entre eux. Pour surmonter cet obstacle, la jurisprudence affirme que « *la*

---

[172] Cour d'appel d'Abidjan, arrêt n° 27 du 13 janvier 2004, Affaire CMA-CI c/ Mlle EDDUKOU KWAME MOKOI Jocelyne Suzanne et autres, in *Juridis Périodique* n° 74-2008, p.15 et s., Observations R. NEMEDEU.

[173] S. SYLVESTRE-TOUVIN, *Le coup d'accordéon ou les vicissitudes du capital*, 2003, PUA ; B. MAUBRU, « La perte du capital des sociétés à risque limité », *Defrénois* 1983, art. 33142, p. 1185 ; A. FAUCHON, « La validité de l'opération-accordéon encore renforcée », *Bull. Joly*, 1999. 943 ; B. CAILLAUD, *L'exclusion d'un associé*, Sirey, 1966 ; M. BOIZARD, « La réduction du capital social à zéro », *Rev. Sociétés*, 1999. 735 ; J. NDOUR, *Le sens de la limitation de responsabilité des associés ou actionnaires dans les sociétés anonymes et les sociétés à responsabilité limitée*, Mémoire de Master, UCAD, 2008.

[174] Cass. com. 18 juin 2002, *Bull. Joly*, 2002. 1221, note S. SYLVESTRE, *JCP*, éd. E, 2002. 1728, n° 1556, note A. VIANDIER, D. 2002. 2190, obs. A. LIENHARD, RTD com. 2002. 496, obs. J.-P. CHAZAL et Y. Reinhard ; D. COHEN, « La validité du « coup d'accordéon », à propos d'une jurisprudence récente », *D.* 2003. 410.

réduction de capital à zéro ne constitue pas une atteinte au droit de propriété des actionnaires, mais sanctionne leur obligation de contribuer aux pertes sociales dans la limite de leurs apports »[175]. Autrement dit, les apports ayant été totalement perdus, les actionnaires n'auraient plus, de ce fait, de droits dans la société[176]. Mais le remboursement des apports en cours de vie sociale n'entraîne nullement l'exclusion de l'associé[177]. Ce dernier perd seulement le droit d'obtenir le remboursement du nominal des actions à la dissolution. Ses autres droits sont intacts (sauf éventuellement le droit au premier dividende). De manière paradoxale, c'est au moment même où ils contribuent aux pertes, puisque leurs apports ne leur seront définitivement plus remboursés, que les associés sont exclus de leur société ! Le processus est d'autant plus choquant que la valeur nette marchande de l'entreprise pourrait être positive. Les pertes dont il s'agit sont en effet des pertes purement comptables. Comme l'indiquent certains auteurs, « *si la société demeure viable, la décision de l'assemblée est objectivement illicite puisqu'elle exproprie sans indemnisation l'associé de valeurs qui sont siennes - ce qui est une violation de son droit de propriété -, valeurs qu'il ne peut se réapproprier qu'en souscrivant à l'augmentation de capital subséquente, donc en réalisant un effort supplémentaire* »[178]. En réalité, la jurisprudence permet l'exclusion des associés lors des opérations de coup d'accordé dans le seul but de faciliter la recapitalisation des sociétés et d'éviter les dépôts de bilan. Ce faisant, la Cour de cassation française semble réduire l'associé à un simple investisseur devant uniquement pourvoir aux besoins financiers de la personne morale. Or, l'associé est plus qu'un simple prêteur. Il s'agit d'un investisseur qui doit avoir l'*affectio societatis.*

Paragraphe 2- Les effets du contrat de société à l'égard des tiers

115. Le contrat de société produit également des effets à l'égard des tiers. Il fait naître un être juridique dont ils ne peuvent ignorer l'existence, la personne morale. Cela n'est possible cependant qu'au prix de certaines conditions d'opposabilité et de publicité qui ont été étudiées ci-dessus (voir supra). Quel est cependant le sort des contrats de société qui n'auraient pas satisfait à ces conditions à l'égard des tiers ? Plusieurs cas sont à envisager :

S'il apparaît que c'est l'immatriculation qui confère la personnalité juridique à la société, il est dès lors évident que la société constituée, mais non

---

[175] Cass. com. 18 juin 2002, *Bull. Joly* 2002, § 259, note S. SYLVESTRE.
[176] V. en ce sens, M. JEANTIN, note sous CA Versailles, 29 nov. 1990, *JCP,* éd. E, 1991. II, n° 168.
[177] C. DIAYE, *L'exclusion d'un associé dans les sociétés commerciales,* Mémoire de Maitrise, Université Gaston Berger (Saint-Louis, Sénégal), 2001.
[178] M. COZIAN, A. VIANDIER et F. DEBOISSY, op. cit., p. 352.

encore immatriculée (A) n'a pas de personnalité morale. Il en va également de la société en participation (B) et de la société créée de fait (C). Il faut analyser séparément ces différentes hypothèses.

A- La société constituée, mais non encore immatriculée

116. Elle ne se confond pas avec la société en formation. La société constituée non encore immatriculée est une société dont les statuts ont été signés par les fondateurs (Art. 101 AUS) qui sont dès cet instant remplacés par les dirigeants sociaux (Art. 104 AUS). Il s'agit donc d'une société déjà normalement formée, mais qui demeure dans l'attente de l'immatriculation qui va la faire accéder à l'existence juridique.

Les engagements susceptibles d'être pris par les dirigeants sociaux doivent être prévus par les statuts ou par un acte séparé leur donnant ainsi mandat pour agir au nom de la société constituée. L'immatriculation entraîne une reprise par la société de ces engagements (Art. 111, AUS). En revanche, les engagements ou actes pris au-delà des pouvoirs qui leur sont conférés peuvent être repris par la société à condition d'être approuvés par l'AGO, sauf clause contraire (Art. 112 AUS). En cas de non reprise, ces engagements sont inopposables à la société et les personnes les ayant pris sont tenues solidairement et indéfiniment envers les tiers (L'art. 113 AUS renvoie à l'application de l'art. 110). En tout état de cause, ces actes sont à la charge de ceux qui ont donné mandat de les passer (Com, 3 avr. 1973).

B- La société en participation

117. Aux termes de l'art. 854 de l'AUS, « La société en participation est celle dans laquelle les associés conviennent qu'elle n'est pas immatriculée au RCCM. Elle n'a pas la personnalité morale et n'est pas soumise à publicité » (V. art. 114 AUS). Cette société n'est pas portée à la connaissance des tiers, car n'étant pas soumise à publicité. Il s'agit d'une société occulte. Cependant, les participants (ou associés en participation) peuvent décider de révéler son existence. Elle peut alors être qualifiée de société ostensible. La société en participation est une vraie société qui, comme telle, doit réunir tous les éléments caractéristiques du contrat de société.

118. N'ayant pas de personnalité juridique, la société en participation entraîne un certain nombre de conséquences : *absence de patrimoine social,* car chaque participant reste, en principe, propriétaire de son apport ; *absence d'engagements sociaux*, la société n'est pas tenue en tant que telle des engagements passés par le gérant ou les associés (le participant qui traite avec un tiers engage sa responsabilité, sauf révélation de la participation. Toutefois, si les participants agissent en qualité d'associés au vu et au su des tiers, chacun d'eux est tenu solidairement à l'égard des tiers des obligations nées des actes accomplis. Il est

bien sûr nécessaire de caractériser les actes personnels des participants pour conclure à l'existence d'une obligation collective.

C- La société créée de fait

119. Des dispositions de l'art. 115 AUS, il résulte qu'il y a société créée de fait lorsque le contrat de société ou l'acte unilatéral de volonté n'est pas établi par écrit et que, de ce fait, la société ne peut être immatriculée. Elle ne doit pas être confondue avec la « société de fait » dont elle est une variante (Art. 865 AUS). « *Il y a société créée de fait, dit l'art. 864 de l'AUS, lorsque deux ou plusieurs personnes physiques ou morales se comportent comme des associés sans avoir constitué entre elles l'une des sociétés reconnues par le présent AU* » (application de la théorie de l'apparence en vue de protéger les tiers). Il en est également ainsi lorsqu' elles ont constitué une société, mais sans accomplir les formalités légales constitutives ou ont constitué une société non reconnue par l'AUS (Art. 865 AUS). Dans tous les cas, l'existence d'une société de fait est prouvée par tout moyen et, si tel est le cas, le juge appliquera les règles de la société en noms collectifs aux associés.

La société créée de fait n'a pas de personnalité juridique. Dans l'intérêt des tiers ayant traité avec une telle société, il est fait application des règles de la société en nom collectif.

Section 3- L'extinction du contrat de société commerciale

120. Les causes de l'extinction du contrat de sociétés commerciales sont nombreuses (Paragraphe 1). Ils produisent cependant les mêmes effets (Paragraphe 2).

Paragraphe 1- Les causes de l'extinction

121. De l'examen des dispositions de l'art. 200, il ressort que la dissolution peut intervenir soit de plein droit (A), soit par décision des associés ou du juge (B).

A- La dissolution de plein droit

122. Il y a dissolution de plein droit lorsque la disparition de la société intervient de manière automatique après la survenance d'un événement prévu par la loi ou par les statuts. Ainsi, aux termes de l'art. 200 de l'AUS, la société prend fin par l'arrivée du terme, la réalisation ou l'extinction de son objet, l'annulation du contrat de société ou par l'effet d'un jugement ordonnant la liquidation des biens de la société ou pour toute autre cause prévue par les statuts.

L'art. 200 prévoit ainsi que la société prend fin « par l'expiration du temps pour lequel elle a été constituée ». L'art. 30 est encore plus clair lorsqu'il énonce que « l'arrivée du terme entraîne la dissolution de plein droit de la société ». Il convient de rappeler que chaque société est constituée pour une durée qui doit être mentionnée dans ses statuts. Cette durée ne saurait dépasser quatre-vingt-dix-neuf ans. Lorsque le délai prévu par les statuts ou, à défaut, le délai prescrit arrive à son terme, la société est dissoute de plein droit. Les associés peuvent cependant éviter cette disparition en décidant, avant l'arrivée du terme, la prorogation de la société.

123. Il peut se poser un problème lorsque, malgré l'expiration de la durée, les associés au lieu de liquider la société, continuent plutôt son exploitation. Dans ce cas, la jurisprudence considère qu'une société de fait apparaît entre les associés pour les activités exercées postérieurement à l'arrivée du terme.

L'acte uniforme envisage en outre les cas de réalisation et d'extinction de l'objet social. Il s'agit de deux situations distinctes. Il y a réalisation de l'objet social lorsque l'opération pour laquelle la société a été constituée est définitivement achevée, et ce, même si le terme fixé pour la durée de la société n'est pas encore atteint.

Il y a extinction de l'objet social lorsque l'activité pour laquelle la société a été constituée est devenue impossible (ex : annulation de la vente faite à la société des immeubles industriels qu'elle avait pour objet d'exploiter ; ou annulation d'un contrat de licence de marque qui avait imposé la constitution de la société dont l'objet exclusif était la mise en œuvre du savoir-faire concédé. Cela dit, la dissolution n'intervient que si l'extinction de l'objet est totale. Si l'extinction n'est que partielle, la société subsiste.

124. Il ne faut pas confondre la cessation d'activité (difficultés économiques ou financières, événements politiques, etc.) à la réalisation ou à l'extinction de l'objet. Elle n'est pas une cause de dissolution de plein droit de la société. La dissolution ne pourrait intervenir que si la cessation d'activité a un caractère définitif.

En cas d'annulation de la société par décision du juge, il s'en suit une dissolution automatique de la société. Il faut noter que l'annulation de la société n'est jamais rétroactive.

125. Enfin, les associés peuvent prévoir dans les statuts des causes de dissolution autres que celles prévues par l'art. 200 de l'AUS. Rien n'interdit qu'ils prévoient alors la dissolution de plein droit de la société.

B- La dissolution par décision des associés ou du juge

126. Il s'agit de deux hypothèses de dissolution distinctes :

Les associés peuvent, à tout moment, décider de la dissolution de la société. Il s'agit donc pour les associés de mettre fin de manière anticipée à la société. Cette dissolution peut être directe ou indirecte. Elle est directe lorsqu'elle émane d'une décision de l'assemblée générale des associés ou survient en application d'une clause des statuts ; elle est indirecte lorsqu'elle est la conséquence nécessaire d'une autre décision collective, telle que la fusion-absorption. Pour être efficace, la dissolution décidée par les associés ne doit pas être dictée par une intention frauduleuse ou par l'intention de nuire à la minorité.

De même, il résulte des termes de l'art. 200, paragraphe 5 que la société peut prendre fin « par la dissolution anticipée prononcée par la juridiction compétente, à la demande d'un associé pour justes motifs, notamment en cas d'inexécution de ses obligations par un associé ou de mésentente entre associés empêchant le fonctionnement normal de la société ». Ce texte appelle plusieurs observations.

127. En premier lieu, il convient de relever que le juge ne peut prononcer la dissolution que sur la saisine d'un associé ou d'un groupe d'associés. Il ne saurait donc se saisir d'office. Le droit de demander la dissolution (exercice de l'action en résolution) appartient à tout associé qui peut se prévaloir d'un intérêt légitime (tel n'est pas le cas de l'associé responsable de la mésentente. Il s'agit d'une prérogative d'ordre qui ne peut être soumis à aucune restriction dans les statuts.

128. En second lieu, force est d'observer que le juge peut être saisi qu'en cas de justes motifs (inexécution par un associé de ses obligations, mésentente entre associés). La dissolution peut être prononcée que si le juge constate la paralysie du fonctionnement de la société. Le juge apprécie souverainement les motifs invoqués par le demandeur en se plaçant au moment même où il rend sa décision (ex : grave mésentente entre deux groupes d'actionnaires possédant chacun la moitié du capital empêchant la désignation des dirigeants sociaux ; ou rendant toute prise de décision collective impossible).

129. Enfin, il faut préciser que le jugement prononçant la dissolution pour justes motifs produit effet au jour où il est rendu, sans rétroagir au jour de la demande.

Paragraphe 2- Les effets de l'extinction du contrat de société

130. Le principal effet de l'extinction du contrat de société commerciale est la liquidation de l'entité à laquelle il a donné naissance. Mais il existe aussi d'autres effets qui intéressent principalement cette entité, dont on prévoit, malgré la dissolution, la survie de la personnalité morale.

Les effets de la dissolution sur la société peuvent s'exprimer par trois propositions : d'abord, parce que la société est dissoute, il convient d'assurer une publicité de cette dissolution. La dissolution oblige ainsi à respecter les formalités de publicité prescrites dans cette hypothèse[179]. Mais surtout, parce que la société est dissoute, il va falloir procéder en principe aux opérations de liquidation de la société. La dissolution entraîne ainsi, sauf exception, la liquidation de la société (A). Pour les besoins de cette liquidation, la personnalité morale de la société et le contrat, vont subsister. La dissolution n'a donc pas pour effet immédiat de mettre fin au contrat de société (B).

A- La nécessité de la liquidation

131. Lorsqu'une société est dissoute, cette dissolution entraîne en principe la liquidation de la société (1). Mais ce principe est assorti d'un tempérament, dans les hypothèses où la dissolution laisse place à une transmission universelle du patrimoine social (2).

1- Le principe : la liquidation consécutive à la dissolution

132. La dissolution de la société pluripersonnelle entraîne de plein droit sa mise en liquidation[180]. Et il n'est pas au pouvoir de la volonté des associés, même unanimes, de décider qu'il n'y a pas lieu de procéder à la liquidation et au partage d'une société dissoute non plus qu'à la désignation d'un liquidateur, qui est le seul habilité à représenter la société jusqu'à la clôture de la liquidation.

Si une société est dissoute, mais qu'elle ne procède pas aux opérations de liquidation, tout en continuant de fonctionner, elle doit être considérée comme une société créée de fait dépourvue de personnalité morale.

2- Le tempérament : transmission universelle du patrimoine social

133. Si le principe de la liquidation consécutive à la dissolution est posé à l'article 201 AUS, alinéa 2, celui-ci réserve les hypothèses de fusion ou de scission. Il s'agit de l'hypothèse d'une société, même en liquidation, qui peut être absorbée par une autre société ou participer à la constitution d'une société nouvelle, par voie de fusion. Elle peut aussi transmettre son patrimoine par voie de scission. Ces diverses opérations entraînent le transfert global du patrimoine social aux sociétés absorbantes ou nouvelles.

La règle est clairement énoncée par les premiers termes de l'article 191 AUS (la fusion ou la scission entraîne la dissolution sans liquidation des sociétés qui disparaissent et la transmission universelle de leur patrimoine aux

---

[179] V. art. 201, al. 1 AUS.
[180] V. art. 201, al. 2 AUS.

sociétés bénéficiaires, dans l'état où il se trouve à la date de réalisation définitive de l'opération).

134. Ce qui caractérise ces opérations, c'est à la fois la dissolution de la société et la transmission du patrimoine. Ainsi, lors d'une opération de fusion, par exemple, la disparition de la société absorbée va-t-elle se réaliser dès la transmission de son patrimoine, c'est-à-dire de son actif et de son passif à la société absorbante au jour de la fusion. Pour reprendre une formule imagée, « *la société absorbante succède à la société absorbée comme l'héritier succède au défunt* »[181]. Il est donc inutile d'appliquer ici le principe de la survie de la personnalité morale. La personnalité morale disparaît, la société n'ayant plus d'existence légale à la suite de la fusion-absorption.

B- La survie de la personnalité morale

135. S'il existe un principe de survie de la personnalité morale (1), encore doit-on observer les limites du principe (2).

1- Le principe de survie

136. Conformément à ce que prévoit l'article 201, al. 3, « *la personnalité morale de la société subsiste pour les besoins de la liquidation et jusqu'à la clôture de celle-ci* »[182]. La société continue donc d'exister, en conservant les attributs de la personnalité morale. Ainsi, conserve-t-elle sa dénomination sociale, mais avec l'ajout de la mention « *société en liquidation* », conformément aux formalités de publicité qui ont dû être effectuées.

La société conserve son siège social et peut donc être assignée à ce domicile pendant toute la durée de la liquidation, voire au domicile personnel du liquidateur. Dans l'hypothèse d'un transfert de siège social pour les besoins de la liquidation, il faut que les formalités de publicité imposées pour ce transfert aient été respectées. À défaut de notification aux tiers, la société conserve le même siège social durant les opérations de liquidation, siège où elle sera donc régulièrement assignée.

La société conserve son patrimoine social. Elle demeure propriétaire des biens sociaux. Ce patrimoine social constitue le gage des créanciers sociaux, à l'exclusion des créanciers personnels des associés (sur la situation des créanciers à compter de la dissolution,).

---

[181] Y. GUYON, *Droit des affaires*, op. cit., p. 689.

[182] E. BORONAD-LESOIN, « La survie de la personne morale dissoute », *RTD com.*, 2003.1 ; A. BOUILLOUX, « La survie de la personnalité morale pour les besoins de la liquidation », *Rev. Sociétés*, 1994.393 ; C. GAVALDA, « La personnalité morale des sociétés en voie de liquidation », in *Dix ans de conférences d'agrégation, Études de droit commercial offertes à J. HAMEL*, 1961, Dalloz, p. 253.

La société conserve sa pleine capacité pour agir en justice. Elle peut donc agir en justice, mais ce sera alors par l'intermédiaire de son liquidateur. Par exemple, peut-elle agir en concurrence déloyale pour détournement de clientèle ?

Bien que dissoute, la société, qui a conservé sa personnalité morale pour les besoins de la liquidation, peut faire l'objet d'une procédure de redressement ou de liquidation judiciaires.

2- Les limites au principe de survie

137. Ce principe de survie de la personnalité morale se voit doublement limité : d'abord, parce que la personnalité morale ne va perdurer que pour les besoins de la liquidation. Ensuite, parce que sa durée est limitée, ne subsistant que jusqu'à la clôture des opérations de liquidation.

La survie de la personnalité morale se limite aux besoins de la liquidation. La société ne peut pas entreprendre d'opérations nouvelles. Une prorogation ou une transformation n'est pas admise. L'octroi par les actionnaires d'une indemnité à l'ancien président de la société pour le rémunérer de son activité avant la dissolution, activité jusqu'alors non rétribuée, ne se rattache pas aux opérations de liquidation[1025]. Un compte courant ouvert au nom de la société dans les livres d'une banque est nécessairement clôturé à la dissolution de cette société, sauf prorogation de son fonctionnement pour les besoins des opérations de liquidation.

On l'a dit plus haut, la personnalité morale de la société subsiste pour les besoins de la liquidation jusqu'à la clôture de celle-ci. C'est dire que la dissolution de la société n'entraîne pas *ipso facto* la disparition de la personnalité morale, cette disparition est reportée à la clôture des opérations de liquidation.

En définitive, il convient de retenir que la société dissoute perd sa capacité à agir. Mais une telle société ne perd pas immédiatement sa personnalité morale. Celle-ci subsiste pour les besoins de la liquidation et jusqu'à sa clôture[1026]. C'est dire que la personnalité morale ne survit que pour l'accomplissement des actes ou opérations nécessaires à la liquidation. En revanche, elle ne saurait être invoquée pour tous autres actes ne rentrant pas dans le cadre de la liquidation. Autrement dit, la société ne peut plus mener des activités liées à son objet social.

138. Si la dissolution entraîne la liquidation de la société, il en va autrement en cas de dissolution d'une société dans laquelle tous les titres sont détenus par un seul associé. Dans ce cas, la dissolution entraîne simplement la transmission universelle du patrimoine de la société à l'associé unique. En vue d'assurer la protection des droits des créanciers sociaux, l'AUS leur permet de faire opposition à la dissolution devant la juridiction compétente dans les trente jours à compter de la publication de

la décision. Le tribunal peut soit rejeter l'opposition, soit ordonner le remboursement des créances, soit décider de la constitution de garanties si la société en offre et si elles sont jugées suffisantes[183].

---

[183] V. art. 201 al. 4 AUS.

CHAPITRE 2

LE CONTRAT DE SOCIÉTÉ COOPÉRATIVE

139. L'acte uniforme de l'OHADA relatif aux droits des sociétés coopératives (AUSCoop) définit la société coopérative comme un groupement autonome de personnes volontairement réunies pour satisfaire leurs aspirations et besoins économiques, sociaux et culturels communs, au moyen d'une entreprise dont la propriété et la gestion sont collectives et où le pouvoir est exercé démocratiquement et selon les principes coopératifs universellement reconnus[184]. Les membres d'une société coopérative ont alors un rôle socio-économique spécifique qui correspond au type de besoins économiques, sociaux ou culturels et aux aspirations qui les lient. Les sociétés coopératives sont alors parmi les entreprises de l'économie sociale et solidaire en cela qu'elles ne sont pas seulement basées sur le profit, mais aussi sur l'homme. Elles se soucient non seulement d'assurer leur rentabilité, mais également de répondre aux besoins de leurs membres et d'améliorer leur qualité de vie. Elles procurent divers avantages incontestables, tels que le partage des coûts ou le versement des ristournes ainsi que le partage des excédents en fin d'exercices.

140. Cela dit, l'acte qui donne naissance à ce type de société est généralement un contrat, le contrat de société coopérative. Et en tant que tel, il est soumis à certaines conditions de validité (Section 1). Ses effets (Section 2) et les circonstances dans lesquelles ils cessent ((Section 3)) sont strictement encadrés par l'AUSCoop.

Section 1- Les conditions de formation du contrat de société coopérative

141. La constitution d'une coopérative requiert de nombreuses conditions tendant à garantir l'esprit coopératif (Paragraphe 1). Les contrôles tendent à se renforcer (Paragraphe 2).

---

[184] V. J. GATSI, *Le droit OHADA des sociétés coopératives*, L'Harmattan, Paris, 2011 ; D. NGADJEU, *Les sociétés coopératives en droit OHADA*, Master en Droit des Affaires et de l'Entreprise, FSJP UDS, 2010-2011, p. 143.

Paragraphe 1- La diversité des conditions

142. Deux séries de conditions sont à considérer : les unes sont objectives en ce qu'elles se rapportent à l'objet de l'opération (A) ; les autres peuvent être qualifiées de subjectives parce qu'elles concernent les sujets de cette opération (B).

A- Les conditions objectives

143. Aux conditions de fond (1) il faut ajouter celles de forme (2).

1- Conditions de fond

144. La constitution d'une société coopérative procède de la conclusion d'un contrat. Sont donc nécessaires les conditions de validité rappelées à l'article 1108 du code civil, en particulier, s'agissant des conditions objectives, un contenu licite et certain. Mais ce n'est pas tout. Au demeurant, le code de commerce apporte d'autres précisions utiles, ne serait-ce que s'agissant de l'objet du groupement.

145. L'objet d'une coopérative est fixé par l'article 4 de AUSCOOP : « *la société coopérative est un groupement autonome de personnes volontairement réunies pour satisfaire leurs aspirations et besoins économiques, sociaux et culturels communs, au moyen d'une entreprise dont la propriété et la gestion sont collectives et où le pouvoir est exercé démocratiquement et selon les principes coopératifs* ». Cependant, des textes spécifiques peuvent préciser l'objet de certaines sociétés coopératives qu'ils régissent. Ainsi, lorsqu'il s'agit d'une coopérative agricole, la société coopérative pourrait avoir pour objet « *l'utilisation en commun par des agriculteurs de tous moyens propres à faciliter ou à développer leur activité économique, à améliorer ou à accroître les résultats de cette activité* »[185]. De même, s'il s'agit d'une coopérative de commerçants, elle pourrait avoir pour objet « *d'améliorer par l'effort commun de leurs associés les conditions dans lesquelles ceux-ci exercent leur activité commerciale* »[186]. De manière plus détaillée, une liste, non exhaustive, des activités que ces coopératives peuvent exercer, directement ou indirectement, pour le compte de leurs associés, est souvent dressée.

---

[185] Voir à propos l'article L. 521-1 du code rural et de la pêche maritime français qui précise l'objet d'une coopérative agricole dans les termes suivants : « les sociétés coopératives agricoles ont pour objet l'utilisation en commun par des agriculteurs de tous moyens propres à faciliter ou à développer leur activité économique, à améliorer ou à accroître les résultats de cette activité ».

[186] V. en droit français l'article L. 124-1 du code de commerce qui précise de manière spécifique l'objet d'une coopérative de commerçants détaillants.

Si l'objet d'une coopérative de commerçants détaillants est potentiellement très vaste, il reste limité par un grand principe coopératif : l'exclusivisme. Cela signifie que le groupement n'a d'activité qu'avec ses membres. De ce point de vue, la coopérative est une société fermée. Normal : les avantages de la société coopérative sont réservés à ceux qui en subissent les inconvénients.

146. La durée d'une coopérative n'est pas précisée par l'AUSCOOP. Mais, par application du droit commun qui interdit les engagements perpétuels[187], elle ne peut excéder quatre-vingt-dix-neuf ans, sauf prorogation. À ne pas confondre, au moins théoriquement, avec la durée de l'engagement coopératif souscrit par chaque associé coopérateur lors de son adhésion au groupement.

147. La coopérative étant une personne, il lui faut un nom. Elle le choisit à son gré, sous réserve de respecter les droits des tiers. Nul besoin de faire référence à la qualité de coopérative dans ce nom. La société coopérative ne peut prendre la dénomination d'une autre société déjà immatriculée au registre du commerce et du crédit mobilier ou au registre des sociétés coopératives. La dénomination sociale doit être inscrite sur tous les documents et écrits émis par la coopérative et destinés aux tiers, tels que les lettres, les factures, les annonces et les publications diverses. Elle doit être précédée ou suivie immédiatement en caractères lisibles de l'indication de la forme de la société coopérative, de l'adresse de son siège social et de la mention de son numéro d'immatriculation au registre des sociétés coopératives. La dénomination sociale peut être modifiée, pour chaque forme de société coopérative, dans les conditions prévues par la loi[188].

148. Toute société coopérative a un siège social qui doit être mentionné dans ses statuts[189]. Le siège doit être fixé sur le territoire de l'un des États Parties et au choix des membres, soit au lieu du principal centre d'activité de la société, soit à son centre de direction administrative et financière. Il doit être localisé par une adresse ou une indication géographique suffisamment précise. Le siège d'une coopérative est fixé dans ses statuts. Il se situe normalement là où les principaux organes de direction de la société fonctionnent. Cependant, les rédacteurs des statuts sont libres de déterminer ce siège. Il peut être transféré ailleurs sur décision du conseil d'administration.

2 - Conditions de forme

149. L'esprit d'une coopérative prend forme dans un corps qui ne peut tout à fait lui correspondre. Anticapitaliste, il doit en effet obligatoirement se couler dans le moule d'une forme bien précise. À cet effet, l'Acte uniforme

---

187 Par application de l'*art. 1838 du Code civil camerounais.*

188 Art. 19 et s. AUSCOOP.

189 Art. 22 et s. AUSCOOP ; D. NGADJEU, *Les sociétés coopératives en droit OHADA*, op. cit., p.78 et ss.

précise à cet effet que la société coopérative peut épouser soit une forme simplifiée, soit être constituée avec conseil d'administration[190].

150. Quelle que soit la forme sociétaire retenue, les fondateurs d'une coopérative fixent la charte constitutive de leur groupement dans des statuts qui en constituent la boussole. Ces statuts de la coopérative doivent être constatés par un acte authentique ou sous seing privé[191]. La première forme s'impose lorsqu'un immeuble est apporté au groupement. Les statuts des coopératives déterminent notamment le siège de la société, son mode d'administration, en particulier les décisions réservées à l'assemblée générale, les pouvoirs des administrateurs ou gérants, les modalités du contrôle exercé sur ses opérations au nom des associés, les formes à observer en cas de modification des statuts ou de dissolution. Ils fixent les conditions d'adhésion, le cas échéant d'agrément, de retrait, de radiation et d'exclusion des associés, l'étendue et les modalités de la responsabilité qui incombe à chacun d'eux dans les engagements de la coopérative.

151. Le règlement ne doit pas être négligé. Son régime juridique est élaboré par les articles 67 et suivants de l'AUSCOOP. En théorie, il n'est qu'une petite source du droit. En pratique, son importance est grande : il permet notamment d'élaborer une discipline d'ensemble adaptée au fur et à mesure des besoins. Qui l'édicte ? En principe, les points qu'il fixe relèvent de la compétence de l'organe d'administration, conseil éponyme, directoire ou gérant. Ce n'est que si telle ou telle mesure envisagée excède les pouvoirs de cet organe que le vote de l'assemblée générale s'impose. Sous réserve du respect de la bonne procédure, son contenu s'impose à tous les associés. Mais seulement aux associés ! Une coopérative ne peut invoquer l'une de ses clauses à l'encontre des personnes associées de la structure adhérente. Simple application du principe de l'effet relatif des contrats. Quoi qu'il en soit, le règlement ne peut déroger aux statuts. Il ne peut davantage instituer des règles limitant la liberté des associés envers la société ou augmenter leurs engagements d'associés.

152. Une société ne bénéficie de la personnalité juridique qu'à compter de son immatriculation au registre du commerce et du crédit mobilier. C'est la même chose pour une société commerciale par la forme, et partant, pour une société coopérative. Seule son immatriculation au registre des sociétés coopératives lui donne pleine capacité. Lorsque le greffier procède à l'immatriculation de la société, il délivre un extrait du registre des sociétés coopératives qui constitue la preuve de ladite immatriculation. Celle-ci permettra à la coopérative de jouir de la personnalité juridique et aux

---

[190] V. art. 2014 et s. AUSCOOP.
[191] Art. 17 AUSCOOP.

fondateurs d'obtenir la reprise des engagements éventuellement souscrits lors de la période de formation, conformément au droit commun.

153. Lorsque les autres formalités de constitution ont été accomplies, un avis est inséré dans un journal habilité à recevoir les annonces légales dans le département du siège social[192].

B- Les conditions subjectives

153. Elles ont essentiellement trait au nombre d'associés. La détermination du nombre d'associés minimum d'une coopérative dépend *a priori* de la forme sociétaire choisie pour la constituer. Mais, cela ne change pourtant rien pour les dispositions de l'AUSCoop qui visent les associés au pluriel. La coopérative unipersonnelle n'a pas de sens, elle comporte deux associés minimum. Quelle que soit la forme. Seules les unions de coopératives requièrent un nombre minimum plus élevé, à savoir deux adhérents.

154. Chaque membre de la coopérative y adhère par l'émission d'un consentement qui doit être libre et éclairé. De ce point de vue, les exigences du droit commun ont vocation à s'appliquer. Même chose pour la capacité du reste. Encore faut-il préciser qu'il y a deux consentements en un si l'on peut dire, au moins pour les associés coopérateurs. Coiffés d'une double casquette, ceux-ci consentent non seulement à l'adhésion au groupement, mais aussi à la souscription d'un engagement coopératif avec lui. Les deux sont d'ailleurs indivisibles. Impossible, par exemple, de demander la résiliation du contrat coopératif tout en demeurant lié par les statuts de la coopérative. Ils sont et associés et coopérateurs. Peut-être les choses seraient plus claires si le contrat coopératif recelant l'engagement d'activité du coopérateur faisait l'objet d'un écrit distinct. Pour lors, ce n'est toutefois pas le cas. L'exigence ne concernerait bien entendu que les associés coopérateurs. En existe-t-il d'autres ? En effet. Une distinction s'impose.

155. Traditionnellement, la coopérative n'accueille que des associés coopérateurs. C'est sa raison d'être. Son but non lucratif et son caractère a-capitaliste s'opposent à l'intrusion d'associés non coopérateurs qui ne seraient motivés que par la rémunération de leurs apports. Il faut pourtant bien composer avec les besoins de financement du groupement. Ainsi, le législateur a quelque peu desserré l'étau des principes coopératifs. Aux associés coopérateurs, peuvent désormais s'adjoindre, quoique dans une portion limitée et si la coopérative l'a voulu, des associés non coopérateurs.

Il faut, en effet, relever qu'une coopérative regroupe avant tout des personnes qui exercent une même activité. Ce qui est tout à la fois large et

---

[192] Art. 81 AUSCOOP.

limité. Large, puisque toute personne exerçant la même activité peut être associé coopérateur. Cependant, l'ouverture de la coopérative reste limitée, dans la mesure où seules les personnes ayant la même activité sont concernées. Qu'est-ce à dire ? Une précision s'impose.

S'il s'agit d'une coopérative de commerçants, logiquement, les artisans ne peuvent en principe appartenir à une telle coopérative. Il leur appartient, le cas échéant, de constituer leur propre structure coopérative, distincte. En principe seulement. L'AUSCoop autorise, en effet, l'adhésion des professionnels inscrits au registre des sociétés coopératives. L'activité artisanale doit rester accessoire à l'exploitation d'une activité commerciale. Dans cette hypothèse, un artisan peut donc adhérer à la coopérative de commerçants.

156. Les coopérateurs se choisissent lors de la fondation de la coopérative. Ils fixent dans les statuts les conditions et la procédure d'adhésion des membres ultérieurs. De nombreux idéologues associent la coopération à un principe de libre adhésion. Juridiquement, le principe de la liberté contractuelle permet toutefois à la coopérative d'admettre ou de refuser telle ou telle candidature. La coopérative n'est même pas tenue de motiver sa décision.

157. Dans un souci de transparence, afin d'assurer une bonne compréhension par le nouvel associé des engagements liés à son adhésion, les statuts d'une coopérative doivent prévoir l'obligation pour l'organe chargé de l'administration de la société de mettre à la disposition du candidat à l'intégration du groupement, un document récapitulant l'engagement de ce dernier. Lors de son adhésion, le nouvel associé coopérateur reçoit, en outre, une information sur les valeurs et les principes coopératifs, ainsi que sur les conditions de fonctionnement de la coopérative à laquelle il adhère et les modalités de rémunération qu'elle pratique.

Par son adhésion, l'associé coopérateur entre dans le capital de la coopérative et s'engage simultanément à recourir à ses services. Double effet, double casquette. L'adhésion entraîne *ipso jure* l'engagement d'utiliser les services de la coopérative, soit pour la totalité, soit pour une partie des opérations pouvant être effectuées par son intermédiaire.

Paragraphe 2- Les sanctions de violation des conditions de formation du contrat de société coopérative

158. Les tribunaux peuvent être appelés à sanctionner les conditions de formation d'une coopérative, tant en vertu du droit commun des sociétés, que du droit commun des contrats.

Traditionnellement, le législateur manifeste une grande réticence à l'égard de l'annulation d'une société. La mesure est trop grave : elle remet en cause un groupement qui a normalement conclu de nombreux actes avec les tiers.

Plusieurs dispositions tendent donc à limiter une telle sanction. Question de sécurité juridique[193].

Il n'empêche : la nullité reste possible dans certains cas. Lesquels ? Dans le silence l'AUSCOOP, il y a lieu de se reporter au droit commun qui permet d'annuler une coopérative qui repose sur un objet illicite, ne poursuit pas l'intérêt commun de ses membres ou méconnaît l'une des conditions du droit commun des contrats. C'est tout. Lorsqu'une clause des statuts est contraire à l'une des dispositions impératives du droit commun des sociétés dont la violation n'est pas sanctionnée par la nullité de la société, elle est réputée non écrite, mais n'affecte pas le pacte social dans son ensemble. Même la nullité du règlement intérieur n'emporte pas celle de la coopérative dans son sillage[194].

159. Il existe cependant des freins à la nullité. Elle peut d'abord être couverte par une régularisation, l'action en nullité étant éteinte lorsque la cause de la nullité a cessé d'exister le jour où le tribunal statue sur le fond en première instance. Une seule exception : lorsque la nullité est fondée sur l'illicéité de l'objet social. Mais ce cas devrait rester très rare. Au demeurant, le Code civil favorise largement une telle régularisation. Lorsqu'il s'agit d'une nullité pour vice du consentement ou incapacité d'un associé, toute personne y ayant intérêt peut ainsi mettre en demeure celui qui est susceptible d'opérer la régularisation, lorsque celle-ci est possible, soit de régulariser, soit d'agir en nullité dans un délai de six mois à peine de forclusion. Enfin, les actions en nullité de la société se prescrivent par trois ans à compter du jour où la nullité est encourue. Et ni la société ni les associés ne peuvent en principe se prévaloir d'une nullité à l'égard des tiers de bonne foi.

160. Les effets d'une nullité seraient de toute façon limités. Point de rétroactivité.

Section 2- Les effets du contrat de société coopérative

161. Les principaux effets du contrat de société coopérative tournent naturellement autour des associés et concernent deux règles cardinales : l'engagement des coopérateurs (Paragraphe 1), et l'exclusivisme (Paragraphe 2).

Paragraphe 1- L'engagement des coopérateurs

162. Lorsqu'il adhère à une coopérative, l'associé s'engage nécessairement à utiliser les services de ce groupement pour une durée déterminée. Ce n'est que corrélativement qu'il contracte aussi l'obligation de souscrire une quote

[193] D. NGADJEU, Les sociétés coopératives en droit OHADA, op. cit.,p.81 et ss.
[194] Civ. 2e, 5 juin 1996, n° 92-19.994 : « la nullité du règlement intérieur n'est pas en elle-même de nature à justifier celle de la société ».

part du capital « *en fonction* » de cet engagement d'activité. Ce faisant, il abdique un peu, beaucoup parfois, de son indépendance. Quelques-uns se rebiffent encore[195]. Une spécialiste l'écrit fort bien : « *Les associés coopérateurs affirment un lien privilégié avec leur coopérative. Ils ont la particularité d'en détenir le capital social, mais également d'être engagés pour une ou des activités économiques, ce qui les rend aussi apporteurs et/ou bénéficiaires des produits et/ou des services de la coopérative. Cet engagement les distingue du lien qu'entretiennent les actionnaires avec des entreprises dites capitalistiques* »[196]. Le contrat coopératif conclu entre chaque associé coopérateur et la coopérative est certes quelque peu fondu dans l'acte d'adhésion à la coopérative. Nul ne peut d'ailleurs rester associé coopérateur s'il n'est lié par cet engagement coopératif. Juridiquement, les deux n'en sont pas moins distincts. Les qualités d'associé et de coopérateur ont beau être indissociables, elles sont différentes. Mais cela ne doit pas donner l'illusion qu'il y aurait une dualité de relations juridiques dissociables. Il n'y a, à la vérité, qu'une seule relation dont les deux volets sont inséparables.

C'est donc à l'aune de ces différentes dispositions qu'il convient de fixer la nature (A), régime juridique (B), puis la rupture de l'engagement coopératif des associés coopérateurs (C).

A- Nature de l'engagement coopératif

163. La loi ne précise pas la nature du lien juridique par lequel l'associé coopérateur s'engage à recourir aux services de la coopérative. Un tel silence autorise toutes les spéculations, avive la controverse. Deux certitudes néanmoins : positivement, la qualification de mandat a les faveurs de la doctrine négativement, celle d'intégration agricole est exclue par la jurisprudence.

164. Le principe de la double qualité est énoncé pour la première fois en 1849 en France par les précurseurs de la coopération moderne, les Équitables Pionniers de Rochdale. Le législateur OHADA n'a pas jugé essentiel de notifier expressément la notion de double-qualité. La société coopérative se distingue donc de la société capitaliste par l'existence d'une relation contractuelle qui complète le rapport social commun à toutes les sociétés. Pour cette raison, le principe de double-qualité s'avère fondamental : il explique à

---

195 V. par ex. le récit de l'un d'entre eux, devenu célèbre, P. BEDEL [avec C. BOIVIN], *Testament d'un paysan en voie de disparition*, 2012, coll. J'ai lu.

196 M. FILIPPI, « Les relations des coopératives avec leurs associés coopérateurs et la gouvernance en coopérative », in C. CHOMEL, F. DECLERCK, O. FREY et R. MAUGRET [dir.], *Les coopératives agricoles. Identité, gouvernance et stratégies*, 2013, Larcier, p. 141 s.

lui seul la suppression des intermédiaires et du profit capitaliste[197]. À ce titre, le législateur dispose l'obligation d'engagement dans les coopératives[198].

De fait, l'engagement de l'associé coopérateur revêt une nature particulière, car il est en même temps un droit et une obligation. Le coopérateur acquiert le droit de profiter des services de la société, puisque seuls les associés peuvent, en théorie, prétendre à ces avantages. Le refus d'utiliser les services de la coopérative peut conduire à l'exclusion de l'adhérent pour non-respect du contrat coopératif. La teneur des engagements est généralement précisée dans le règlement intérieur de la société et dépend des activités de chacun, surtout dans le cadre des coopératives pluriactives.

165. La qualification des contrats dépend pour l'essentiel du droit commun des obligations et des contrats. S'il est habituel de conférer au contrat coopératif la nature de mandat, il faut observer que, le plus souvent, cette qualification ne correspond pas à la réalité des relations contractuelles entre l'associé et la société. Les conventions dépendent donc des prestations délivrées par la société coopérative. Ainsi, les coopératives professionnelles qui fournissent leurs adhérents en matériel concluent certainement des contrats de vente. Néanmoins, l'objet principal des coopératives consiste en la fourniture de services, sous forme de contrats d'entreprise (pour les services matériels) ou de mandats (pour les actes juridiques) accomplis par la coopérative au nom de ses membres.

166. On rappellera au préalable que le contrat d'entreprise met à la charge de l'entreprise une obligation générale de conseil et de renseignement, habituelle en droit des contrats spéciaux. De ce fait, la jurisprudence qui rejette l'existence d'une telle obligation, en estimant qu'il n'existe pas de contrat de mandat entre la coopérative ayant accompli certaines missions de recherches pour son adhérent et ce même coopérateur, est certainement condamnable[199].

B- Régime de l'engagement coopératif

167. L'engagement coopératif tient lieu de loi à ceux qui y souscrivent, coopérateurs et coopérative donc[200]. Impossible de le modifier unilatéralement. La société ne peut augmenter les engagements de l'adhérent sans son consentement, de même que l'associé coopérateur ne peut substituer une nouvelle convention à l'engagement résultant des statuts. L'unilatéralisme

---

[197] R. SAINT-ALARY, article préc. [*supra,* n° 38], n° 37.
[198] V. dans ce sens l'art. 47 AUSCOOP.
[199] Civ. 1re, 18 janv. 1989, n° 86-16.268, inédit : la décision est d'autant plus contestable que l'objet du travail fourni par la coopérative consiste précisément dans la fourniture d'informations ; D. NGADJEU, Thèse, op. cit.,
[200] Art. 1134 CC camerounais.

peut néanmoins être conventionnellement prévu. Dans les contrats-cadres, il peut ainsi être convenu que le prix sera fixé unilatéralement par l'une des parties, à charge pour elle d'en motiver le montant en cas de contestation.

168. L'associé coopérateur s'engage donc à utiliser les services de la coopérative. Mais ce sont les statuts qui précisent les modalités de cet engagement. À cet égard, la liberté contractuelle prévaut. Les rédacteurs des statuts aménagent à leur gré les conditions contractuelles appliquées aux adhérents. Tous ne sont d'ailleurs pas forcément logés à la même enseigne. Une coopérative polyvalente peut, en effet, prévoir des engagements différents par secteur.

169. Réciproquement, l'associé coopérateur qui manque à ses obligations encourt la mise en œuvre de sa responsabilité contractuelle.

Très souvent, certaines coopératives prévoient dans leurs statuts des clauses tendant à sanctionner les associés qui manqueraient à leurs obligations, en fraudant la qualité des produits apportés, par exemple[201]. Ce type de clause soulève plusieurs difficultés juridiques : les unes tenant à leur fondement, les autres à leur montant.

Indépendamment des pénalités encourues, le manquement d'une partie peut justifier la suspension de l'exécution des obligations pesant sur l'autre. Lorsque la coopérative manque à ses obligations, l'associé coopérateur est ainsi bien fondé à suspendre l'exécution de ses propres obligations.

Il est loisible aux parties au contrat coopératif de prévoir une période probatoire à l'expiration de laquelle l'admission de l'associé dans la coopérative est définitive, sauf décision contraire de l'associé coopérateur ou décision motivée du conseil d'administration de la coopérative, l'intéressé ayant été entendu et dûment convoqué.

170. Hors l'hypothèse d'une telle période probatoire, la durée fixée par les parties est en principe intangible et s'impose à elles. Conformément au principe de la force obligatoire des contrats, un associé ne peut rompre son engagement avant terme.

L'engagement coopératif ne saurait enfermer l'associé coopérateur *ad vitam aeternam*. Si les parties sont en principe libres de fixer la durée de leur accord, ce droit ne peut verser dans l'abus. On doit sans doute sanctionner les périodes d'engagement qui, de fait, suppriment la liberté individuelle pour l'associé de se retirer du groupement.

---

[201] V. la belle étude de E. KOCHER-MARBOEUF, « La balance et le pot au lait. La lutte contre la fraude à la coopérative beurrière d'Échiré de sa fondation à l'Europe verte », in F. CHAUVAUD, Y. JEAN et L. WILLEMEZ [dir.], *Justice et sociétés rurales, du XVIe siècle à nos jours*, 2011, PU Rennes, p. 305 s.

À l'impossible, nul n'est tenu. La force majeure libère donc l'associé coopérateur. Celui-ci doit toutefois solliciter le conseil d'administration, dans les mêmes conditions qu'une demande de retrait pour motif valable, et montrer l'existence d'un cas de force majeure, c'est-à-dire un événement échappant à son contrôle, qui ne pouvait être raisonnablement prévu lors de la conclusion du contrat et dont les effets ne peuvent être évités par des mesures appropriées. Les difficultés économiques et financières rencontrées par l'associé ne peuvent le dispenser de ses obligations[202].

C- Rupture de l'engagement

171. La rupture peut être la conséquence d'un retrait d'un coopérateur (1), de son exclusion (2), de l'inexécution ou de la résiliation (3) du contrat coopératif (4).

1-Retrait

172. L'article 11 AUSCOOP dispose que chaque coopérateur peut se retirer de la coopérative. Le droit de retrait dans les sociétés coopératives relève de l'ordre public et il s'avère, par conséquent, impossible de supprimer cette prérogative dans les statuts de la société. Le coopérateur est ainsi libre de quitter la société à tout moment, à charge pour lui de respecter les conditions de son départ telles que déterminées dans les statuts. En revanche, l'associé coopérateur ne doit pas abuser de son droit de retrait, l'abus étant révélé lorsque l'adhérent manifeste l'intention de nuire en quittant la structure.

Le bon fonctionnement de la coopérative se satisfait très difficilement d'une trop grande volatilité des adhérents. Les dirigeants ne peuvent pas, en effet, prendre le risque de réaliser des investissements importants, essentiels pour le développement de la société, si les associés coopérateurs, indispensables au bon fonctionnement de la coopérative, cessent leur participation du jour au lendemain. C'est la raison pour laquelle la loi, ainsi que les nombreux statuts particuliers, n'interdisent pas un aménagement de l'exercice du droit de retrait.

173. Ces aménagements consistent fréquemment dans l'obligation de respecter un délai de préavis[203], complété parfois de l'obligation de n'exercer le retrait qu'en fin d'exercice social[204].

Sans doute, la technique la plus simple consiste à imposer une durée d'engagement. Si le législateur octroie la possibilité aux sociétés coopératives de

---

[202] Civ. 1re, 26 sept. 2006, n° 04-19.813. – Montpellier, 24 juin 2003, Dr. sociétés 2004, n° 4, p. 22, note F.-X. LUCAS.
[203] Art. 11 al.1 AUSCOOP.
[204] Art. 11 AUSCOOP in fine.

contraindre leurs adhérents à demeurer en leur sein pendant un temps donné, la clause doit toutefois laisser une place effective à l'exercice du droit de retrait.

2 - Exclusion

174. Comme pour le droit de retrait, l'exclusion trouve son origine dans l'*intuitu personae* propre à la coopération[205]. Pour autant, l'exclusion n'est pas véritablement le pendant du droit de retrait, car ce dernier est libre, sauf à respecter la durée des contrats d'engagement, et l'associé sortant n'a nul besoin de motiver sa décision. Au contraire, l'exclusion doit être justifiée par l'existence d'une faute grave.

L'exclusion est uniquement prononcée dans le cas d'une faute grave de l'associé coopérateur, faute compromettant le bon fonctionnement de la société. Les auteurs sont partagés sur la gravité de la faute susceptible de justifier l'exclusion. Certains auteurs estiment qu'elle ne nécessite pas de faute grave si les statuts prévoient la faculté d'exclusion sans imposer la preuve d'une faute d'une grande gravité. À rebours, d'autres auteurs estiment que la preuve de motifs graves est indispensable pour motiver l'exclusion du coopérateur[206]. La jurisprudence, en ce domaine, semble donner raison au second courant de pensée.

175. L'article 13 AUSCOOP énumère quelques causes de retrait du coopérateur : La société coopérative peut, après un avis écrit adressé au coopérateur, exclure celui-ci lorsque : a) le coopérateur est une personne morale à l'égard de laquelle une procédure de liquidation des biens a été ouverte ; b) le coopérateur ne fait pas volontairement de transactions avec la société coopérative pendant deux années consécutives ; c) le coopérateur, aussi bien par son comportement que par ses actes, au sein ou en dehors de la société coopérative, méconnaît les obligations qu'il a contractées conformément aux dispositions du présent Acte uniforme et aux statuts, notamment les obligations de loyauté et de fidélité envers la société coopérative et préjudicie de la sorte aux intérêts de celle-ci.

176. Il est une dernière difficulté susceptible d'entraver l'exercice du droit d'exclusion. Le départ d'un associé entraîne en effet l'obligation de rembourser les parts sociales. Le droit des sociétés à capital variable dispose qu'un niveau insuffisant du capital social paralyse le droit d'exclusion de la société.

177. Enfin, l'exclusion est envisageable en l'absence de toute faute, dans la mesure où l'engagement d'activité devient impossible à exécuter. Ainsi, la perte d'une qualité professionnelle en cours d'engagement justifie

---

[205] J. MESTRE, « Introduction aux spécificités du droit coopératif », *Rev. droit et prospectives*, Aix-en-Provence, 1996, p. 475.
[206] G. GOURLAY, *Sociétés à capital variable*, Actes pratiques 1995, n° 48.

certainement le départ de l'associé coopérateur, comme c'est le cas pour l'associé d'une coopérative artisanale qui cesse son activité[207]. Il faut toutefois observer que cette procédure s'apparente davantage à une radiation, puisqu'elle se fonde sur la disparition d'une qualité objective et non sur l'appréciation d'un comportement fautif de l'associé coopérateur.

3- Inexécution du contrat coopératif

178. Le coopérateur fautif peut être contraint par la coopérative de respecter les engagements auxquels il a souscrit. En cas d'inexécution, la coopérative ou le coopérateur peuvent prétendre à l'exception d'inexécution et suspendre la réalisation de leurs engagements. Le coopérateur se prévaudra de cette exception lorsque la société prendra une décision irrégulière. Le coopérateur qui se fonde sur une exception d'inexécution doit toutefois être capable de justifier d'une symétrie entre les obligations, dont l'exécution est jugée défaillante, et les engagements qu'il renonce à respecter[208]. En outre, cette solution provisoire n'entraîne pas la rupture du contrat d'engagement.

179. Lorsqu'une clause indique que le contractant récalcitrant doit débourser une somme d'argent déterminée au créancier de l'obligation, la qualification de clause pénale s'impose. Cette stipulation, réglementée par le Code civil, n'est valable que dans la mesure où l'inexécution se trouve imputable au contractant fautif, l'exonération du débiteur pour force majeure empêchant de réclamer le versement de l'indemnité.

4- Résiliation du contrat coopératif

180. La dualité du lien coopératif pose problème lorsqu'on est amené à rechercher les causes pouvant justifier l'anéantissement du contrat coopératif. La coopérative fait coexister les aspects contractuel et institutionnel. Il est important de distinguer ces deux cadres et de déterminer si la faute de la société réside dans les aspects institutionnels ou contractuels. Seules les fautes dans l'exécution du contrat d'engagement peuvent justifier la résiliation de l'accord.

181. Les contrats coopératifs, contrats synallagmatiques, comportent implicitement une condition résolutoire. Le principal inconvénient de la résiliation du contrat coopératif réside dans les conséquences qui affectent la qualité d'associé du coopérateur. Lorsque le contrat disparaît, le coopérateur n'a plus d'engagement et ne peut donc rester membre de la société coopérative. L'action en résiliation est alors assimilable à une exclusion de l'associé.

---

[207] D. NGADJEU, *Les sociétés coopératives en droit OHADA*, op. cit., CA Paris, 30 oct. 1998, *Dr. sociétés* 1999, p. 17.

[208] CA Poitiers, 15 mars 1979, Laiterie de Beauvoir c/ Sociétaires, inédit.

Paragraphe 2- L'exclusivisme

182. Quelles que soient par ailleurs les modalités de son engagement, l'associé coopérateur est tenu d'une exclusivité au profit de la coopérative. Nul ne peut faire partie de deux ou plusieurs coopératives agricoles pour le même service et pour la même exploitation. Question de loyauté.

183. La règle de la double-qualité qui fonde la spécificité de tout organisme coopératif justifie le principe de l'exclusivisme selon lequel la coopérative ne peut traiter qu'avec ses adhérents.

En effet, justifié par l'esprit coopératif, le principe de l'exclusivisme peut s'avérer fâcheux en pratique. Il est contraire aux intérêts économiques de la société coopérative, laquelle a développé un outil de travail pour les coopérateurs qui peut être sous-employé, la coopérative étant alors incitée à proposer ses services à des personnes extérieures. Les coopératives d'achat peuvent aussi, par exemple, vouloir écouler les stocks invendus. En toute hypothèse, la faculté de s'orienter vers des clients extérieurs permet aux coopératives d'élargir la gamme des produits proposés aux adhérents. L'ouverture facilite encore l'amortissement des frais généraux dans la mesure où ceux-ci, dans un cadre totalement fermé, ne peuvent être amortis que sur la base des opérations réalisées avec les coopérateurs[209]. On ne peut que reconnaître les bienfaits de cette situation pour les coopérateurs : un meilleur amortissement des frais généraux laisse augurer le versement de ristournes plus élevées.

184. Cependant, conscient des inconvénients liés au principe d'exclusivisme, on l'a assorti de plusieurs exceptions. La première ne concerne que les coopératives de pharmaciens et s'explique par des raisons évidentes de santé publique : les sociétés coopératives de pharmaciens ne peuvent refuser leurs services en cas d'urgence, aux pharmaciens d'officine non associés, et à tous les établissements publics ou privés où sont traités les malades, lorsque ces établissements sont régulièrement propriétaires d'une officine[210]. Une autre est susceptible de concerner tous les commerces de détails. Les commerçants de détail dont la coopérative est affiliée à une autre coopérative de commerçants de détail peuvent bénéficier directement des services de cette dernière[211].

---

[209] R. SAINT-ALARY, « Éléments distinctifs de la société coopérative », *RTD com.,* 1952. 458, n° 13.
[210] V. en droit français C. com., art. L. 124-2.
[211] C. com., art. L. 124-4, *in fine*.

Section 3- L'extinction du contrat de société coopérative

185. L'extinction d'un contrat de société coopérative a plusieurs causes possibles (Paragraphe 1). Elles produisent toujours les mêmes effets (Paragraphe 2).

Paragraphe 1 - Les causes d'extinction du contrat de société coopérative

186. Elles sont listées à l'article 177 de l'AUSCOOP. La première cause de dissolution visée par texte tient à l'échéance du terme assigné à la coopérative par ses statuts. Il suffit néanmoins d'une prorogation pour l'éviter.

L'article 177 mentionne ensuite la réalisation ou l'extinction de l'objet social. L'hypothèse devrait être rare. C'est à l'associé mécontent qui se prévaut d'une telle cause de dissolution de prouver cette réalisation ou extinction.

187. L'annulation de la coopérative entraîne bien entendu la dissolution. Toutefois, la nullité d'une société prononcée pour inobservation des conditions de forme ou de fond n'empêche pas qu'il ait existé entre les parties une société de fait, laquelle doit être liquidée comme en cas de dissolution. D'autre part, la personnalité morale d'une société survit pour les besoins de sa liquidation. De sorte que le liquidateur d'une coopérative peut agir en justice afin d'obtenir la condamnation d'un ancien associé à supporter le passif de la coopérative à proportion de la part qu'il détenait.

188. Les associés peuvent encore décider eux-mêmes de procéder à la dissolution de leur groupement. En cas de difficultés économiques, par exemple, pour autant qu'il n'y ait aucune fraude aux droits des créanciers. La dissolution ne peut, en effet, être décidée à seule fin de soustraire le groupement à ses engagements.

189. L'article 177 AUSCOOP dispose encore qu'une société prend fin par la dissolution anticipée prononcée par le tribunal à la demande d'un associé pour justes motifs, notamment en cas d'inexécution de ses obligations par un associé, ou de mésentente entre associés paralysant le fonctionnement de la société. Il peut être tentant pour un associé mécontent de brandir la menace d'une dissolution pour mésentente afin d'exercer une certaine pression. La jurisprudence est toutefois très stricte. Elle vérifie avec soin que la mésentente alléguée empêche le fonctionnement du groupement. La paralysie s'apprécie au demeurant au jour où le juge statue[212].

[212] Civ. 1re, 16 juill. 1998, n° 96-20.203.

190. Le droit des procédures collectives de paiement est applicable aux coopératives agricoles. Celles-ci constituent, en effet, des personnes morales de droit privé qui peuvent bénéficier d'un redressement ou d'une liquidation judiciaire.

191. Enfin, les statuts peuvent prévoir toute autre cause de dissolution.

192. À ces causes listées par l'article 177 AUSCOOP, il convient d'ajouter celles qui sont prévues par l'article 176 du même texte. Aux termes de ce texte, la juridiction compétente peut en outre, sur saisine de l'autorité administrative chargée des coopératives ou de toute personne intéressée, dissoudre toute société coopérative si, selon le cas : a) la société coopérative n'a pas commencé ses opérations dans les deux ans à compter de son immatriculation ; b) elle n'a pas exercé ses activités statutaires pendant deux années consécutives ; c) elle n'a pas observé pendant au moins deux années consécutives les dispositions du présent Acte uniforme en matière de tenue des assemblées annuelles ; d) elle a omis, pendant un délai d'un an, d'envoyer aux autorités ou institutions compétentes les avis ou documents exigés par le présent Acte uniforme ; e) elle est sans organe de gestion, d'administration ou de contrôle depuis au moins trois mois ; f) lorsque la société coopérative n'est pas organisée ou ne fait pas de transactions selon les principes coopératifs.

Paragraphe 2 - Les effets de la dissolution

194. La dissolution de la société coopérative entraîne sa liquidation. L'assemblée générale règle le mode de liquidation. Elle nomme un ou plusieurs liquidateurs qui peuvent être choisis parmi les administrateurs ou les membres du directoire ou du conseil de surveillance. Pendant la liquidation, les pouvoirs de l'assemblée se poursuivent comme pendant l'existence de la société. La personnalité morale de la société subsiste pour les besoins de la liquidation jusqu'à la publication de la clôture de celle-ci. Toutes les valeurs de la société sont réalisées par les liquidateurs qui disposent à cet effet des pouvoirs les plus étendus. Ils peuvent notamment exiger des associés qu'ils participent aux pertes[213].

Il convient ici de rappeler que la responsabilité de chaque coopérateur dans le passif de la coopérative ou de l'union est limitée au double du montant des parts qu'en application des statuts il a souscrit, ou aurait dû souscrire. Dans le cas où la liquidation des sociétés coopératives et unions fait apparaître des pertes excédant le montant du capital social lui-même, ces pertes seront donc, tant à l'égard des créanciers qu'à l'égard des associés coopérateurs eux-mêmes, réparties entre les associés coopérateurs proportionnellement au nombre de

---

[213] D. NGADJEU, Les sociétés coopératives en droit OHADA, op. cit.,

parts du capital appartenant à chacun d'eux ou qu'ils auraient dû souscrire. L'associé coopérateur n'est soumis de ce fait qu'à la seule obligation de libérer le solde des parts qu'il a souscrites ou aurait dû souscrire et verser en complément une somme égale au plus au montant de ces parts.

195. La coopérative ne relève pas d'une logique capitaliste. Il ne devrait donc point y avoir de répartition d'un boni de liquidation. Le ou les liquidateurs procèdent au remboursement des apports réalisés par les associés, mais c'est tout. Simple corolaire de l'un des principes coopératifs : l'impartageabilité des réserves.

La dissolution de la société coopérative n'est opposable aux tiers qu'à compter de sa publication[214]. Les tiers ont toujours intérêt à connaître les vicissitudes qui affectent une société.

---

[214] Art. 180 et s. AUSCOOP.

TITRE 2

LES CONTRATS PERMETTANT DE RÉALISER LES AFFAIRES DANS LE CADRE D'UNE RELATION D'ÉCHANGE

196. Les contrats-échange sont des contrats qui répondent à des besoins économiques

Évidents. Reposant sur un accord de volontés, les contrats ont le plus souvent pour objet de réaliser une permutation de biens ou de services.

Contrairement au contrat-organisation, ce type de contrat se forme par le « verrouillage mutuel d'une offre et d'une acceptation et se referme sur les parties ». Il s'achève par l'exécution des prestations promises. De même, à la différence du contrat-organisation, il établit « un jeu à somme nulle », en sorte que chacune des parties gagne nécessairement ce que l'autre perd[215]. Il repose sur la conciliation d'intérêts contradictoires, est sous-tendu par une logique de réciprocité et procède à une commutation.

En tant que tel, ce type de contrat permet de réaliser les échanges les plus divers relativement aux activités économiques. Le législateur OHADA a prévu à cet effet deux catégories de contrats : les contrats de vente (Sous-titre 1) et les contrats de location (Sous-titre 2).

---

[215] P. DIDIER, op. cit., *Mélanges F. TERRE*, p. 636.

SOUS-TITRE 1 - LES CONTRATS DE VENTE

197. Le contrat de vente est une convention par laquelle une partie s'engage à livrer une chose moyennant le paiement du prix par l'autre partie. Deux types de contrat régis par l'OHADA entrent dans cette définition générique : le contrat de vente commerciale (Chapitre 1) et le contrat de vente du fonds de commerce (Chapitre 2), tous deux régis par l'AUDCG.

CHAPITRE 1

LE CONTRAT DE VENTE COMMERCIALE

198. La vente commerciale se distingue de contrat de vente classique par la qualité des parties au contrat de vente ainsi que par l'objet du contrat. En effet, l'article 234 de l'Acte uniforme relatif au droit commercial général dispose que la notion de vente commerciale vise les contrats de vente de marchandises entre commerçants, personnes physiques ou personnes morales, y compris les contrats de fourniture de marchandises destinées à des activités de fabrication ou de production[216].

La qualification de vente commerciale emporte d'ailleurs deux conséquences majeures : d'abord en ce qui concerne la nature de l'opération, laquelle distingue la vente des opérations voisines et ensuite, en ce qui concerne la forme et les prescriptions applicables aux actions découlant du contrat de vente commerciale.

Ce contrat est soumis à une réglementation plurielle217 constituée de règles issues du Code civil, de la Convention de Vienne relative à la vente internationale de marchandises, ainsi que par les usages et pratiques commerciales et bien évidemment l'AUDCG. Toutes ces sources constituent donc le droit applicable à sa formation (Section 1) et aux conditions dans lesquelles il est exécuté (Section 2).

Section 1- La formation du contrat de vente commerciale

199. Avant d'étudier les conditions de formation du contrat de vente commerciale qui se rapportent principalement aux parties (Paragraphe 2) et

---

[216] A. FENEON et J-R. GOMEZ, « Le droit de la vente commerciale », *Cahiers juridiques et fiscaux*, CFCE, 1998, n° 2, p. 271 ; J-C. JAMES, « La vente commerciale », *Colloque de Libreville sur « Les pratiques contractuelles d'affaires et les processus d'harmonisation dans les espaces régionaux »* du 26 au 28 octobre 2011, p. 26-48 ; I-J. AZANGUE NGOUAJIO, *Le préjudice dans la vente commerciale en droit OHADA*, Thèse de Master en Droit des Affaires et de l'Entreprise, FSJP Uds, 2013, p. 111.

[217] Sur la réglementation de la vente commerciale telle qu'elle résulte notamment de l'AUDCG, V. A.P. SANTOS et YADO TOE (J.), *OHADA : Droit commercial général*, Bruxelles, Bruylant, 2002, no 539 et s. ; A.P. SANTOS, « Commentaire de l'Acte uniforme relatif au droit commercial général », in *OHADA*
Traité et actes uniformes commentés et annotés, juriscope, 3e éd., 2008, p. 260-282

au contrat lui-même (Paragraphe 3), il est nécessaire de préciser son domaine (Paragraphe 1).

Paragraphe 1- Le domaine d'application du contrat de vente commerciale

200. Il résulte de l'article 234 de l'Acte uniforme relatif au droit commercial général qu'un contrat de vente commerciale suppose nécessairement que les parties aient la qualité de commerçant. Tant l'acheteur que le vendeur doivent donc être considérés comme commerçants[218]. Toutefois, il importe peu qu'il s'agisse d'un commerçant, personne physique ou personne morale[219].

Il résulte de ce qui précède que les personnes n'ayant pas la qualité de commerçant au sens de l'article 3 de l'Acte uniforme relatif au droit commercial général ne peuvent pas conclure de contrat de vente commerciale.

Par ailleurs, l'article 235 de l'Acte uniforme relatif au droit commercial général prévoit que les ventes de marchandises achetées pour un usage personnel, familial ou domestique ne sont pas régies par les dispositions de l'Acte en matière de vente commerciale, à moins que le vendeur, à un moment quelconque avant la conclusion ou lors de la conclusion du contrat, n'ait pas su et n'était pas censé savoir que ces marchandises étaient achetées pour un tel usage[220]. Il en résulte que les dispositions relatives à la vente commerciale ne s'appliquent qu'aux contrats de vente conclus entre des commerçants qui agissent dans le cadre de leur profession[221]. Par conséquent, si un commerçant achète un bien à des fins privées, la vente ne sera pas considérée comme une vente commerciale en droit OHADA[222].

201. Outre les conditions liées à la qualité des parties, certaines conditions relatives à l'objet du contrat doivent être remplies pour qu'un contrat de vente commerciale puisse exister.

Premièrement, la chose, objet du contrat de vente, doit exister au moment de la conclusion de la vente. Il en résulte que si la chose a péri en totalité avant

---

[218] J. ISSA-SAYEGH, « Présentation des dispositions sur la vente commerciale », *www.ohada.com, D-06-16*; F.FERRARI , "International sales law in the light of the OHBLA (Organization for Harmonization of Business Law in Africa) uniform act relating to general commercial law and the 1980 Vienna sales convention ", *RDAI,* 2001, n° 5, p. 599.

[219] Article 234 de l'Acte uniforme relatif au droit commercial général.

[220] Article 235 de l'Acte uniforme relatif au droit commercial général.

[221] L. DIALLO, *La vente commerciale en droit OHADA,* Atelier national de reproduction des thèses, 2007, p. 32 ; J-C. JAMES, « La vente commerciale », in Colloque de Libreville sur « Les pratiques contractuelles d'affaires et les processus d'harmonisation dans les espaces régionaux » du 26 au 28 octobre 2011, p. 26-48.

[222] A. PEDRO SANTOS et J. YADO TOE, *OHADA, Droit commercial général*, op. cit., p. 342.

la conclusion du contrat, la vente est nulle. Par contre, si la chose n'a disparu que partiellement, l'acquéreur a le choix d'abandonner la vente ou de demander une réduction du prix[223].

La vente d'une chose future (chose à fabriquer ou en cours de fabrication) est néanmoins possible. En effet, si les caractéristiques essentielles de la chose future sont définies avec suffisamment de précision dans le contrat de vente, de sorte qu'il ne reste plus au vendeur qu'à en assurer la fabrication, le législateur OHADA accepte de considérer fictivement que cette chose existe au moment de la conclusion de la vente[224].

La chose vendue doit également être dans le commerce. À titre d'exemples, sont considérés légalement comme hors du commerce, la personne humaine, les biens du domaine public ainsi que les droits extrapatrimoniaux[225]. Par ailleurs, la vente de la chose d'autrui est prohibée et dès lors considérée comme nulle. Toutefois, la vente de la chose sur laquelle le vendeur n'a qu'un droit conditionnel n'est pas considérée comme une vente de la chose d'autrui, mais comme une vente conditionnelle[226].

Enfin le bien vendu doit être déterminé ou à tout le moins déterminable.

202. L'article 234 de l'Acte uniforme relatif au droit commercial général précise, en outre, que la vente commerciale doit nécessairement porter sur des marchandises[227]. Le terme *"marchandises"* doit être entendu dans un sens large en ce qu'il vise tout meuble corporel qui se compte, se pèse où se mesure. Une vente commerciale ne peut donc, par conséquent, pas porter sur un immeuble.

203. Par ailleurs, l'article 236 du Code civil prévoit que certains biens meubles ne peuvent pas faire l'objet d'un contrat de vente commerciale. C'est le cas des valeurs mobilières, des effets de commerce ou de monnaie, des créances ou instruments financiers, des navires, bateaux, aéroglisseurs et aéronefs ainsi que de l'électricité[228].

En outre, les dispositions de l'Acte uniforme relatif au droit commercial ne s'appliquent pas aux ventes aux enchères et aux ventes sur saisie ou de

---

223 Article 1601 du Code civil camerounais, Article 267 du Code des obligations civiles et commerciales sénégalais, par exemple.

224 J-R. GOMEZ, « Un nouveau droit de la vente commerciale en Afrique », *Recueil Penant,* 1998, n° 827, p. 145 ; F. TERRE, P. SIMLER et Y. LEQUETTE, *Droit civil, Les obligations*, Dalloz, p.220.

225 B. OPPETTIT, « Éthique de la vie des affaires » in *Mélanges d'André Colomer*, Litec, 1993, p. 324.

226 A. PEDRO SANTOS et J. YADO TOE, Ohada, *Droit commercial général*, op. cit., p. 343.

227 L. DIALLO, *La vente commerciale en droit OHADA,* Atelier national de reproduction des thèses, 2007, p. 50.

228 V. HEUZE, *La vente internationale de marchandises*, G.L.N., Joly, 1992, n°5.

quelque autre manière par autorité de justice, puisque ces ventes particulières font l'objet de réglementations spécifiques[229].

Paragraphe 2- Les conditions relatives aux parties

204. La vente commerciale étant consensuelle, sa formation repose sur le mécanisme de la rencontre et de l'accord des volontés[230]. L'AUDCG réglemente à cet effet minutieusement l'offre de contracter (A) ainsi que l'acceptation de cette offre (B).

A- L'offre

205. La formation du contrat de vente commerciale suppose nécessairement une offre émanant d'un des cocontractants et une acceptation de l'offre par l'autre[231].

L'offre peut être définie comme une manifestation de volonté unilatérale suffisamment précise, ferme et dépourvue d'équivoque pour que l'acceptation de celui auquel elle a été adressée suffise à former le contrat[232].

La proposition de conclure le contrat ne peut donc être considérée comme une offre au sens juridique du terme et produire les effets juridiques d'une offre que si certaines conditions sont remplies.

En effet, l'article 241, alinéa 3 de l'Acte uniforme relatif au droit commercial général, dispose qu'une proposition de conclure un contrat constitue une offre si elle est adressée à une ou plusieurs personnes déterminées, si elle est suffisamment précise et si elle indique la volonté de son auteur d'être lié en cas d'acceptation.

L'offre doit donc être adressée à une ou plusieurs personnes déterminée(s)[233]. Par conséquent, la proposition adressée à des personnes indéterminées est considérée comme une simple invitation à entrer

---

[229] Article 236 de l'Acte uniforme relatif au droit commercial général ; P. FIENI, « Droit commercial général dans l'espace OHADA : étude comparative de l'ancien et du nouvel Acte uniforme », *Actualités juridiques,* Édition économique n° 3, 2012, p. 22.

[230] A. AKRAWATI SHAMSIDINE, « L'interprétation de la volonté des parties dans la vente commerciale Ohada », *Penant,* n° 841, octobre-décembre 2002, p. 473 ; E. NSIE, « La formation du contrat de vente commerciale en Afrique », *Penant,* n° 829, janvier-avril 1999, p. 5.

[231] L. TOPOR, *Les contrats,* Les cours de droit, 1994/1995, p. 90.

[232] J. GHESTIN, *Traité de droit civil, La formation du contrat,* L.G.D.J., 1993, p. 266.

[233] L. DIALLO, *La vente commerciale en droit OHADA,* Atelier national de reproduction des thèses, 2007, p. 84.

en pourparlers[234], à moins que la personne qui a fait la proposition n'ait clairement indiqué le contraire.

L'offre doit être adressée à son destinataire, ce qui signifie qu'elle doit avoir été extériorisée[235]. Aucune forme spéciale n'est exigée par l'Acte uniforme relatif au droit commercial général pour l'extériorisation de l'offre. Celle-ci peut donc revêtir n'importe quelle forme (écrite, verbale, voire tacite et résulter d'une attitude de l'offrant) pour autant qu'on puisse y déduire l'intention de l'offrant de faire connaître à autrui sa proposition de contracter un contrat de vente commerciale[236].

Par ailleurs, la proposition de conclure ne peut constituer une offre que si elle est suffisamment précise. En d'autres termes, elle doit contenir au minimum l'ensemble des éléments essentiels du contrat à conclure. À cet égard, l'article 241, alinéa 2, indique qu'une offre est suffisamment précise lorsqu'elle désigne les marchandises et, expressément ou implicitement, fixe la quantité et le prix ou donne les indications permettant de les déterminer[237]. Cette exigence constitue le contenu minimum de l'offre, laquelle peut bien évidemment contenir d'autres informations.

Enfin, l'offre doit être ferme, c'est-à-dire qu'elle doit indiquer la volonté de son auteur d'être lié en cas d'acceptation. En d'autres termes, il faut que l'offre, par sa seule acceptation, suffise à former le contrat. Par conséquent, ne constitue pas une offre au sens juridique du terme, la proposition de contracter qui contient la possibilité pour l'auteur de rétracter sa proposition après acceptation ou qui stipule que l'auteur se réserve la faculté d'agréer ou non son cocontractant[238].

---

234 A. PEDRO SANTOS et J. YADO TOE, Ohada, *Droit commercial général*, op.cit., p. 373.

235 M. MWEZE, « La vente commerciale en droits congolais et OHADA », *www.ohada.com, D-05-34.*

236 J. GHESTIN, *Traité de droit civil, La formation du contrat*, L.G.D.J., 1993, p. 261.

237 A. FENEON, « L'influence de la CVIM sur le nouveau droit de la vente commerciale », *Penant* n° 853, p. 464 ; F. FERRARI, « International sales law in the light of the OHBLA (OHADA) uniform Act relating to general commercial law and the 1980 Vienna Sales convention », *RDAI/IBLJ*, n°, 2001, p. 599

238 I.J. AZANGUE NGOUAJIO, Le préjudice dans la vente commerciale en droit OHADA, op.cit ; F. TERRE, P. SIMLER, et Y. LEQUETTE, *Droit civil, Les obligations*, Dalloz, p. 90.

B- L'acceptation

206. L'acceptation de l'offre peut être définie comme toute déclaration ou tout comportement du destinataire de l'offre par lequel celui-ci acquiesce à l'offre qui lui a été faite[239].

Certaines conditions sont toutefois requises pour qu'on puisse considérer que le destinataire de l'offre a accepté celle-ci.

En ce qui concerne la forme de l'acquiescement, l'Acte uniforme relatif au droit commercial n'impose aucune forme particulière. L'acceptation peut donc être expresse ou tacite et résulter, par exemple, du fait que l'acheteur remplit le bon de commande qui lui a été adressé par le vendeur[240]. De même, le fait pour l'acheteur de prendre livraison des marchandises constitue une acceptation de la vente[241].

207. L'acceptation doit toutefois être pure et simple, c'est-à-dire qu'elle ne doit contenir aucune réserve, condition ou ambigüité. Ce principe doit toutefois être nuancé, puisqu'en réalité, seule l'acceptation pure et simple des éléments essentiels du contrat est requise. Il en résulte que si le désaccord ne porte que sur un élément accessoire du contrat, tel que les modalités de paiement, le contrat est, en principe, formé. C'est ce qui ressort de l'article 245 de l'Acte uniforme relatif au droit commercial. Cet article prévoit qu'une réponse qui se veut une acceptation, mais qui contient des éléments complémentaires ou différents n'altérant pas substantiellement les termes de l'offre constitue une acceptation, à moins que l'auteur de l'offre, sans retard indu, n'exprime son désaccord sur ces éléments.

208. A contrario, la réponse à l'offre qui contient des additions, des limitations ou d'autres modifications portant sur des éléments essentiels, constitue non pas une acceptation de l'offre, mais une « contre-proposition »[242]. À cet égard, est considérée comme portant sur des éléments essentiels, toute modification relative aux marchandises, à leur quantité et à leur prix[243].

L'émission d'une contre-proposition ne permet pas au contrat de vente de se former. En effet, la contre-proposition doit s'analyser contre une

---

239 L. DIALLO, *La vente commerciale en droit OHADA,* Atelier national de reproduction des thèses, 2007, p. 100 ; À AKRAWATI SHAMSIDINE, « L'interprétation de la volonté des parties dans la vente commerciale OHADA », *Penant,* n° 841, octobre-décembre 2002, p. 473.

240 A. PEDRO SANTOS et J. YADO TOE, OHADA, *Droit commercial général,* op. cit., p. 377.

241 J. GHESTIN, *Traité de droit civil, La formation du contrat,* L.G.D.J., 1993, p. 284.

242 Cour d'Appel de Ouagadougou, Arrêt du 20 janvier 2006, Arrêt n° 15, Affaire : Société Telecel Faso c/ Société Hortel Project, www.ohada.com, J-09-22.

243 A. FENEON, « L'influence de la CVIM sur le nouveau droit de la vente commerciale », op. cit., p. 464.

nouvelle offre. Le contrat ne pourra donc se former que par l'acceptation de cette contre-proposition[244].

209. Par ailleurs, le silence ou l'inacceptation du destinataire de l'offre ne peuvent valoir à eux seuls acceptations de cette dernière[245]. Il en résulte que l'offre deviendra caduque si elle n'a pas été acceptée dans le délai stipulé pour son acceptation ou, à défaut d'une telle stipulation, dans un délai raisonnable.

L'acceptation de l'offre a pour effet principal de former le contrat de vente commerciale. Le contrat est, en effet, conclu dès que l'acceptation produit ses effets. Il en résulte qu'à compter de cette date, aucune des parties n'a le droit de remettre en cause les termes de son engagement, et ce, sous peine de sanctions. Par ailleurs, si le prix est déterminé par référence au prix du marché, c'est à la date de la conclusion du contrat qu'il faudra se placer pour le déterminer.

À ce propos, l'Acte uniforme relatif au droit commercial général prévoit que l'acceptation d'une offre produit ses effets au moment où l'expression de l'acquiescement parvient à l'auteur de l'offre. Il s'agit de l'application de la théorie de la réception, laquelle prévoit que la conclusion du contrat est retardée jusqu'au moment où l'offrant a pu prendre connaissance de l'acceptation de l'offre[246].

210. Toutefois, si le comportement constitutif de l'acceptation n'est pas une déclaration, mais un acte du destinataire de l'offre, l'acceptation prendra effet au moment où cet acte est accompli, pour autant qu'il résulte des dispositions de l'offre, des pratiques établies entre les parties ou des usages que le destinataire pouvait, sans notification à l'auteur de l'offre, exprimer son acquiescement en accomplissant un acte. Tel est le cas, par exemple, lorsque l'acheteur se contente de prendre livraison des marchandises envoyées par le vendeur.

211. Par ailleurs, dans l'hypothèse où un délai d'acceptation a été stipulé dans l'offre, l'acceptation ne peut produire ses effets que si elle parvient à l'offrant dans le délai convenu. Le délai d'acceptation fixé par l'auteur de l'offre commence à courir au moment où l'offre est exprimée[247].

---

[244] F. TERRE, P. SIMLER, et Y. LEQUETTE, *Droit civil, Les obligations*, op. cit., p. 99.
[245] A. PEDRO SANTOS et J. YADO TOE, Ohada, *Droit commercial général*, op. cit., p. 381.
[246] H. MAZEAUD et J. MAZEAUD, *Leçons de droit civil, Les obligations,* 1998, p. 138 ; J-R. GOMEZ, « Un nouveau droit de la vente commerciale en Afrique », *Recueil Penant*, 1998, n° 827, p. 145 ; A. FENEON et J-R. GOMEZ, « Le droit de la vente commerciale », op.cit., p. 271 ; J-C. JAMES, « La vente commerciale », op.cit., pp. 26-48.
[247] P. FIENI, « Droit commercial général dans l'espace OHADA : étude comparative de l'ancien et du nouvel Acte uniforme », op. cit., p. 22.

Si aucun délai n'a été fixé, l'acceptation devra intervenir dans un délai raisonnable, lequel est déterminé en tenant compte des circonstances de la cause, notamment de la rapidité des moyens de communication utilisés par l'auteur de l'offre.

L'acceptation parvenue à l'auteur de l'offre en dehors du délai convenu ou d'un délai raisonnable ne produit aucun effet, l'offre étant devenue caduque.

Précisons également que l'acceptation une fois exprimée peut être révoquée pour autant que la révocation parvienne à l'auteur de l'offre au plus tard au moment où l'acceptation aurait pris effet, c'est-à-dire au plus tard au moment où l'offrant a pris connaissance de l'acceptation.

Paragraphe 3- Les conditions relatives à la chose et au prix

212. L'existence d'une chose constitue également une condition essentielle de la formation de la vente commerciale. Pour être vendue, la chose doit présenter certains caractères (A). Le prix constitue lui aussi un élément essentiel de la vente. Aussi convient-il également de le préciser dans le cadre de cette étude (B).

A- La chose

213. Outre les conditions liées à la qualité des parties, certaines conditions relatives à l'objet du contrat doivent être remplies pour qu'un contrat de vente commerciale puisse exister.

Premièrement, la chose, objet du contrat de vente, doit exister au moment de la conclusion de la vente. Il en résulte que si la chose a péri en totalité avant la conclusion du contrat, la vente est nulle. Par contre, si la chose n'a disparu que partiellement, l'acquéreur a le choix d'abandonner la vente ou de demander une réduction du prix.

La vente d'une chose future (chose à fabriquer ou en cours de fabrication) est néanmoins possible. En effet, si les caractéristiques essentielles de la chose future sont définies avec suffisamment de précision dans le contrat de vente, de sorte qu'il ne reste plus au vendeur qu'à en assurer la fabrication, le législateur OHADA accepte de considérer fictivement que cette chose existe au moment de la conclusion de la vente[248].

La chose vendue doit également être dans le commerce. À titre d'exemples, sont considérés légalement comme hors du commerce, la personne humaine,

[248] F. TERRE, P. SIMLER et Y. LEQUETTE, *Droit civil, Les obligations,* op.cit., p.220.

les biens du domaine public ainsi que les droits extrapatrimoniaux[249]. Par ailleurs, la vente de la chose d'autrui est prohibée et dès lors considérée comme nulle. Toutefois, la vente de la chose sur laquelle le vendeur n'a qu'un droit conditionnel n'est pas considérée comme une vente de la chose d'autrui, mais comme une vente conditionnelle[250].

Enfin le bien vendu doit être déterminé ou à tout le moins déterminable.

L'article 234 de l'Acte uniforme relatif au droit commercial général précise, en outre, que la vente commerciale doit nécessairement porter sur des marchandises[251]. Le terme *"marchandises"* doit être entendu dans un sens large en ce qu'il vise tout meuble corporel qui se compte, se pèse ou se mesure[252]. Une vente commerciale ne peut donc, par conséquent, pas porter sur un immeuble.

Par ailleurs, l'article 236 du Code civil prévoit que certains biens meubles ne peuvent pas faire l'objet d'un contrat de vente commerciale. C'est le cas des valeurs mobilières, des effets de commerce ou de monnaie, des créances ou instruments financiers, des navires, bateaux, aéroglisseurs et aéronefs ainsi que de l'électricité[253].

En outre, les dispositions de l'Acte uniforme relatif au droit commercial ne s'appliquent pas aux ventes aux enchères et aux ventes sur saisie ou de quelque autre manière par autorité de justice, puisque ces ventes particulières font l'objet de réglementations spécifiques[254].

B- Le prix

214. Le prix constitue la contrepartie monétaire du transfert de propriété consécutif à la vente commerciale. Le prix peut, en effet, être défini comme la somme d'argent que l'acquéreur s'oblige à payer au vendeur en contrepartie du transfert de la chose[255].

Compte tenu du fait que le contrat de vente est un contrat à titre onéreux, le prix de vente doit être réel et sérieux[256]. Par conséquent, le contrat dans

---

[249] B. OPPETTIT, « Éthique de la vie des affaires » in *Mélanges D'ANDRE COLOMER*, Litec, 1993, p. 324.
[250] Civ., 20 juin 1973, *Bull. civ.*, III, n°433 cité par A. PEDRO SANTOS et J. YADO TOE, OHADA, *Droit commercial général*, op. cit., p. 343.
[251] L. DIALLO, *La vente commerciale en droit OHADA,* Atelier national de reproduction des thèses, 2007, p. 50.
[252] V. HEUZE, *La vente internationale de marchandises*, G.L.N., Joly, 1992, n°5
[253] P. FIENI, « Droit commercial général dans l'espace OHADA : étude comparative de l'ancien et du nouvel Acte uniforme », op. cit., p. 22.
[254] *Ibid.*
[255] A. P. SANTOS et J. YADO TOE, op. cit., p. 382.
[256] L. DIALLO, op. cit., p. 116.

lequel les parties stipulent un prix fictif ou dérisoire par rapport à la valeur des marchandises ne peut être qualifié de vente.

Le prix doit également être déterminé. L'article 241 de l'Acte uniforme relatif au droit commercial général énonce, en effet, qu'une offre est suffisamment précise lorsqu'elle fixe le prix ou donne les indications permettant de les déterminer. Il résulte de cette disposition que l'offre de vente sans prix est inefficace et que le contrat de vente commerciale sans prix est nul[257].

215. Il peut toutefois arriver que les parties ne disposent pas de toutes les données nécessaires pour fixer le prix au moment de la conclusion du contrat. Dans ce cas, les clauses du contrat de vente devront contenir des éléments suffisamment précis et indépendants afin de permettre aux parties de déterminer ultérieurement le prix de vente des marchandises[258].

Par ailleurs, les parties ont la possibilité d'exprimer le prix sous la forme d'un montant déterminé. Dans ce cas, le prix est présumé être convenu hors taxes.

Les parties peuvent également se référer au prix du marché. L'Acte uniforme relatif au droit commercial général prévoit, en effet, que les parties peuvent se référer à la valeur habituellement attribuée au moment de la conclusion du contrat à des marchandises vendues dans des circonstances comparables au sein de la même branche d'activité[259]. Le prix du marché a pour avantage qu'il permet de refléter l'attitude de l'ensemble des offrants et des demandeurs à un moment donné.

Les parties ont également la possibilité de fixer le prix de vente d'après le poids des marchandises. Dans ce cas, le prix sera déterminé à partir de leur poids net, c'est-à-dire diminué du poids de l'emballage[260].

216. Outre la fixation au poids, la pratique a imaginé plusieurs autres modes de fixation du prix, tels que la clause à dire de tiers, la clause de prix catalogue, la clause de l'offre concurrente et la clause de référence à un prix taxé.

La clause à dire le tiers est la clause qui laisse la fixation du prix à l'arbitrage d'un tiers. Ce tiers peut être un groupement professionnel ou un expert désigné par un juge. En toute hypothèse, le tiers doit être une personne indépendante vis-à-vis de l'acheteur et du vendeur[261].

La clause de prix catalogue est, quant à elle, celle en vertu de laquelle le prix sera déterminé par référence au tarif du fournisseur au jour de la

---

[257] Cass. com., 30 novembre 1983, *G.P.*, 1984, p. 675.
[258] I. CORBISIER, « La détermination du prix dans les contrats commerciaux portant vente de marchandises. Réflexions comparatives », *Rev. Int. de dr. comp.*, 1988, p. 767.
[259] M. MWEZE, « La vente commerciale en droits congolais et OHADA », op. cit.,
[260] A. P. SANTOS ET J. YADO TOE, *Ibid.*, p. 382.
[261] J. ISSA-SAYEGH, « Présentation des dispositions sur la vente commerciale », op. cit.

conclusion du contrat. Cette clause trouve, en principe, à s'appliquer aux contrats-cadre de distribution.

La clause de l'offre concurrente permet à l'acquéreur de demander au vendeur d'aligner son prix sur celui de son concurrent. Une telle clause doit, par conséquent, être analysée comme une promesse d'achat sous condition d'alignement du prix sur celui des concurrents[262].

Enfin, la clause de référence à un prix taxé est la clause par laquelle les parties conviennent de se référer au prix fixé par l'Administration.

Section 2- L'exécution du contrat de vente commerciale

217. La vente commerciale, contrat synallagmatique, fait naître des obligations réciproques entre les parties. L'ampleur de ces obligations varie cependant suivant que l'exécution est (Paragraphe 1) ou non normale (Paragraphe 2).

Paragraphe 1- L'exécution normale

218. C'est l'hypothèse attendue par la partie. En temps normal, la vente commerciale va générer des obligations aussi bien pour le vendeur (A) que pour l'acheteur (B).

A- Les obligations du vendeur

219. Sauf conventions contraires, trois obligations essentielles pèsent sur le vendeur dans un contrat de vente[263]. Il s'agit principalement de l'obligation de livraison (1), de conformité (2) et de garantie (3).

1- L'obligation de livraison

220. Le législateur OHADA a privilégié la volonté des parties sur toutes les modalités de la livraison. Mais, prévoyant leur silence, il a pris des dispositions supplétives quant au lieu et à la date de la livraison. Ces

[262] L. DIALLO, *La vente commerciale en droit OHADA*, op. cit., p. 126 ; A. DIENG, «La vente commerciale OHADA à l'épreuve du commerce international », *Commission vente internationale de marchandises, 51e Congrès de l'UIA*, Paris, 31.
[263] Art. 250 AUDCG.

dispositions peuvent être transposées aux autres conventions génératrices de l'obligation de remettre ou de restituer une chose à autrui[264].

Par conséquent, une fois les marchandises vendues, le vendeur prend les dispositions nécessaires pour leur livraison. De ce fait, les parties déterminent librement le lieu de leur livraison. À défaut, les marchandises sont remises à un transporteur pour leur livraison. Si le contrat de vente le prévoit ou elles sont tenues à disposition de l'acheteur au lieu de leur fabrication ou de leur stockage ou encore au lieu où le vendeur a son principal établissement[265]. Le Tribunal de Grande Instance de Mfoundi, dans son jugement civil n°246 du 04 mars 2002, Affaire Mejo M'obam Moïse c/ Société anonyme Laborex Cameroun, pose qu'à défaut de convention particulière entre les parties, le lieu de livraison dans la vente commerciale prévu par la loi est le domicile du vendeur et non celui de l'acheteur. Dès lors, l'acheteur qui n'a pas pris livraison dans ces conditions ne peut donc pas attaquer le vendeur pour défaut de livraison. Le vendeur (ou tout autre contractant obligé de livrer) est donc tenu de remettre les marchandises à un transporteur si le contrat prévoit un contrat de transport ; dans les autres cas, il doit les mettre à la disposition de l'acheteur (ou de tout autre contractant) au lieu où elles ont été fabriquées, où elles sont stockées, ou au lieu où le vendeur (ou tout autre contractant obligé de la même manière) a son principal établissement[266]. Il doit prendre les dispositions nécessaires pour le transport des marchandises et il doit également coopérer avec l'acheteur en vue de faciliter la livraison.

221. La livraison doit également se faire à la date indiquée dans le contrat ou dans la période de temps fixé dans le contrat. Si ce temps n'est pas précisé par le contrat, la marchandise doit être livrée par le vendeur ou toute personne obligée de même manière dans un délai raisonnable[267], en fonction des usages et de la nature des marchandises, en l'absence d'un délai de livraison[268].

222. Enfin, le vendeur est tenu de délivrer, s'il y a lieu, tous les documents se rapportant aux marchandises (lettre de voiture, connaissement, fiches techniques, modes d'emploi ; certificat d'assurances et de conformité…)[269]. Dans ce cas, ces documents doivent être remis en même temps que la chose. Cette obligation accessoire est inhérente à toute

---

264 NIANG, BIRA LÔ, La livraison dans la vente internationale de marchandises, Mémoire Master, UCAD, 2003.

265 Art. 251 AUDCG ; I.J. AZANGUE NGOUAJIO, Le préjudice dans la vente commerciale en droit OHADA, op. cit.,

266 Article 220 AUDCG.

267 Article 222 AUDCG.

268 Article 253 AUDCG.

269 Article 219 AUDCG.

obligation de délivrer une chose dont le cocontractant doit pouvoir user ou jouir sans trouble (louage ; prêt...).

2- L'obligation de conformité

223. Le vendeur doit livrer les marchandises dans la qualité, la quantité, la spécification, le conditionnement et l'emballage correspondant à ceux prévus au contrat. L'AUDCG met, en effet, à la charge du vendeur une obligation de livraison d'une marchandise conforme[270]. Selon l'article 255 alinéa 1er de l'Acte uniforme, « le vendeur doit livrer les marchandises dans la quantité, la qualité, la spécification, le conditionnement et l'emballage correspondant à ceux prévus au contrat ». Cette conformité s'apprécie selon les stipulations du contrat. Si la chose livrée ne correspond pas à celle qui a été commandée, l'écart est considéré juridiquement comme un manquement à l'obligation de délivrance. Dans ce cas, il appartient à l'acheteur d'apporter la preuve de l'écart. Il doit dénoncer le défaut de la marchandise dans un délai raisonnable.

224. D'un point de vue théorique, la distinction entre le vice caché et le défaut de conformité paraît facile à mettre en œuvre. Relève ainsi du défaut de conformité la livraison d'un bien sain, mais différent de celui prévu au contrat. Le vice caché, pour sa part, concerne la délivrance de la chose prévue dans le contrat, mais affectée d'un défaut qui la rend impropre à son usage. La non-conformité de la chose s'apprécie donc par rapport aux spécifications convenues par les cocontractants[271]. Mais très souvent dans la pratique, le vice « fonctionnel » se confond immanquablement avec le défaut de conformité. Par exemple, la chose se révèle impropre à l'usage auquel on la destinait sans pour autant être endommagée. Il y a alors chevauchement ou concours des deux actions. C'est sans doute la raison pour laquelle le législateur français à la différence du législateur OHADA adoptait déjà une conception « moniste» pour ces deux actions dans son ordonnance du 17 janvier 2005[272].

---

[270] C. MBA OWONO, « Non-conformité et vices cachés dans la vente commerciale en droit uniforme africain », *Juris Périodique* n° 41, janvier-mars 2000, p. 107-127. ; C. KAMWE MOUAFFO, *L'Obligation de conformité dans la vente commerciale des marchandises en OHADA*. Mémoire DEA, Droit des affaires UDEAC/CEMAC, Université de Dschang/Cameroun, 1999 ; L.CASAUX LABRUNEE, « Vice caché et non-conformité : propos non-conformistes sur une distinction viciée ». *D*, 1999. Chron., 1.

[271] O. TOURNAFOND, « Les prétendus concours d'action et le contrat de vente », *D,* 1989, Chron. p. 237, cité par C. LIEVREMONT, *JCPG*. N° 52, décembre 2005, II, 10184.

[272] V. l'ordonnance française n°2005-136 du 17 janvier 2005 relative à la garantie de la conformité du bien au contrat due par le vendeur au consommateur ; J-C. JAMES, « La vente commerciale », *Colloque de Libreville sur « Les pratiques contractuelles d'affaires et les processus d'harmonisation dans les espaces régionaux »* du 26 au 28 octobre 2011, p. 26-48.

3- L'obligation de garantie

225. Postérieurement à l'acte d'exécution du contrat qui est la délivrance, le vendeur est tenu à une obligation de garantie contre les vices cachés de la chose, d'ailleurs considérée comme le prolongement de l'obligation de délivrance273. L'obligation de garantie qui pèse sur le vendeur est plurielle. Il y a la garantie contre l'éviction de l'acheteur et la garantie contre les vices cachés de la chose vendue.

226. La garantie contre l'éviction existe du moment où la marchandise a été livrée libre de tout droit ou prétention d'un tiers. Cette obligation est prévue par les articles 260 et suivants de l'AUDCG. L'acheteur perd le droit de s'en prévaloir s'il accepte de prendre la marchandise en connaissance de cause. Il doit dénoncer au vendeur le droit ou la prétention éventuelle d'un tiers. La garantie contre l'éviction doit être entendue doublement : d'une part, la garantie contre l'éviction du fait personnel, car l'adage bien connu de tous, selon lequel « qui doit garantie ne peut évincer » et d'autre part la garantie contre l'éviction du fait d'un tiers.

227. La garantie contre les vices cachés de la chose vendue est due par le vendeur lorsque le défaut caché de la chose vendue diminue tellement son usage que l'acheteur ne l'aurait pas acquise ou aurait donné un prix moindre s'il l'avait connu. Le vice est une défaillance interne qui fait obstacle au fonctionnement normal de la chose. Cette appréciation se fait donc au regard de l'utilité attendue. Le vice doit être occulte, antérieur à la vente ; il doit être prouvé par l'acquéreur qui doit démontrer que la chose ne répond pas à l'usage qui lui a été affecté. Les bénéficiaires de la garantie contre les vices cachés sont aussi bien l'acheteur contre le vendeur que le sous-acquéreur contre le fabricant ou un vendeur intermédiaire, lorsque le vice caché affectait la chose vendue depuis sa fabrication[274].

B- Les obligations de l'acheteur

228. Le contrat de vente commerciale implique deux obligations à la charge de l'acheteur : il doit payer le prix (1) et prendre livraison des marchandises (2).

---

273 D. MAZEAUD, « Leçons de droit civil, les principaux contrats », T3, 2e Vol., 5e éd., *Montchrestien*, 1979, n° 952 et s. p. 261, n° 991, p. 300, cité par C. MBA-OWONO, « Non-conformité et vices cachés dans la vente commerciale en droit uniforme africain », *Juridis Périodique* n°41, p. 107 et s. n° 37 et s.

274 J. GATSI, op. cit, p. 94

1- Paiement du prix

229. L'obligation de payer le prix constitue la contrepartie de la remise de la marchandise par le vendeur[275]. À cet égard, l'Acte uniforme relatif au droit commercial général prévoit que l'acheteur est tenu de prendre toutes les mesures nécessaires à l'accomplissement des formalités préalables au paiement effectif du prix. Ces formalités concernent surtout la vente internationale et les exigences posées en matière de garantie à première demande ou de crédit documentaire[276].

230. Le prix doit être versé directement au vendeur ou à la personne qui a reçu le pouvoir de recevoir le paiement en lieu et place du vendeur.

En principe, une fois le paiement effectué, l'acheteur est libéré de son obligation. Toutefois, il se peut que la complexité de l'opération ou son échelonnement dans le temps engendre des frais supplémentaires[277]. C'est le cas, par exemple, lorsque la vente a donné lieu à l'établissement d'actes notariés ou que des intérêts sont dus en raison du retard de paiement. Dans ce cas, l'acheteur doit également s'acquitter de ses frais, qui font partie intégrante de la vente[278].

231. En ce qui concerne les modalités de paiement, le législateur OHADA prévoit que le paiement du prix est fait soit au siège de l'activité du vendeur, soit au lieu de la livraison si le prix est payable comptant ou si la livraison est effectuée contre remise de documents[279].

Le paiement doit avoir lieu à la date convenue entre les parties et l'acheteur ne peut subordonner son paiement à une démarche du vendeur. Par contre, si la vente implique un transport, le vendeur peut subordonner leur expédition ou la remise à l'acheteur du document qui les représente au paiement préalable du prix.

Par ailleurs, les parties peuvent prévoir que l'acheteur ne sera tenu de payer le prix qu'après avoir pu examiner les marchandises. L'examen préalable des marchandises constitue une protection pour l'acheteur qui ne sera pas tenu de payer le prix tant qu'il ne s'est pas assuré, ne fût-ce que sommairement, de la conformité des marchandises[280].

---

[275] M. DIALLO, op. cit., p. 172.
[276] B. AUDIT, *La vente internationale de marchandises. Conventions des Nations Unies du 11 avril 1980*, Paris, L.G.D.J., 1990, p. 140.
[277] M. MWEZE, « La vente commerciale en droits congolais et OHADA », op. cit.,
[278] A. P. SANTOS et J. YADO TOE, OHADA, op. cit., p. 403.
[279] J. ISSA-SAYEGH, op. cit.,
[280] A. FENEON, op. cit., p. 464.

2- Prise de livraison

232. L'acheteur est également tenu de prendre livraison des marchandises. Cette obligation implique, pour l'acheteur, d'accomplir les actes permettant au vendeur d'effectuer la livraison et de prendre possession des marchandises[281].

Par conséquent, lorsque la vente porte sur des produits réglementés nécessitant une autorisation ou lorsque la vente implique un transport, l'acheteur doit effectuer les formalités nécessaires et conclure les actes juridiques que l'opération impose[282].

Enfin, l'acheteur est, en principe, tenu de prendre possession physiquement des marchandises. Cette prise de livraison a pour conséquence qu'elle opère un transfert des risques. Préalablement à la prise de possession, l'acheteur devra examiner les marchandises ou les faire examiner par un tiers et décider s'il accepte ou non de retirer les marchandises en cas de défaut de conformité.

Puisque l'Acte uniforme relatif au droit commercial général a reconnu à l'acheteur le droit de refuser les marchandises après leur examen préalable, celui-ci a l'obligation de prendre les mesures raisonnables, eu égard aux circonstances, pour en assurer la conservation, et ce, jusqu'à leur reprise par le vendeur. Cette obligation de conservation peut être accomplie par l'acheteur ou par un tiers désigné à cet effet.

Si le vendeur tarde trop à récupérer les marchandises refusées par l'acheteur, le législateur OHADA autorise l'acheteur à vendre la marchandise et à retenir sur le produit de la vente un montant égal à ses frais de conservation[283].

C. Le transfert des risques et de propriété

233. Le transfert de risque et propriété peut s'analyser comme un effet du contrat à l'égard des marchandises. Bien que s'opérant souvent simultanément, le transfert de propriété (1) et le transfert des risques (2) sont bien distincts.

---

[281] M. MWEZE, op.cit., J-C. JAMES, « La vente commerciale », Colloque de Libreville sur « Les pratiques contractuelles d'affaires et les processus d'harmonisation dans les espaces régionaux » du 26 au 28 octobre 2011, p. 26-48.

[282] A. PEDRO SANTOS et J. YADO TOE, op.cit., p. 406.

[283] A. FENEON, *Ibid* ; R. ADIDO, « Réflexion sur le transfert de propriété des marchandises vendues dans l'espace francophone à la lumière du droit français », *Penant,* octobre-décembre 2003, n° 845, p. 464 et s.

1- Le transfert de propriété

234. En principe, le transfert de propriété s'opère dès la prise de livraison des marchandises. L'article 277 AUDCG indique à cet effet que c'est la prise de livraison qui opère transfert à l'acheteur de la propriété des marchandises vendues[284]. Le principe est donc celui du transfert de propriété à la prise de livraison des marchandises, à moins que les parties en aient convenu autrement.

Le législateur OHADA s'écarte donc du principe de transfert de propriété *solo consensu*, lequel s'appliquait pourtant dans la plupart des États membres de l'OHADA avant l'entrée en vigueur de l'Acte uniforme relatif au droit commercial général[285]. Le principe du transfert de propriété *solo consensu* veut que le transfert de propriété s'opère immédiatement et de plein droit à l'acquéreur du seul fait de la formation du contrat[286], le transfert de propriété se réalisant donc par le seul fait de l'échange des consentements et à l'instant même où celui-ci s'opère.

235. Le transfert de propriété *solo consensu* n'est toutefois pas sans risque pour les tiers et pour l'acheteur. Les tiers risquent, en effet, de ne pas être avertis du transfert de propriété et d'acquérir des droits de la part du vendeur, alors même que celui-ci n'est plus propriétaire des marchandises. L'acheteur, quant à lui, doit supporter le risque de perte ou de détérioration d'une chose dont il n'est pas encore en possession[287].

Par ailleurs, la vente commerciale se caractérise par des besoins de souplesse, de rapidité et de sécurité, lesquels s'accommodent mal de l'imprévision quant au moment du transfert de propriété qui découle du principe du transfert *solo consensu*[288].

Compte tenu de ces difficultés, le législateur OHADA a préféré adopter la règle selon laquelle le transfert de propriété a lieu au moment de la livraison effective de la chose[289]. La question de la détermination du moment où s'opère le transfert de propriété est essentielle, notamment pour les créanciers du

[284] Article 277 de l'Acte uniforme relatif au droit commercial général
[285] A. PEDRO SANTOS et J. YADO TOE, op. cit., p. 433.
[286] Article 1138, 1583, 1585 et 1586 du Code civil.
[287] ENCYCLOPÉDIE JURIDIQUE DE L'AFRIQUE, *Droit des contrats et de la responsabilité*, tome IX, Les Nouvelles Éditions Africaines, 1982, p. 64 ; M. K. BROU, « La protection des vendeurs de biens avec clause de réserve de propriété dans les procédures collectives : l'apport du Traité OHADA », *Penant* n° 837, septembre – décembre 2001, p. 273 s.
[288] R. ADIDO, « Réflexion sur le transfert de propriété des marchandises vendues dans l'espace francophone à la lumière du droit français », op. cit., p. 464.
[289] J. ISSA-SAYEGH, op. cit.

vendeur, puisque c'est à partir de cette date que les biens vendus sortent du patrimoine du vendeur[290].

À cet égard, le législateur OHADA indique que l'acheteur et le vendeur peuvent prévoir que la prise de livraison des marchandises a lieu soit au moment du retirement de la marchandise par le vendeur, soit au moment de la remise des marchandises au transporteur, soit au moment de la mise à disposition des marchandises par le vendeur[291].

Les parties peuvent donc prévoir que la prise de livraison s'opère par le retirement de la marchandise. La propriété de celles-ci est donc transférée à l'acheteur dès le retirement.

236. Le transport des marchandises vendues présente, quant à lui, la particularité d'introduire une troisième personne dans la transaction, à savoir le transporteur. Compte tenu de cela, on peut s'interroger sur le moment précis où s'opèrera le transfert de propriété. Faut-il ou non considérer que la prise de possession des marchandises par le transporteur pour le compte de l'acheteur vaut livraison au sens de l'article 277 de l'Acte uniforme relatif au droit commercial général ? Si oui, cela signifie que le transfert de propriété s'opérera à un moment où l'acheteur n'a pas encore la possession matérielle de la marchandise.

Or, une telle solution semble en contradiction avec les termes de l'article 277 de l'Acte uniforme relatif au droit commercial général, qui entendent situer le transfert de propriété au moment de la prise de livraison des marchandises par l'acheteur[292]. Il y a donc lieu de considérer que le transfert de propriété ne se produit que lorsque l'acheteur est en mesure d'entrer matériellement en possession de la marchandise, ou à tout le moins, d'avoir la maîtrise des moyens de cette prise de possession, y compris l'organisation du transport[293].

237. Enfin, les parties peuvent prévoir que la prise de livraison a lieu par la mise à disposition des marchandises par le vendeur[294]. Des difficultés peuvent toutefois se produire lorsque le vendeur se heurte à l'inertie de l'acheteur qui ne procède pas au retirement dans les délais convenus. Dans ce cas, il y a lieu de considérer qu'ayant procédé à la livraison des marchandises dans le respect des obligations contractuelles prévues par les parties, le vendeur en a également transféré la propriété.

Une telle solution semble être confirmée par l'article 271 de l'Acte uniforme relatif au droit commercial général, qui prévoit que, si l'acheteur

---

[290] A. DIENG, « La vente commerciale OHADA à l'épreuve du commerce international », op. cit.,
[291] M. DIALLO, La vente commerciale en droit OHADA, op. cit., p. 225.
[292] M. MWEZE, op. cit., I. J. AZANGUE NGOUAJIO, op. cit.,
[293] M. DIALLO, op. cit., p. 226.
[294] M. MWEZE, *Ibid.*

tarde à prendre livraison des marchandises, le vendeur est tenu d'en assurer la conservation. Or, le droit de conservation ne peut s'exercer que pour autant que le vendeur n'ait plus la qualité de propriétaire des marchandises, mais uniquement celle de simple possesseur pour le compte de l'acheteur[295].

2- Le transfert des risques

238. Le transfert de propriété entraîne le transfert des risques, c'est-à-dire que la perte totale ou partielle de la chose est supportée par son propriétaire. Il en résulte que toute perte ou détérioration des marchandises survenue après ce moment ne dispense pas l'acheteur de payer le prix, sauf si ces événements sont dus à un fait du vendeur. Parallèlement au transfert de propriété, en effet, la vente réalise également un transfert des risques du vendeur à l'acheteur. Cette question est importante puisqu'elle détermine qui du vendeur ou de l'acheteur devra supporter les conséquences d'une perte fortuite, totale ou partielle des marchandises vendues entre le moment de la conclusion du contrat et celui de la prise de possession.

À cet égard, l'Acte uniforme relatif au droit commercial général prévoit que le transfert de risques a lieu au moment du transfert de propriété, soit en principe, au moment de la prise de livraison par l'acheteur des marchandises[296]. Il ressort de ce principe que la charge des risques en cas de perte ou de détérioration des marchandises est intimement liée à la possession matérielle des marchandises. C'est donc en principe lors de la livraison que la charge des risques passe du vendeur à l'acheteur. Cette solution s'explique par le fait que le législateur OHADA a estimé qu'il convenait de faire peser les risques sur le cocontractant qui est le plus à même de prévenir le sinistre et de prendre les mesures conservatoires destinées à sauvegarder les marchandises.

239. Toutefois, l'Acte uniforme relatif au droit commercial général prévoit des aménagements à ce principe lorsque le contrat de vente commerciale implique un transport de marchandises. Dans ce cas, les risques seront transférés à l'acheteur à partir de la remise des marchandises au premier transporteur[297]. À cet égard, l'autorisation donnée au vendeur de conserver les documents représentatifs des marchandises est sans incidence sur le transfert des risques[298].

---

[295] A. PEDRO SANTOS et J. YADO TOE, OHADA, op. cit., p. 437.
[296] R. ADIDO, op. cit., p. 464.
[297] Cour d'Appel d'Abidjan, Arrêt du 14 juin 2001, Arrêt n° 677, dociete lotus import (mes scpa kanga-olaye et associes c/société skalli fortant de france, http://www.ohada.com, J-04-102 ; Article 278 de l'Acte uniforme relatif au droit commercial général.
[298] J. ISSA-SAYEGH, op. cit.,

Il résulte de ce qui précède que, sauf stipulation contraire, tous les dommages causés aux marchandises postérieurement à ce moment devront être supportés par l'acheteur.

Par ailleurs, lorsque les marchandises sont vendues en cours de transport, le législateur OHADA prévoit que les risques sont transférés à l'acheteur dès la conclusion du contrat de vente[299]. Cependant, si au moment de la conclusion du contrat, le vendeur avait connaissance ou aurait dû avoir connaissance de la perte ou de la détérioration des marchandises, il devra supporter seul la charge de ces risques s'il n'en a pas informé l'acheteur[300]. En effet, de telles pertes antérieures au contrat de vente ne peuvent pas être mises à charge de l'acheteur s'il est établi que le vendeur a volontairement cherché à tromper l'acheteur en lui cédant des marchandises dont il savait qu'elles avaient déjà péri ou subi des détériorations.

Si la vente porte sur des marchandises non encore individualisées au moment de la vente, le transfert des risques liés à ces marchandises n'intervient qu'après identification de la marchandise[301]. Cette règle s'explique par le fait que, si le vendeur procède à l'expédition d'un ensemble de produits destinés à plusieurs acheteurs, il ne saurait se voir reconnaître après coup le droit de désigner lequel de ses contractants devra supporter les conséquences de la perte ou de la dégradation d'une partie des marchandises.

Si les marchandises sont mises à disposition de l'acheteur dans les locaux du vendeur, ce dernier continue de supporter les risques. En effet, il est le mieux placé pour prévenir les causes du dommage et remédier au sinistre qui pourrait éventuellement survenir. Le transfert des risques à l'acheteur ne se réalisera donc qu'au moment où celui-ci aura procédé au retirement des marchandises[302].

Par contre, si les marchandises sont mises à disposition de l'acheteur en un lieu autre que l'établissement du vendeur, les risques seront à charge de l'acheteur pour autant que les trois conditions suivantes soient remplies[303]. Premièrement, il faut que la livraison soit due, c'est-à-dire qu'elle n'ait pas été effectuée de manière anticipée. Deuxièmement, il faut que la livraison ait été exécutée. Enfin, il faut que l'acheteur ait eu connaissance de cette livraison, ce qui suppose que le vendeur lui ait adressé un avis à cet effet et

---

299 M. MWEZE, op. cit.,

300 Article 279 de l'Acte uniforme relatif au droit commercial général.

301 M. DIALLO, op. cit.; p. 238.

302 M. DIALLO, op.cit. ; p. 238 ; J-C. JAMES, op. cit.,

303 Article 62 de la Convention des Nations Unies sur les contrats de vente internationale de marchandises. Conclue à Vienne le 11 avril 1980.

que celui-ci lui soit parvenu. Si ces conditions ne sont pas remplies, les risques demeurent sur les épaules du vendeur.

241. Dans ce cas, le vendeur devra veiller à la bonne conservation des marchandises dans l'attente de leur retirement par l'acheteur. À cet égard, l'acte uniforme relatif au droit commercial prévoit que le vendeur peut déposer les marchandises dont il est tenu d'assurer la conservation dans les magasins d'un tiers aux frais de l'acheteur, à condition que ces frais ne soient pas déraisonnables.

En outre, si l'acheteur tarde trop à prendre possession des marchandises, à en payer le prix, ou à rembourser les frais de leur conservation, le vendeur pourra procéder à la vente des marchandises par tous les moyens. Il devra toutefois préalablement notifier à l'acheteur son intention de vendre ces marchandises. Par ailleurs, en cas de revente, le vendeur a le droit de retenir sur le produit de la vente un montant égal à ses frais de conservation, et devra reverser l'éventuel surplus à l'acheteur.

Paragraphe 2- L'exécution perturbée du contrat

242. L'exécution perturbée décrit l'hypothèse dans laquelle le contrat n'est pas exécuté selon l'attente d'une ou des deux parties. La perturbation de l'exécution normale du contrat peut alors être le fait du vendeur (A) ou celui de l'acheteur (B).

A- L'inexécution provoquée par le vendeur

243. Lorsque l'inexécution, la mauvaise exécution ou l'exécution tardive du contrat est le fait du vendeur, l'AUDCG prévoit quelques remèdes[304]. Ainsi, hormis l'exécution forcée à l'initiative de l'acheteur, l'exécution d'inexécution (1), l'exécution volontaire (2) et la réfaction du prix (3) ont été expressément mises à la disposition de l'acheteur.

1- L'exception d'inexécution

244. Cette solution est ancienne ; elle existait déjà dans l'ancien AUDCG305. Qui l'envisageait à l'article 245. Le législateur OHADA reconnaît à l'acheteur le droit de refuser la livraison des marchandises dans certaines hypothèses[306]. Il s'agit ici d'une application particulière du principe

---

[304] I.J. AZANGUE NGOUAJIO, op. cit.,

[305] C. MBA OWONO, « L'exception d'inexécution dans la vente commerciale en droit uniforme OHADA », *Revue Afrique Juridique et Politique – la Revue du CER-DIP,* vol. II, n° 2, juil.-déc. 2006, p. 3.

[306] A. FENEON, op. cit., p. 464.

de l'exception d'inexécution, qui permet à une des parties de refuser d'accomplir ses obligations lorsque son cocontractant est en défaut d'exécuter les siennes [307].

L'acheteur peut donc refuser de prendre livraison des marchandises lorsque celles-ci sont non conformes[308]. En outre, en cas de livraison avant la date convenue, l'acheteur a la faculté d'accepter ou de refuser la livraison. En cas de refus des marchandises, le vendeur devra les reprendre pour les présenter de nouveau à l'acheteur à la date de livraison prévue[309].

De même, si le vendeur livre une quantité supérieure à celle prévue au contrat, l'acheteur a la faculté d'accepter ou de refuser de prendre livraison de la quantité excédentaire[310].

245. Par ailleurs, en cas de défaut de conformité des marchandises, le législateur OHADA prévoit que le contrat de vente commerciale peut être maintenu moyennant la réfaction du prix de vente[311]. Ainsi, l'acheteur peut déduire du prix de vente le montant de la différence entre la valeur que les marchandises conformes auraient eue au moment de la livraison et celle que les marchandises effectivement livrées avaient à ce moment. La réfaction peut être appliquée d'autorité par l'acheteur, sans recours préalable au juge[312].

246. Enfin, si le vendeur ne paraît pas en mesure d'exécuter dans les délais convenus l'intégralité de son obligation de livraison des marchandises, en raison d'une insuffisance de ses capacités de fabrication ou d'une inadaptation de ses moyens de production, l'acheteur peut demander à la juridiction compétente, l'autorisation de différer l'exécution de son obligation de payer[313]. Il s'agit ici d'une mesure préventive, proche de l'exception d'inexécution, mais qui, contrairement à cette dernière, nécessite l'autorisation préalable du juge. L'autorisation pourra par ailleurs être assortie de l'obligation de consigner tout ou partie du prix.

L'article 245 AUDCG consacrerait ainsi une sorte d'exception d'inexécution préventive au profit d'une des parties lorsqu'il apparaît que l'autre n'exécutera pas une partie essentielle de ses obligations du fait : d'une grave insuffisance dans sa capacité d'exécution ; ou de son insolvabilité ; ou de la manière dont elle s'apprête à exécuter ou exécute le contrat.

---

[307] Civ. 1re, 25 mai 1992, *Bull. civ.*, 1, n°166.

308 E. NSIE, « La sanction de l'inexécution de la vente commerciale en droit uniforme africain », *Revue Afrique et politique*, vol. II, n° 1, janv.-juin 2003, p. 3.

[309] A. PEDRO SANTOS et J. YADO TOE, op. cit., p. 423.

[310] J. ISSA-SAYEGH, op. cit., I. J. AZANGUE NGOUAJIO, op. cit.,

[311] E. NSIE, *Ibid.* p. 96.

[312] C. ALBIGES, « Le développement discret de la réfaction du contrat » in *Mélanges M. Cabrillac*, Dalloz, 1999, p. 3.

[313] Article 282 de l'Acte uniforme relatif au droit commercial général.

Cette exception d'inexécution préventive ne doit pas être réservée exclusivement au contrat de vente ; la crainte raisonnable et fondée de ne pas voir son partenaire respecter ses engagements dans les hypothèses évoquées plus haut peut parfaitement justifier une telle exception d'inexécution.

2- L'exécution volontaire (remplacement, mise en conformité)

247. La faculté de remplacement est une forme de justice privée. Outre le particularisme du droit commercial, on peut y voir une sorte d'exécution en nature conforme à ce que prévoit l'article 1144 du Code civil. L'acheteur, qui n'a pas reçu en temps utile la livraison des marchandises commandées, ne veut pas rompre définitivement tout le contrat et entend seulement refuser une livraison défectueuse (ne veut pas mettre en cause le reste du marché). Il va se procurer d'autres marchandises auprès d'un autre vendeur aux frais du défaillant. Cette faculté ne peut s'exercer qu'après que le vendeur ait été vainement mis en demeure de livrer[314].

248. Le principe du remplacement est classique. Il résulte par exemple de l'article 250 de l'Acte uniforme qui dispose que la faculté de remplacement appartient toujours à l'acheteur ; celui-ci peut exiger du vendeur la livraison de marchandises de remplacement s'il estime que le défaut de conformité constitue un manquement essentiel au contrat. Il doit alors demander cette livraison au moment où il dénonce le défaut de conformité ou dans un délai « raisonnable » à compter de cette notification[315].

L'opération de remplacement peut s'analyser comme une résolution de la première vente, accompagnée de l'allocation de dommages-intérêts compensant le surcroît éventuel occasionné par le remplacement, ou encore comme une application de la responsabilité contractuelle, le remplacement étant une indemnisation en nature.

Une difficulté peut néanmoins surgir à propos de la date à laquelle il faut se placer pour apprécier le prix de remplacement, notamment en cas de variations importantes du prix du marché. En principe, le prix de remplacement à considérer devrait être le prix effectivement payé par l'acquéreur, sauf à le réduire s'il est établi que celui-ci aurait pu se fournir à moindre coût.

249. Contrairement au remplacement qui induit une absence totale de conformité, la réparation suppose qu'une partie seulement de la marchandise est affectée d'un défaut. Le remplacement est effectué à la demande de l'acheteur lorsque le défaut de conformité est constitutif d'un manquement essentiel, ce qui rend la marchandise totalement inutilisable. Par contre,

---

[314] Cf. Com., 1er juin 1959, JCP 1959, II, 11206, note HEMARD ; J-C. JAMES, op. cit.,

[315] V. aussi, les articles 226, 252 et 255 de l'Acte uniforme qui prévoient d'autres formes de remplacement.

lorsque la marchandise peut être utilisée partiellement, on doit plutôt demander la réparation du défaut de la marchandise. Dès qu'une marchandise peut encore être utilisée malgré une non-conformité partielle, il n'y a pas manquement essentiel au contrat si la partie non conforme peut être réparée. Il a par exemple été décidé par la Cour d'appel de Grenoble en application des dispositions de la Convention de Vienne qui prévoit une obligation similaire que « lorsque le défaut de conformité ne porte que sur une partie de la marchandise et qu'il est possible de le réparer, l'acheteur n'est pas victime d'une contravention essentielle de nature à le priver substantiellement de ce qu'il était en droit d'attendre du contrat ». Dans cette affaire, un tiers seulement de la marchandise était jugée non conforme. L'acheteur ayant pu utiliser les deux tiers, les juges grenoblois en ont déduit que le contrat conservait encore son utilité économique et qu'il appartenait au vendeur de réparer les défauts constatés.

3- La réfaction du prix

250. La réfaction est la possibilité pour le juge de diminuer le prix en considération de l'inexécution partielle du contrat. La possibilité de réfaction semble être devenue un procédé de droit commun. Après avoir été admise dans les contrats de prestations de services, dans les ventes de fonds de commerce, elle l'est aujourd'hui dans la vente commerciale. Dans ce dernier cas, par exemple, elle résulte de l'article 288 de l'Acte uniforme qui dispose : « En cas de défaut de conformité des marchandises, que le prix ait été ou non déjà payé, l'acheteur peut réduire le prix du montant de la différence entre la valeur que des marchandises conformes auraient eue au moment de la livraison et la *valeur que les marchandises effectivement livrées avaient à ce moment ».*

La réduction du prix dont bénéficie l'acheteur dépend de l'inconvénient subi, et elle peut être accompagnée du versement de dommages-intérêts, calculés en fonction du préjudice réellement supporté par la partie qui les reçoit. Le juge apprécie souverainement. Il y a réfaction du contrat parce que, comme le nom l'indique, le contrat est refait par le juge, et peut même être imposé à une partie contractuelle, ce qui est contraire aux principes traditionnels du droit civil.

On peut expliquer la réfaction par une idée de résolution partielle, par l'idée de réparation d'un préjudice causé par la mauvaise exécution du contrat selon les usages du commerce, ou enfin par une analogie avec l'action *quanti minoris*[316] en cas de vice caché.

316- C'est l'action par laquelle l'acheteur poursuit le vendeur en garantie de vices cachés et demande la réduction du prix correspondant à une diminution de la jouissance qu'il subit (art. 1644 C.civ) ; I.J. AZANGUE NGOUAJIO, op. cit.,

B- L 'inexécution provoquée par l'acheteur

251. L'AUDCG prévoient également des solutions lorsque l'acheteur n'exécute pas ses obligations.

Contrairement à l'acheteur qui peut exiger du vendeur le remplacement des marchandises non conformes, le vendeur ne peut, en cas de non-paiement du prix, qu'impartir un délai à l'acheteur pour exécuter ses obligations[317].

Dans ce cas, si le vendeur accorde un délai supplémentaire pour le paiement du prix, il ne peut, avant le terme de ce nouveau délai, invoquer l'inexécution des obligations de l'acheteur[318]. En outre, si l'acheteur exécute ses obligations dans le nouveau délai qui lui a été imparti, le vendeur ne peut prétendre à des dommages et intérêts.

252. Par contre, si l'acheteur n'a pas accompli ses obligations endéans ce nouveau délai, le vendeur peut s'opposer à leur exécution par l'acheteur. Il conserve également le droit de demander des intérêts de retard[319].

Le vendeur se voit également reconnaître le droit de demander à la juridiction compétente l'autorisation de différer l'exécution de son obligation de livraison si l'acheteur ne paraît pas en mesure de payer l'intégralité du prix, en raison de son insolvabilité ou de la cessation de ses paiements ou encore de ses retards dans les échéances convenues. Il s'agit ici d'une mesure préventive, proche de l'exception d'inexécution, mais qui, contrairement à cette dernière, nécessite l'autorisation préalable du juge. L'autorisation peut être assortie de l'obligation pour le vendeur de consigner les marchandises.

253. Enfin, en cas de manquement grave de la part de l'acheteur, le vendeur peut surtout demander au juge compétent la rupture du contrat de vente commerciale. Depuis la réforme de l'Acte uniforme relatif au droit commercial général, il est toutefois désormais possible pour le vendeur de rompre unilatéralement le contrat de vente en cas de manquement grave de l'acheteur. Dans ce cas, le vendeur agit à ses risques et périls, puisqu'il court le risque de voir sa décision de rupture annulée par le juge, si ce dernier estime que le motif invoqué n'est pas suffisamment grave[320].

---

[317] A. P. SANTOS et J. YADO TOE, op. cit., p. 427 ; E.S. DARANKOUM, « Le critère de privation substantielle, condition de la résolution dans la vente commerciale OHADA », in *Annales de la Faculté de droit de Dschang,* 2002, p.177. Ohadata D-04-45.

[318] S.E. DARANKOUM, « La pérennité du lien contractuel dans la vente commerciale Ohada », *Penant,* n° 853, p. 500.

[319] P. FIENI, « Droit commercial général dans l'espace OHADA : étude comparative de l'ancien et du nouvel Acte uniforme », *Actualités juridiques*, Édition économique n° 3 / 2012, p. 22.

[320] S.E. DARANKOUM, « Le critère de privation substantielle, condition de la résolution dans la vente commerciale OHADA », op. cit., p.177 ; S. E. DDARANKOUM,« La pérennité du lien contractuel dans la vente commerciale OHADA », *Ibid.* ; NGUIHE KANTE (P.), « La

Concrètement, l'AUDCG consacre ici l'unilatéralisme dans la rupture du contrat[321]. Ainsi, aux termes de l'article 281, alinéa 2 « *la gravité du comportement d'une partie au contrat de vente commerciale peut justifier que l'autre partie y mette fin de façon unilatérale à ses risques et périls* »[322]. Le législateur n'a, cependant, pas défini la notion de gravité du comportement. Il appartiendra au juge de la définir en ce sens qu'il lui appartient d'apprécier la gravité du motif de rupture. A, par exemple, été considéré comme tel, la mauvaise foi du débiteur. C'est ce qu'a, en effet, relevé la Cour suprême du Congo dans une affaire relative au contrat de gardiennage : « (...) *Dans la présente affaire, et à l'instar du premier juge, la Cour d'appel se convainc de la mauvaise foi de l'appelante qui a implicitement reconnu sa faute dans la résiliation unilatérale du contrat verbal de gardiennage et qui, en même temps, et paradoxalement, conteste la décision qui la condamne de ce fait* »[323].

254. L'exercice de cette faculté est subordonné à certaines conditions. La partie qui met fin à la relation doit d'abord respecter un préavis suffisant avant d'informer l'autre partie de sa décision unilatérale. À défaut, elle s'expose à des sanctions, même si le motif est bien fondé. Là aussi, la notion de préavis suffisant n'est pas définie. Il appartient encore une fois au juge de le faire. Plusieurs décisions ont eu à déterminer le délai de préavis suffisant. Parmi celles-ci peuvent être citées deux décisions de la chambre commerciale de la Cour de cassation selon lesquelles ce délai doit être déterminé en fonction du temps nécessaire au cocontractant pour réorienter ses activités, rechercher de nouveaux clients[324] ; ou encore, l'état de dépendance économique[325]. En tout état de cause, les juges ont un pouvoir souverain pour apprécier la validité du délai du préavis[326].

---

notion de manquement essentiel dans le droit de la vente commerciale de l'OHADA », in *RRJ* 2007-2, pp. 999 à 1028.

[321] Aziber Seid Algadi, Laurence Elkoubi « La résolution de plein droit des contrats en droit OHADA des procédures collectives » (avec), *Revue congolaise de droit des affaires*, 2012.

[322] C. ATIAS., « Les ''risques et périls '' de l'exception d'inexécution (limites de la description normative) », *D.*, 2003, p. 1105.

[323] Cour suprême du Congo, Ch. Com. Arrêt n°02/CCS-2009 du 12 juin 2009, Revue congolaise de Droit et des Affaires, n°9 (juillet-aout-septembre), p.63 in Répertoire Ohada, p. 31-32.

[324] Cass. Com., 10 février 2015, n°13-26.414.

[325] M. MAZO, « Le délai de préavis en cas de dénonciation d'un contrat commercial », http s://www.avens.fr/delai-preavis-denonciation-contrat-commercial/ Cass. Com, 6 nov 2012, n°11-24.570, Cass. Com, 7 oct 2014, n°13-19.692.

[326] Cass. com. 12 mai 2004, pourvoi n°01-12.865.

CHAPITRE 2

LE CONTRAT DE VENTE DU FONDS DE COMMERCE

255. Deux soucis de protection des intérêts en jeu ont conduit le législateur à édicter des règles particulières pour la vente du fonds de commerce. D'abord, ce sont les intérêts des créanciers du vendeur et ceux du vendeur à crédit qui ont été pris en considération ; pour préserver leurs droits, une publicité spéciale de la vente et du privilège du vendeur a été organisée[327]. Ensuite ont été[328] pris en compte les intérêts des acquéreurs souvent trompés par une mauvaise information sur la valeur du fonds qu'ils achètent. C'est également dans ce contexte que s'insèrent les données de toute vente dans l'espace OHADA.

256. La vente d'un fonds de commerce constitue le plus souvent un acte de commerce pour chaque partie : pour le vendeur c'est le dernier acte de son exploitation, pour l'acquéreur c'est le premier[329]. Ce disant, la jurisprudence se fonde sur la théorie de la commercialité par accessoire. L'opération n'a un caractère civil pour le vendeur que s'il n'est plus commerçant (vente d'un fonds de commerce donné en location-gérance) et pour l'acquéreur que s'il n'entend pas exploiter (achat pour louer ou pour donner). Mais certains préconisent de considérer toute vente de fonds de commerce comme un acte de commerce par nature en raison de son objet[330].

Cela dit, pour produire valablement ses effets (Section 2) le contrat de vente doit obéir à certaines exigences de fond et forme (Section 1).

---

[327] V. par exemple en France avec la loi du 17 mars 1909 DP 1909. 4. 41.
[328] DP 1935. 4. 313.
[329] Com. 13 juin 1989, D. 1989. IR 195, RTD com. 1989. 457, obs. J. DERRUPPÉ. – Com. 8 janv. 1991, n° 88-17.227, Bull. civ. IV, n° 23, RTD com. 1991. 565, obs. J. DERRUPPÉ. – Com. 8 juin 1993, n° 89-14.658, Bull. civ. IV, n° 228. – Com. 13 mai 1997, n° 94-20.772, RTD com. 1997. 427, obs. J. DERRUPPÉ ; DEFRÉNOIS 1998. 664, obs. J. HONORAT et H. HOVASSE. – V. égal. B. BRIGNON, Conséquences de la commercialité des actes, RTD com. 2015. 671. – Com. 15 nov. 2005, n° 97-20.832, Bull. civ. IV, n° 224; D. 2006. 229, obs. E. Chevrier; RTD com. 2006. 563, obs. B. SAINTOURENS ; RTD civ. 2006. 316, obs. J. Mestre et B. Fages ; JCP E 2006, 1385, note S. REIFEGERSTE.
[330] RIPERT et ROBLOT, t. 1, par VOGEL, n° 375.

Section 1- La formation du contrat de vente du fonds de commerce

257. La conclusion de la vente du fonds de commerce est gouvernée par le respect des règles de fond (Paragraphe 1) et des règles de forme (Paragraphe 2).

Paragraphe 1 - Les conditions de fond

258. Comme pour tous les contrats, sont nécessaires : la capacité des parties, un consentement valable, un objet licite. En outre, la vente du fonds de commerce, comme tous les contrats de vente, suppose une chose et un prix. Il y a donc ici aussi des conditions générales (A) et des conditions spécifiques (B) de formation du contrat.

A- Les conditions générales de validité

259. Elles ont trait à la capacité et au consentement des parties[331].

En matière de capacité, malgré le caractère mobilier du fonds de commerce, sa vente est pratiquement traitée comme celle d'un immeuble. La vente du fonds de commerce d'une personne protégée est subordonnée à la même autorisation du conseil de famille ou du juge. On notera, bien qu'il ne s'agisse pas de capacité, mais de pouvoir, qu'il en est de même dans les rapports entre époux pour le fonds de commerce commun.

L'achat d'un fonds de commerce a normalement pour conséquence de rendre l'acquéreur commerçant. On en déduit que l'acquéreur doit avoir la capacité d'exercer une profession commerciale[332].

260. Comme tout contrat, la vente du fonds de commerce exige le consentement des parties ; ce consentement doit porter sur la chose et sur le prix. Dès l'instant qu'il y a accord sur la chose et sur le prix, il y a consentement, même si l'accord n'était pas fait sur les conditions accessoires du contrat[333]. Cependant, il pourrait en être autrement si, dans l'intention des parties, la condition accessoire avait constitué un élément essentiel de leur accord[334].

---

[331] Tribunal de grande instance de Ouaga- dougou, jugement n° 984, OK-RAIDS du 12/12/2001, Ohadata J-04-03.

[332] RIPERT et ROBLOT, t. 1, VOGEL, n° 506 ; HAMEL ; LAGARDE et JAUFFRET, n° 1044-1°. – Req. 12 févr. 1935 et CA 14 nov. 1932, *Gaz. Pal.* 1935. 1. 822. – Colmar, 16 janv. 1937, *Ibid.* 1937. 1. 693. – Amiens, 16 juin 1960, D. 1961. Somm. 14.

[333] Req. 20 janv. 1941, *Gaz. Pal.* 1941. 1. 321.

[334] Req. 16 avr. 1883, DP 1884.1. 75.

Ceci étant précisé, conformément au droit commun, le consentement doit être exempt de vices : le consentement ne serait pas valable s'il avait été donné par erreur, extorqué par violence ou surpris par dol[335].

Ainsi, s'agissant de l'erreur, elle entraînera la nullité si elle porte sur la substance de la chose, soit, d'après la jurisprudence, sur les qualités substantielles du fonds vendu. Ainsi, la nullité pour erreur a été retenue lorsque le fonds manque d'un élément qui était essentiel aux yeux de l'acquéreur. Exemples : la licence pour un débit de boissons qui, en fait, n'avait qu'une licence de boissons hygiéniques[336] ; l'autorisation administrative pour une entreprise de transports routiers[337] ; la nature des activités autorisées dans le fonds cédé [338] ...

261. On a soutenu, à partir de la lecture d'un arrêt de la chambre commerciale de la Cour de cassation française du 4 octobre 2011, que « *ce qui est extérieur à l'acte de vente du fonds lui-même est susceptible d'affecter la validité de la vente* »[339]. En l'espèce, la conviction de l'acquéreur avait été emportée par l'annonce de l'agence immobilière indiquant qu'il n'y avait pas de travaux à prévoir. Le moyen, en tant que tel, n'est pas écarté. En effet, en raison du pouvoir souverain dont ils disposent, les juges du fond ont pu considérer que le vice n'était pas caractérisé. Il n'en demeure pas moins qu'effectivement les actes entourant la vente d'un fonds de commerce, en ce qu'ils peuvent contribuer à « *faire croire vrai, ce qui est faux* », selon la définition traditionnelle de l'erreur, doivent être scrupuleusement rédigés[340].

Assez souvent, en matière de fonds de commerce, l'erreur substantielle - celle sans laquelle l'acheteur n'aurait pas contracté - constitue en même temps un vice caché, parce qu'elle porte sur une circonstance non apparente qui affecte considérablement les résultats de l'exploitation[341]. C'est pourquoi la jurisprudence admet qu'en cas d'erreur sur la substance, les tribunaux peuvent, au lieu de prononcer la nullité, se borner à réduire le prix. C'est ainsi qu'une erreur sur l'importance de la clientèle peut entraîner une réduction de prix[342].

---

[335] RIPERT et ROBLOT, t. 1, par VOGEL, n° 508). Les dispositions de la loi du 29 juin 1935 sur les énonciations à porter dans l'acte.

[336] Lyon, 29 juin 1931, S. 1931. 2.188 ; 17 oct. 1936, Gaz. Pal. 1936. 2. 743.

[337] Angers, 4 févr. 1941, Gaz. Pal. 1941. 1. 229.

[338] Aix-en-Provence, 2e ch., 17 mars 1988, Juris-Data n° 046196. – Toulouse, 2e ch., 9 janv. 1995, *Ibid.* n° 040909.

[339] B. SAINTOURENS, RTD com. 2012. 78, obs. sous Com. 4 oct. 2011, n° 10-23.706.

[340] V. en ce sens, B. SAINTOURENS, obs. préc.

[341] HAMEL, LAGARDE et JAUFFRET, t. 2, n° 1058 *bis*.

[342] Civ. 15 févr. 1898, DP 1898.1.192 ; 16 mai 1939, *Gaz. Pal.* 1939. 2. 152. – Paris, 9 nov. 1899, DP 1900. 2. 210. – Comp., Com. 7 mars 1995, D. 1995. IR 88 ; COHEN, n° 201.

262. De même, les manœuvres dolosives du contractant sont souvent invoquées, presque toujours par l'acquéreur, pour obtenir la nullité ou, tout au moins, la réduction du prix.

Quant au dol, les manœuvres dolosives du contractant sont souvent invoquées, presque toujours par l'acquéreur, pour obtenir la nullité ou, tout au moins, la réduction du prix. S'il est établi que, sans les manœuvres dolosives, la victime des manœuvres n'aurait pas contracté, le dol principal peut également entraîner la nullité du contrat. C'est ainsi que la nullité a été admise : lorsque la valeur de la clientèle a été frauduleusement exagérée par le vendeur[343], lorsque le vendeur a présenté des documents inexacts induisant l'acquéreur en erreur sur la quantité de bière consommée dans le débit vendu, lorsque le vendeur a dissimulé que le fonds de débit de boissons avait disparu en raison de la caducité de la licence[344].

La jurisprudence accueille le dol par simple réticence lorsque, selon les usages du commerce, le vendeur avait l'obligation de renseigner l'acquéreur sur tel ou tel point, et si ce dernier n'était lui-même pas bien placé, par exemple en qualité d'acquéreur averti, pour poser toutes les questions pertinentes au cédant[345].

263. On admet généralement qu'au cas de dol incident, c'est-à-dire au cas où, sans les manœuvres dolosives, le contractant aurait néanmoins traité, mais à des conditions moins onéreuses, il ne peut y avoir nullité ; mais l'acquéreur qui invoque le dol incident peut obtenir une indemnité qui se traduira, pour l'acquéreur, en une réduction du prix[346].

Les manœuvres dolosives peuvent en outre constituer une escroquerie, par exemple, s'il y a production de documents erronés, confirmés par des tiers[347].

264. Enfin, pareillement, et conformément au droit commun, la vente d'un fonds de commerce serait nulle si le consentement d'une des parties avait été obtenu par violence. La violence est rarement invoquée. Notons toutefois que la violence pourrait connaître un approfondissement nouveau avec l'ordonnance française du 10 février 2016 réformant le droit des contrats. En effet, le terrain de l'abus de dépendance économique est clairement consacré

---

[343] Douai, 31 janv. 1936, *Gaz. Pal.* 1936. 1. 702), lorsque le vendeur a fait croire à l'existence d'un bail (Paris, 20 avr. 1873, Journ. T. com. 1873. 422.

[344] Com. 11 mai 1970, *Bull. civ.* IV, n° 152; 21 mars 1977, *Ibid.* IV, n° 89.

[345] Paris, 28 janv. 2000, AJDI 2000. 350. – V. égal. Tenant compte du fait que le fonds n'existait que depuis un an et que les documents comptables fournis ne pouvaient qu'être des prévisions : Paris, 11 janv. 2005, *RTD com.* 2005. 251, obs. B. SAINTOURENS.

[346] HAMEL, LAGARDE et JAUFFRET, n° 1039-1°. – Sur la critique de cette conception, V. PLANIOL et RIPERT, 2e éd., t. 6, par ESMEIN, n° 207.

[347] T. com. Seine, 5 janv. 1934, DH 1934. 174), établissement d'un bilan mensonger (Crim. 4 août 1933, S. 1935. 1. 159.

aux termes d'une disposition nouvelle. Ainsi, selon le nouvel article 1143 du Code civil, « *il y a également violence lorsqu'une partie, abusant de l'état de dépendance dans lequel se trouve son cocontractant, obtient de lui un engagement qu'il n'aurait pas souscrit en l'absence d'une telle contrainte et en tire un avantage manifestement excessif* ». Le cédant d'un fonds de commerce, se trouvant dans un état de détresse économique tel qu'il est conduit à contracter à des conditions très désavantageuses, sera assurément concerné par ce texte nouveau, même si l'on peut penser que cette « *consécration dans le Code civil aura un effet vertueux, dissuadant les partenaires économiques à tirer un profit trop important d'une situation de faiblesse économique dans laquelle peut se trouver une partie, lors de la vente du fonds de commerce* ».

La lésion n'est pas un vice du consentement dans les ventes de meubles. Elle ne peut donc être invoquée dans les ventes de fonds de commerce. Mais la solution doit-elle être la même lorsqu'un immeuble est vendu en même temps qu'un fonds de commerce ? En principe, il faut admettre que le vendeur a l'action en rescision pour lésion de plus des sept douzièmes en ce qui concerne l'immeuble vendu ; mais il ne peut exercer l'action en rescision en ce qui concerne le fonds de commerce vendu.

266. Enfin, par application des principes généraux, la vente de fonds de commerce ne peut être valable que si elle a un objet et une cause licites. C'est ainsi qu'a été déclarée irrecevable l'action exercée en vertu d'un contrat de vente d'un cercle où se faisait un jeu non autorisé[348]. De même, un diplôme étant nécessaire pour exercer la profession de pharmacien, la vente d'une officine de pharmacie à une personne n'ayant pas de diplôme est nulle[349]. En revanche, bien qu'un brevet professionnel soit nécessaire pour exercer la profession de coiffeur, la vente d'un fonds de coiffure à un non-breveté est valable. En effet, à défaut de brevet, il suffit que le propriétaire du fonds fasse appel à un gérant technique ayant un brevet. Au contraire, serait nul le contrat de location-gérance consenti à un non-breveté.

La jurisprudence a fait de ces principes de fréquentes applications aux maisons de tolérance. Il n'en résulte, notamment, qu'aucune des parties n'est recevable à demander en justice ni le paiement du prix ni la restitution de ce qui a été payé, l'accès du prétoire devant être interdit à ceux qui ont participé à la cession d'une maison de débauche[350].

---

[348] T. com. Alger, 1er déc. 1924, Gaz. Pal. 1925. 1. 506.

[349] Civ. 3 août 1888, S. 1888. 1. 415 ; Req. 24 nov. 1902, DP 1903. 1. 80. – Paris, 25 mai 1936, Gaz. T. 1936. 2. 320. – Civ. 11 févr. 1959, D. 1959. 105.

[350] Lyon, 2 nov. 1936, S. 1937. 2. 96. – Dans le même sens : Toulouse, 11 janv. 1926, S. 1926. 2. 21, note ROUSSEAU. – Paris, 1er févr. 1930, S. 1931. 2. 67.

B- Les conditions spécifiques

267. Par application des principes généraux, la vente de fonds de commerce ne peut être valable que si l'on détermine les éléments sur lesquels elle doit porter (1) et le prix (2).

1- Les éléments sur lesquels doit porter la vente

268. La vente porte sur le fonds de commerce, mais la loi ne détermine pas quels sont, au cas de vente, les éléments obligatoirement compris dans la vente. Les parties sont donc libres de fixer à leur gré quels sont les éléments vendus à condition de ne pas exclure la clientèle et les éléments indispensables à son maintien.

D'une part, en effet, il ne peut y avoir vente de fonds de commerce que si les éléments essentiels à l'existence du fonds sont vendus. Or, il a déjà été indiqué que, malgré certaines décisions divergentes, la jurisprudence dominante admet le rôle essentiel joué par la clientèle. Il ne peut donc y avoir vente de fonds de commerce que si la clientèle est comprise dans la cession. Lorsque les supports déterminant le ralliement de la clientèle sont exclus de la cession et, *a fortiori,* lorsque la clientèle elle-même n'est pas cédée, il n'y a pas cession de fonds de commerce[351]. Dans ce concert, on entend parfois quelques notes différentes, tel cet arrêt de la chambre commerciale de la Cour de cassation française qui approuve une cour d'appel d'avoir décidé que la cession concernait un fonds de commerce, car la vente portait « *sur la totalité des éléments qui constituaient le fonds, à l'exclusion de la clientèle et de l'achalandage que le vendeur ne s'était pas réservés mais qui avaient disparu dans cette cession, l'acheteuse, directrice d'école de commerce, n'ayant que faire de la clientèle et de l'achalandage d'un boucher-chevillard* »[352].

Il demeure que le vendeur peut se réserver des éléments importants du fonds dès lors qu'ils ne sont pas, en l'espèce, les supports nécessaires de la clientèle. C'est ce qui a été jugé très nettement pour le droit au bail par le juge français : « *la cession d'un fonds de commerce n'inclut pas nécessairement celle du droit au*

---

[351] Req. 27 mars 1905, DP 1905. 503. – Com. 13 mai 1980, Bull. civ. IV, n° 200, RTD com. 1980. 761, n° 7, obs. DERRUPPE, apport en société excluant les marques de l'entreprise alors que ces marques étaient le support nécessaire de la clientèle ; 31 mai 1988, Bull. civ. IV, n° 180, RTD com. 1988. 609, obs. DERRUPPE, « la clientèle qui avait déjà fait l'objet d'une cession était exclue de la présente vente ». – Paris, 9 juin 1987, D. 1987. IR 163, RTD com. 1987. 495, obs. DERRUPPE, le cessionnaire n'avait acquis, ni le matériel, ni les marchandises, ni le nom commercial et s'adressait à une clientèle différente.

[352] Com. 10 mars 1970, *Bull. civ.* IV, n° 92, D. 1970. 586. – V. aussi, Civ. 1re, 1er févr. 1984, *Bull. civ.* IV, n° 52, *RTD com.* 1984. 655. – Civ. 3e, 18 oct. 1989, *Gaz. Pal.* 1990. 2.413, 3e esp., note BARBIER.

bail »[353]. Seules des circonstances particulières peuvent permettre de conclure que tel élément étant indispensable au maintien de la clientèle, il doit être compris dans la vente du fonds.

D'autre part, lorsque l'acte de vente est muet sur les éléments compris dans la cession, il est normal de décider que la vente a pour objet tous les éléments composant le fonds au moment où il est vendu.

279. C'est ainsi que, normalement, outre la clientèle, élément essentiel, sera compris dans la vente le nom commercial, à moins de convention contraire. C'est ainsi encore que l'*enseigne* est comprise dans la vente, sauf stipulation contraire. Il en est de même du *droit au bail* qui est compris dans la vente, même au cas de silence de l'acte. On admet également que les *droits de propriété industrielle* sont transmis de droit à l'acquéreur du fonds[354]. Il en est ainsi : des brevets d'invention, à moins qu'il ne s'agisse de brevets n'ayant aucun rapport avec l'objet du commerce exercé dans le fonds ; des marques de fabrique ; ... des dessins et modèles ; des récompenses industrielles et commerciales. Aux droits de propriété industrielle, il faut assimiler les *droits de propriété littéraire et artistique.* Ces droits sont compris dans le nantissement du fonds : ils doivent l'être aussi, sauf stipulation contraire, dans la vente du fonds.

280. Quant aux autorisations, licences ou agréments, ils sont compris dans le fonds vendu dans la mesure où ils ont un caractère réel et constituent des éléments du fonds. C'est ainsi que la licence des débits de boissons est réputée vendue avec le fonds. Mais les clauses ou conventions contraires sont licites.

Pour les éléments corporels, il faut admettre que matériel et marchandises sont compris tacitement dans la vente, sauf stipulation contraire. Il a cependant été jugé que lorsque l'acte de vente est muet sur l'attribution ou la destination des marchandises en magasin au jour de la vente ou de la prise de possession, que l'inventaire n'en a pas été fait contradictoirement et n'a pas été approuvé par chacune des parties, les marchandises doivent être considérées comme n'ayant pas été comprises dans la vente et sont restées la propriété du vendeur[355]. Il s'agit là d'une question de fait à apprécier par les juges du fond.

2- Le prix de la vente

281. La vente d'un fonds de commerce, comme toute vente, suppose un prix. Ce prix doit consister en une somme d'argent. Si l'acheteur remettait au vendeur un autre bien et non de l'argent, il y aurait échange et non vente. On en trouve des exemples en jurisprudence.

---

[353] Com. 17 déc. 1996, D. Affaires 1997. 188, *RTD com.* 1997. 225, obs. DERRUPPE.
[354] RIPERT et ROBLOT, t. 1, par VOGEL, n° 463.
[355] T. com. Toulouse, 24 févr. 1931, *Gaz. Pal.* 1931. 2. 22, sous-note.

Le prix doit être réel et sérieux. S'il est fictif ou dérisoire, il n'y a pas vente, mais donation. Un prix dérisoire n'est pas un prix sérieux et cette circonstance rend nulle une promesse de vente d'un fonds appartenant à des mineurs.

Le prix est généralement fixé de façon invariable. Mais la vente, ou plus fréquemment la promesse de vente, pourrait comporter une indexation sur le prix des biens, produits ou services, ayant une relation directe avec l'objet de la convention ou l'activité de l'une des parties[356]. C'est ainsi que la Cour de cassation française avait considéré comme valable la fixation du prix, au cas de promesse de vente consentie à un locataire-gérant, en fonction du prix de vente d'appareils que pratiquerait le locataire-gérant lors de la réalisation de la vente[357]: cette solution serait encore exacte aujourd'hui.

282. Le prix n'est pas nécessairement liquidé dans le contrat. Il suffit que le procédé de calcul soit définitivement fixé. C'est ainsi que le prix peut consister en une participation aux bénéfices accordée au vendeur pendant un certain nombre d'années. La clause est valable. Il est généralement déterminé par les parties. Mais il pourrait, ce qui est rare, être laissé entièrement à l'arbitrage d'un tiers. Ainsi, est valable la promesse de vente d'un fonds de commerce dont le prix devait être arrêté par le syndicat départemental de la boulangerie dans les conditions détaillées par les parties. En revanche, est inefficace la clause selon laquelle, à défaut d'accord, le prix sera celui de toute offre d'achat dûment justifiée émanant d'un tiers notoirement solvable.

283. Ce qui est, au contraire, fréquent, c'est que la partie du prix afférente au matériel, et surtout aux marchandises, soit fixée par des experts. La clause est valable et les parties sont liées par les résultats de l'expertise. Les parties peuvent désigner les experts dans l'acte de vente ou prévoir que les experts seront désignés par le tribunal ou par le président du tribunal. Mais la procédure doit être assez rapide pour que le prix soit fixé à temps, de sorte que le privilège du vendeur puisse être inscrit dans les quinze jours de l'acte de vente et que l'insertion dans un journal d'annonces légales puisse être faite dans les délais.

Quant à la distinction des prix de vente en trois prix distincts pour les éléments incorporels, le matériel et les marchandises, elle est nécessaire pour l'existence du privilège du vendeur, mais elle n'est pas nécessaire pour la validité de la vente. En pratique, les actes de vente portent cependant, presque toujours, des prix distincts.

Le prix doit être sincère. La dissimulation d'une partie du prix entraîne non seulement des sanctions fiscales, mais la nullité de la convention ayant pour but de dissimuler partie du prix.

---

[356] V. FAU et DEBEAURAIN, « L'indexation des contrats », *Ann. loyers* 1966. 347.
[357] Com. 4 nov. 1952, *Gaz. Pal.* 1953. 1. 84.

Enfin, le prix peut être payable comptant ou à terme. Dans ce dernier cas, le prix est fréquemment représenté par des effets de commerce souscrits par l'acquéreur, des « *billets de fonds* ».

Paragraphe 2- Les conditions de forme

284. La vente du fonds de commerce est consensuelle (A). Elle doit contenir un certain nombre d'énonciations (B). Enfin, elle est soumise à une publicité spécifique imposée pour assurer la protection des créanciers du vendeur (C).

A- Le caractère consensuel et preuve de la vente

285. La vente est en principe un contrat consensuel. En est-il autrement de la vente du fonds de commerce ? Bien que la rédaction d'un écrit ne soit pas une condition de validité de la vente, les ventes orales sont extrêmement rares : elles n'offrent aucun avantage fiscal, puisqu'elles sont soumises à l'enregistrement, et elles exposent à de nombreuses difficultés.

286. Quant à la preuve du contrat, il faut distinguer. Dans les cas, à vrai dire exceptionnels, où la vente de fonds de commerce n'est pas un acte de commerce, la preuve doit être faite conformément aux règles du Code civil, c'est-à-dire en principe par un acte écrit, et par un acte en double original s'il s'agit d'un acte sous seing privé.

Dans le cas, le plus fréquent, où la vente constitue un acte de commerce, la preuve peut en être faite par tous moyens.

Dans ce même cas où la vente constitue un acte de commerce, il est certain que, si un acte sous seing privé a été dressé, il n'est pas nécessaire que l'acte soit en double original, cette exigence n'existant pas en matière commerciale.

B- Les énonciations obligatoires dans l'acte de vente

287. Pour protéger l'acquéreur contre les tromperies possibles du vendeur, pour que l'acquéreur puisse donner son consentement en connaissant de façon exacte les principaux facteurs de la valeur du fonds, l'article 150 de l'Acte uniforme, a prescrit, dans les actes de vente de fonds de commerce, un certain nombre d'énonciations obligatoires.

Le vendeur du fonds doit énoncer dans l'acte :

- Certaines mentions relatives à l'origine de propriété, c'est-à-dire : le nom du précédent vendeur (il s'agit du prédécesseur immédiat), la date de l'acquisition, la nature de l'acte (c'est à dire l'indication qu'il s'agit d'un acte sous seing privé ou d'un acte authentique), le prix de la précédente acquisition, avec distinction du prix des éléments incorporels, des marchandises, du matériel.

- Des mentions relatives aux inscriptions : « *état des privilèges et nantissements grevant le fonds* ». Il ne s'agit, évidemment, que des privilèges inscrits. Il n'est pas nécessaire de reproduire les inscriptions, mais seulement de les énoncer.
- Des mentions relatives à l'activité commerciale du fonds : c'est-à-dire le chiffre d'affaires et les résultats d'exploitation « *réalisés durant les trois exercices comptables précédant celui de la vente, ce nombre étant réduit à la durée de la possession du fonds si elle a été inférieure à trois ans* » (il faut évidemment ajouter : ou depuis la création du fonds).
- Des mentions relatives au bail : c'est-à-dire la date, la durée du bail, le nom et l'adresse du bailleur et du cédant, s'il y a lieu. La loi n'impose pas l'indication du montant du loyer.

Il n'est pas douteux que l'énumération faite par l'article 150 de l'Acte uniforme soit limitative. Elle ne vise pas la perte d'une clientèle.

C- La publicité

288. Il faut, pour que la publicité soit nécessaire, que ces opérations de vente sur un « *fonds de commerce* » : il faut donc que soient réunies les conditions d'existence du fonds de commerce. Une vente portant sur un élément isolé du fonds (autre que la clientèle) n'est donc pas soumise à publicité, non plus que la vente portant sur un fonds civil, notamment un fonds d'un pur artisan.

289. La pratique, cependant, procède souvent, par prudence, à la publication de cessions portant sur des éléments isolés, particulièrement de cessions de droit au bail. Cette pratique se justifie, d'une part, du fait qu'une partie de la jurisprudence a tendance à voir dans la cession de certains éléments isolés, et particulièrement du droit au bail, une cession de fonds de commerce, d'autre part, du fait qu'il peut, dans de nombreux cas, être soutenu que la cession d'éléments isolés, et particulièrement du droit au bail, comprenait implicitement la cession de la clientèle et, par conséquent, constituait une vente du fonds. Mais elle n'est acceptable que s'il y a un doute sur la portée de l'opération ; ce n'est pas le cas si le cessionnaire doit exercer dans les lieux loués une activité nouvelle s'adressant à une clientèle différente de celle du cédant. Une proposition pour étendre la publicité à toute cession de droit au bail, voire à la cession de tout élément important du fonds en raison de sa valeur, n'a pas abouti. Procéder à la publicité lorsqu'elle n'est pas exigée peut rendre le prix indisponible et permettre oppositions et surenchère. En effet, on peut soutenir que l'accord des parties pour procéder à la publicité et l'invitation faite aux créanciers de se faire connaître impliquent l'engagement de retarder le paiement du prix et de tenir

compte des oppositions. Vendeur et acquéreur peuvent s'en plaindre s'ils n'y ont pas consenti en connaissance de cause[358].

300. La loi soumet ainsi à publicité toute « *vente ou cession de fonds de commerce* ». Le législateur a employé le mot « *cession* » parce que le terme est souvent utilisé s'agissant de meubles incorporels. Mais « *vente* » et « cession » doivent être considérées comme synonymes et désignent la même opération : la transmission de la propriété du fonds moyennant un prix en argent.

Dès l'instant qu'il y a vente, il importe peu qu'il s'agisse d'une vente amiable ou d'une vente aux enchères publiques soit volontaire soit forcée. Sans doute, pour certaines ventes aux enchères, la surenchère n'est pas possible : la vente n'en est pas moins soumise à publicité et les oppositions sont possibles.

Peu importe également qu'il s'agisse de vente verbale ou par écrit. Peu importe encore que la vente ne porte que sur une fraction indivise du fonds, une branche particulière du commerce, une succursale. Peu importe, enfin, que la vente soit conditionnelle.

301. Les formes de publicité ont considérablement évolué au cours des années, tenant compte de l'objectif, pour le législateur, de simplifier les formalités. Outre les formalités fiscales d'enregistrement, cette publicité se fait au RCCM et dans un journal d'annonces légales. Ainsi, l'acte doit être déposé en une copie certifiée conforme aussi bien par le vendeur que par l'acheteur au RCCM[359]. Chacune des parties doit faire procéder à la mention modificative correspondante (radiation de l'ancien commerçant et immatriculation du nouveau). Dans un délai franc de 15 jours à compter de la date de la vente, tout acte constatant celle-ci doit être publié à la diligence de l'acquéreur sous forme d'avis, dans un journal habilité d'annonces légales et paraissant dans le lieu où le vendeur est inscrit au RCCM[360].

302. L'intérêt de la publicité réside dans le fait que les créanciers avertis peuvent exercer les droits d'opposition et de surenchère[361]. Pour ce faire, l'article 157 stipule que l'acheteur doit régler le prix au notaire ou à l'établissement bancaire désigné d'un commun accord, et ce, à la date et au lieu spécifiés dans l'acte de vente. Le prix demeure donc indisponible pendant

---

358 ; sur la question et les difficultés pratiques du choix, V. SÉNÉCHAL et RAFFRAY, « Faut-il publier la cession isolée d'un bail commercial ? » *JCP* N 1986. I. 9864 ; RANDOUX, « Aspects juridiques du désinvestissement : remise en cause de la prépondérance de la clientèle ? », *JCP* N 1990. I. 155 ; DAGOT, « La publicité de la cession isolée du droit au bail », *JCP* N 1992. I. 197.

359 Article 152.

360 Article 153.

361 Voir Cour d'appel de Dakar, Chambre civile et commerciale, 1, arrêt n° 237 du 13/04/2001 civil, référé Samba Ba (Me Guédel Ndiaye et associés) c/ La S.G.B.S. Le Gie Bysance et Me Papa Samaré Diop, Ohadata J-06-86

un certain temps. La personne désignée devra conserver les fonds en qualité de séquestre pendant un délai de 30 jours à compter du jour de la parution de la publicité de la vente dans le journal d'annonces légales. Au terme du délai, elle devra alors soit remettre le prix de la vente au vendeur s'il n'y a eu aucune opposition, soit le conserver en cas d'opposition, jusqu'à ce que ce dernier puisse justifier de la mainlevée de toutes les oppositions.

La publicité a, en effet, pour but d'avertir les créanciers du vendeur pour leur permettre de faire opposition au paiement du prix. Le droit de faire opposition est reconnu à tout créancier du précédent propriétaire, que sa créance soit ou non exigible.

303. Seuls donc ont le droit de faire opposition, les créanciers du précédent propriétaire, c'est-à-dire du vendeur. Il en résulte que les créanciers de l'auteur du vendeur ne peuvent faire opposition. Si l'on suppose qu'un acquéreur ne fasse pas publier son achat et revend le fonds à un sous-acquéreur qui procède régulièrement à la publicité, les créanciers du premier vendeur n'ont pas le droit de faire opposition : on a remarqué qu'il serait logique de leur reconnaître ce droit, puisqu'ils n'ont pas connu la première cession, mais cette sorte de droit de suite serait dangereux pour les acquéreurs de fonds obligés de vérifier si la publicité des transmissions antérieures a été faite[362].

Ainsi, l'Acte uniforme portant droit commercial général organise les conditions de l'opposition. À peine de nullité de l'opposition, certaines formalités sont exigées par l'article 159. Il dispose que tout créancier du vendeur qui forme opposition doit notifier celle-ci par acte d'huissier ou par tout moyen permettant d'en établir la réception effective : au notaire ou à l'établissement bancaire désigné en qualité de séquestre ; à l'acquéreur pris à son adresse telle que figurant dans l'acte ; au greffe de la juridiction ou à l'organe dans l'État partie qui tient le RCCM auquel est inscrit le vendeur, à charge pour le greffe ou l'organe compétent dans l'État partie de procéder à l'inscription de cette opposition sur le RCCM.

L'acte d'opposition doit énoncer, outre les mentions d'identification du créancier opposant, le montant et les causes de la créance, et contenir élection de domicile dans le ressort de la juridiction où est tenu le RCCM. L'opposition produit un effet conservatoire : l'opposant doit donc saisir la juridiction compétente pour faire constater sa créance et recevoir paiement. Le vendeur, quant à lui s'il veut obtenir la mainlevée des oppositions et recevoir le paiement, doit aussi saisir la juridiction. Mais, il peut obtenir de l'opposant une mainlevée amiable ; dans ce cas, celle-ci est notifiée par l'opposant dans les conditions de forme prévues à l'article 159. Lorsque l'opposition n'est pas levée dans les conditions ci-dessus (amiable ou sur demande dans le délai d'un

[362] RIPERT et ROBLOT, t. 1, par VOGEL, n° 539.

mois), elle sera levée judiciairement par le tribunal compétent, saisi sur requête du vendeur. Que dire de l'acheteur qui ne respecte pas l'article 157 et paie directement au vendeur sans attendre le délai ? En principe, il s'expose à devoir régler les créanciers du vendeur, l'article 157 édictant une disposition impérative pour l'acheteur.

304. Lorsqu'une opposition est régulièrement faite avant l'expiration du délai légal, son effet est nettement indiqué : aucun transport amiable ou judiciaire du prix ou de partie du prix ne sera opposable aux créanciers qui se seront ainsi fait connaître dans ce délai. L'opposition n'est qu'une mesure conservatoire qui confirme et maintient l'indisponibilité.

En conséquence, aucun paiement libératoire ne peut intervenir au préjudice des opposants. Le paiement serait inopposable aux opposants et l'acquéreur devrait verser à nouveau le prix, jusqu'à concurrence des oppositions. C'est là l'effet essentiel des oppositions. Il en serait de même d'une remise par l'acquéreur au vendeur de « billets de fonds ». Cette remise serait inopposable et l'acquéreur contraint de payer les opposants.

304. L'opposition n'a pas seulement pour effet d'empêcher l'acquéreur de payer le prix. Elle a pour effet de fixer la créance à l'égard des créanciers. En conséquence : Aucun mode d'extinction de la créance, par compensation, confusion ou novation, n'est opposable aux créanciers opposants. Aucune remise de dette ou réduction amiable du prix n'est opposable aux créanciers opposants. La créance ne peut être transmise à un autre titulaire.

S'agissant du droit de surenchère, il joue aussi un rôle important de prévention contre les sous-évaluations trop flagrantes. C'est un droit qui appartient à tout créancier inscrit ou opposant[363]. D'après l'article 163, tout créancier ayant inscrit un privilège ou un nantissement ou ayant régulièrement fait opposition peut, dans le mois de la publication de la vente dans un journal habilité à publier les annonces légales, former une surenchère du sixième du prix du fonds de commerce figurant à l'acte de vente. Concrètement, le créancier impayé, qui estime que le prix déclaré est inférieur à la valeur réelle du fonds, a le droit de demander que le fonds soit remis en vente aux enchères publiques. Mais il s'engage du même coup à se porter acquéreur du fonds pour un prix égal au prix initialement convenu avec l'acquéreur majoré du sixième, dans le cas où il n'y aurait pas d'offre supérieure. Il ressort de l'article 163 de l'Acte uniforme que le surenchérisseur doit consigner dans le délai sus indiqué (un mois), au greffe de la juridiction compétente, le montant du prix augmenté du sixième.

306. Le droit de surenchère s'exerce même en cas de vente forcée du fonds (par exemple sur saisie) au profit des créanciers nantis et opposants qui

[363]- En ce sens, Dakar, n° 142, 3 avril 1971, COCC, annoté, EDJA, 1991, p. 183.

doivent respecter le même délai. Dans tous les cas, dit l'article 164, le cahier des charges, établi antérieurement à la vente en justice à la diligence du surenchérisseur, reproduit intégralement l'acte de cession ayant donné lieu à surenchère et mentionne les nantissements antérieurement inscrits ainsi que les oppositions régulièrement notifiées à la suite de la publication vente volontaire du fonds, ou au cours de la procédure de vente forcée. Aucune opposition nouvelle n'est admise pendant la procédure de surenchère. En revanche, les effets de la vente sont opposables aussi bien au vendeur qu'au preneur du fonds cédé.

Section 2- Les effets de la vente du fonds de commerce

307. La cession du fonds de commerce fait naître des droits et des obligations entre les parties. Étant donné que les obligations des uns constituent les droits des autres, il convient tout d'envisager les obligations du vendeur d'une part (Paragraphe 1) et celles de l'acheteur d'autre part (Paragraphe 2).

Paragraphe 1- Les obligations du vendeur

308. L'article 1603 du code civil met à la charge du vendeur deux obligations principales : délivrer (A) et garantir (B). Ce sont ces deux obligations qui pèsent également sur le vendeur de fonds, l'obligation de garantie soulevant toutefois certaines difficultés particulières.

L'obligation de transférer la propriété n'est pas, en principe, une obligation du vendeur, puisque le transfert de propriété résulte du contrat lui-même.

A- L 'obligation de délivrance

309. La délivrance du fonds se réalise, pratiquement, par ce que l'on appelle l'« *entrée en jouissance* » ou la « *prise de possession* ». Les parties fixent le jour de cette prise de possession : à ce jour, les clefs des locaux étant remises à l'acquéreur, celui-ci occupe matériellement les locaux et commence l'exploitation du fonds[364].

Il y a lieu, en principe, de suivre pour la délivrance les règles propres à chaque élément. C'est ainsi que la délivrance des locaux se fera par la remise des clefs, que la délivrance du matériel et des marchandises placées dans les

---

[364] R. MEVOUNGOU NSANA, « Les obligations du vendeur de marchandises dans l'acte uniforme OHADA », *Revue Africaine des sciences juridiques*, FSJP, Université de Yaoundé II, Vol. 1, n°2, 2000, p.8-19.

locaux sera par-là même réalisée. Matériel et marchandises sont souvent expertisés le jour même de la prise de possession.

310. Mais rien ne s'oppose à ce que la vente d'un élément fasse l'objet d'une vente distincte de la vente du fonds.

La date de la prise de possession a des effets juridiques : 1° c'est de la date d'entrée en possession que part le délai d'un an pour l'exercice de l'action en garantie, en cas d'inexactitude des énonciations obligatoires ; 2° c'est de la même date que court le délai de trois ans pendant lequel le vendeur doit mettre ses livres à la disposition de l'acquéreur.

311. La seule difficulté peut consister dans la délivrance de la clientèle. Cette délivrance s'opère en principe par le seul fait de la vente et de l'obligation pour le vendeur de s'abstenir de se rétablir. Mais le vendeur doit faciliter à l'acheteur la prise de possession de la clientèle, en lui fournissant tous renseignements utiles, tous documents sur les noms et adresses des clients. Les parties peuvent insérer dans le contrat des clauses spéciales sur ce point, par exemple, prévoir l'obligation pour le vendeur de rester pendant un certain délai auprès de l'acquéreur pour l'initier au commerce, le présenter aux clients. Selon un arrêt de la Cour de cassation française, « *la clientèle étant un élément du fonds de commerce, l'omission de transmettre tout ou partie de celle-ci lors de la cession constitue pour le vendeur une inexécution de son obligation de délivrance* »[365]. En l'espèce, il était reproché aux vendeurs de ne pas avoir maintenu une exclusivité d'approvisionnement qui assurait une part importante du chiffre d'affaires de l'entreprise. De cette façon, l'obligation de délivrance de la clientèle peut s'étendre aux divers supports nécessaires au maintien de cette clientèle.

B- L'obligation de garantie

312. Les articles 1625 et suivants du Code civil prévoient de manière générale, pour le contrat de vente, deux sortes de garantie : la garantie d'éviction et la garantie des vices cachés. L'Acte uniforme reprend à son compte ces deux garanties dans la vente du fonds de commerce. La garantie d'éviction se subdivise elle-même en garantie du fait personnel et garantie d'éviction contre les tiers : la première est particulièrement importante en matière de vente de fonds de commerce (1). Quant à la garantie des vices cachés, elle se double, en la matière, de la garantie de l'exactitude des énonciations obligatoires de l'acte de vente (2).

365 Com. 24 nov. 1992, *Bull. civ.* IV, n° 371, *RTD com.* 1993. 489, obs. DERRUPPE.

1- La garantie du fait personnel

313. Le vendeur du fonds de commerce doit s'abstenir de tout acte pouvant troubler l'acquéreur dans l'exercice des droits qui lui ont été transmis. Ces troubles dont doit s'abstenir le vendeur peuvent être des troubles de droit : ainsi, le vendeur d'un fonds qui ne lui appartient pas ne peut agir en nullité de la vente, car ce serait évincer l'acheteur ; de même, le vendeur ne peut évincer l'acquéreur en invoquant la prescription acquisitive. Mais les troubles de fait sont plus fréquents : le trouble de fait est essentiellement le trouble consistant pour le vendeur à détourner à son profit la clientèle vendue, le plus souvent en se rétablissant dans des conditions telles qu'il pourrait reprendre une partie de la clientèle vendue. Il ne s'agit pas ici proprement de concurrence déloyale, mais bien de concurrence interdite en vertu du contrat : l'action de l'acheteur est une action en garantie, et non une action en concurrence déloyale[366].

314. Le plus souvent, le contrat de vente de fonds de commerce contient une clause de non-rétablissement précisant les obligations du vendeur. Mais il n'est plus discuté que, même en l'absence de toute clause, il existe une obligation légale à la charge du vendeur le vendeur est tenu dans tous les cas à un devoir de s'abstenir de tout acte de nature à diminuer l'achalandage et à détourner la clientèle du fonds cédé[367].

Mais cette garantie légale n'entraîne pas nécessairement pour le vendeur l'interdiction de se rétablir si ce rétablissement n'est pas de nature à détourner la clientèle vendue.

2- La garantie d'éviction

315. La garantie d'éviction est certainement applicable à la vente du fonds de commerce comme à toute vente : le vendeur est tenu d'assurer à l'acquéreur la paisible jouissance du fonds vendu : il doit le défendre contre tout trouble et l'indemniser en cas d'éviction. Mais les applications de la garantie d'éviction sont rares en pratique. Il peut y avoir éviction totale (a), éviction partielle (b) ou découverte de charges non déclarées (c).

a- L'éviction totale

316. Il est rare que l'éviction totale provienne de ce qu'un tiers revendiquerait le fonds de commerce vendu : si un tel cas se produisait, il y aurait certainement lieu à garantie. Il en serait de même si un auteur du vendeur agissait en nullité ou en résolution de la vente qu'il avait faite.

---

[366] ROUBIER, Le droit de la propriété industrielle, t. 1, n° 104-105 ; V. *Concurrence déloyale [Com.]*.

[367] R. MEVOUNGOU NSANA, *Ibid.*

Un cas plus pratique est celui où l'acquéreur est exposé au trouble de droit provenant de créanciers inscrits sur le fonds, vendeur ou créancier nanti, qui poursuivent le recouvrement de leur créance et demandent la mise en vente forcée du fonds. Si les inscriptions n'ont pas été énoncées dans l'acte de vente, l'acquéreur peut agir en nullité de la vente en vertu des dispositions du code de commerce envisagées précédemment. Mais il peut aussi agir en garantie conformément au droit commun.

317. Si les inscriptions ont été déclarées, on a prétendu que l'action en garantie n'était pas possible, au motif que l'article 1626 du Code civil ne permet d'invoquer l'éviction qu'au cas de « charges non déclarées ». Mais cette thèse repose sur une confusion : les « charges » ne désignent que les droits qui grèvent la chose et imposent à l'acquéreur une diminution de jouissance : tel n'est pas[368] le cas des inscriptions. Le seul fait de l'existence des inscriptions permet à l'acheteur, conformément à l'article 1653 du Code civil, de suspendre le paiement du prix jusqu'à ce que le vendeur ait fait cesser le trouble. Mais il ne lui permet pas d'agir immédiatement en garantie.

318. Si l'acquéreur, pour arrêter des poursuites, désintéressait le créancier inscrit, et s'il avait, de ce fait, déboursé une somme supérieure au montant de son prix d'achat, il pourrait réclamer la différence au vendeur.

Sur poursuites des créanciers inscrits, si le fonds est adjugé à un tiers, l'acquéreur évincé agira en garantie contre le vendeur. Si le fonds est adjugé à l'acquéreur primitif lui-même, celui-ci pourra demander au vendeur le supplément de prix qu'il a dû payer.

319. Toujours au cas de surenchère du dixième, si l'adjudication est prononcée au profit d'un tiers, l'acheteur surenchéri a-t-il une action en garantie contre le vendeur ? La question est discutée. Il peut paraître préférable de la résoudre par la négative.

Le vendeur du fonds doit garantie de la possibilité d'exploitation du fonds. Ainsi, le vendeur des parts d'une société ayant pour objet l'exploitation d'un fonds de commerce d'hôtel doit garantir le cessionnaire contre l'éviction conformément à l'article 1626 du Code civil ; le cédant ne remplit pas cette obligation et doit restituer le prix de la cession, lorsque, par l'effet d'une décision judiciaire de fermeture totale de l'hôtel, la privation pour le cessionnaire de la possibilité d'exploiter le fonds que représentaient les parts a enlevé à celles-ci toute valeur.

320. En cas d'éviction totale, l'acquéreur, conformément au droit commun, peut appeler le vendeur en garantie, par voie de garantie incidente. Si l'éviction

---

368 COHEN, n° 533 ; PLANIOL et RIPERT, t. 10, par HAMEL, n° 98, R. MEVOUNGOU NSANA, *Ibid.*

est consommée, il obtient la restitution de son prix et, s'il est de bonne foi, des dommages-intérêts.

b- L'éviction partielle

321. L'éviction partielle pourrait porter sur une partie indivise du fonds de commerce : par exemple, si le fonds dans l'indivision était vendu par l'un des copropriétaires, un autre copropriétaire pourrait revendiquer sa part.

Plus fréquemment, l'éviction partielle portera sur certains éléments du fonds. Par exemple, pour le droit au bail, il y a éviction si le vendeur, qui a promis que le bail serait prorogé, ne peut fournir les justifications nécessaires à cette prorogation ou si la prorogation est, en fait, refusée parce que le propriétaire était soumis à imposition pour bénéfices de guerre. Il y a encore éviction si le vendeur ne peut livrer une partie des locaux promis, ceux-ci étant occupés par un sous-locataire. Il en est de même si l'acquéreur ne peut jouir d'un local promis, celui-ci étant occupé par le bénéficiaire d'une promesse de vente. Ou encore, a droit à des dommages-intérêts l'acquéreur d'un fonds, évincé à la suite d'un arrêté déclarant insalubre l'immeuble, même si le vendeur n'avait pas été informé de la déclaration d'insalubrité. Mais l'acquéreur ne peut évidemment se plaindre de ce que la location verbale avait pris fin à la suite d'un congé, s'il est constaté qu'il connaissait la situation et qu'au surplus il a négligé d'agir en renouvellement du bail[369].

L'éviction partielle est encore possible pour la licence de débits de boissons. Ainsi, il a été jugé qu'avait droit à des dommages-intérêts l'acquéreur d'un débit de boissons, lorsqu'il apprend que le fonds qu'il a acquis ne peut être pratiquement cédé, car le propriétaire de l'immeuble avait stipulé du vendeur que la licence resterait la propriété du propriétaire de l'immeuble en fin de bail[370].

322. L'éviction pourrait porter sur une branche d'activité du fonds. Ainsi, la garantie du vendeur d'un fonds de librairie a été retenue, l'acquéreur n'ayant pas été agréé comme dépositaire des publications des Messageries Hachette. La décision est d'ailleurs discutable.

Enfin, l'éviction pourrait porter sur le matériel qui serait l'objet d'une sûreté constituée par le vendeur. L'acquéreur du fonds, évincé, pourrait invoquer la garantie.

Mais l'acquéreur n'a d'action en garantie, conformément au droit commun, que si l'éviction est la conséquence d'un fait imputable au vendeur, non si elle est due à la force majeure. La question peut parfois être délicate.

---

[369] Rouen, 31 janv. 1958, D. 1958. 538, *RTD com.* 1958. 741, n° 6, obs. JAUFFRET.
[370] Rennes, 9 mai 1931, Rec. Rennes 1931. 368.

Conformément au droit commun, l'éviction partielle permet à l'acquéreur d'obtenir des dommages-intérêts ou, ce qui est équivalent, une réduction du prix. Il pourrait même obtenir la résolution de la vente si l'éviction avait porté sur un élément assez important pour être la cause impulsive et déterminante de l'engagement de l'acquéreur[371].

c- Les charges non déclarées

323. Conformément au droit commun, l'acquéreur pourrait invoquer la garantie pour charges non déclarées, c'est-à-dire pour servitudes et autres droits grevant la chose vendue et entraînant pour l'acquéreur une diminution de jouissance.

3- La garantie des vices cachés

324. S'il ne peut se prévaloir de la garantie légale de conformité, l'acquéreur bénéficie de ce qu'il est désormais convenu d'appeler la garantie des vices cachés. Ainsi, le vendeur doit, conformément au droit commun, garantir l'acquéreur en raison « *des défauts cachés de la chose vendue, qui la rendent impropre à l'usage auquel on la destine ou qui diminuent tellement cet usage que l'acheteur ne l'aurait pas acquise, ou n'en aurait donné qu'un moindre prix, s'il les avait connus* » [372].

Il est exceptionnel que le vice caché affecte le fonds considéré dans son ensemble. Il existe cependant des exemples de tels vices. Ainsi, il y a vice caché si le vendeur d'un débit de boissons a laissé ignorer qu'il avait commis une infraction devant entraîner la fermeture du fonds[373] ; ... ou encore si le vendeur d'un débit de boissons a laissé ignorer que le débit avait été ouvert dans une zone prohibée par arrêté préfectoral[374].

Plus fréquemment, le vice caché affecte un élément du fonds. Le vice pourrait affecter le matériel ou les marchandises, cédées avec le fonds. Il pourrait affecter les lieux loués.

Le vice pourrait encore affecter la clientèle

325. L'action n'est évidemment recevable que si les conditions de droit commun sont réunies. C'est ainsi que l'acheteur ne peut demander la nullité de la vente pour vice caché, pour des défectuosités du mobilier ou sa vétusté, car il s'agit de vices parfaitement apparents dont un acheteur, même

---

[371] ESCARRA et RAULT, t. 1, n° 484 *in fine*.
[372] R. MEVOUNGOU NSANA, op. cit., C. civ., art. 1641 camerounais.
[373] Paris, 12 nov. 1931, Journ. T. com. 1932. 436; comp. Douai, 2 mars 1973, JCP 1973. IV. 291 ; dans le même sens : T. com. Marseille, 6 mars 1922, Journ. Marseille 1923. 1. 267.
[374] T. com. Saint-Étienne, 2 avr. 1931, *Gaz. Pal.* 1931. 2.20.

inexpérimenté, mais attentif et prudent, peut se rendre compte au premier examen avant de s'engager.

Conformément au droit commun, l'acquéreur aura le choix entre l'action rédhibitoire (qui lui permettra, en rendant le fonds, de se faire restituer le prix et, de plus, au cas de mauvaise foi du vendeur, d'obtenir des dommages-intérêts) et l'action estimatoire ou quanti minoris (qui lui permettra d'obtenir une réduction du prix et, de plus, au cas de mauvaise foi du vendeur, des dommages-intérêts).

Notons enfin que la garantie des vices cachés ne s'applique pas à la cession d'un fonds de commerce dont le cédant fait l'objet d'une procédure collective[375], ce qui s'explique par « *le caractère forfaitaire et aléatoire du prix de cession* ».

Paragraphe 2- Les obligations de l'acheteur

326. Les obligations de l'acheteur d'un fonds de commerce sont, en principe, celles de tout acheteur. Bien entendu, le contrat pourrait mettre d'autres obligations spéciales à la charge de l'acheteur. Mais il s'agira généralement de l'obligation de prendre livraison (A), de l'obligation de payer le prix (B) et de l'obligation de payer les frais et charges de la vente (C).

A- L'obligation de prendre livraison

327. L'obligation de l'acheteur de prendre livraison est le corolaire de l'obligation du vendeur de procéder à la délivrance du fonds. Au jour de la prise de possession, le vendeur délivre le fonds et l'acheteur en prend possession. Il a déjà été indiqué comment se fait cette délivrance du fonds.

La seule question que pose cette obligation de l'acheteur est celle de savoir quelle est la sanction au cas d'inexécution. Si l'acheteur refuse de prendre livraison du fonds, le vendeur a, conformément au droit commun, l'option entre l'exécution forcée et la résolution de la vente. Si le vendeur opte pour l'exécution, il assignera l'acheteur en paiement du prix. Il pourra, pour la durée de l'instance, demander la nomination d'un administrateur provisoire du fonds.

B- L'obligation de payer le prix

328. L'obligation de payer le prix pose la question de la date du paiement, de la détermination de la personne à laquelle le paiement doit être fait et de l'imputation des paiements.

---

[375] Com. 22 oct. 1996, n° 94-10.356, D. 1997. 3, obs. F. DERRIDA.

Conformément au droit commun, le prix devrait être, à défaut de clause spéciale, payé comptant, c'est-à-dire à la date de la délivrance du fonds, de la mise en possession de l'acquéreur. Cependant, les règles spéciales au fonds de commerce entraînent une dérogation à ces principes. Et, s'il y a des oppositions, le vendeur ne peut exiger le paiement du prix. Tout au plus pourrait-il exiger la consignation du prix. En ce cas, l'acquéreur ne pourrait pas subordonner cette consignation à la mainlevée des oppositions.

329. Mais il est fréquent qu'un terme soit accordé à l'acquéreur, sinon pour la totalité du prix (car une partie est à peu près toujours payable comptant), du moins pour le solde. Ce solde est fréquemment représenté par des effets souscrits par l'acquéreur, les « billets de fonds ».

Le paiement du prix est fait normalement au vendeur. Mais il devrait, en cas de cession de la créance du prix, être fait au cessionnaire ; et, en cas de souscription de billets de fonds, il est fait au porteur de ces billets.

330. Fréquemment, cependant, le vendeur stipulera que le prix, du moins la partie payable comptant, sera versé entre les mains de l'intermédiaire chargé de la vente qui le conservera pendant la période où le prix est indisponible. Cet usage a soulevé des difficultés, notamment lorsque l'intermédiaire dilapide les fonds ainsi reçus. Si l'on considère les rapports entre vendeurs et acquéreurs, la jurisprudence est divisée. Certaines décisions admettent que la perte est pour l'acquéreur, le dépositaire devant être considéré comme son mandataire[376]. D'autres ont décidé que le versement fait par l'acquéreur le libérait et que la perte était pour le vendeur[377].

La première opinion est, en principe, préférable. En thèse générale, la remise des fonds par l'acquéreur à l'intermédiaire ne le libère pas, puisque le vendeur n'a pas reçu les fonds, et que l'acquéreur n'avait pas le droit de les lui remettre, le prix étant indisponible. Le tiers dépositaire détient les fonds pour le compte de l'acquéreur. Il n'en serait autrement que si le vendeur avait donné, dans l'acte, quittance du prix : par-là même, il reconnaît que le dépositaire est son mandataire et que celui-ci a reçu les fonds pour le compte du vendeur.

331. Si l'on considère, non plus les rapports entre vendeur et acquéreur, mais bien les rapports avec les tiers, il est certain que la remise des fonds à un intermédiaire ne saurait libérer l'acquéreur à l'égard des créanciers. Il n'en serait autrement, par exception, que si les créanciers avaient ratifié expressément ou tacitement le choix de l'intermédiaire.

---

376 Rouen, 15 avr. 1935, Rev. fonds com. 1936. 507 ; T. civ. Vesoul, 4 déc. 1936, Gaz. Pal 1937. 1. 405 ; T. com. Bordeaux, 27 janv. 1938, Rev. fonds com. 1939. 550. – Rouen, 3 nov. 1938, *Ibid.* 1939. 22)

377 (T. com. Le Havre, 30 mars 1926, Rec. Le Havre 1926. 1. 103. – Paris, 17 janv. 1933, *LPA* 14 févr. 1935)

L'acte de vente du fonds de commerce devant, au cas de paiement à terme et comme condition du privilège du vendeur[378], comporter des prix distincts pour les éléments incorporels, le matériel et les marchandises, se pose la question de savoir sur quels éléments s'imputent les paiements partiels faits par l'acquéreur. Pour les paiements à terme, l'Acte uniforme règle la question en décidant que ces paiements s'imputent, nonobstant toute convention contraire, d'abord sur le prix des marchandises, ensuite sur le prix du matériel.

Pour les paiements comptants, la loi ne donne pas de solution. Les parties sont donc libres de les imputer comme elles l'entendent. Le vendeur estimera souvent préférable de les imputer sur les éléments incorporels, plus sujets à dépréciation. Dans le silence de l'acte de vente, on a proposé d'imputer les paiements comptants conformément à la règle générale pour les paiements à terme, motif pris de ce que c'étaient les éléments corporels que l'acquéreur aurait le plus d'intérêt à dégager en premier lieu.

C- L'obligation de payer les frais et charges de la vente

332. L'acquéreur doit, conformément au droit commun et sauf clause contraire (d'ailleurs fort rare), payer les frais de la vente. Ces frais comprennent : 1° les droits de timbre de l'acte de vente et des billets de fonds ; 2° les droits d'enregistrement ; 3° les frais des publications légales ; 4° les frais d'inscription du privilège du vendeur ; 5° les frais de formalités spéciales accomplies pour rendre applicables aux tiers la transmission de certains éléments du fonds de commerce (cession du bail, des brevets, des marques) ; 6° les frais d'expertise lorsque le matériel et les marchandises doivent être expertisés ; 7° les honoraires du rédacteur de l'acte. Si l'acte est notarié, le notaire, en principe, doit réclamer la consignation des frais. Mais il a été jugé qu'il n'était pas en faute en acceptant un chèque et que, si le chèque se révèle sans provision, le notaire pouvait faire opposition sur la part du prix qu'il avait transmise à un confrère[379].

La commission de l'intermédiaire est normalement à la charge du vendeur, mais il peut y avoir des conventions contraires. Certains intermédiaires d'ailleurs, en fait, exigent une commission non seulement du vendeur, mais encore de l'acheteur.

---

[378] V. Tribunal de grande instance de Ouagadougou, jugement n° 984, OK-RIDS c/LATIL du 12/12/2001 précité.

[379] TGI Paris, réf., 6 déc. 1967, *Gaz. Pal.* 1968. 1. 28.

SOUS-TITRE 2- LES CONTRATS DE LOCATION

333. Les contrats location constituent des contrats d'échange en ce qu'il y a fourniture de biens ou de services moyennant rémunération par l'autre partie. Ces contrats se rapprochent aussi du contrat-organisation en ce que celui qui fournit ce bien ou ce service est intéressé à l'utilisation qui en sera faite par celui qui le reçoit. En résumé, on est en présence de contrats où un contractant fournit à l'autre des moyens afin que celui-ci les exploite dans leur intérêt partagé. Alors que les intérêts des parties sont pour la plupart opposés dans le contrat-échange et identiques dans le contrat organisation, ils sont dans les contrats de location « convergents, mais différents »[380]. En droit OHADA, deux contrats peuvent être rattachés à cette catégorie : la location-gérance (Chapitre 1) et le contrat de bail à usage professionnel (Chapitre 2).

---

[380] S. LEQUETTE, Thèse, op. cit., p. 95.

CHAPITRE 1

LE CONTRAT DE LOCATION-GÉRANCE

334. Aux termes de l'alinéa 3 de l'article 138 de l'AUDCG, la location-gérance est appréhendée comme : « une convention par laquelle le propriétaire du fonds de commerce, personne physique ou morale, en concède la location, en qualité de bailleur, à une personne physique ou morale, locataire-gérant, qui l'exploite à ses risques et périls ». C'est donc une espèce de louage d'exploitation[381]. Il convient de signaler, ce que ne dit pas le texte, que le locataire gérant ou gérant libre exploite pour son compte et à ses risques et périls, mais il doit au propriétaire du fonds un loyer ou redevance souvent indexé sur le chiffre d'affaires[382]. En cas de location-gérance, la qualité de commerçant passe du propriétaire au gérant. Le contrat suppose le respect d'un certain nombre de conditions (Section 1) qui, réunies, produisent des effets sur l'exploitation du fonds mis en location-gérance (Section 2) et la fin du contrat (Section 3).

Section 1- La formation du contrat de location-gérance

335. Le législateur a été réticent au sujet du contrat de location-gérance, il a donc imposé des conditions très strictes, notamment pour éviter des spéculations sur les fonds de commerce. Ces conditions sont à la fois de fond (Paragraphe 1) et de forme (paragraphe 2).

Paragraphe 1- Les conditions de fonds

336. Elles ont trait à l'objet du contrat (A) et aux parties (B).

A- L'objet du contrat

337. En droit OHADA, la location-gérance ne peut que concerner un fonds de commerce. Encore faut-il qu'un tel fonds existe, ce qui peut soulever des

---

[381] CA d'Abidjan, Chambre civile et commerciale, arrêt, n° 512 du 23 avril 2004, Société Texaco-CI, Conseil SCPAF.D.K.A. c/ Kouassi Yao Samuel, Ohadata J-05-318.

[382] H-D. MODI KOKO, « Les contrats portant sur le fonds de commerce », Colloque de Libreville sur « Les pratiques contractuelles d'affaires et les processus d'harmonisation dans les espaces régionaux » du 26 au 28 octobre 2011, p. 68-77.

difficultés en dehors même des hypothèses déjà évoquées. Il faut donc que les éléments du fonds existent pour que la location-gérance soit possible, même s'ils ne sont pas expressément visés par l'acte. Au contraire, si ces éléments et surtout la clientèle sont absents, il n'y a pas de fonds de commerce et, par conséquent, pas de location-gérance de fonds de commerce[383]. Ainsi, si la convention ne porte que sur les éléments incorporels, il ne peut y avoir de location-gérance, sauf si elle porte également sur l'élément central qui sert à rallier la clientèle[384].

Il n'y a pas non plus location-gérance lorsque, pour une raison ou pour une autre, la clientèle n'existe plus, par exemple du fait d'une cessation prolongée d'activité[385].

338. Une autre question doit être évoquée ici par rapport à l'objet du contrat : existe-t-il des fonds ne pouvant être donnés en location-gérance ? *A priori,* on pense immédiatement ici au droit commun et plus spécifiquement aux notions d'objet et de cause[386]. La première situation est celle de l'existence de l'objet : la location-gérance n'est plus possible sur un fonds dont la cessation d'activité a été publiée, faute d'objet. La seconde est celle de l'illicéité ou de l'immoralité de l'objet. En effet, l'application du droit commun a pour conséquence qu'un fonds dont l'objet est illicite ou immoral ne peut être mis en location-gérance[387].

B- Les conditions relatives aux parties

339. Les conditions envisagées ci-dessus sont celles du droit commun, civil ou commercial, même si elles peuvent être reprises par le droit spécial. Les conditions relatives aux parties relèvent pour la plupart de l'AUDCG. Il s'agit

---

383 P.-G. POUGOUE et A. FOKO, *Le statut du commerçant dans l'espace OHADA*, Collection Vademecum, PUA, 2006, p. 235 ; V. par ex., CA Douai, 28 mai 1954, D. 1955, somm. 11.

384 J. NGUEBOU TOUKAM, *Le droit commercial général dans l'Acte uniforme OHADA*, op. cit., p. 54.T. civ. Sarreguemines, 23 janv. 1951, JCP 1952. II. 6693, note A. COHEN ; T. civ. Marseille, 23 mai 1952, *JCP* 1953. II. 7777, note R. BERAUD ; Cass. com. 29 mai 1953, D. 1953. 599, JCP 1953. II. 7720, note A. COHEN; Cass. civ. 10 juill. 1953, D. 1953. 598; Cass. com. 27 avr. 1976, *Gaz. Pal.* 1976. 1, panor. 167; Cass. com. 1er févr.1984, *Bull. civ.* IV, n° 52.

385 Cass. com. 23 févr. 1988, Bull. civ. IV, n° 82 ; TGI Sarreguemines, 23 janv. 1951, préc., décidant qu'il ne peut y avoir de location-gérance après 4 années de fermeture d'un fonds, la clientèle étant définitivement dispersée ; E. TSAGMO TAMEKO, *La location-gérance de l'entreprise en difficulté en droit des procédures collectives OHADA*, Thèse de Master en Droit des Affaires et de l'Entreprise, Université de Dschang, Faculté des Sciences juridiques et politiques, Anné académique 2008-2009, 107 p.

386 CA d'Abidjan, arrêt, n° 373, du 2 février 2004, affaire Asseu Yoa Marie-Louise c/ Adama N. Odette, www. Ohadata, J-04-497.

387 Cass. crim. 13 oct. 1965, Bull. crim., n° 196, JCP 1996. II. 14470, concl. R. COMBALDIEU.

donc de celles qui concernent le locataire-gérant du fonds (1) et de celles relatives au loueur du fonds (2).

1 - Conditions relatives au locataire-gérant du fonds

340. Le locataire-gérant a la qualité de commerçant. Il est soumis à toutes les obligations qui en découlent[388] . Par conséquent, il doit respecter toutes les règles relatives à l'accès à une activité commerciale, aussi bien pour les personnes physiques que pour les personnes morales.

Le locataire-gérant doit être immatriculé au registre du commerce et du crédit mobilier[389].

341. En plus d'avoir la capacité commerciale, le locataire-gérant ne doit pas tomber sous le coup d'une incompatibilité qui interdit de pratiquer le commerce cumulativement avec certaines activités, soit parce que ces dernières sont inconciliables avec le but lucratif du commerce, soit pour des raisons tenant à la dignité des personnes. Ainsi, les fonctionnaires ne peuvent être commerçants, pas plus que les parlementaires, les officiers ministériels, les avocats, notaires, experts-comptables ou commissaires aux comptes. Conformément au droit commun, la sanction de cette incompatibilité n'intervient pas sur le terrain du droit commercial. Si, malgré l'interdiction, une personne exerce le commerce, elle est tout au plus assimilée à un commerçant de fait. Elle ne peut se prévaloir de cette incompatibilité pour échapper aux conséquences de l'activité exercée. Ainsi, le fonctionnaire qui prend un fonds en location-gérance ne peut se soustraire à ses obligations contractuelles[390].

342. Le locataire-gérant ne doit pas également, conformément au droit commun, être frappé d'une déchéance d'exercer le commerce. Il s'agit d'une mesure privative de droit qui sanctionne le mauvais comportement du commerçant. Elle ne peut être prononcée que si un texte le prévoit. Elle interdit non seulement l'exercice de toute profession commerciale, mais aussi

---

[388] Art. 139 al. 1 AUDCG.

[389] Art. 139 al. 2 AUDCG. A. FENEON et J.-R. GOMEZ, *OHADA, harmonisation du droit des affaires, Droit commercial général,* commentaires, Édicef, Paris 1999 ; Voir Cour commune de justice et d'arbitrage (CCJA), arrŒt, n° 04 du 9 mars 2006, affaire Aka Bélinda c/ Société ivoirienne de Promotion de Supermarchés dite PROSUMA, Le Juris Ohada, n° 3, 2006, p. 16 ; www.ohadata J-07-11 ; Les grandes décisions de la Cour commune de justice et d'arbitrage de l'Ohada sous la direction de P. G. Pougoué et S. S. Kuaté Taméghé, L'Harmattan, 2010, observations, A. Foko, p. 53 et s.

[390] Cass. com. 30 janv. 1996, *Bull. civ.* IV, n° 30, Dr. sociétés 1996, comm. 70, note T. BONNEAU, *JCP* 1996. IV. 664, p. 87, Quot. jur. 18 juill. 1996, p. 2 ; E. TSAGMO TAMEKO, op. cit.,

l'exploitation d'un fonds de commerce ou l'exercice de fonctions de direction, de gérance ou d'administration d'une entreprise, ou de commissaire aux comptes.

Deux questions peuvent se poser. D'une part, quel est le sort d'un contrat de location-gérance conclu au mépris d'une incapacité au sens large ? Il est nul. Cette nullité est absolue dans la mesure où l'exécution du contrat permettrait au locataire-gérant d'exercer une activité qui lui était interdite. D'autre part, quel est le sort, vis-à-vis des tiers, d'un tel contrat passé par un locataire-gérant juridiquement « inapte » à faire le commerce ? Malgré la nullité ci-dessus évoquée pour le contrat lui-même, en dehors des cas d'incapacité au sens strict (minorité par exemple), il demeure valable à l'égard des tiers.

343. Enfin, il convient de relever qu'en droit OHADA, l'alinéa 3 de l'article 138 AUDCG interdit à l'entreprenant d'être partie à un contrat de location-gérance. Il ne peut par conséquent pas être locataire-gérant.

2 - Les conditions relatives au loueur du fonds

344. La mise en location-gérance du fonds de commerce est un acte « *grave* » pour le loueur, car, elle l'expose au risque de dépérissement et même de disparition du fonds de commerce si le locataire-gérant est un mauvais exploitant. Aussi, le législateur se montre particulièrement exigeant à son égard.

Le loueur du fonds doit normalement en être le propriétaire.

345. Une difficulté peut se poser quant à la possibilité pour un locataire-gérant de sous-louer à son tour le fonds. Une hypothèse doit être exclue : celle où il a été autorisé par contrat à donner à son tour le fonds en location-gérance. En dehors de cette hypothèse, il est difficile d'admettre une sous-location partielle ou même totale du fonds de commerce.

Cette solution de refus devrait également être étendue à la société exploitant le fonds à la suite d'un apport en jouissance, en raison du caractère *intuitu personae* du contrat[391].

L'idée à retenir ici est que, lorsque le loueur est propriétaire ou exploitant du fonds et dispose de sa pleine capacité juridique, il peut donner ce fonds en location-gérance si les autres conditions sont remplies.

Par ailleurs, l'article 141 dispose que : « *la personne physique ou morale qui concède une location-gérance doit avoir exploité, pendant deux (2) ans au moins en qualité de commerçant, le fonds mis en gérance* ». Un lien d'exploitation doit ainsi avoir existé dans le passé entre le loueur et le fonds.

---

[391] V. dans le même sens, H-D. MODI KOKO, op. cit., J. DERRUPPÉ, obs. sous Cass. com. 3 déc. 1991, *RTD com.* 1992. 584 ; A. REYGROBELLET, op. cit., n° 52.42 ; *contra :* C. CHAMPAUD et D. DANET, *RTD com.* 1992. 384, qui considèrent que la société, bénéficiaire de l'apport en jouissance, dispose de tous les droits afférents à l'exploitation du fonds.

Une simple direction technique est insuffisante. Il faut donc que le loueur ait eu, sous sa seule responsabilité ou encore à ses risques et périls, la gérance du fonds en tant que propriétaire, usufruitier ou même gérant libre. L'exigence d'activité de deux ans au moins se trouve satisfaite même si l'activité concernée est en diminution et ne consiste qu'en l'écoulement du stock. La loi n'exige cependant pas que le délai soit acquis pour l'ensemble des activités exercées. L'ouverture du fonds pendant deux ans est largement suffisante.

346. Cependant, les articles 142 et 143 prévoient des exceptions. Ainsi, certaines personnes sont dispensées du respect des délais de l'article 141 : il s'agit de l'État, des Collectivités publiques, des Établissements publics, des incapables (en ce qui concerne le fonds dont ils étaient propriétaires avant la survenance de leur incapacité)[392], des héritiers ou légataires d'un commerçant décédé (en ce qui concerne le fonds exploité par le défunt), des mandataires de justice chargés à quelque titre que ce soit de l'administration d'un fonds de commerce s'ils décident de le mettre en location-gérance (à condition qu'ils y aient été autorisés par la juridiction compétente et qu'ils aient satisfait aux mesures de publicité prévues). Dans tous les autres cas, les délais peuvent être supprimés ou réduits par la juridiction compétente, si l'intéressé justifie qu'il a été dans l'impossibilité d'exploiter son fonds lui-même, ou par l'intermédiaire de préposés

Paragraphe 2 - Les conditions de formes de publicité

347. La loi n'exige en principe aucune forme (A). L'immatriculation au RCCM (B) et certaines mesures de publicité sont cependant prescrites (C).

A- La liberté de la forme

348. L'AUDCG ne contient aucune disposition relative à la forme du contrat ni à son contenu, ce qui différencie la location-gérance de la vente en ce qui concerne le formalisme. Un écrit n'est pas directement ou même indirectement exigé, puisque l'enregistrement n'est pas obligatoire à peine de nullité de l'opération. Même le droit fiscal ne l'impose pas[393]. La fiscalité n'étant qu'exceptionnellement envisagée dans cette étude, il convient simplement de signaler que, même verbal, l'acte de location-gérance est dispensé de la formalité d'enregistrement. Le principe du consensualisme

---

[392] CA d'Abidjan, arrêt, n° 904 du 08/07/2003, affaire Port autonome d'Abidjan c/ Société Trans-Ivoire, Le Juris-Ohada, n° 4/2004, p. 51, Ohadata J-05-178.

[393] A. FENEON et J. R. GOMEZ, OHADA, Droit commercial général, commentaires, op. cit., p. 82 ; J. NGUEBOU TOUKAM, *Le droit commercial général dans l'Acte uniforme OHADA*, op. cit., p. 55.

s'applique et un accord même verbal est en principe valable. Le contrat peut se faire par acte sous seing privé ou authentique.

349. En pratique, un écrit s'avère utile, ne serait-ce que pour éliminer les difficultés de preuve ou même pour effectuer les publicités exigées par la loi. En effet, l'immatriculation du locataire-gérant au registre du commerce et du crédit mobilier rend nécessaire une justification du contrat qui lui donne la qualité pour exploiter. Si le contrat est un acte de commerce, il peut se prouver par tous moyens, et la formalité du double original ne s'impose pas. La situation est différente pour un acte civil ou un acte mixte, par exemple en cas de fonds artisanal. Dans ce cas, fort logiquement devraient s'appliquer les règles du droit commun relatif à ce type de contrat.

B- L'immatriculation du locataire-gérant au RCCM

350. L'AUDCG a organisé une publicité efficace de la location-gérance, avec pour objectif de renseigner les tiers et surtout les créanciers du locataire-gérant. Cette publicité s'organise autour de l'immatriculation du locataire-gérant au registre du commerce et du crédit mobilier. S'il n'était déjà commerçant et donc inscrit au registre du commerce et du crédit mobilier, le preneur doit demander son immatriculation dans les quinze jours à compter de la date de début de son activité.

Le défaut d'immatriculation du locataire-gérant au registre du commerce et du crédit mobilier n'entraîne pas la nullité du contrat. La solution est logique en raison du caractère consensuel du contrat de location-gérance.

351. La seule sanction liée au défaut d'immatriculation concerne donc les rapports du locataire-gérant et surtout du loueur avec les tiers et résulte des règles relatives au registre du commerce et au crédit mobilier. En conséquence, c'est seulement à partir du jour où est opérée la radiation que le propriétaire du fonds qui le met en location-gérance peut opposer la cessation de son activité commerciale, échappant ainsi aux actions en responsabilité dont il est l'objet en raison des obligations contractées par son successeur dans l'exploitation.

C- Les diverses publicités relatives au contrat

352. Dans la quinzaine de sa date, le contrat de location-gérance doit être publié sous forme d'extrait ou d'avis dans un journal habilité à recevoir des annonces légales et paraissant dans le lieu où le fonds de commerce est inscrit au Registre du Commerce et du Crédit mobilier[394]. La même publication est requise à la fin de la location-gérance[395]. Aucun texte n'indique le contenu de cette

[394] Art. 139 al. 3 AUDCG.
[395] Art. 139 al. 5 AUDCG.

publication. Étant donné que l'objectif visé est d'informer les tiers, il est admis qu'il convient de mentionner tous les renseignements utiles à cet effet, notamment les clauses relatives aux obligations survivant au contrat, par exemple, la clause de non-rétablissement.

353. Si le contrat de location-gérance arrivé à expiration est expressément reconduit, la publication doit-elle aussi être renouvelée, car il y a plusieurs contrats successifs indépendants les uns les autres.

354. La situation est-elle identique en cas de renouvellement par tacite reconduction ? La Cour de cassation française répond aujourd'hui par la négative : une nouvelle publicité n'est pas nécessaire, dès lors qu'aucune modification n'est intervenue dans la nature de l'exploitation ni dans la personne de l'exploitant depuis la publication initiale[396]. Il s'agit simplement de l'application des règles de droit commun, seul le terme du contrat étant modifié en cas de tacite reconduction. Sous réserve de l'absence de modification « *dans la nature de l'exploitation ni dans la personne de l'exploitant depuis la publication initiale* », la jurisprudence est allée plus loin, appliquant la même solution alors même, qu'en plus de la tacite reconduction, les parties avaient dressé un acte pour constater le renouvellement[397].

L'absence de publicité n'entraîne pas la nullité du contrat, qui reste opposable aux tiers. Cependant, pour le loueur, il est nécessaire d'y procéder rapidement, car c'est l'insertion qui fait courir les délais, et notamment celui dans lequel ses créanciers à terme peuvent demander le paiement immédiat, et celui à l'expiration duquel il ne garantit plus les dettes du locataire-gérant[398].

355. Enfin, on s'est demandé si le locataire-gérant doit mentionner sur tous les papiers commerciaux (factures, lettres, bons de commande, tarifs, documents publicitaires, toutes correspondances et tous récépissés concernant son activité), notamment son identification avec sa qualité, son numéro d'immatriculation au registre du commerce et des sociétés ou au répertoire des métiers et aussi

---

[396] J. ISSA-SAYEGH et J. LOHOUES-OBLE, *OHADA, harmonisation du droit des affaires*, op. cit., p. 141 ; Cass. com. 7 juill. 1966, *Bull. civ.* III, n° 350, D. 1966. 555, JCP 1966. II. 14842, note D. NECTOUX, *RTD com.* 1966. 908, obs. A. JAUFFRET; Cass. com. 3 mars 1992, Bull. civ. IV, n° 104, D. 1992, IR 101, DEFRÉNOIS 1992, art. 35382, p. 1365, obs. P. LE CANNU, *RTD com.* 1992. 788, obs. J. DERRUPPÉ.

[397] Cass. com. 16 janv. 1996, Bull. civ. IV, n° 16, Dalloz Affaires 1996. 346, Gaz. Pal. 1996. 2, panor. 247, RJDA 1996, n° 630, RTD com. 1996. 242, obs. J. DERRUPPE ; dans cette espèce, les diverses clauses du nouveau contrat étaient plus contraignantes que celles de l'ancien contrat, par exemple : la charge des réparations de l'art. 606 du Code civil, les modalités d'exploitation, l'interdiction de concurrence, la renonciation à l'art. L. 145-46 Du code de commerce ou une caution solidaire. La Cour les juge impropres à caractériser l'existence d'une modification intervenue « dans la nature de l'exploitation du fonds » depuis la publication initiale.

[398] UNIVERSITÉS FRANCOPHONES, *Droit commercial et des sociétés en Afrique,* op. cit., p. 26 ; E. TSAGMO TAMEKO, Thèse, op. cit.,

l'identification du loueur et son numéro ? L'article 140 AUDCG apporte une réponse sans équivoque : « le locataire-gérant est tenu d'indiquer en tête de ses bons de commande, factures et autres documents à caractère financier ou commercial, avec son numéro d'immatriculation au Registre du Commerce et du Crédit mobilier, sa qualité de locataire-gérant du fonds ».

Section 2- Les effets du contrat de location-gérance

356. La location-gérance produit naturellement des effets entre les parties contractantes (Paragraphe 1), mais aussi à l'égard des tiers (Paragraphe 2).

Paragraphe 1- Les effets entre les parties

357. Le contrat de location-gérance fait naître des droits et des obligations à la fois à l'égard du loueur (A) et du preneur (B).

A- Les droits et obligations du loueur

358. Entre les parties, le contrat de location-gérance va déterminer les droits (1) et obligations tant du locataire-gérant que du loueur (2).

1- Les droits du loueur

359. Ils sont résiduels par rapport à ses obligations. Sauf clause contractuelle contraire, la location-gérance n'empêche pas le loueur, propriétaire du fonds de commerce, de le céder ou de l'apporter en société sans que l'accord du locataire-gérant soit nécessaire.

360. Le consentement du locataire-gérant n'est pas non plus nécessaire en cas de nantissement du fonds de commerce. Le loueur a également le droit de percevoir une redevance. Et pour l'essentiel, ses droits constituent les obligations du locataire-gérant que nous examinerons ultérieurement.

2- Les obligations du loueur

361. Les obligations du loueur sont plus importantes et assorties de sanctions. Elles consistent, essentiellement, à délivrer la chose louée (a), entretenir cette chose (b) et faire jouir paisiblement le preneur pendant la durée du bail (c).

a- L'obligation de délivrance du fonds de commerce

362. Dans le contexte de la location-gérance, l'obligation de délivrance du fonds de commerce consiste à la remise du fonds entre les mains du locataire à la date convenue. Cette obligation est inhérente à la conclusion du contrat

de location-gérance, car elle incombe au loueur sans qu'il soit besoin d'une stipulation particulière.

Puisque le loueur doit remettre au locataire-gérant les biens objet de la location, c'est-à-dire ceux composant le fonds de commerce. En sont exclues notamment les marchandises destinées à être vendues, ces dernières pouvant faire l'objet d'un contrat séparé. Les livres et documents comptables ne faisant pas partie du fonds, le loueur n'a aucune obligation, sauf clause contraire, de les transmettre au locataire-gérant. En pratique, étant donné leur importance, il est de l'intérêt des parties de prévoir une telle clause ou tout au moins de préciser que ces documents sont à la disposition du locataire qui peut les consulter aussi souvent qu'il le souhaite. Il convient d'envisager les éléments contenus dans cette obligation.

363. En principe, la location-gérance ne peut se concevoir sans le droit au bail, car l'exploitation serait impossible. Il faut toutefois réserver le cas où le loueur est en même temps propriétaire des murs. Il convient de préciser que seul le propriétaire du fonds est locataire des murs et peut, à ce titre, bénéficier du statut des baux commerciaux.

De même, sauf clause contraire, le matériel et l'outillage sont compris dans la location-gérance. Devraient également l'être le nom commercial, l'enseigne, les brevets, marques et savoir-faire. Pour éviter toute contestation concernant à la fois la délivrance des biens et leur restitution à l'issue de la location-gérance, il est opportun de dresser un état contradictoire des biens loués ainsi qu'une liste de brevets, marques… qui devraient être annexés au contrat. La location-gérance ne confère au locataire qu'un droit d'user du nom commercial.

364. L'inexécution de l'obligation de délivrance peut justifier toutes les sanctions ouvertes par le droit commun : exécution forcée, résiliation, indemnisation.

b- L'obligation d'entretien du fonds de commerce

365. L'obligation d'entretien est une obligation de faire, à exécution continue tout au long du bail. Le loueur est tenu d'entretenir le fonds de commerce en état de servir à l'exploitation. En théorie, il doit notamment entretenir les locaux, ainsi que l'outillage et le matériel. En principe, les travaux et réparations incombent au loueur. En pratique, s'agissant d'un bien incorporel, cette obligation a peu l'occasion d'être mise en cause, d'autant plus qu'elle est le plus souvent et contractuellement mise à la charge du gérant. Encore faut-il que la clause soit clairement rédigée et efficace. Ainsi, la clause interdisant au locataire-gérant les réclamations fondées sur l'état des lieux ne le prive pas du droit de demander au loueur réparation du préjudice causé par ses manquements à ses obligations contractuelles.

366. En cas d'inexécution de cette obligation d'entretien, le locataire-gérant peut, comme en droit commun, engager la responsabilité du loueur sur le fondement des sanctions de droit commun. S'il ne lui est pas en principe possible d'invoquer l'exception d'inexécution en refusant de payer le loyer, il peut exiger l'exécution forcée, la résiliation du contrat ou une indemnisation. Conformément à l'article 1144 du Code civil, il peut même, à condition d'obtenir l'accord du bailleur ou à défaut une autorisation du juge, faire exécuter les travaux lui-même aux frais du loueur.

c - L'obligation de jouissance paisible et garantie des vices cachés

367. Le loueur doit faire jouir paisiblement le preneur de la chose louée. Cette obligation de fournir la jouissance paisible de la chose a des conséquences et doit être complétée par celle des vices cachés, toutes ces exigences étant conformes au droit commun du louage.

Le loueur doit ainsi s'abstenir de porter lui-même atteinte aux éléments du fonds confié en gérance. Cette garantie se traduit principalement par une obligation de non-rétablissement, direct, indirect par personne interposée, total ou même partiel. Le loueur ne doit donc pas faire concurrence au locataire-gérant en distrayant sa clientèle par quelque moyen que ce soit, en se réinstallant ou en réutilisant l'enseigne399. Cette obligation légale n'a pas à être expressément stipulée tant elle est inhérente à la location-gérance[400]. Sauf clause contractuelle contraire, elle dure le temps de la location-gérance et prend fin dès la cessation de la location-gérance quelle qu'en soit la cause. En cas de manquement à cette garantie du fait personnel qui aurait pour conséquence un trouble de l'exploitation, les sanctions du droit commun s'appliquent. Le locataire-gérant peut obtenir l'exécution forcée sous forme de fermeture de l'établissement sous astreinte, la résiliation du contrat ou même des dommages-intérêts.

368. Le louer doit également garantir le locataire-gérant contre les agissements des tiers qui troublent la jouissance du locataire-gérant et le protège contre l'éviction dont il peut être victime. Une distinction doit être effectuée entre les troubles de droit et ceux de fait. Seuls concernés par cette garantie, les premiers sont ceux qui proviennent de la prétention d'un tiers à un titre sur le bien, par exemple sur la propriété du fonds de commerce. Les seconds, occasionnés par des tiers qui ne revendiquent aucun droit sur le bien loué, ne sont pas couverts par cette garantie.

Le loueur, enfin, une garantie contre les vices cachés. Cette garantie due par le loueur ne couvre que les défauts non apparents et inconnus du gérant

---

[399] (CA Paris, 20 juill. 1879, S. 1880. 203)

[400] CA Bordeaux, 7 nov. 1873, DP 1874. 2. 136 ; CA Dijon, 5 mai 1875, préc.

qui existaient lors de la conclusion du contrat, peu importe que le loueur ait ou non connu leur existence, à condition qu'ils rendent la chose impropre à la jouissance par le gérant.

369. En dehors des cas de stipulation contractuelle, de cause étrangère ou de force majeure, lorsque la preuve d'un vice caché est rapportée, le locataire-gérant peut obtenir la résiliation du contrat ou la diminution du prix de la redevance.

B- Les droits et obligations du locataire-gérant

370. Conformément au droit commun du louage, le locataire-gérant sera tenu à deux obligations principales : user de la chose en bon père de famille et payer le loyer ainsi que les impôts et charges (1). Des garanties peuvent avoir été prévues pour assurer l'exécution de ses obligations (2).

1- Les droit et obligation d'user du fonds en bon père de famille

371. Trois idées résument cette obligation issue du droit commun qui a des spécificités en matière de location-gérance.

Premièrement, le locataire a le droit, mais aussi l'obligation d'exploiter le fonds reçu en gérance. Le fonds tire toute sa valeur de l'exploitation dont il est l'objet et que la conservation de la clientèle impose. À défaut d'exploitation, il risque de péricliter et le locataire-gérant ne pourra restituer le bien loué à l'issue du contrat. Cette exploitation doit respecter certaines règles. L'exploitation du locataire-gérant doit être personnelle. Le contrat de location-gérance est *intuitu personae* du côté du gérant.

Deuxièmement, l'exploitation doit se faire de façon continue, sans interruption ni déplacement du fonds[401]. Toutefois, lorsque le service de la clientèle ne nécessite pas une exploitation permanente, le loueur ne peut obtenir la résiliation de la location-gérance.

Troisièmement, enfin, sauf clause contraire, le locataire-gérant ne peut changer l'objet de l'exploitation, peu importe que le propriétaire subisse ou non un préjudice, suivant l'interprétation de l'article 1728 du Code civil.

2- L'obligation de payer un loyer

372. En principe, le locataire-gérant doit payer au loueur un loyer[402]. Ce loyer est généralement appelé redevance.

---

[401] Cass. com. 27 févr. 2001, *RJDA* 2001, n° 680 ; Cass. com. 6 mai 2002, *Bull. civ.* IV, n° 79, *JCP* éd. E 2002. 1509, p. 1675, note L. LEVENEUR, *RJDA* 2002, n° 1016, *RTD com.* 2003. 55, n° 3, obs. B. SAINTOURENS.
[402] Art. 138, al. 5.

Le montant de la redevance, son mode de calcul, les formes et les dates de son versement sont en principe librement déterminés par les parties, même si le législateur a prévu quelques règles. Le locataire-gérant doit payer au bailleur du fonds un loyer correspondant à la redevance due pour la jouissance des locaux, et un loyer pour la jouissance des éléments corporels et incorporels du fonds de commerce tels que décrits dans le contrat de location-gérance. Ces deux éléments de loyer sont obligatoirement déterminés de façon séparée dans le contrat de location-gérance, même si leurs échéances sont fixées aux mêmes dates. En accord avec le bailleur des locaux, le locataire-gérant peut être dispensé de lui assurer directement, à chaque échéance, le paiement du loyer dû à la rémunération de la jouissance des locaux.

La redevance peut être fixe ou représenter un pourcentage du chiffre d'affaires ou des bénéfices, ce qui entraîne que le loueur a un droit de regard sur les documents comptables sans avoir à s'immiscer dans la gestion.

373. En pratique, le contrat de location-gérance va prévoir une indexation de la redevance par le jeu d'une clause d'échelle mobile qui fait varier le prix de la location du fonds selon un indice déterminé.

Dans les deux catégories d'obligations précédentes, le contrat de location-gérance peut mettre à la charge du gérant les impôts et charges pesant sur le fonds, même s'ils étaient établis au nom du loueur. Il peut s'agir de la TVA ou de la taxe professionnelle.

Paragraphe 2- Les effets à l'égard des tiers

374. Le contrat de location-gérance se doit de respecter les droits que peuvent avoir acquis des tiers du fait de l'exploitation commerciale. Il faut ainsi distinguer les effets du contrat à l'égard des créanciers du loueur (A), les effets à l'égard des créanciers du locataire-gérant (B) et les effets à l'égard des contractants du loueur (C).

A- Les créanciers des parties contractantes

375. Il convient d'envisager séparément la situation des créanciers du loueur (1) de celle des créanciers du locataire-gérant (2).

1- Les créanciers du loueur

376. Selon les circonstances, la mise en location-gérance du fonds peut mettre en péril les créanciers de son propriétaire. Des mesures ont été prises pour protéger leurs intérêts. Deux règles sont à envisager : l'exigibilité immédiate des dettes du loueur (a) et l'inopposabilité des dettes et contrats du loueur au locataire-gérant (b).

a- L'exigibilité immédiate des dettes du loueur

377. La mise en location-gérance peut faire courir aux créanciers à terme du propriétaire du fonds un double danger. D'une part, le fonds peut perdre de sa valeur en raison d'une mauvaise exploitation du gérant, ce qui diminue le gage des créanciers du propriétaire. D'autre part, ce dernier peut répondre des dettes du gérant, ce qui met ses créanciers personnels en concours avec ceux du locataire-gérant. Le législateur a prévu de les protéger. Aux termes de l'alinéa 1er de l'article 144 de l'AUDCG, « *les dettes du bailleur nées de l'exploitation du fonds peuvent être déclarées immédiatement exigibles par la juridiction compétente si elle estime que la location-gérance met en péril leur recouvrement* ». Cette règle de l'exigibilité immédiate des dettes du loueur rappelle celle prévue en matière de vente, d'apport en société et de déplacement du fonds.

378. Le texte est limité aux rapports entre le bailleur et ses créanciers. Sauf clause contraire, il n'a pas pour conséquence de rendre les créanciers du loueur, créanciers du locataire-gérant. Le loueur ne peut donc pas se fonder sur une éventuelle novation par changement de débiteur, qu'aurait impliqué la mise en gérance, pour s'opposer à l'action de ses créanciers en paiement des dettes antérieures à la conclusion du contrat.

La protection légale ne concerne que les « dettes afférentes à l'exploitation » et non toutes les dettes du loueur. Par conséquent, doivent être exclues les dettes personnelles du propriétaire du fonds ainsi que toutes celles qui n'ont aucun rapport avec celui-ci. On pense notamment à celles d'autres fonds, également gérés par le même locataire.

b- L'inopposabilité des dettes et contrats du loueur au locataire-gérant

379. L'exigibilité prévue par l'article 144 AUDCG n'entraîne pas, sauf disposition légale ou stipulation contractuelle spécifique, le transfert au locataire-gérant des dettes et contrats du loueur. La mise en location-gérance entraîne un changement juridique de la personne de l'exploitant, et le droit ne semble pas avoir tenu compte de l'identité de l'entreprise, par exemple en considérant que les contrats sont passés par le loueur, non pas à titre personnel, mais en qualité de chef d'entreprise. Cette prise en compte aurait fait basculer ces contrats, par exemple dans le périmètre de « l'entreprise ». Ce n'est pas le cas, et les obligations contractuelles du loueur à l'égard des tiers n'engagent pas le locataire-gérant. Les contrats passés par le loueur, y compris à l'occasion de l'exploitation du fonds, ne produisent pas en principe effet à l'égard du locataire-gérant. Ainsi, sauf engagement personnel de sa part, le locataire-gérant n'a pas à répondre des opérations traitées par le seul loueur, spécialement de la garantie attachée à la vente d'un matériel, même s'il a livré le matériel au cours du contrat de location-gérance.

2- Les créanciers du locataire-gérant

380. Jusqu'à la publication du contrat de location-gérance, les créanciers du locataire-gérant peuvent raisonnablement penser que le locataire-gérant est le propriétaire du fonds. Cette apparence a conduit le législateur à poser une responsabilité solidaire entre le loueur et le locataire-gérant jusqu'à la publication du contrat qui devient opposable aux tiers et pendant les six mois qui suivent.

Les créanciers du locataire-gérant bénéficient, en effet, d'une garantie légale très importante et efficace prévue par l'article 145 AUDCG : « Jusqu'à la publication du contrat de location-gérance, le propriétaire du fonds est solidairement responsable des dettes du locataire-gérant nées de l'exploitation du fonds donné en location-gérance ». Comment expliquer cette règle ? Diverses raisons ont été avancées. Des auteurs ont noté que les dettes à propos desquelles la solidarité est appelée à jouer correspondent à des fournitures qui concourent à stimuler l'exploitation et, par conséquent à augmenter la valeur du fonds ; il s'agirait donc d'engagements de nature à profiter au propriétaire du fonds, qui doit donc en supporter le poids. Cette explication n'a pas convaincu. L'explication la plus logique de cette solidarité temporaire semble être la protection des créanciers du gérant, notamment les fournisseurs, auxquels la mise en gérance du fonds n'aurait pas été révélée par le loueur. Le délai de six mois correspondrait à la période nécessaire pour que la connaissance du contrat puisse être présumée par les créanciers du gérant[403].

381. Le principe de la solidarité n'est pas applicable en cas de recours à la location-gérance dans le cadre d'une entreprise en difficulté[404].

La solidarité est également exclue si le tiers est de mauvaise foi ou imprudent. Si le loueur parvient à prouver que le créancier, fournisseur de matériel ou dispensateur de crédit par exemple, s'est comporté de façon fautive, même par imprudence, ou frauduleuse à son détriment, il peut échapper à la responsabilité solidaire de l'article 145. Il y a fraude lorsque le créancier a effectué d'importantes livraisons de marchandises au locataire-gérant – tout en sachant que ce dernier ne paye plus ses dettes –, et a attendu une date proche du délai des six mois pour exiger le paiement comptant des fournitures[405].

La solidarité prévue par l'article 145 précité s'applique « jusqu'à la publication du contrat de location-gérance et pendant un délai de six mois à compter de cette publication ». Le point de départ de la solidarité est fixé au jour de la publication du contrat dans un journal d'annonces légales. En l'absence de cette formalité, le loueur ne peut invoquer la connaissance que le

---

[403] G. RIPERT et R. ROBLOT, par L. VOGEL, op. cit., n° 490; O. BARRET, op. cit., n° 464.
404 CA d'Abidjan, 25/02/2005, arrêt n° 263, B.K. c/K.K.B., Le Juris-Ohada, n° 4/2006, p. 34, Ohadata J-07-32
[405] Cass. com. 6 juill. 1972, D. 1972. 580, 1re esp.

créancier aurait de la location-gérance pour tenter d'échapper à son obligation de solidarité aux dettes du locataire-gérant.

C'est la date de naissance de la créance qui doit être prise en compte et non celle de la demande en paiement. La solution est particulièrement rigoureuse pour le loueur en cas de contrat dont le règlement s'étale dans le temps, par exemple sur plusieurs années et parfois sur une période excédante celle du contrat de location-gérance. Le loueur peut ainsi être tenu de payer des factures relatives à des prestations publicitaires dont la fourniture s'échelonne sur trois ans[406].

382. Le régime de l'article 145 a été institué dans l'intérêt des seuls créanciers du locataire-gérant. Ce dernier n'a donc pas qualité pour l'invoquer et voir déclarer le loueur du fonds solidaire de son passif.

B- Le bailleur du local dans lequel est installé le fonds de commerce

383. Les rapports entre le bail commercial et la location-gérance ont déjà été évoqués. Ils sont régis par la location existant entre eux. Les conditions de la jouissance du fonds de commerce dans les lieux sont régies par le bail, malgré la location-gérance. Sauf clause contraire, le bailleur conserve tous ses droits contre son locataire.

Est aujourd'hui résolue la question de savoir si la location-gérance n'implique pas nécessairement une sous-location qui serait automatiquement interdite par les règles relatives au bail commercial. La jurisprudence est en sens contraire et décide que la mise en gérance libre d'un fonds de commerce ne constitue pas une sous-location interdite, mais la location d'un meuble incorporel.

384. Sauf situations particulières, notamment en cas de procédure collective, une clause du bail peut valablement interdire au preneur de mettre son fonds en location-gérance. Lorsqu'elle est permise, des précisions doivent être apportées sur les rapports entre le propriétaire des murs, le locataire des murs-loueur du fonds de commerce, et le locataire-gérant.

Seul le loueur entretient des relations contractuelles avec le propriétaire des locaux en qualité de locataire. Lui seul peut donc invoquer la propriété commerciale, laquelle ne profite donc pas au locataire-gérant. La solution est la même lorsque le loueur du fonds de commerce est également propriétaire des murs, puisque le gérant n'exploite pas un fonds de commerce lui appartenant.

---

[406] Cass. com. 19 oct. 1975, préc.

Section 3- La fin du contrat de location-gérance

385. Les causes de l'extinction du contrat de location-gérance sont pratiquement les mêmes qu'en droit commun (Paragraphe 1). Les conséquences peuvent être cependant particulières (Paragraphe 2).

Paragraphe 1- Les causes de la fin de la location-gérance

386. Les causes de fin de la location-gérance tiennent au terme du contrat (A), à sa résiliation (B) ou aux événements affectant le locataire-gérant (C).

A- Le terme du contrat

387. La location-gérance peut avoir été conclue pour une durée déterminée. Conformément au droit commun, elle prend fin par la survenance du terme et ne peut être résiliée que d'un commun accord des deux parties. Le locataire-gérant qui résilie le contrat avant terme engage sa responsabilité, et le préjudice subi par le propriétaire peut être réparé par le prélèvement sur le dépôt de garantie des loyers restant dus jusqu'à la date normale d'expiration du contrat.

Le locataire-gérant n'est pas dans la situation du preneur d'un bail à usage professionnel. Il n'a donc pas droit au renouvellement du contrat. Des aménagements contractuels peuvent avoir été prévus. Une difficulté peut se poser lorsque, bien que conclu à durée déterminée, le contrat de location-gérance prévoit une prorogation par tacite reconduction. Une telle clause est valable. Elle a pour effet de proroger le contrat pour une durée indéterminée si elle n'assortit pas la reconduction d'un délai.

388. Si la location-gérance a été conclue pour une durée indéterminée, conformément au droit commun de ce type de contrat, elle peut être dénoncée par chacune des parties, à la double condition que le congé ne soit pas équivoque et qu'il respecte un préavis suffisant. Une clause contractuelle peut organiser les modalités de la rupture. À défaut, il appartient aux tribunaux d'apprécier le caractère raisonnable du préavis.

B- La résiliation du contrat

389. Les parties peuvent d'un commun accord mettre fin au contrat de location-gérance. Cette situation obéit au droit commun de l'article 1134 du Code civil. Le plus souvent, la résiliation est consécutive à une inexécution fautive, par une partie, de ses obligations, que ce soit le loueur – manquement à l'obligation de délivrance, par exemple – ou le locataire-gérant, notamment si ce dernier ne paye pas ses redevances, exploite insuffisamment le fonds, compromettant du même coup la conservation de la clientèle, ou provoque, par un comportement illicite, une décision administrative ou judiciaire de fermeture

de l'établissement ... En revanche, la jurisprudence décide qu'un refus de renouvellement du bail des locaux d'exploitation du fonds de commerce ne peut à lui seul constituer, pour le locataire-gérant du fonds exploité dans ces locaux, un motif légitime de dénoncer le contrat de location-gérance[407].

La résiliation peut intervenir en raison de l'impossibilité d'exploitation du fonds de commerce, pour une raison étrangère au fait des parties.

390. Le contrat de location-gérance contient souvent une clause résolutoire par laquelle les parties conviennent à l'avance que l'inexécution d'une de ses obligations aura pour conséquence la résiliation automatique. En pratique, elle sera relative au non-paiement des loyers et des charges. L'effet principal d'une telle clause est en principe d'enlever au juge tout pouvoir d'appréciation.

À défaut de clause résolutoire, la résiliation est judiciaire, en application du droit commun[408] et après une mise en demeure du débiteur. Chacune des parties peut, en cas de manquement contractuel, la demander en justice. Le juge est libre d'accepter ou de refuser la demande, en fonction de la gravité du manquement invoqué. Elle peut être obtenue sans une mise en demeure préalable, ni même la preuve d'un quelconque préjudice. Il suffit que le demandeur prouve le manquement contractuel visé. Ici, contrairement à l'hypothèse précédente de clause résolutoire, l'acteur principal est le juge et non les parties.

C- Les événements affectant le locataire-gérant

391. Le contrat de location-gérance étant *intuitu personae* du côté du gérant, le décès de ce dernier pendant la période où il exploite le fonds a pour effet la fin du contrat. En revanche, la considération de la personne du loueur étant, en principe et sauf clause contraire, indifférente au locataire-gérant, le décès du loueur n'a pas. Le contrat se poursuit avec les héritiers du loueur.

De même, lorsqu' au cours de la gérance, le locataire-gérant est frappé de faillite personnelle ou d'une interdiction d'exercer le commerce, la poursuite du contrat, dont l'objet devient illicite, est impossible. Le contrat de location-gérance conclu avec le failli est nul, de nullité absolue.

---

[407] H-D. MODI KOKO, op. cit., Cass. com. 24 mars 1998, RJDA 1998, n° 981; Cass. com. 24 sept. 2003, *RJDA*, 2004, n° 303.

[408] V. Par exemple, le C. civ. Camerounais notamment l'article 1184 qui précise que la condition résolutoire est toujours sous-entendue dans les contrats synallagmatiques, pour le cas où l'une des deux parties ne satisfera point à son engagement. Dans ce cas, le contrat n'est point résolu de plein droit. La partie envers laquelle l'engagement n'a point été exécuté a le choix ou de forcer l'autre à l'exécution de la convention lorsqu'elle est possible, ou d'en demander la résolution avec dommages et intérêts. La résolution doit être demandée en justice, et il peut être accordé au défendeur un délai selon les circonstances.

Paragraphe 2- Les conséquences de la fin de la location-gérance

392. Outre la publicité, la fin de la location-gérance a des effets entre les parties contractantes (A) et entre les tiers (B).

A- Les conséquences entre les parties contractantes

393. Entre les parties contractantes, il faut une fois de plus préciser les droits et obligations du locataire-gérant (1), puis ceux du loueur (2).

1- Les droits et obligations du locataire-gérant

394. À la fin de la location-gérance, le gérant doit restituer le fonds au propriétaire. En principe, cette restitution doit être volontaire. À défaut, il devient occupant sans droit ni titre et pourrait être expulsé.

En principe, la restitution doit porter sur tous les éléments du fonds mis en location-gérance, qu'ils soient corporels ou incorporels. Ces éléments doivent être restitués dans l'état où ils se trouvaient lors de la conclusion du contrat, ce qui donne une grande importance à l'état descriptif qui est établi à ce moment. À défaut de ce document, ils doivent être en bon état. C'est au loueur qui prétend qu'un élément est manquant d'apporter la preuve que cet élément avait été compris dans la location-gérance[409]. Le locataire-gérant serait responsable des dépréciations de valeur survenues. Un arrêt de la Cour de cassation française a décidé que « le locataire-gérant, tenu à l'expiration du contrat de restituer le fonds en tous ses éléments, doit répondre de la perte de la valeur de celui-ci lorsqu'elle est survenue par sa faute »[410]. Il peut se libérer en apportant la preuve qu'il n'a commis aucune faute. Cette preuve doit être admise, car il est possible que le fonds connaisse une baisse importante de clientèle entièrement étrangère à l'activité du gérant, par exemple à la suite d'un changement de mode ou à l'arrivée d'un concurrent.

395. La situation des marchandises appelle des commentaires spécifiques qui distinguent deux hypothèses. Dans la première, elles ont fait l'objet d'un inventaire qui n'est pas une vente et ont été intégrées au fonds : le locataire-gérant est tenu de reconstituer un stock équivalent lors de son départ. Dans la seconde, les marchandises ont été vendues au gérant, suivant un inventaire annexé au contrat. Dans ce cas, la jurisprudence a évolué. Dans un premier temps, les juges du fond décidaient que, sauf stipulation contraire, le propriétaire était tenu de racheter le stock existant[411]. Cette position est aujourd'hui

---

[409] Cass. com. 11 janv. 1979, préc., à propos d'un matériel ; Cass. com. 15 déc. 1998, *RJDA*, n° 165.
[410] Cass. com. 6 mai 2002, préc. supra, n° 194.
411 T. com. Dijon, 29 nov. 1955, D. 1956. 51, RTD com. 1956. 241; CA Paris, 10 juin 1992,

abandonnée. La Cour de cassation française a décidé qu'en l'absence de clause, « *aucune disposition légale n'impose au propriétaire d'un fonds de commerce donné en location-gérance de racheter le stock à l'expiration du contrat* »[412].

396. La situation des améliorations apportées au fonds ne soulève pas vraiment de difficulté. Elles suivent le sort du fonds de commerce. Plus délicate à apprécier est celle des éléments nouveaux apportés au fonds par le locataire-gérant durant la période d'exploitation.

397. En principe, à défaut de stipulation contraire, le locataire-gérant a le droit, dès la fin de la gérance, de se réinstaller et de faire concurrence au loueur dans un commerce similaire. Il s'agit simplement d'une application de la liberté du commerce. Cependant, la concurrence exercée par le locataire-gérant doit rester loyale. Il doit donc s'abstenir de tout détournement de la clientèle du fonds qu'il a exploité[413].

En pratique, une clause du contrat va imposer au locataire-gérant une obligation de non-rétablissement. D'une part, elle doit remplir les conditions de validité d'une telle clause, notamment une limitation géographique et temporelle, la conformité aux intérêts légitimes du propriétaire du fonds et une restriction pas trop importante à la liberté du locataire-gérant. D'autre part, l'engagement de non-rétablissement du gérant est personnel. Il est inopposable à un parent ou à un conjoint, même commun en biens.

2- Les droits et obligations du loueur

398. À la fin du contrat, le loueur doit restituer, s'il y a lieu, le « cautionnement », c'est-à-dire le dépôt de garantie. Cette restitution n'est due que si le locataire-gérant a intégralement respecté ses propres obligations, notamment celles de payer ses redevances ou de restituer le fonds en bon état. À défaut, le loueur du fonds peut retenir le dépôt de garantie. Il est en droit d'en conserver le montant jusqu'à la liquidation de son droit et même de le compenser avec le montant des dommages-intérêts qui seraient dus. Cette solution serait applicable même dans le cas où le locataire-gérant est mis en redressement ou en liquidation judiciaire en raison de la connexité de ces créances. Il appartient au loueur poursuivi en restitution d'apporter la preuve des éléments qui peuvent l'exonérer de son obligation de restitution. En revanche, si le locataire-gérant a intégralement exécuté ses obligations, le loueur qui se met sciemment dans l'impossibilité de restituer la somme commet un abus de confiance[414]. En

---

RJDA 1992, n° 1123.

[412] Cass. com. 23 mars 1999, Bull. civ. IV, n° 72, Dalloz Affaires 1999. 703, obs. A.-L. M.-D., *Petites affiches*, 27 avr. 1999, p. 7, JCP éd. E 1999, p. 1782, note L. LEVENEUR, RTD com. 1999. 636, obs. J. DERRUPPE.

[413] H-D. MODI KOKO, op. cit.; Cass. com. 15 avr. 1982. 2, panor. 258.

[414] Cass. crim. 20 avr. 1901, DP 1901. 1. 369, rapp. ACCARIAS.

l'absence de clause particulière, le dépôt de garantie n'est pas productif d'intérêts. Cependant, si le loueur tarde sans raison valable à le restituer, des intérêts légaux s'appliquent à compter de la mise en demeure de restituer le cautionnement. Celle-ci peut résulter d'une sommation ou de tout autre acte équivalent.

B- Les conséquences à l'égard des tiers

399. D'après l'article 146 de l'AUDCG, « *l'expiration du contrat de location-gérance à son terme normal ou anticipé rend immédiatement exigibles les dettes contractées par le locataire-gérant du fonds pendant la gérance* ». Il s'agit ici d'une déchéance de terme qui a lieu de plein droit, les créanciers n'ayant pas à en demander le bénéfice au tribunal.

Lorsque la location-gérance est tacitement reconduite et que les obligations des parties ne sont pas redéfinies, les relations des parties n'ont pas pris fin, le contrat étant continué. L'article 146 précité n'est pas applicable. Il ne l'est pas non plus lorsque le locataire-gérant, qui a pris en location un fonds de commerce par un contrat de crédit-bail, lève l'option d'achat.

400. Par ailleurs, le principe de l'effet relatif des conventions s'oppose à ce que les contrats conclus par le locataire-gérant relativement à l'exploitation du fonds et en cours d'exécution ou lors de l'extinction de la location-gérance soient activement ou passivement transmis au propriétaire du fonds. Une clause contractuelle peut valablement prévoir que les contrats essentiels seront repris par le loueur, à condition d'obtenir l'accord des partenaires de l'ancien gérant.

Cependant, s'il survient une modification dans la situation juridique de l'entreprise, tous les contrats de travail subsistent entre le nouvel employeur et le personnel de l'entreprise. En application de cette solution, les contrats de travail conclus par le gérant et en cours d'exécution à la fin de la gérance sont transmis au loueur qui réinvestit le fonds. Le nouvel employeur est en outre tenu, à l'égard des salariés dont les contrats de travail subsistent, des obligations qui incombaient à l'ancien employeur à la date de la modification dans la situation juridique de l'employeur.

401. Deux conditions sont nécessaires à l'application de cette solution. D'une part, il faut que la même entreprise continue à fonctionner et que le fonds opère un retour dans le patrimoine du loueur. À défaut, le loueur n'est pas tenu de poursuivre les contrats de travail en cours au moment de la cessation du contrat de location-gérance. D'autre part, le fonds ne doit pas avoir disparu.

CHAPITRE 2

LE CONTRAT DE BAIL À USAGE PROFESSIONNEL

402. L'une des innovations les plus marquantes de l'AUDCG concerne le bail commercial. La réforme de 2010 est symbolique d'une réelle évolution, puisqu'elle remplace le bail commercial (très réducteur) par le bail à usage professionnel, plus protecteur des intérêts de tous les intervenants de la vie économique. Le Livre VI et le titre I réglementent le bail à usage professionnel. Il est défini à l'article 103 de l'acte uniforme qui dispose : « *est réputé bail à usage professionnel, toute convention, écrite ou non, entre une personne investie par la loi ou une convention du droit de donner en location tout ou partie d'un immeuble compris dans le champ d'application du présent Titre, et une autre personne physique ou morale, permettant à celle-ci, le preneur, d'exercer dans les lieux avec l'accord de celle-là, le bailleur, une activité commerciale, industrielle, artisanale ou tout autre activité professionnelle* ».

403. La conséquence en est l'élargissement du régime de protection « *des baux commerciaux* » à des professionnels non commerçants, tels que les artisans, mais aussi à toute activité professionnelle. L'enjeu se situe en amont, dans la mesure où le législateur a étendu l'assiette des acteurs de l'entreprise en appréhendant des entrepreneurs du secteur informel qui ne sont pas des acteurs économiques de moindre importance. L'orientation majeure en aval réside ainsi dans le souci de réorganiser avec plus de souplesse, de sécurité et de simplicité le bail[415].

L'acte uniforme définit aux articles 103 et suivants les conditions dans lesquelles ce contrat peut être conclu (Section 1), les modalités d'exécution (Section 2) et de son extinction (Section 3).

Section 1- La conclusion du bail commercial

403. Bien que le bail commercial soit régi par des dispositions particulières du code de commerce qui lui confèrent un véritable statut, il reste un contrat spécial dont la conclusion n'est soumise à aucune règle spécifique. Comme pour la formation de tout contrat, ce sont les règles de droit commun qui s'appliquent. Et, si en principe l'entrée en vigueur du bail coïncide avec sa date

[415] A.P. SANTOS, « Le bail à usage professionnel », Colloque de Libreville sur « Les pratiques contractuelles d'affaires et les processus d'harmonisation dans les espaces régionaux » du 26 au 28 octobre 2011, p. 64-67.

de conclusion, rien n'empêche les parties de l'anticiper ou la différer. Cela aura alors une incidence sur la durée du bail. La conclusion du bail commercial, comme celle de tout acte juridique, suppose d'identifier les parties au contrat, avant de s'intéresser à leur consentement.

Paragraphe 1- Les parties au contrat de bail à usage professionnel

405. Les partenaires à un bail commercial sont le bailleur (A) et le preneur (B), aussi dénommé locataire.

A- Le bailleur

406. Le bailleur peut être tout propriétaire d'immeuble. Il peut valablement consentir un bail commercial dès lors qu'il a le pouvoir et la capacité de conclure un tel acte. Bien qu'en principe la conclusion d'un bail soit un acte d'administration, dans la mesure où le statut des baux commerciaux confère au preneur la possibilité d'un droit au renouvellement, le législateur est intervenu pour protéger certaines personnes et limiter la faculté de conclure un tel bail. Ces règles spéciales, protectrices, qui concernent les époux, l'usufruitier, les incapables, les coindivisaires et les sociétés commerciales méritent attention.

S'agissant des époux, le droit de conclure un bail commercial dépend du régime matrimonial des époux ainsi que de l'origine du droit de propriété. Ainsi, lorsque le bien est un propre, seul son propriétaire a le pouvoir de conclure le bail commercial. En revanche, lorsque le bien appartient aux deux époux, aux termes de l'article 1425 du Code civil, ils ne peuvent, l'un sans l'autre, donner à bail un immeuble à usage commercial, industriel ou artisanal dépendant de la communauté. Si l'un des époux contrevient à cette disposition, l'autre conjoint peut engager une action en nullité pendant une période de deux ans à compter du jour où il a eu connaissance de l'acte, mais jamais après la dissolution de la communauté. Il est donc indispensable pour les preneurs de se renseigner sur le régime matrimonial de leur bailleur s'ils ne veulent pas risquer une annulation.

Pour ce qui est de l'usufruitier, il ne peut, sans le concours du nu-propriétaire, donner à bail un immeuble à usage commercial, industriel ou artisanal. À défaut d'accord du nu-propriétaire, l'usufruitier peut être autorisé par justice à passer seul cet acte[416]. Ainsi, si le principe est qu'un usufruitier

[416] J.A. BATOUAN BOUYOM, « Observations sous 1re espèce, CCJA, avis, n° 001/2003/EP, 4 juin 2003 et 2e espèce, CCJA, arrêt, n° 011/2004 du 26 fevr. 2004, affaire Rafi u Oyeweri c/ Tony Anthony », Les Grandes Décisions de la Cour commune de justice et d'arbitrage de

ne peut, seul, donner à bail un immeuble à usage commercial, l'article 595, alinéa 4, du Code civil camerounais aménage une exception « *à défaut d'accord du nu-propriétaire* » en permettant à l'usufruitier « *d'être autorisé par justice à passer seul cet acte* ». Toutefois, cette possibilité doit être combinée avec l'article 578 du même code, qui précise que le droit d'usage de l'usufruitier doit s'exercer dans la nécessaire limite de conservation de la substance de la chose.

L'accord du nu-propriétaire est nécessaire même pour un bail commercial d'une durée de vingt-trois mois[417]. En revanche, tel n'est pas le cas en présence d'une simple convention d'occupation précaire[418]. Tout comme le cas des époux communs en bien, la sanction du défaut de concours est la nullité relative du bail, bien qu'elle ne protège pas les intérêts d'une partie à l'acte, mais ceux d'un tiers. Seul le nu-propriétaire peut l'invoquer[419].

407. Il est toutefois une façon de sauver le bail de la nullité : la théorie de l'apparence. Mais encore faut-il que le locataire ait traité de bonne foi, sous l'empire de l'erreur commune. Celle-ci ne saurait être retenue dès lors que les preneurs savaient que la signataire du bail n'était pas seule propriétaire. Par ailleurs, le fait qu'aux yeux du locataire l'usufruitier se soit comporté comme le seul et l'unique propriétaire, touchant lui-même les loyers pendant des années, ne caractérise pas la qualité de propriétaire apparent de l'usufruitier, et ne prive pas le nu-propriétaire du droit de contester la validité du bail passé sans son concours.

408. Les conséquences de l'annulation du contrat de bail commercial se règlent entre les parties au contrat. Si, à la suite de l'annulation du bail, l'ex-preneur se maintient indûment dans les lieux, il devra une indemnité d'occupation à l'usufruitier pour la période d'occupation comprise entre la date de l'arrêt ayant annulé le bail et celle de l'extinction de l'usufruit. Le destinataire de cette indemnité est logiquement l'usufruitier, puisqu'elle est destinée à réparer le préjudice subi par celui qui est privé de la jouissance de son bien.

409. Quant au bail consenti au nom d'un incapable, les articles 456 et 495 du Code civil règlent le sort du bail commercial consenti par un tuteur en cas de bailleur incapable mineur ou majeur. Il apparaît que le bail consenti dans

---

l'OHADA, L'Harmattan,2010, p. 104 et s ; C. civ., art. 595, al. 4 camerounais.

417 J. GATSI, *Pratique des baux commerciaux dans l'espace OHADA*, Presses universitaires libres, coll. « Droit des affaires », Douala, 2e éd., 2008, 208 pages ; Civ. 3e, 5 avr. 1995, Bull. civ. III, n° 99.

418 Civ. 3e, 4 juill. 1978, Bull. civ. III, n° 276; A-P. SANTOS, *Ibid.*

419 Civ. 3e, 14 nov. 2007, AJDI 2008. 287, obs. M.-P. DUMONT-LEFRAND, où la Cour retient que l'action en annulation d'un bail commercial, consenti par l'usufruitier seul, est une action personnelle bénéficiant au seul nu-propriétaire, qui ne peut être transmise à l'acquéreur des locaux acquis après la reconstitution de la pleine propriété en la personne du nu-propriétaire.

de telles conditions est maintenu pendant la durée prévue lors de sa conclusion, c'est-à-dire au minimum pour neuf années. Il ne cesse pas de plein droit dès que l'incapacité prend fin.

Le cas de l'indivisaire est réglé conformément au droit commun de l'indivision. À cet effet, les actes d'administration et de disposition relatifs aux biens indivis requièrent le consentement de tous les indivisaires. Toutefois, les indivisaires peuvent donner à un ou à plusieurs d'entre eux un mandat spécial pour la conclusion ou le renouvellement d'un bail commercial. Dans la mesure où un mandat spécial est nécessaire, le bail consenti par un coindivisaire seul est inopposable aux autres, nonobstant la théorie du mandat apparent.

410. Enfin, pour le cas des sociétés commerciales, il arrive que des sociétés propriétaires de locaux concluent des baux commerciaux. Or, des restrictions de pouvoirs des dirigeants légaux sont parfois insérées dans les statuts. Il appartient donc au preneur de vérifier les pouvoirs des signataires d'un bail commercial, voire l'objet social, en sollicitant la production des statuts lors de la conclusion de l'acte, et *a fortiori* lorsqu'il s'agira d'une association ou d'autres personnes non assujetties aux dispositions du code de commerce relatives au registre du commerce et des sociétés[420].

B- Le preneur

411. Outre les règles générales relatives à la capacité juridique pour s'engager à titre personnel ou au nom de la personne morale, pour que le bail soit un bail commercial soumis au statut, il faut que le preneur soit un commerçant ou un artisan. Par ailleurs, il doit être propriétaire du fonds de commerce ou artisanal réellement exploité dans les lieux. Il apparaît donc que les qualités requises du preneur sont au nombre de deux : il doit être commerçant (ou artisan) (1) et exploiter un fonds de commerce dont il est propriétaire (2).

1- La qualité de professionnel

412. Par le passé, le locataire devait avoir la qualité de commerçant, corroborée par une inscription au registre du commerce et du crédit mobilier. Mais le statut des baux commerciaux a été étendu aux personnes qui n'ont pas la qualité de commerçant ; il s'applique dorénavant à tout bail conclu non plus seulement par les artisans, mais par tout professionnel, quel qu'il soit : sont donc concernés, par exemple les locaux utilisés pour l'exercice d'une profession libérale. On peut constater qu'il existe dorénavant un bail

---

420 P-G. POUGOUÉ et A. FOKO, *Le Statut du commerçant dans l'espace OHADA*, PUA, coll. « Vademecum », 2006, p. 263. A.P. SANTOS, « Commentaire de l'AUDCG », *OHADA, Traité et Actes uniformes commentés et annotés,* Juriscope, 2008, 3e éd.

commercial des non-commerçants[421]. La même extension se retrouve dans la définition nouvelle du bail à usage professionnel. En effet, l'article 103 de l'Acte uniforme dispose en ce sens qu'« *est réputée bail à usage professionnel, toute convention, écrite ou non, entre une personne investie par la loi ou une convention du droit de donner en location tout ou partie d'un immeuble compris dans le champ d'application du présent Titre, et une autre personne physique ou morale, permettant à celle-ci, le preneur, d'exercer dans les lieux avec l'accord de celle-là, le bailleur, une activité commerciale, industrielle, artisanale ou tout autre activité professionnelle* ».

413. Cela dit, cette qualité doit être réelle en ce sens qu'il ne suffit pas que le locataire ait donné à son entreprise la forme d'une personne morale commerçante par la forme. Il faut que son objet et son activité soient commerciaux.

2- La qualité d'exploitant d'un fonds de commerce

414. L'application des dispositions statutaires, en vertu de l'article 101 de l'Acte uniforme, suppose que les lieux loués sont affectés à l'exploitation d'un fonds de commerce ou d'une entreprise artisanale appartenant au locataire. C'est donc la commune intention des parties qui révélera la nature de l'affectation arrêtée. Quant à l'exigence d'une exploitation effective, il s'agit d'une condition nécessaire pour invoquer le droit au renouvellement du bail proprement dit.

415. Par ailleurs, il faut qu'un véritable fonds existe et qu'il soit la propriété du commerçant, de l'industriel ou de l'artisan. Bien que les textes ne donnent pas la définition du fonds de commerce, l'existence et la propriété du fonds sont des conditions nécessaires à l'application du statut des baux commerciaux. Cela étant, l'existence d'un fonds n'est pas exigée lors de la formation du contrat. Le droit des baux commerciaux profite indistinctement aux commerçants propriétaires d'un fonds qui se réinstallent dans les lieux loués, aux cessionnaires du fonds existant dans les locaux ou aux commerçants qui, débutant une activité nouvelle, créent un fonds dans l'immeuble.

416. Enfin, l'Acte uniforme vise également à l'article 102 les contrats de bail conclus par les personnes morales de droit public à caractère industriel ou commercial, et par les sociétés à capitaux publics, qu'elles agissent en qualité de bailleur ou de preneur (car, malgré leur qualité, elles exploitent une clientèle).

---

421 Cf. B. SAINTOURENS, « Le bail commercial des non-commerçants », *Mélanges DERRUPPE*, p. 93 s.

Paragraphe 2- Le consentement des parties au contrat de bail commercial

417. La formation du contrat de bail commercial suppose bien évidemment un accord de volonté entre le bailleur et le preneur révélateur d'un échange des consentements exempt de vices. Aussi faut-il veiller au respect de conditions de fond (A) et, parfois, de forme (B).

A- Les conditions de fond

418. Outre les conditions de capacité et de pouvoir des partenaires contractuels dont la teneur est influencée par le droit du preneur au renouvellement, la conclusion d'un bail à usage professionnel suppose un accord des parties sur les éléments essentiels du contrat. Les parties doivent ainsi s'entendre sur la nature du contrat, sur la désignation des locaux, sur les activités autorisées[422].

Si le consentement des parties est nécessaire à la formation du contrat, encore faut-il que ce consentement soit intègre. La conclusion du bail commercial obéit, comme tout contrat, à la théorie des vices du consentement. Il est donc capital que le consentement des parties ne soit pas obtenu par erreur, par dol ou sous la contrainte. Conformément au droit commun, la sanction d'un vice du consentement est la nullité du contrat qui ne peut être sollicitée, dans un délai de cinq ans, que par celui dont le consentement a été vicié.

B- Les conditions de forme

419. Le bail commercial n'est soumis à aucune condition de forme particulière[423]. La forme écrite n'est, en principe, pas exigée. Le choix de la forme aura cependant une influence non négligeable sur la preuve du contrat, que ce soit dans son existence ou son contenu, ainsi que sur son opposabilité.

En cas de bail notarié, les difficultés seront facilement aplanies. En effet, outre que le bail notarié a force probante jusqu'à inscription de faux permettant de prouver et l'existence et le contenu du contrat de bail, il assure une opposabilité absolue du contrat à l'égard des tiers, et notamment à l'égard de l'acquéreur de l'immeuble loué.

---

[422] A. P. SANTOS, « Commentaire de l'AUDCG », OHADA, Traité et Actes uniformes commentés et annotés, op. cit.,

[423] Cette règle libérale était déjà consacrée par la loi du 30 juin 1926. Cf. CS, Arrêt n° 92/CC du 21 mars 2002 (Affaire Mal Haman Oumarou c/ Hôtel Relais de la Porte-Mayo), Juiridis Périodique n° 52, 2002, p. 29 : à propos des conditions de renouvellement d'un tel bail.

En cas de bail sous seing privé, par définition rédigé en autant d'exemplaires que de parties au contrat, la preuve du contrat de bail est soumise à l'article 1341 du Code civil camerounais. Seul un écrit pourra être utilisé contre le bail sous seing privé, à moins que les parties au contrat soient toutes deux commerçantes. Auquel cas, la preuve sera libre.

En cas de bail verbal, il y aura assurément des difficultés à prouver non seulement l'existence, mais aussi le contenu du contrat. S'agissant de son existence, il faudra notamment que le bail ait reçu un commencement d'exécution pour qu'il puisse être prouvé par tous moyens. En revanche, son contenu peut être prouvé par tous moyens en tout état de cause. Enfin, la forme verbale du bail le rend difficilement opposable aux tiers, en l'absence de date certaine.

Paragraphe 3- La durée du bail commercial

420. Le contrat de bail est un contrat qui, par essence, s'inscrit dans la durée. Mais les dispositions sur le bail commercial réglementent précisément cette dimension temporelle. La durée du contrat de bail commercial est principalement régie par les articles 104 et suivants de l'Acte uniforme, lesquels précisent que le contrat peut être à durée déterminée ou indéterminée. Le législateur OHADA adopte ici une position différente de son homologue français qui fixe une durée minimale du bail commercial. En effet, l'article L. 145-4 du code de commerce français dispose, dans son alinéa 1er : « *la durée du contrat de location ne peut être inférieure à neuf ans* ». Ainsi, en vue d'assurer une plus grande sécurité aux locataires, la loi n° 65-356 du 12 mai 1965 a fixé une durée minimale de neuf ans pour les baux commerciaux. L'article L. 145-15 du code de commerce français précise, par ailleurs, que ce texte est d'ordre public, réputant « *nuls et de nul effet, quelle qu'en soit la forme, les clauses, stipulations et arrangements qui ont pour effet de faire échec aux dispositions de l'article L. 145-4* ».

421. De même, le législateur OHADA ne semble pas véritablement s'être intéressé à la question de la faculté de résiliation du bail à usage professionnel. Il ne l'envisage que pour rappeler que « *le preneur et le bailleur sont tenus chacun en ce qui le concerne au respect de chacune des clauses et conditions du bail...* »[424]. Et même dans ce cas, la résolution est judiciaire, puisque les articles 133 et suivant parlent d'une « demande en justice aux fins de résiliation ».

---

[424] Art. 133 al.1. Voir Tribunal régional hors classe de Gagnoa, jugement, n° 01 du 18/06/2001, affaire F. Y. c/ La COOPEC de Guiberoua, Juris Ohada, n° 1/2005, janv.-mars 2005, p. 48, Ohadata J-05-19.

En droit français, la solution est tout autre. Toujours aux termes de l'article L. 145-4 du code de commerce, le preneur et le bailleur ont tous deux la faculté de solliciter la résiliation du contrat de manière anticipée, la jurisprudence prenant soin de rappeler l'autonomie de chacune des parties dans le processus de déclenchement de fin du bail[425]. L'article L. 145-4, alinéa 2, dispose : « *toutefois, à défaut de convention contraire, le preneur a la faculté de donner congé à l'expiration d'une période triennale, dans les formes et délais de l'article L. 145-9* ». Ce texte pose le principe de la résiliation triennale[426] et en règle les modalités en procédant par renvoi[427]. De même, aux termes de l'article L. 145-4, alinéa 2, du code de commerce, le bailleur a la même faculté de résiliation anticipée que le preneur « *s'il entend invoquer les dispositions des articles L. 145-18, L. 145-21 et L. 145-24 afin de construire, de reconstruire, de surélever l'immeuble existant ou d'exécuter des travaux prescrits ou autorisés dans le cadre d'une opération de restauration immobilière* ». Le bailleur dispose donc d'un droit de reprise des locaux, traditionnellement qualifié de « *droit conditionnel de résiliation* » parce qu'il est enserré dans certaines conditions qu'il convient d'observer.

Paragraphe 4 - Le prix du bail commercial

422. En tant qu'élément caractéristique du bail, la fixation du loyer, contrepartie indispensable à la mise à disposition des locaux, doit être établie dès la conclusion du contrat de bail. On parle à son propos de loyer du bail initial. Cependant, au cours du bail, l'évolution de la conjoncture économique

---

425 CA Paris, 10 oct. 2001, Administrer févr. 2002, p. 24, obs. B. BOCCARA et D. LIPMAN-BOCCARA.

426 *Sur le principe de la résiliation triennale,* il apparaît que la durée minimale du bail n'est pas vraiment impérative pour le preneur, puisque ce dernier peut solliciter la résiliation du contrat tous les trois ans, sans avoir à motiver sa décision (Civ. 3e, 16 nov. 1994, AJPI 1995. 407, obs. J. DERRUPPÉ). La raison peut donc en être variée. Il s'agit généralement, pour le preneur qui ne peut pas vendre son fonds, d'avoir la possibilité de changer de locaux en vue de payer un loyer moindre. Toutefois, depuis la loi n° 85-1408 du 30 décembre 1985 (JO 31 déc.), cette possibilité de résiliation unilatérale n'est plus d'ordre public, puisque le texte dispose : « À défaut de convention contraire [...] ». Ainsi, la jurisprudence admet que le contrat de bail puisse, par une clause, priver le locataire de sa faculté de résiliation triennale. Un arrêt a même admis que la faculté de résiliation du preneur pouvait être subordonnée au versement d'une indemnité de résiliation au bailleur (Civ. 3e, 21 juin 1995, Bull. civ. III, n° 149 ; A-P. SANTOS, « Commentaire de l'AUDCG », *OHADA, Traité et Actes uniformes commentés et annotés,* op. cit.,

427 Sur les modalités de la résiliation triennale, si le preneur opte pour la résiliation, il délivrera un congé à son partenaire. En effet, ce congé est l'acte indispensable pour entraîner la fin du bail sans pour autant nécessairement entraîner la fin de la jouissance du locataire. La Cour de cassation a toutefois jugé qu'une promesse de renouvellement du bail à l'issue du premier bail pour une nouvelle période de neuf années avec fixation du prix est licite et que le bailleur n'a pas à donner congé (Civ. 3e, 27 oct. 2004, Bull. civ. III, n° 179).

peut générer un décalage entre le prix du bail et la mise à disposition des lieux. Aussi l'AUDCG organise-t-il une possibilité de révision du loyer en cours de contrat : la révision légale du loyer. La fixation du prix du bail initial (A) ainsi que sa révision (B) méritent en conséquence d'être observées.

A- La fixation du prix du bail

423. La fixation du prix du bail initial est gouvernée par le principe de la liberté contractuelle[428]. Les parties peuvent en effet, à leur gré, arrêter une clause de loyer fixe, ou prévoir une révision conventionnelle du loyer en insérant des clauses de loyer variable à travers soit une clause d'indexation, soit une clause recettes.

Le contrat de bail étant un contrat à titre onéreux, l'existence d'un loyer doit être stipulée, celui-ci fut-il modique. Par ailleurs, les parties doivent également déterminer le montant du loyer. Elles le font tout à fait librement. Plusieurs types de loyers forfaitaires existent. La plupart du temps, le montant du loyer correspond à la simple rencontre de l'offre et de la demande, ce qui représente un loyer juste. Il arrive cependant que les parties établissent un loyer à paliers, c'est-à-dire un loyer qui sera atteint par paliers en plusieurs années[429].

424. Si la fixation du prix du loyer relève de la liberté contractuelle[430], il est clair que bailleur et locataire n'ont pas le même intérêt. Bien que l'AUDCG encadre la révision et le renouvellement du loyer, le bailleur souhaite généralement « *faire payer* » l'immobilisation de son bien ainsi que le droit à la propriété commerciale du locataire, tandis que ce dernier espère généralement négocier un loyer le moins douloureux possible. Aussi, les parties ont parfois recours à la pratique du « *pas-de-porte* », parfois également nommée « *droit d'entrée* ». Le pas-de-porte est une somme librement déterminée par les parties. Il reste définitivement acquis au bailleur et dont il peut exiger le versement – en une ou plusieurs fois – lors de la conclusion du contrat. Si cette pratique est licite, sa nature juridique a fait débat. Tantôt elle

---

[428] Art. 116 al. AUDCG; CA Dakar, arrêt, n° 144 du 3 oct. 2002, Ohadata com. Ohadata J-05-59.

[429] Voir Tribunal de première instance de Gagnoa, jugement, n° 61 du 18 Juin 2001, affaire F. Y. c/ La COOPEC de Guiberoua, op. cit.,
CÀ Abidjan, arrêt n° 350 du 25 mars 2003, Juriscope, org. Ohadata. Com/Ohadata J-03-275; Tribunal de première instance de Gagnoa, jugement, n° 61 du 18 juin 2001, affaire F. Y. c/ La COO-PEC de Guiberoua, Juris Ohada, n° 1/2005,janv.-mars 2005, p. 48, Ohadata J-05-19; Tribunal de première instance de Cotonou,jugement, n° 018/2e C-COM, RG n° 021/2000, Mme Adjanohoun Odette c/ Héritiers Assouramanou Mathias, Ohadata J-04-401 ; Tribunal de première instance de Banganté, jugement, n° 10/civ. du 17 avril 2003, affaire Tchoumba Dieudonné c/ Société générale Distribution (GDB), Ohadata J-05-166 ; Tribunal de première instance de Cotonou, jugement, n° 018/2e C.-Com., RG n° 021/2000, Mme Adjanohoun Odette c/ Héritiers Assouramanou Mathias, Ohadata J-04-288 ; Tribunal régional hors classe de Dakar, jugement du 02/07/2002, affaire Moussa Ndiaye et Seynabou c/ GIE Promo cine, Ohadata J-03-49.

est considérée comme un supplément de loyer payé d'avance, destiné à pallier la perte de loyer inhérente à l'évolution du bail ou à compenser un loyer au départ bas ; tantôt elle est analysée en une indemnité forfaitaire venant réparer le préjudice subi par le bailleur en contrepartie du droit à la propriété commerciale du preneur, qu'il s'agisse du droit au renouvellement ou à une indemnité d'éviction. Le pas-de-porte trouverait sa légitimité dans la diminution de valeur de l'immeuble, conséquence de la conclusion du bail et des prérogatives exorbitantes que le statut confère au locataire. Entre les deux thèses, la jurisprudence n'a pas choisi[431] et l'on invite les juges du fond à rechercher dans chaque cas quelle a été la commune intention des parties. Pourtant, la qualification juridique du pas-de-porte n'est pas négligeable, puisqu'elle entraîne des conséquences différentes à la fois sur le plan juridique et fiscal.

B- La révision du prix du bail

425. L'AUDCG organise une possibilité de révision conventionnelle ou, à défaut, judiciaire du loyer qui peut être demandé soit par le bailleur, soit par le preneur[432]. Qu'il s'agisse de la révision conventionnelle ou judiciaire d'un loyer forfaitaire ou d'un loyer avec clause d'indexation, le but de ce mécanisme est de faire correspondre le prix du bail, en l'occurrence le montant du loyer, à la valeur locative.

L'époque où le loyer n'évoluait pas pendant toute la durée du bail n'est plus. Le bailleur a le souci de faire évoluer son loyer afin de pallier les éventuelles variations de valeur de la monnaie tandis que le locataire entend que le loyer puisse être ramené à la valeur locative en cas de baisse de celle-ci. Ainsi, l'hypothèse est envisageable lorsque le loyer est fixé de façon forfaitaire. De même, on peut envisager celle où le bail est assorti d'une clause d'échelle mobile, et aménage une révision spéciale des loyers indexés.

---

[431] Voir Tribunal de grande instance de la Menoua à Dschang, jugement civil, n° 02 du 10 oct. 2005, affaire Kendem Maurice c/ Amicale la Renaissance représentée par Dongmo Étienne, Ohadata J-07-43 ; Cour d'appel de Ouagadougou, arrêt, n° 84 du 16 juill. 2004, affaire Burkina & Shell c/ Ouédraogo Sibiri Philippe, Ohadata J-05-228; Cour d'appel d'Abidjan, arrêt, n°236 du 10 févr.2004, affaire SociØtØ de coordination et d'ordonnancement Afrique de l'Ouest dite SCO c/ Caisse autonome d'amortissement dite CAA, Ohadata J-04-495). La juridiction compétente se doit désormais de le faire « à bref délai » (Voir nouvel article 117 AUDCG ; CA d'Abidjan, arrêt, n° 1009 du 14/11/2000, affaire Société Transport Saint-Christophe c/ SERIFA, Le Juris-Ohada, n° 3/2003, juill.-sept. 2003, p. 60, Ohadata J 04-116 ; Civ. 3e, 14 nov. 1962, 5 arrêts, JCP 1963. II. 12999 ; Tribunal régional hors classe de Dakar, jugement, n° 153 du 22 janvier 2002, affaire Kamil Akdar c/ Mohamed Fettouny, Ohadata J-05-58 ; Tribunal régional hors classe de Dakar, jugement, n° 1592 du 28 aoßt 2001, affaire Abdarakhmane Niakaté, représentant Agence Marega c/ Abdel Magib Laklalech, Ohadata J-05-57.

[432] Art. 116 et s. AUDCG.

Section 2- L'exécution du bail commercial

426. L'exécution du contrat de bail suppose d'observer et de préciser les obligations respectives des parties (Paragraphe 1) au contrat ainsi que la circulation du bail commercial (Paragraphe 2).

Paragraphe 1- Les obligations des parties au bail commercial

427. Conformément au droit commun des contrats, l'exécution du contrat de bail commercial engendre des obligations tant à la charge du bailleur (A) que du preneur (B) qui caractérisent la relation contractuelle.

A- Les obligations du bailleur

428. Le bailleur est généralement tenu d'une obligation de délivrance (1) qui se prolonge par une obligation d'entretien (2) et une obligation de garantie (3). Ces obligations, qui relèvent du droit commun, sont reprises par les articles 105 à 111 du AUDCG.

1- L'obligation de délivrance

429. Cette obligation consiste, pour le bailleur, à délivrer la chose louée au preneur, c'est-à-dire à mettre à sa disposition le local convenu[433]. Toutefois, comme l'écrit fort justement un auteur[434], cette obligation prend une coloration particulière en matière de bail commercial ou bail à usage professionnel parce qu'elle ne concerne pas que le bien loué lui-même. Elle s'apprécie au regard de son aptitude à recevoir la destination choisie par les parties. Or, cette appréciation de l'aptitude de la chose à être délivrée est à la fois matérielle, juridique et immatérielle.

430. Matériellement, l'obligation de délivrance est d'abord l'obligation de « *de délivrer les locaux en bon état* »[435]. Cette obligation essentielle, dont le bailleur ne peut se dispenser, est avant tout matérielle et passe tout naturellement par la remise des clés au preneur qui doit avoir lieu à la date d'effet du bail. Si cette obligation concerne en premier lieu le local loué, elle conduit parfois aussi à délivrer des éléments accessoires indispensables à

---

[433] CS de Côte d'Ivoire, Chambre judiciaire, formation civile, arrêt, n° 447 du 8 juillet 2004, Kouamé Aduo Luc c/ El Barie Mohamed, Actualités juridiques, n° 49, 2005, p. 223, Ohadata J-05-354.

[434] J.-P. BLATTER, La délivrance de la chose louée et la responsabilité du bailleur, Loyers et copr. hors série, nov. 2000, p. 4.

[435] Art. 105 al. 1.

l'utilisation normale du local, comme une cave ou un parking, même en l'absence de clause.

Cela signifie également que le bailleur doit mettre le local en l'état (en effectuant aussi bien de grosses réparations que des réparations d'entretien) pour que le preneur puisse effectivement exercer l'activité prévue au contrat de bail. Toutefois cette obligation de mise en état des locaux ne pèse pas sur le bailleur lorsqu'elle a été expressément exclue.

Juridiquement, cette obligation signifie que le bailleur doit permettre au locataire d'exploiter les lieux conformément à la destination envisagée en faisant son affaire des tiers. À cet effet, l'obligation de délivrance suppose que le bailleur respecte les règles administratives en vigueur, d'une part, et celles exigées pour le fonctionnement de l'établissement, d'autre part. À défaut d'exécution de cette obligation de délivrance, le locataire pourra opter soit pour l'exécution forcée (mais encore faut-il, pour qu'il soit autorisé en justice à se faire mettre en possession des lieux, qu'il n'y ait pas d'impossibilité matérielle ou légale), soit pour la résiliation du contrat, laquelle s'accompagne généralement d'une indemnisation du preneur par le bailleur, soit pour l'exception d'inexécution.

2- L'obligation d'entretien

431. En effet, en l'absence de clause, l'obligation d'entretien à la charge du bailleur n'est qu'une application des règles du Code civil. Le bailleur doit entretenir le bien loué en l'état de servir à l'usage pour lequel il a été loué et faire, pendant la durée du bail, toutes les réparations qui peuvent devenir nécessaires, autres que locatives[436]. Cette obligation d'entretien de la chose louée doit s'entendre non seulement de l'entretien qu'il doit assurer personnellement, mais de celui qu'il a pu mettre contractuellement à la charge d'autres personnes. Dès lors, le bailleur doit répondre des manquements de ceux-ci, et par exemple, des manquements aux règles élémentaires de sécurité d'une entreprise de désinsectisation à laquelle il a fait appel[437]. *A priori,* cette obligation d'entretien ne devrait porter que sur le local, assiette du bail.

---

[436] Art. 106 AUDCG. Tribunal régional hors classe de Dakar, jugement, n° 03/12/2002, affaire Abdoulaye Sow c/ Sileye Gussé, Ohadata J-03-203 ; CS de Côte d'Ivoire, Chambre judiciaire, formation civile, arrŒt, n° 447 du 8 juillet 2004, Kouamé Aduo Luc c/ El Barie Mohamed, Actualités juridiques, n° 49, 2005, p. 223, Ohadata J-05-354.
[437] CA Paris, 8 févr. 2007, JCP 2007. IV. 1502.

3- L'obligation de garantie

432. L'obligation de garantie à la charge du bailleur concerne tant les troubles relatifs à la jouissance du bien loué que ceux relatifs à l'activité exercée dans les lieux loués[438].

Les troubles de jouissance de la chose louée sont notamment garantis par la double obligation de garantie du bailleur : celle des vices cachés, et la garantie d'éviction. En effet, outre les troubles mettant en jeu l'obligation de délivrance et d'entretien du bailleur, la jouissance paisible du bien est aussi assurée par l'obligation de garantie des vices cachés pesant sur ce dernier. Le bailleur doit garantir le preneur contre tous les vices ou défauts de la chose louée qui en empêchent l'usage, même si le bailleur ne les a pas connus lors du bail. Bien entendu, le bailleur n'est pas responsable des vices apparents, c'est-à-dire ceux qui ont été connus ou ont pu être connus du locataire, sauf en cas d'aggravation de ceux-ci de façon dangereuse[439].

433. De même, conformément au droit commun, la garantie d'éviction du bailleur couvre à la fois la garantie du fait d'un tiers et la garantie de son fait personnel. S'agissant de la garantie d'éviction du fait d'un tiers, le bailleur ne garantit que les troubles de droit émanant des tiers, à l'exclusion des troubles de fait. Le bailleur est également tenu de la garantie d'éviction de son fait personnel, laquelle tient généralement en une interdiction de modifier la chose louée, que ce soit en principal ou en accessoire. La jurisprudence admet toutefois que le bailleur apporte aux lieux loués certaines modifications pour les adapter aux normes de confort ou pour les améliorer[440]. S'il passe outre cette interdiction, le bailleur est tenu de remettre les choses en l'état, le locataire pouvant également solliciter une diminution de loyer.

434. Enfin, les troubles dans l'exercice de l'activité du preneur peuvent être garantis par une clause de non-concurrence ou d'exclusivité à la charge du bailleur. La garantie des troubles dans l'exercice de l'activité du preneur suppose de répondre à la question suivante : le bailleur ou un autre colocataire peut-il exercer, dans l'immeuble où sont situés les locaux du preneur, une activité similaire à la sienne ? S'il le fait, prend-il des risques, et lesquels ? La réponse à cette interrogation varie en l'absence et en présence de clauses. En l'absence de clause d'exclusivité ou de non-concurrence, le principe demeure celui de la liberté d'exploitation. Par conséquent, sous réserve de ne pas commettre d'actes de concurrence

[438] Art. 109 et s. AUDCG.
[439] CA de Dakar, arrêt, n° 365 du 18/07/2002, affaire dame Nague Dio-khane, épouse Thiam c/ Ali Khalil, Ohadata J-02-197.
[440] Soc. 3 févr. 1960, Bull. civ. IV, n° 123; A. P. SANTOS, « Commentaire de l'AUDCG », *OHADA, Traité et Actes uniformes commentés et annotés,* op. cit.,

déloyale, le bailleur, tout comme les colocataires de l'immeuble concerné, peuvent exercer la même activité que le preneur.

435. En présence de telles clauses, la situation est différente. Il faut distinguer selon que les clauses contraignent seulement le bailleur ou aussi l'un des colocataires. Sous réserve qu'elles soient limitées dans l'espace ou dans le temps, et qu'elles n'entravent pas les règles d'ordre public relatives à la déspécialisation, la validité des clauses de non-concurrence ne fait pas problème. Toutefois, comme toutes clauses limitatives de liberté, elles sont interprétées restrictivement et ne peuvent concerner des activités simplement annexes ou accessoires par rapport à l'activité principale[441].

B- Les obligations du preneur

436. Les obligations du preneur, contrepartie de la jouissance de la chose louée, sont définies aux articles 112 et suivants de l'AUDCG. Elles peuvent se décomposer en l'obligation de payer (1), d'une part, et celles relatives à la chose louée (2), d'autre part.

1- L'obligation de payer le loyer

437. L'article 112 dispose que « En contrepartie de la jouissance des lieux loués, le preneur doit payer le loyer aux termes convenus entre les mains du bailleur ou de son représentant dûment mandaté ». L'obligation de payer du locataire concerne aussi bien le loyer que les charges locatives. Les charges locatives sont celles qui ne sont pas liées à la propriété. Tel est le cas des services rendus liés à l'usage des différents éléments de la chose louée (comme les dépenses de gardiennage), des dépenses d'entretien courant ou des impôts incombant de par la loi au locataire. Il s'agit notamment, pour ces derniers, des taxes dites locatives (voirie, enlèvement des ordures ménagères, etc.) ainsi que des taxes afférentes à l'activité proprement dite du locataire. Les parties peuvent toutefois aménager des dispositions dérogatoires au droit commun et prévoir une répartition différente des charges, soit par référence à un loyer « *net de charges* », soit en déterminant une liste contractuelle, soit en forfaitisant les charges, ce qui a toutefois pour inconvénient de constituer un facteur de diminution de la valeur locative (car la perception de charges incombant normalement au bailleur équivaut à un complément de loyer)[442].

---

441 H-D. MODI KOKO, op. cit., pp. 68-77.

442 Voir CCJA, arrêt, n° 006/2003 du 4 avril 2003, Kono Fatouma c/ Kinda Augustin Joseph, Les grandes décisions de la Cour commune de justice et d'arbitrage de l'OHADA, op. cit., Observations A. KEN-MOGNE SIMO, p. 92 et s.

438. En matière de loyers et de charges, le principe est celui de la liberté contractuelle, sauf lorsque le loyer est soumis à la révision et que les parties ne s'entendent pas sur son montant. Auquel cas la fixation est judiciaire. Mais, sous réserve de cette hypothèse, le preneur est tenu de payer son dû aux termes convenus[443]. L'obligation de payer est une obligation quérable. Par ailleurs, le bail peut valablement préciser les règles d'imputation des paiements applicables lorsque le preneur est tenu envers le bailleur de plusieurs dettes. En cas de non-paiement, le bailleur peut tout d'abord décider d'agir en paiement, surtout si l'incident de paiement est le premier[444]. Le bailleur peut également agir en résiliation du bail, le plus souvent en application d'une clause résolutoire insérée dans le contrat[445].

2- Les obligations relatives à la chose louée

439. Elles tiennent d'abord à l'usage de la chose, puis à sa destination.

---

[443] La Cour d'appel de Ouagadougou (Burkina Faso), arrêt n° 105 du 19 novembre 1999 (Affaire IMPEX – AFRIQUE c/ ATTIE CHAWKI) l'a rappelé dans une espèce dans laquelle le bailleur prétendant augmenter le montant du loyer convenu sous prétexte que les autres locataires payaient plus. La Cour affirmait alors : « Attendu que le loyer payé par les autres locataires ne regarde pas IMPEX – AFRIQUE et ne lui est pas opposable ; qu'il y a lieu de maintenir les montants inscrits au contrat, et dire qu'IMPEX – AFRIQUE s'est libéré de la totalité du loyer ; Attendu que l'article 101 de l'acte uniforme du 17 avril 199 stipule que le bailleur ne peut obtenir la résiliation du contrat de bail et l'expulsion du locataire qu'en cas de non-paiement du loyer et de violation des clauses du contrat ; Attendu que IMPEX – AFRIQUE s'est régulièrement acquitté de son loyer et qu'il a respecté les clauses du contrat, que la résiliation et l'expulsion demandées ne sont pas justifiées ; ».

[444] Son paiement est du reste garanti d'après l'article 111 de l'Acte uniforme portant organisation des sûretés par un privilège spécial dont l'assiette est constituée des meubles garnissant les lieux loués. Cf. pour une application de cette règle, CCJA, arrêt n° 006/2002 du 21 mars 2002, Affaire Michel NGAMAKO c/ Guy DEUMANY MBOUWOUA, *Recueil de jurisprudence, Arrêts-Ordonnances-Avis de la CCJA*, 2001 / 2002, PUA, Yaoundé, 2003, p. 106 et s.

[445] TPI de Bafoussam, jugement civil, n° 67 du 16/09/2005, affaire Paroisse de la CathØdrale de Bafoussam c/ Ngoupou Samuel, Ohadata J-07-43 ; TPI de Bafoussam, jugement civil, n° 63 du 02/09/2005, affaire Geugang c/ Djobdie Amadama, Ohadata J-07-66 ; TPI de Douala Ndokoti, ord, n° 147/074-05 du 27/01/2005, affaire Société ANEL c/ WEA Marguerite, Ohadata J-05-145 ; TPI de Bafoussam, jugement civil, n° 05/civ. du 12/11/2004, affaire Fonko Jean c/ Moyou Eric, Ohadata J-07-65 ; TPI de Bafoussam, jugement civil, n° 45/civ., affaire Nouwenzem Justin Leroi c/ Mapoure Ngamie Edmond Jacques, Ohadata J-07-13 ; TPI de Douala Bonandjo, ordonnance de contentieux d'exØcution, n° 756 du 08/07/2003, affaire Tchoube Joseph c/ Agbai Okoji, Ohadata J-04-451 ; TGI de la Menoua à Dschang, jugement, n° 28/civ. du 10/03/2003, affaire Amicale des Anciens combattants, Anciens militaires et victimes de guerre de la Menoua c/ Zébaze Pierre, Ohadata J-05-111 ; TPI de Nkongsamba, jugement, n° 04/civ. du 21/11/2001, affaire Mbatchou Ambroise c/ Benyomo Paulin Désiré, Ohadata J-03-159 ; A. KENMOGNE SIMO, observations sous CCJA, arrêt, n° 006/2003 du 24 avril 2003, affaire Fatoumata c/ Kinda Augustin Joseph, in *Les grandes décisions de la Cour commune de justice et d'arbitrage de* l'OHADA, SOUS LA DIRECTION DE P.G. POUGOUE ET S.S. KUATE TAMEGHE, op. cit., p. 95.

Le preneur doit user de la chose en bon père de famille, dès lors que le contrat qui autorise la jouissance des locaux est un bail[446]. Cela étant précisé, la formule utilisée signifie que l'usage de la chose louée doit être celui qu'une personne raisonnable aurait en les mêmes circonstances eu égard à la nature du bien, à sa situation dans le voisinage, aux intérêts des tiers et des colocataires, aux dispositions de la loi et aux stipulations contractuelles relatives à la destination.

440. L'AUDCG impose également[447] au locataire d'user de la chose suivant la destination qui lui a été donnée par le bail. Aussi le respect de la destination des lieux est-il une obligation importante à la charge du preneur, sachant qu'il ne faudra pas omettre de respecter les règles de police administrative relatives à l'affectation des locaux d'habitation à une activité professionnelle ou commerciale. La destination des lieux est librement consentie par les parties lors de la conclusion du bail, mais elles devront être soigneuses dans leur rédaction de la clause, car la destination des lieux est exclusivement déterminée en fonction des clauses du contrat. Cette affectation contractuelle prime l'usage qui est fait des locaux par le locataire. En cas de modification unilatérale de la destination des lieux par le preneur, la simple connaissance d'une telle situation, irrégulière, par le bailleur ne peut conférer un droit en l'absence de tout acte non ambigu valant autorisation[448].

---

446 Art. 113 AUDCG. A. P. SANTOS, op. cit., p. 64-67.

447 *Ibid.*

448 Pour les sanctions des obligations du preneur TPI de Bafoussam, ord. de référé, n° 65 du 30/04/2004, affaire Fonko Jean c/ Notou Eric, Ohadata J-05-06 ; CA d'Abidjan, arrêt, n° 474 et 472 du 06/04/2004, affaire M. Fataï Adelawi Adelani Giva c/ M. Tahiam Amadou, Ohadata J-05-06. À propos d'une étude détaillée de la question, voir J.A. Batouan Bouyom, observations sous 1re espèce, CCJA, avis, n° 001/2003/EP, 4 juin 2003 et 2e espèce, CCJA, arrêt, n° 011/2004 du 26 févr. 2004, affaire Rafi u Oyeweri c/ Tony Anthony, in Les grandes décisions de la Cour commune de justice et d'arbitrage de l'OHADA, op. cit., p. 104 et s. ; CA Centre, arrêt, n° 333/civ. Du 02/08/2002, affaire Kingué Paul Eric c/ Hajal Massad, Ohadata J-04-470 ; Tribunal régional hors classe de Dakar, jugement du 03/12/2002, affaire Abdoulaye Sow c/ Sileye Guissé, Ohadata J-03-203). Et d'ailleurs, il est possible d'obtenir à cet effet une exécution provisoire (Voir Tribunal régional hors classe de Dakar, jugement civil, n° 2322 du 17/12/2003, affaire Modiane Diome c/ Nogaye Niang, Ohadata J-04-497 ; Tribunal régional hors classe de Dakar, jugement civil, n° 2003 du 03/12/2003, affaire Mamadou Fall c/ Mamadou Ly, Ohadata J-04-266 ;Tribunal régional hors classe de Dakar, jugement civil, n° 2004 du 03/12/2003, affaire Mar Mbaye c/ Lame Faye et Pape Keïta, Ohadata J-04-267 ; Tribunal régional hors classe de Dakar, jugement civil, n° 1969 du 02/12/2003, affaire Cabinet Foncier et immobilier dit CFI c/ Moustapha Amar, Ohadata J-04-272 ; Tribunal régional hors classe de Dakar, ord. de référé, n° 1575 du 06/10/2003, affaire Jacques Louis Siène Faye c/ Mme Lucette Bruce, Ohadata J-04-260.

Paragraphe 2- La circulation du bail commercial

441. Le bail peut faire l'objet d'une sous-location (A) ou d'une cession (B).

A- La sous-location

442. La sous-location n'est envisagée que par les articles 121 et s. de l'AUDCG qui s'intéressent au droit de sous-louer et aux conséquences. Le principe est toutefois qu'en matière de baux commerciaux, la sous-location est interdite. Toutefois, cette interdiction n'est pas absolue, et l'AUDCG autorise la sous-location à certaines conditions.

L'AUDCG prend, en effet, la peine de réserver l'hypothèse d'une stipulation contraire. Par la suite, il organise les conditions d'une sous-location autorisée, les effets d'une sous-location autorisée[449].

443. S'agissant des conditions, il faut l'accord du bailleur. L'article 121, al. 2 dispose en effet : « *en cas de sous-location autorisée, l'acte doit être porté à la connaissance du bailleur par tout moyen écrit* ». Cet accord n'a pas à emprunter de forme particulière, mais il doit être clairement établi, sinon le principe aura vocation à s'appliquer. En principe, on exige que cet accord soit exprès et préalable à la sous-location. En général, il résulte d'une clause du bail.

S'agissant des effets, une sous-location régulière produit des effets entre le sous-locataire et le locataire principal d'abord, entre le locataire principal et son bailleur ensuite, et entre le bailleur principal et le sous-locataire enfin. Dans les rapports locataire principal/sous-locataire, le contrat de sous-location est un nouveau contrat de bail qui a vocation à s'appliquer selon ses caractéristiques. Il peut ainsi relever ou non du statut des baux commerciaux selon qu'il en remplit ou pas les conditions d'application.

444. Dans les rapports locataire principal/bailleur, le second dispose à l'encontre du premier d'une action en réajustement du loyer. De son côté, le preneur principal a droit au renouvellement de son bail.

445. Enfin, l'autorisation de la sous-location crée, à l'expiration du bail principal, dans les rapports bailleur/sous-locataire, un véritable lien de droit permettant au second de faire valoir contre le premier un véritable droit direct au renouvellement de son bail. Le droit au renouvellement du sous-locataire contre le bailleur initial est soumis à trois conditions : la fin du bail principal, une sous-location régulière agréée par le propriétaire et la divisibilité matérielle ou juridique des locaux. Le droit direct au renouvellement contre le

---

[449] TPI de Cotonou, 1re Chambre commerciale, jugement, n° 025/1re C. Com du 02 sept. 2002, affaire société africaine de distribution de vêtement (SADIV) c/ Société Fabohoun et fi ls SARL, Ohadata J-05-294.

bailleur initial ne naît qu'à l'expiration du bail principal. Celle-ci peut résulter soit d'un congé avec refus de renouvellement notifié au locataire principal[450], soit d'un congé notifié par le locataire[451], soit d'une résiliation du bail principal, qu'elle soit judiciaire ou de plein droit, soit d'une dénégation du statut, soit d'un départ volontaire.

Il convient de rappeler que, lorsque la sous-location est irrégulière, elle est inopposable au bailleur[452].

B- La cession de bail

456. Aux termes des articles 118 et suivants, le preneur a le droit de céder le bail à un autre. Le principe est que toute cession de droit au bail incluse dans une cession de fonds de commerce ne saurait être interdite. Ceci signifie que le cessionnaire du droit au bail doit aussi être le cessionnaire du fonds exploité dans les locaux loués. Aussi convient-il d'identifier clairement la notion même de cession de bail, qui se distingue de la cession du fonds lui-même, puis de s'accorder sur la notion d'acquéreur du fonds de commerce[453].

457. La cession du bail suppose l'intervention de trois personnes, le cédant, preneur, le cessionnaire, tiers, et le cédé, bailleur : par cet acte, le cédant transfère, à titre onéreux ou gratuit, son contrat de bail au tiers qui devient alors débiteur et créancier, à l'égard du cédé, des obligations issues du contrat de bail transmis. Le tiers doit toutefois être totalement étranger au preneur d'origine[454]. En effet, l'attribution d'un fonds de commerce indivis entre deux associés, suite à la dissolution d'une société de fait, n'est pas une cession de bail. De même, dans le cas d'un bien commun, l'exploitation par le conjoint ne peut s'analyser en une cession[455].

458. La cession de bail doit, par ailleurs, être distinguée de la cession de fonds. Or, parfois, certains preneurs, pour contourner l'interdiction de la cession isolée de bail (laquelle est licite), tentent de déguiser une cession isolée de bail en cession de fonds. On sait qu'il n'y a pas de fonds de commerce

---

450 Civ. 3e, 30 mars 1978, *Gaz. Pal.* 1978.Pan. 267.

451 Civ. 3e, 9 mai 1979, *Gaz. Pal.* 1979. 2. Somm. 393 ;

452 Art. 121, al. 3. Tribunal régional hors classe de Dakar, jugement du 18/06/2002, affaire Sense c/ RTI, Ohadata J-03-49 ; TPI de Daloa, jugement, n° 31 du 20 février 2004, affaire Ayants droit de feu S. B. c/ B. T. et B. H., Le Juris Ohada, n° 2/2005, p. 44, Ohadata J-05-369 ; CA de Dakar, Chambre civile et commerciale, arrêt, n° 237 du 13/04/2001, affaire Amara Diarra c/ Yoro Sy, Ohadata J-06-85.

453 TPI de Cotonou, 1re Chambre commerciale, jugement, n° 025/1re C. Com du 02 sept. 2002, affaire société africaine de distribution de vêtement (SADIV) c/ Société Fabohoun et fils SARL, Ohadata J-05-294.

454 Aziber Seid Algadi, « Cession judiciaire et principes contractuels en droit OHADA », *Revue internationale de droit comparé*, 2008, p. 45-60

455 Civ. 3e, 24 mars 1993, Loyers et copr. 1993, n° 352, obs. Ph.-H. BRAULT.

lorsqu'il n'y a pas ou plus de clientèle qui s'y trouve attachée[456], dès lors, la distinction entre les deux supposent de s'attacher à identifier la clientèle. La jurisprudence a ainsi relevé des cessions de fonds déguisées en présence d'une clientèle purement symbolique[457], d'un fonds de commerce qui n'avait plus d'activité[458] ou d'une cession pour un commerce totalement différent[459]. Si ces cessions de fonds déguisées sont illicites et donnent généralement lieu à la résiliation du bail, le cessionnaire se trouvant alors évincé, les cessions partielles de bail sont, quant à elles, autorisées. En effet, à moins qu'elle ne soit interdite par une clause d'indivisibilité, puisque le texte ne distingue pas entre cession totale et partielle de fonds de commerce, la jurisprudence admet qu'une clause ne saurait interdire une telle cession partielle[460].

459. Quoi qu'il en soit, l'AUDCG précise les conditions de la cession de bail ainsi précisée à l'article 118. Ainsi, si le preneur cède le bail et la totalité des éléments permettant l'activité dans les lieux loués, la cession s'impose au bailleur. Si le preneur cède le bail seul ou avec une partie des éléments permettant l'activité dans les lieux loués, la cession est soumise à l'accord du bailleur. Toute cession du bail doit être portée à la connaissance du bailleur par signification d'huissier de justice ou notification par tout moyen permettant d'établir la réception effective par le destinataire, mentionnant : - l'identité complète du cessionnaire ; - son adresse ; - et le cas échéant, son numéro d'immatriculation au Registre du Commerce et du Crédit mobilier.

460. Lorsque la cession est régulière, elle produit un certain nombre d'effets : dans les rapports entre le cédant et le cessionnaire, la cession de bail, qui n'est autre qu'une cession de créances, emporte dessaisissement du cédant au profit du cessionnaire. Dans les rapports entre le cessionnaire et le bailleur, à la suite de la cession de bail, le bail initial subsiste, mais il y a un changement dans la personne du preneur. Dès lors naissent des rapports entre le cessionnaire et le bailleur. Le cessionnaire étant devenu titulaire des droits nés du bail, il peut s'en prévaloir envers le bailleur, par exemple en sollicitant l'autorisation de changer la destination du bail. D'un autre côté, il est tenu des mêmes obligations que son prédécesseur quant à l'exercice de son activité. Enfin, la cession de bail a aussi une incidence dans les rapports entre le cédant et le bailleur. Si, en l'absence de clause, le bailleur ne peut exiger du cédant le

---

456 A. FENEON ET J. R. GOMEZ, OHADA, *Droit commercial général, commentaires*, op. cit., p. 65 ; Civ. 3e, 31 mai 1988, Bull. civ. III, n° 180.

457 V. J. GATSI, *Pratique des baux commerciaux dans l'espace OHADA*, 2e ed., op. Cit., p. 165, p. 169 ; Tribunal régional hors classe de Dakar, jugement du 05/05/2003, héritiers de feu El Hadji Alpha Cissé c/ Suldikur Agendey, Ohadata J 03-312 ; CA Paris, 12 nov. 1992, Rev. loyers 1992. 327.

458 Civ. 3e, 21 nov. 1990, Rev. loyers 1991. 189 ; Com. 24 janv. 2006, Rev. loyers 2006. 185.

459 Com. 12 déc. 1989, *Gaz. Pal.* 1990. 2. 413, note J.-D. BARBIER.

460 Civ. 3e, 3 mai 1994, Administrer oct. 1995, p. 25.

paiement des loyers échus postérieurement à la cession, en pratique cédant et cessionnaire insèrent dans leur contrat une clause de solidarité ou de garantie solidaire permettant de déjouer cette jurisprudence. Une telle clause, qui ne saurait se confondre avec un cautionnement[461], permet de prévoir que le cédant restera garant solidairement avec le cessionnaire de l'exécution des clauses et conditions du bail[462]. Dès lors, à moins d'un défaut de diligence du bailleur, le paiement des loyers postérieurs à la cession n'est plus un problème puisque le bailleur a deux codébiteurs solidaires.

Section 3- L'extinction du bail commercial

461. L'extinction du contrat de bail commercial peut avoir lieu avant le terme contractuel prévu, dans ce cas, on parlera de résiliation anticipée, mais peut aussi avoir lieu à l'arrivée du terme, et l'on parlera d'expiration du contrat, laquelle est subordonnée à certaines conditions dérogatoires au droit commun des contrats. Seule cette dernière hypothèse mérite d'être précisée, la résiliation étant généralement soumise au droit commun des contrats.

462. Cela dit, le terme contractuel prévu au contrat de bail commercial n'a pas d'effet extinctif automatique. Aussi, en l'absence de congé donné par le bailleur ou le preneur, le bail se prolonge au-delà du terme initialement prévu, pour une durée indéterminée. Il n'y a pas formation d'un nouveau contrat, mais poursuite de l'ancien pour une durée indéterminée, aux mêmes conditions, y compris de loyer. Dès lors, chacune des parties peut mettre fin à cette tacite reconduction, soit en adressant un congé, soit en formulant une demande de renouvellement dans les mêmes conditions. Toutefois, en dehors de cette hypothèse où les deux parties gardent le silence, le plus souvent, les parties prennent l'initiative de notifier un congé. Aussi convient-il de s'interroger sur cette initiative (Paragraphe 1) avant d'aborder l'issue du congé (paragraphe 2).

Paragraphe 1- L'initiative du congé

463. Deux situations sont envisageables selon que l'initiative est le fait du bailleur ou du preneur. Le bailleur peut en effet prendre l'initiative de notifier un congé offrant ou refusant le renouvellement. Mais le preneur peut également prendre cette initiative et demander le renouvellement du bail[463].

---

[461] Civ. 3e, 26 nov. 1997, *RJDA* 1/1998, n° 23 CA Paris, 25 avr. 2001, *AJDI* 2001. 513.

[462] CA Paris, 20 avr. 2000, JCP N 2001. 1596, à défaut de congé, le bail se poursuivant tacitement, l'engagement du cédant se maintient aussi longtemps que dure le bail.

[463] R. KEUGONG WATCHO, « La juridiction compétente pour la réalisation du bail professionnel après la réforme de l'Acte Uniforme OHADA relatif au Droit commercial général », *Juridis Périodique,* n° 93, Janvier-Février-Mars 2013, p.98-108.

464. Lorsque le bailleur prend l'initiative de l'extinction du bail commercial à l'arrivée du terme, il notifie à son preneur un congé. L'objet du congé donné par le bailleur est d'éviter la prolongation du bail et de mettre fin au contrat, même si son intention est de renouveler ledit contrat. L'un des avantages de la formule est de permettre au bailleur de renouveler le loyer alors que, si le bail s'était poursuivi, seule une révision du loyer serait envisageable. Le bailleur qui donne congé a plusieurs options. Il peut d'abord donner congé tout en offrant au preneur le renouvellement du bail. Dans cette hypothèse, le congé met fin au titre contractuel, même si la jouissance pourra se poursuivre. Il peut ensuite donner congé en refusant le renouvellement avec ou sans indemnité d'éviction selon qu'il existe des motifs graves et légitimes au refus de renouvellement. Le congé étant un acte grave, puisqu'il s'agit d'un acte mettant fin unilatéralement et irrévocablement au bail, le bailleur ne peut, en principe, revenir dessus. Toutefois, il existe un droit d'option et un droit de repentir qui permettent pour l'un de revenir sur le refus de renouvellement sans indemnité d'éviction en offrant cette indemnité, et pour l'autre de revenir tout simplement sur le refus de renouvellement. Si le bailleur use de ces possibilités, le droit du locataire devient alors irrévocable. Il ne faut cependant pas confondre ces prérogatives avec la faculté de rétractation offerte au bailleur qui découvre *a posteriori* que le preneur n'a pas droit au bénéfice du statut[464].

Le congé doit être donné au moins six mois à l'avance[465]. De même, il doit être adressé par signification d'huissier de justice ou notification par tout moyen permettant d'établir la réception effective par le destinataire.

Si le congé provient du preneur, il peut d'abord délivrer un congé à son bailleur, sachant que cet acte unilatéral aura nécessairement pour objet de mettre fin au bail, le preneur étant tenu de quitter les lieux sans indemnité. Le preneur peut ensuite avoir intérêt à solliciter le renouvellement de son bail soit à l'échéance de celui-ci, soit en cours de tacite prorogation. Il est en effet fréquent que le preneur veuille éviter un motif de déplafonnement du loyer ou anticiper une cession de fonds et adresse à son bailleur une demande de renouvellement.

Paragraphe 2- L'issue du congé

465. La délivrance d'un congé par le bailleur ou la demande de renouvellement par le preneur peuvent déboucher soit sur un renouvellement du bail, soit sur un refus de renouvellement avec ou sans indemnité d'éviction.

---

[464] CA d'Abidjan, 25/02/2005, arrêt n° 263, B.K. c/K.K.B., Le Juris-Ohada, n° 4/2006, p. 34, Ohadata J-07-32TGI Paris, 14 nov. 1995, Loyers et copr. 1996, n° 266, note Ph. H. BRAULT.
[465] Art. 125 AUDCG, A. P. SANTOS, « Commentaire de l'AUDCG », *OHADA, Traité et Actes uniformes commentés et annotés*, op. cit., p. 64-67.

Aussi convient-il d'étudier en détail le droit au renouvellement du bail d'une part (A), et le refus de renouvellement du bail d'autre part (A).

A- Le droit au renouvellement

466. Pour pouvoir produire des effets (2), le droit au renouvellement doit obéir à certaines conditions préalables (1).

1 - Les conditions du droit au renouvellement

467. Les conditions du droit au renouvellement sont principalement régies par l'article 123. Ainsi, le fonds doit être la propriété du locataire[466]. Cette règle est donc tout à la fois une condition d'application du statut et une condition du droit au renouvellement. Le locataire doit donc rapporter la preuve de sa propriété du fonds, et donc de l'existence d'une clientèle réelle et certaine qui lui est rattachée en propre. Faute de clientèle propre et autonome, le locataire n'est pas considéré comme propriétaire de son fonds de commerce (même si celui-ci est composé d'autres éléments lui appartenant en propre) et ne saurait prétendre au droit au renouvellement[467].

Le fonds doit être exploité. Cette condition est exigée par l'article 123 alinéa 1er, qui exige que le fonds ait fait l'objet d'une exploitation effective au cours des deux années qui ont précédé la date d'expiration du bail ou de sa reconduction. Il ne s'agit toutefois pas d'une exploitation personnelle[468]. Ainsi, le preneur qui met régulièrement son fonds en location-gérance (ce mode d'exploitation ne doit pas être interdit par le bail et le contrat de location-gérance doit remplir les conditions légales) conserve son droit au renouvellement.

---

[466] A. KENMOGNE SIMO, Observations sous CCJA, arrêt, n° 017/2006 du 16 octobre 2006, affaire Société nationale des télécommunications dite Sonatel c/ Société d'exploitation de la clinique Sokhna Fatma, Les grandes décisions de la Cour commune de justice et d'arbitrage de l'OHADA, op. cit., p. 64.

[467] Pour le droit au renouvellement, des étrangers, dans l'optique de garantir une certaine permanence et tirer le meilleur profit des activités développées par ces derniers, la quasi-totalité des textes internes prenant appui sur le célèbre principe de la réciprocité, semblent être fixés dans le sens de la reconnaissance du droit au renouvellement à cette catégorie sui generis de commerçant. AU Cameroun, v. pour plus de détail G. KAGONG'BE GANHI, *La liberté du commerce et de l'industrie au Cameroun,* Mémoire de Maîtrise, Ngaoundéré, 1999, p. 7 et s. ; NDJEL NKOUAGUE, *La protection de l'intérêt général et l'activité commerciale au Cameroun depuis l'entrée en vigueur du droit OHADA,* Mémoire de Maîtrise, Ngaoundéré, 1999, p. 20 et s.

[468] Civ. 3e, 3 juill. 1979, Bull. civ. III, n° 148; CA Versailles, 24 juin 2004, Gaz. Pal. 2005. 1. 1310, obs. Ph.-H. BRAULT

2- Les effets du droit au renouvellement

468. Le renouvellement du bail est constitué, d'une part, de l'accord sur le principe du renouvellement (un congé avec offre de renouvellement ou une demande de renouvellement acceptée par le bailleur) du contrat et, d'autre part, de l'accord sur le montant du loyer du bail renouvelé. Il y a cependant une relative autonomie entre les deux mécanismes puisque, bien que le principe du renouvellement soit accepté par les deux parties, il pourra être rétracté par la suite si les parties ne se mettent pas d'accord sur le montant du loyer. Il pourra donc y avoir mise en œuvre d'un congé avec offre de renouvellement, ou demande de renouvellement[469], et ensuite accord contractuel sur le loyer, ou accord contractuel en dehors du cadre réglementé[470], à la fois sur le principe et le loyer.

469. Il reste à définir les conditions du nouveau contrat, le contenu du bail renouvelé. Le principe est que le bail est renouvelé aux clauses et conditions du bail venu à expiration[471]. Aucune juridiction n'a le pouvoir de modifier les clauses d'un bail dont la licéité n'est pas discutée[472], sauf le pouvoir reconnu au juge en matière de fixation du prix. Cela étant, le bailleur pourra toujours proposer la modification de certaines conditions du bail dans le congé ; mais il ne s'agira que d'une proposition que le locataire n'est pas obligé d'accepter et qui ne pourra lui être imposée.

L'objet du bail renouvelé est, lui aussi, en principe identique[473]. En effet, le nouveau bail porte *a priori* sur les mêmes locaux que le bail précédent, un renouvellement partiel du bail étant un refus de renouvellement.

---

[469] SUE, le délai pour la demande du renouvellement voir Cour commune de justice et d'arbitrage (CCJA), arrêt, n° 5 du 30/03/2006, affaire Ponty SARL c/ Société Ponty immobilière SA, Le juris-Ohada, n° 3/2006, p. 16, Ohadata J-07-12 ; TPI de Bafousssam, jugement civil, n° 101 du 22/09/2006, affaire Mission catholique du Sacré-Cœur de Bafoussam c/ Texaco Cameroun, Oha-data J-07-68 ; TPI de Bafousssam, jugement civil, n° 23/civ. du 27/12/2002, affaire Bonwo Daniel c/ Fotsing Bertin, Ohadata J-04-233 ; CA Niamey, arrêt, n° 51 du 03/04/2002, affaire Amadou Hamidou Tchiana c/ Michel Elias Haddad, Ohadata J-03-250.

[470] CA de Niamey, arrêt, n° 54 du 04/06/2003, affaire Seybou Boukari c/ El Hadj Harouna Mallam, Ohadata J-03-264 ; CA de Niamey, arrêt, n° 57, référé du 04/06/2003, S.B.C. c/ E. H. M., Le Juris Ohada, n° 4/2004, oct.-déc. 2004, p. 64, note BROU KOUAKOU MATHURIN, Ohadata J-05-181; TPI de Cotonou, jugement contradictoire, n° 011/1re C. Com., Dossier, n° 189/2001, Établissement Cedis c/ héritiers Aho Philippe, Ohadata J-04-287.

[471] Civ. 3e, 3 avr. 1973, Bull. civ. III, n° 251, relatif à la destination du bail ; CA Versailles, 14 nov. 1996, Loyers et copr. 1998, n° 245, note PH. - H. BRAULT et C. MUTELET ; TGI Paris, 29 sept. 2000, Loyers et copr. 2001, n° 12.

[472] (Civ. 3e, 17 mai 2006, n° 04-18.330, *Bull. civ.* III, n° 125, D. 2006. AJ 1818, obs. Y. ROUQUET, AJDI 2006. 818, note M.-P. DUMONT-LEFRAND.

[473] A. FOKO, Observations sous Cour Commune de Justice et d'Arbitrage, 2e ch., arrêt, n° 4 du 9 mars 2006, Affaire A. B. c/ Société ivoirienne de Promotion de Supermarchés dite PROSUMA, Ohadata J-07-11, Le Juris-OHADA, n° 3/2006, p. 16, in *Les grandes décisions de la Cour commune de justice et d'arbitrage de l'OHADA*, op. cit., p. 57 ; R. NJEUFACK TEMGOUA, Observations sous CCJA, arrêt, n° 036/2008 du 3 juillet 2008, Société Burkina

470. Quant à la durée du bail renouvelé, elle est régie par l'article 123 de l'AUDCG dont l'alinéa 3 dispose : « En cas de renouvellement exprès ou tacite, le bail est conclu pour une durée minimale de trois ans »[474]. Les parties sont donc libres de renouveler le bail pour une durée supérieure à trois ans, à condition de penser à le dire à nouveau. En revanche, et en principe, le bail renouvelé ne peut avoir une durée inférieure à trois ans, sauf à y renoncer par une convention postérieure.

Outre la durée, l'objet ou les diverses clauses et conditions du bail, le point le plus sensible du nouveau contrat susceptible d'être modifié est le loyer. Avant tout, il faut savoir que le loyer renouvelé peut être fixé d'un commun accord par les parties.

B- Le refus de renouvellement

471. Le bailleur est libre d'opposer au locataire un refus de renouvellement. Toutefois, le principe est que ce droit de refuser le renouvellement du bail est compensé par le versement d'une indemnité d'éviction destinée à compenser le préjudice subi par le preneur. Il existe cependant des cas où le bailleur pourra refuser le droit au renouvellement sans verser d'indemnité d'éviction. Aussi convient-il de distinguer le refus de renouvellement avec indemnité d'éviction (1) et le refus de renouvellement sans indemnité d'éviction (2).

1- Le refus de renouvellement avec indemnité d'éviction

472. Aux termes de l'article 126 AUDCG, le bailleur peut refuser le renouvellement du bail. Il doit toutefois, sauf exception, payer au locataire évincé une indemnité d'éviction égale au préjudice causé par le défaut de renouvellement[475]. Aussi, en premier lieu, le droit au paiement d'une indemnité d'éviction suppose que le bailleur refuse le renouvellement et que le preneur remplisse les conditions pour bénéficier du droit au renouvellement[476]. Le refus de renouvellement peut intervenir à différents moments (aux échéances triennales, à la fin du bail, pendant la tacite prorogation ou dans le cadre du droit d'option, après une procédure en fixation du loyer) et procéder soit d'un congé du bailleur, soit d'une réponse du bailleur à la demande de renouvellement du preneur. Si aucune forme particulière n'est

---

Schell c/ Ouedraogo Sibiri Philippe, Les grandes décisions de la Cour commune de justice et d'arbitrage de l'OHADA, *Ibid.*, p. 31.

[474] Tribunal régional hors classe de Dakar, jugement du 10/07/2002, affaire Marie Dieng c/ Mamoudou Sall, Ohadata J-03-46.

[475] CA d'Abidjan, arrêt, n° 1205 du 29/11/2002, affaire Kouame Krah et cinq autres c/ Traoré Yacouba, Ohadata J-03-307.

476 Tribunal de Toumadi, jugement, n° 09 du 18/01/2001, affaire Dame K. CICR, Ohadata J-05-55.

requise pour ce refus de renouvellement, en pratique, il s'agira d'un acte d'huissier puisque le refus se manifestera soit par un congé, soit par une réponse négative à une demande de renouvellement. Par ailleurs, ce refus doit être motivé. À cet effet, il suffit que le bailleur propose une indemnité d'éviction, même non chiffrée[477]. Enfin, le bailleur ne peut opposer un refus partiel de renouvellement, la jurisprudence assimilant un refus partiel à un refus total entraînant le paiement de l'indemnité d'éviction pour la totalité des locaux loués[478].

L'article 126 AUDCG ne précise malheureusement pas, contrairement au droit français[479], les cas de reprise du local qui autorisent le bailleur à émettre un refus de renouvellement, à condition toutefois de respecter le principe du versement d'une indemnité d'éviction[480].

La détermination de l'indemnité d'éviction est précisée par l'article 126 ci-dessus cité, notamment à l'alinéa 2. Ainsi, ce texte précise qu'à défaut d'accord sur le montant de cette indemnité, celle-ci est fixée par la juridiction compétente en tenant compte notamment du montant du chiffre d'affaires, des investissements réalisés par le preneur, de la situation géographique du local et des frais de déménagement imposés par le défaut de renouvellement[481].

2- Le refus de renouvellement sans indemnité d'éviction

473. Le bailleur peut refuser le renouvellement du bail sans indemnité d'éviction dans deux types de situations. La première est fondée sur la faute du locataire : il s'agit du refus de renouvellement pour motif grave et légitime (a). La seconde repose sur l'état ou l'utilité de l'immeuble et se subdivise en trois hypothèses : le refus de renouvellement pour exercer un droit de reprise pour démolir un immeuble insalubre ou dangereux, le droit de reprise pour habiter, ou encore la reprise en vue de construire un local d'habitation sur un terrain loué nu (b).

---

477 Civ. 3e, 1er oct. 1997, JCP 1997. IV. 2196.
478 Civ. 3e, 1er oct. 1997, JCP 1997. IV. 2196.
479 V. en droit français les dispositions des articles L. 145-21 et s. du code de commerce.
480 R. KEUGONG WATCHO, « La juridiction compétente pour la réalisation du bail professionnel après la réforme de l'Acte Uniforme OHADA relatif au Droit commercial général », *Juridis Périodique*, n° 93, Janvier-Février-Mars 2013, pp. 98-108.
481 Tribunal régional hors classe de Dakar, jugement, n° 153 du 22/01/2002, affaire Kamil Akdar c/ Mohamed Fettouny, Ohadata J-05-58 ; Tribunal régional hors classe de Dakar, jugement, n° 234 du 31/01/2001, affaire Héritiers de feu Alia Sall c/ El Hadj Ndiame Talla, Ohadata J-05-62 ; Tribunal régional hors classe de Dakar, jugement du 24/07/2001, affaire Jacqueline, Laïla, Georgette et Georges Wehbo c/ Melhem Haïdar Wizani, Ohadata J-02-196), sans oublier les frais de déménagement imposés par le défaut de renouvellement (Voir nouvel art. 126, al. 2 de l'AUDCG).

a- Le refus de renouvellement pour motif grave et légitime

474. Aux termes de l'article 127 al.1 AUDCG : « Le bailleur peut s'opposer au droit au renouvellement du bail à durée déterminée ou indéterminée, sans avoir à régler d'indemnité d'éviction, dans les cas suivants : 1°) s'il justifie d'un motif grave et légitime à l'encontre du preneur sortant. Ce motif doit consister soit dans l'inexécution par le locataire d'une obligation substantielle du bail, soit encore dans la cessation de l'exploitation de l'activité ; Ce motif ne peut être invoqué que si les faits se sont poursuivis ou renouvelés plus de deux mois après une mise en demeure du bailleur, par signification d'huissier de justice ou notification par tout moyen permettant d'établir la réception effective par le destinataire, d'avoir à les faire cesser ». Il résulte donc de ce texte que le bailleur peut refuser le droit au renouvellement sans indemnité en cas de faute du locataire constitutive d'un motif grave et légitime. À supposer l'existence de ce motif démontré, le bailleur doit mettre en œuvre le refus en respectant l'exigence de mise en demeure préalable.

475. Le texte ne précise pas ce qu'il faut entendre par motif grave et légitime. Aussi l'appréciation des motifs allégués par le bailleur, qui doivent être suffisamment précis, est-elle laissée à la libre interprétation des juges du fond, qui doivent non seulement apprécier l'existence du motif, mais encore sa gravité. L'analyse de la jurisprudence permet de conclure que le motif grave et légitime n'est pas forcément un « motif propre au statut des baux commerciaux »[482], ni obligatoirement une infraction aux clauses du bail, ni nécessairement un manquement à l'exécution du bail[483] et peut consister en un acte grave lié au comportement du preneur dès lors qu'il a un lien suffisant avec l'exécution du bail[484]. Par ailleurs, le texte dispose que le bailleur doit invoquer « un motif grave et légitime à l'encontre du locataire sortant », c'est-à-dire du preneur titulaire du bail à la date de délivrance du congé ou du refus du renouvellement.

Parmi les exemples les plus fréquents de motifs graves et légitimes reconnus par les juges du fond, on peut relever les défauts ou retards réitérés

---

[482] Civ. 3e, 24 janv. 1996, Rev. loyers 1996. 172, obs. J.-C. B.
[483] Civ. 3e, 29 juin 1977, Gaz. Pal. 1977. 2. Somm. 304.
[484] CA Paris, 2 sept. 1998, Dalloz Affaires 1998. 1557.

de paiement[485], le défaut d'exploitation[486], la cession irrégulière du bail[487], la sous-location irrégulière …

b- L'exercice d'un droit de reprise

476. Le refus de renouvellement pour exercer un droit de reprise sans offre d'indemnité est envisagé dans quatre cas : pour démolition d'immeuble insalubre ou dangereux, pour habiter, pour réaffectation à usage d'habitation ou pour construire un local d'habitation sur un terrain loué nu[488].

L'article 128 AUDCG envisage la reprise pour habiter. Cette reprise pour habiter est limitée aux locaux d'habitation loués accessoirement aux locaux commerciaux, dès lors qu'ils sont divisibles, et à condition que ladite reprise n'apporte pas un « *trouble grave* » à l'exploitation du fonds, comme ce pourrait être le cas pour un boulanger dont l'habitation sur place est souvent une nécessité. Ce « *trouble grave* » est toutefois laissé à l'appréciation des juges du fond, qui ne l'admettent que rarement.

477. Ce droit de reprise bénéficie au bailleur personne physique pour habiter lui-même ou pour faire habiter les locaux par son conjoint, ses ascendants, ses descendants ou ceux de son conjoint, « *à condition que le bénéficiaire de la reprise ne dispose pas d'une habitation correspondant à ses besoins normaux et à ceux des membres de sa famille vivant habituellement ou domiciliés avec lui* ». L'auteur de la reprise doit donc être le propriétaire du local, sachant que, lorsque l'immeuble a été acquis à titre onéreux, le bailleur

---

485 Civ. 3e, 28 mars 1995, *Gaz. Pal.* 1996. 1. 12, note J.-D. BARBIER ; CA Paris, 2 mars 2005, Loyers et copr. 2005, n° 261 ; V. cependant, CA Paris, 30 nov. 2001, Loyers et copr. 2002, n° 120, qui juge que les retards dans le paiement des loyers, de même que l'introduction d'une procédure en acquisition de la clause résolutoire, ne constituent pas des motifs suffisamment graves de nature à valider le congé avec refus de renouvellement ; CA Paris, 21 févr. 2007, AJDI 2007. 566, à propos de retards récurrents, mais régularisés), le défaut d'entretien, dégradations ou inexécutions de réparations incombant au preneur (Com. 25 janv. 1967, Rev. loyers 1967. 284)

486 (Civ. 3e, 9 avr. 1997, Ann.loyers 1997. 1466, pour une fermeture temporaire, mais répétée ; CA Paris, 20 déc. 2007, AJDI 2008. 585, qui juge que le défaut d'exploitation du fonds pendant la période du ramadan ne fait pas grief)

487 (CA Paris, 21 nov. 1995, Dalloz Affaires 1996. 69, cas d'inobservation d'une clause de préemption et d'agrément obligeant le locataire à obtenir l'accord du propriétaire ; Civ. 3e, 21 nov. 2001, AJDI 2002. 126, obs. M.-P. DUMONT, qui retient que constitue un motif grave et légitime l'infraction à une clause soumettant la cession à la double condition de l'accord du propriétaire et de la rédaction d'un acte authentique ; Civ. 3e, 30 mai 2007, n° 06-13.268, AJDI 2007. 120, obs. C. SAINT-DIDIER, qui juge que la renonciation du bailleur à se prévaloir d'un défaut de signification de la cession d'un bail ne peut se déduire de l'encaissement sans réserve des loyers acquittés par les occupants successifs.

488 Cour commune de justice et d'arbitrage (CCJA), arrêt, n° 33 du 26 mai 2005, Kaita Bassidiki c/ Fabris Oscar Adone, Recueil de jurisprudence de la CCJA, n° 5, janv.-juin 2005, vol. II, p. 9 ; Le Juris-Ohada, n° 4/2005, juillet-sept. 2005, p. 2, Ohadata J-06-13.

ne peut exercer son droit que si son acte d'acquisition a date certaine depuis plus de six ans avant le refus de renouvellement. Un congé par anticipation n'est donc pas possible, l'ancienneté s'appréciant à la date pour laquelle le congé est donné. Quant aux bénéficiaires de la reprise, l'attribution du local d'habitation est mesurée à l'aune de leurs besoins, ceux-ci étant appréciés subjectivement[489] au jour où le litige est soumis au juge[490]. Et, sauf motifs légitimes, le bénéficiaire de la reprise doit occuper personnellement les lieux dans un délai de six mois à dater du départ du locataire évincé et pendant une durée minimale de six ans, faute de quoi le locataire évincé aura droit à une indemnité d'éviction en rapport avec l'importance des locaux repris. Il apparaît donc que le propriétaire des lieux qui exercerait son droit de reprise au bénéfice de quelqu'un d'autre que lui-même est garant de cette personne. Par ailleurs, « *le bénéficiaire du droit de reprise est tenu de mettre à la disposition du locataire dont il reprend le local le logement qui, le cas échéant, pourrait être rendu vacant par l'exercice de ce droit* ». Enfin, l'exercice de ce droit de reprise n'a pas d'effet sur la partie commerciale des locaux pour laquelle le locataire continue de bénéficier du droit au renouvellement[491]. La seule particularité en la matière est que le loyer du bail renouvelé, s'il est fixé par le juge, le sera en considération « *du préjudice causé au locataire ou à son ayant droit, dans l'exercice de son activité* ». Par ailleurs, si le locataire venait à établir que le bailleur n'a exercé son droit de reprise qu'en vue de faire échec frauduleusement aux droits du locataire, notamment par des opérations de location et de revente, le locataire aura droit à une indemnité égale au montant du préjudice subi, lequel peut être bien supérieur à celui réparé au moyen d'une indemnité d'éviction[492].

[489] CA Versailles, 30 janv. 1997, Loyers et copr. 1997, n° 291, ayant jugé le logement trop vaste ; Com. 14 mars 1962, Bull. civ. III, n° 169, ayant jugé le logement trop petit.

[490] (Com. 25 févr. 1963, Bull. civ. III, n° 99, par opposition à la date du congé.

[491] Cour commune de justice et d'arbitrage (CCJA), arrêt, n° 33 du 26 mai 2005, Kaita Bassidiki c/ Fabris Oscar Adone, Recueil de jurisprudence de la CCJA, n° 5, janv.-juin 2005, vol. II, p. 9 ; Le Juris-Ohada, n° 4/2005, juillet-sept. 2005, p. 2, Ohadata J-06-13.

[492] Tribunal régional hors classe de Dakar, jugement, n° 1712 du 25/10/2000, affaire Ibra Gulye c/ SCI Amine, Ohadata J-05-60.

DEUXIÈME PARTIE

LES CONTRATS FACILITANT LA RÉALISATION DES AFFAIRES

478. La vie des affaires n'est jamais mer morte. Elle est le plus souvent parsemée de difficultés. Les difficultés peuvent d'ordre logistique ou infrastructurel (éloignement et difficultés de transport), relationnel (difficulté à établir des relations d'affaires) ou conjoncturel. Toutes ces difficultés sont de nature à rendre plus difficile, ou à paralyser la réalisation normale des affaires. Le législateur OHADA a prévu à cet effet un certain nombre de contrats qui visent ainsi à faciliter la réalisation des affaires, aussi bien en période normale qu'en période de crise. Participent ainsi de cette logique, les divers contrats d'intermédiation commerciale (Chapitre 1), le contrat de transport (Chapitre 2) et les contrats portant sur les sûretés (Chapitre 3).

CHAPITRE 1

LES CONTRATS D'INTERMÉDIATION COMMERCIALE

479. Pour le déploiement normal et efficace de ses activités, il est fréquent que le commerçant recoure à un intermédiaire de commerce dont le rôle est de faciliter la conclusion ou la réalisation de ces contrats. En effet, en leur consacrant de nombreuses dispositions[493], l'Acte uniforme portant sur le droit commercial reconnaît pour le moins l'importance et le rôle si particulier que jouent les intermédiaires de commerce dans les transactions commerciales. L'intermédiaire précise l'art. 169 de l'AUDCG, « *est une personne physique ou morale qui a le pouvoir d'agir, ou entend agir, habituellement et professionnellement pour le compte d'une personne, commerçante ou non, afin de conclure avec un tiers un acte juridique à caractère commercial* ». Il s'agit d'un commerçant, personne physique ou morale (art. 170) dont le rôle consiste à « *faciliter à d'autres commerçants ou aux particuliers l'exercice de leur activité sans leur fournir aucun objet matériel, mais seulement en aidant à la conclusion des opérations qui leur sont nécessaires* »[494].

480. Par intermédiaire, l'AUDCG désigne le commissionnaire, le courtier et l'agent commercial[495]. La conception ainsi adoptée par l'AUDCG est donc restrictive en ce sens que celui-ci ne s'applique pas à tous les intermédiaires ayant pourtant la qualité de commerçants, tels que les intermédiaires d'assurance (qui, faut-il le relever, sont soumis à des législations spécifiques)[496].

481. Cela dit, la diversité des rapports juridiques que leur intervention implique et de la pluralité des contrats qui en découle soulèvent souvent quelques difficultés. En effet, il faut faire le départ entre le contrat en vertu duquel l'intermédiaire reçoit le pouvoir d'agir pour le compte d'une autre

---

[493] Art. 169 à 233 ; M. BEHIRA EHI, « Le nouveau droit des opérations commerciales, les contrats commerciaux », *Actes, colloque Association Henri Capitant*, Abidjan, 2 avril 2001, sur « Le nouvel environnement juridique des entreprises dans la zone franc. Quel bilan ? », p. 84.

[494] J.M. NYAMA, *Éléments de droit des affaires, Cameroun-OHADA*, Presses de l'UCAC, coll. « Apprendre », 2001 ; G. RIPERT, ROBLOT et L. VOGEL, *Traité de droit commercial*, tome 1, vol. 1, 18E éd. ; n° 154.

[495] L'AUDCG ne s'applique pas à certaines catégories aux représentants civils et aux dirigeants des sociétés, associations et autres groupements dotés de la personnalité juridique. V° art. 173 et 174. art. 171 al. 3 ; A.P. SANTOS, « Commentaire de l'Acte uniforme portant sur le droit commercial général », OHADA. Traité et Actes uniformes commentés et annotés, op. cit.,

[496] Par exemple, les courtiers d'assurances sont régis par les dispositions du code CIMA.

personne, et les contrats que l'intermédiaire va effectivement négocier ou conclure avec les tiers[497]. On est donc en présence d'une opération juridique complexe tant par la pluralité des actes juridiques qu'elle induit que par la diversité des règles applicables. À cet égard, l'article 175 de l'AUDCG précise les régimes juridiques applicables en indiquant que « *les règles du mandat s'appliquent aux relations entre l'intermédiaire et la personne pour le compte de laquelle celui-ci agit, même de façon occulte* » alors que les relations entre l'intermédiaire, le représenté et le tiers sont régies par les dispositions de l'AUDCG, les usages du commerce connus des parties ou les pratiques qu'elles ont établies. Pour l'essentiel, l'AUDCG instaure une véritable concurrence entre le droit commun qui régirait les rapports entre les parties au contrat d'intermédiaire et les règles spéciales prévues qui s'appliqueraient aux relations entre les parties et les tiers. Force est cependant d'observer que cette répartition des domaines d'application des différentes règles n'est pas aussi nette dès lors que tous les intermédiaires ne sont pas des mandataires et que l'AUDCG ne renonce pas totalement à la tentation de vouloir tout régler. En réalité, l'AUDCG ne laisse au droit commun du mandat que le régime de la formation du contrat d'intermédiaire tout en fixant les dispositions applicables à chaque catégorie d'intermédiaire.

Dans cette logique, il convient d'évoquer d'abord les règles communes à tous les contrats d'intermédiaire (Section I) avant de s'intéresser à celles qui sont propres à chaque contrat d'intermédiaire (Section II).

Section 1- Les règles communes à tous les contrats d'intermédiaire

482. Il s'agit des règles qui concernent la formation (paragraphe 1), l'exécution (paragraphe 2), les effets (paragraphe 3) et la cessation (Paragraphe 4) du contrat d'intermédiaire.

Paragraphe 1- La formation du contrat d'intermédiaire

483. Tout contrat d'intermédiaire est soumis à des conditions de validité qui procèdent à la fois du droit commun (1) et du contrat de mandat (2).

A- Les conditions de droit commun

484. Il convient brièvement de rappeler que, comme tout contrat, le contrat d'intermédiaire doit, pour être valable, respecter les conditions prévues par la loi.

---

[497] SOW, NDEYE CODOU MASSAL, *L'intermédiaire dans les transactions* commerciales *électroniques*, Mémoire Master, UCAD, 2001.

En ce qui concerne la plupart des États membres de l'OHADA qui ne se sont pas encore dotés de règles nouvelles en matière contractuelle, il s'agit des conditions édictées par l'article 1108 du Code civil[498]. Ces conditions sont au nombre de quatre : le consentement des parties, la capacité de contracter, l'existence d'un objet certain et d'une cause licite dans l'obligation. En outre, le contrat doit être conforme à l'ordre public et aux bonnes mœurs[499]. Tout contrat d'intermédiaire qui ne respecterait pas ces conditions est susceptible de nullité.

B- Les conditions relevant du mandat

485. L'article 175 de l'AUDCG précise que les règles du mandat s'appliquent au contrat liant l'intermédiaire et la personne pour le compte de laquelle celui-ci agit. Ainsi, l'intermédiaire ne peut valablement représenter celui pour le compte duquel il agit que s'il est investi d'un mandat, c'est-à-dire d'un pouvoir de représentation. Par le mandat, le représenté donne procuration à l'intermédiaire de conclure un ou plusieurs actes juridiques en son nom. À cet effet, l'art. 178 de l'AUDCG précise que « *sauf stipulation expresse du contrat, l'étendue du mandat de l'intermédiaire est déterminée par la nature de l'affaire à laquelle il se rapporte* ». Il ajoute que « *le mandat comprend le pouvoir d'accomplir les actes juridiques nécessités par son exécution* ». Ce pouvoir peut être général ou spécial. Tout dépend finalement de la volonté des parties. Cependant, l'art. 178 de l'AUDCG subordonne expressément l'accomplissement de certains actes à l'existence d'un pouvoir spécial.

L'intermédiaire doit ainsi être nanti d'un pouvoir spécial pour « *engager une procédure, transiger, compromettre, souscrire des engagements d'échange, aliéner ou grever des immeubles, ni consentir de donation* ».

Quant à la forme du mandat, elle importe peu. L'art. 176 dispose que « *le mandat de l'intermédiaire peut être écrit ou verbal. Il n'est soumis à aucune condition de forme* ». C'est dire que le mandat existe valablement dès lors que les parties se sont mises d'accord sur le contenu de leurs obligations respectives, que ce soit verbalement ou par écrit. Le contrat peut être prouvé par tout moyen de preuve admis par le droit positif.

---

[498] A.P. SANTOS et J. F. TOE, OHADA : Droit commercial général, op. cit., A. AKAM AKAM, « Les intermédiaires de commerce », Colloque de Libreville sur « Les pratiques contractuelles d'affaires et les processus d'harmonisation dans les espaces régionaux » du 26 au 28 octobre 2011, p. 49-63 ; M-J. COFFY DE BOISDEFFRE, « Une comparaison entre le statut de "l'agent commercial" OHADA et son équivalent en droit nigérian », Revue de l'ERSUMA n°1, juin 2012, p.139-160 ; SOW, NDEYE CODOU MASSAL, L'Intermédiaire dans les transactions commerciales électroniques, op. cit.,

[499] Art. 6 C. civ.; M-J. COFFY DE BOISDEFFRE, *Ibid.*

Paragraphe 2- L'exécution du contrat d'intermédiaire

486. Le contrat d'intermédiaire emporte des obligations à la charge de l'intermédiaire et du représenté.

S'agissant de l'intermédiaire, il est tenu de deux obligations impératives suivant les dispositions de l'art. 182 de l'AUDCG : d'une part, il est responsable envers le représenté de la bonne et fidèle exécution du mandat ; d'autre part, il doit exécuter personnellement le mandat qui lui est confié. En outre, il est tenu de rendre compte de sa gestion au représenté. Ces missions doivent être mieux précisées.

487. L'obligation d'exécuter fidèlement le mandat procède de l'exigence de loyauté. Comme tout mandataire, l'intermédiaire doit se conduire, dans l'exécution de sa mission, en bon père de famille. En tout cas, l'intermédiaire doit se conformer aux instructions ou directives qui constituent l'essence même de sa mission. Autrement dit, l'intermédiaire doit accomplir les actes juridiques qui ressortissent du pouvoir général ou spécial reçu de celui pour le compte duquel il agit. Il doit donc agir dans les limites de son pouvoir et exécuter loyalement sa mission. Toutefois, l'AUDCG envisage deux situations particulières qui constituent des tempéraments à l'obligation de fidélité de l'intermédiaire. D'abord, l'art. 179 prévoit que « *l'intermédiaire qui a reçu des instructions précises ne peut s'en écarter, sauf à établir que les circonstances ne lui ont pas permis de rechercher l'autorisation du représenté, lorsqu'il y a lieu d'admettre que celui-ci l'aurait autorisé s'il avait été informé de la situation* ». Ce texte prévoit une exception à l'obligation de se conformer aux instructions du représenté, mais à condition que l'intermédiaire prouve qu'il n'était pas en mesure de rechercher de telles instructions. Ensuite, l'article 184 de l'AUDCG prévoit qu'« *un acte accompli par un intermédiaire qui agit sans pouvoir, ou au-delà de son pouvoir, peut être ratifié par le représenté* ». Il s'agit d'une hypothèse où les actes accomplis par l'intermédiaire sont ratifiés par le représenté et engagent finalement celui-ci vis-à-vis du tiers.

488. L'obligation d'exécuter personnellement le *mandat* postule que c'est l'intermédiaire choisi par le représenté qui doit lui-même accomplir les actes prévus au mandat[500]. On peut en déduire que le contrat d'intermédiaire serait fortement marqué par la considération de la personne. Mais, l'AUDCG précise le caractère relatif de cette exigence en prévoyant des cas où l'intermédiaire pourrait ne pas exécuter personnellement le mandat, soit qu'il soit autorisé par le représenté à transférer son mandat à un tiers, soit qu'il y soit contraint par les circonstances (il pourrait s'agir d'un cas de force

[500] A. AKAM AKAM, *Ibid.*

majeure), soit que les usages qui sont dans le commerce permettent une substitution de pouvoirs.

L'obligation de rendre compte de sa gestion procède de l'exigence de transparence et de contrôle. Il s'agit pour l'intermédiaire de rendre compte de l'exécution du mandat qui lui a été confié, notamment en indiquant les actes accomplis, les difficultés d'exécution de sa mission le cas échéant, ou encore les frais et débours exposés pour l'accomplissement de sa mission, etc. L'article 187 al. 1 de l'AUDCG affirme le caractère impératif de cette obligation lorsqu'il énonce que « *l'intermédiaire est tenu, à la demande du représenté, de lui rendre en tout temps compte de sa gestion* ». En demandant qu'il lui soit rendu compte, le représenté peut mieux contrôler la manière dont l'intermédiaire exécute sa mission et, si c'est nécessaire, envisager ou prendre les mesures utiles à la préservation de ses intérêts.

489. Ainsi, au sens de l'article 1993 du Code civil camerounais, « Tout mandataire est tenu de rendre compte de sa gestion, et de faire raison au mandant de tout ce qu'il a reçu en vertu de sa procuration, quand même ce qu'il aurait reçu n'eût point été dû au mandant ». Une telle obligation pèse cependant, plus généralement, sur tous ceux qui agissent pour le compte d'autrui[501]. « *Ainsi le veut la bonne foi* : *ex bona fide rationem reddere debet ; ainsi le veulent les préceptes de la loi écrite, d'accord avec la morale* », complétait R.-T. TROPLONG[502]. C'est d'ailleurs un truisme : lorsqu'une personne agit pour le compte d'autrui, toutes les sommes qu'elle reçoit en cette qualité doivent être mises au compte d'autrui. Le courtier est naturellement concerné.

Issue de l'action pour autrui, l'obligation de rendre compte pèse sur tous les intermédiaires dans la conclusion d'un contrat. Celle-ci comporte deux volets. Le premier revêt une dimension comptable et consiste pour l'intermédiaire à restituer les sommes reçues en vertu de ses pouvoirs. En principe, sauf clause ou usage contraire, le courtier n'a vocation à recevoir aucun règlement. Il n'est donc pas directement concerné par cette obligation de restituer au donneur d'ordres les sommes perçues pour son compte, ici sans objet.

490. L'exigence d'un compte rendu lié à l'exécution de la mission de l'intermédiaire représente ainsi le minimum de l'obligation de reddition de compte. Même lorsqu'il ne reçoit aucune somme au profit de son donneur d'ordres, le courtier doit l'informer des diligences accomplies.

---

[501] V. Déjà TARRIBLE, in FENET, *Recueil complet des travaux préparatoires du Code civil*, t. 14, 1836, Paris, Videcoq, p. 598. C'est un « devoir commun à tous ceux qui administrent les affaires d'autrui ».

[502] Du mandat, Paris, 1846, p. 399, n° 414.

491. En principe, ce compte rendu est occasionnel puisqu'il intervient à la suite de certaines circonstances, comme la survenance d'un fait majeur, la demande du donneur d'ordres, le succès ou encore l'échec de l'intermédiation. Il peut toutefois se répéter plusieurs fois lorsque l'intermédiaire était chargé de réaliser plusieurs actes juridiques. S'il est investi d'une mission de représentation permanente, le courtier devra régulièrement tenir son donneur d'ordres informé des fruits de sa prospection : chaque commande enregistrée sera communiquée.

492. L'obligation de rendre compte est inhérente à la fonction d'intermédiaire. À la question de savoir si l'intermédiaire peut bénéficier d'une dispense de rendre compte, il convient donc de répondre négativement. La raison en a été donnée par F. LAURENT à propos du mandat : « *le compte est de l'essence du mandat. Les parties sont sans doute libres de faire telles conventions qu'elles jugent convenables, mais elles ne peuvent pas déroger à l'essence des conventions qu'elles contractent ; de même qu'elles ne pourraient pas faire une vente sans objet ou sans prix, elles ne pourraient point faire un mandat sans obligations imposées au mandataire ; or, il n'y a pas d'obligation de gérer quand il n'y a pas obligation de rendre compte de la gestion* »[503]. Il est certes toujours possible au donneur d'ordres de dispenser l'intermédiaire de certaines modalités de la reddition de compte. Des relations d'intimité ou de confiance particulièrement intenses peuvent justifier, par exemple, que le courtier ne soit pas tenu de produire les écrits retraçant les résultats de sa gestion. Néanmoins, ce genre de dispense ne s'attache qu'aux modalités d'exécution de l'obligation de reddition de compte ; son principe, quant à lui, ne pourrait être écarté qu'au prix d'une dénaturation de la fonction d'intermédiaire.

493. L'inexécution ou la mauvaise exécution de ses obligations peut entraîner la responsabilité de l'intermédiaire[504]. Cette responsabilité de l'intermédiaire envers le représenté est régie par les règles du mandat. Il s'agit d'une responsabilité pour faute. Le représenté doit donc établir que l'intermédiaire a commis une faute dans l'exécution du mandat et que celle-ci lui a causé un dommage. Toutefois, l'intermédiaire peut s'exonérer en rapportant la preuve que le dommage est survenu sans sa faute.

494. Quant aux obligations du représenté, celui qui a recours à un intermédiaire de commerce assume les obligations qui sont traditionnellement

---

[503] LAURENT, *Principes de droit civil*, t. 27, 2e éd., 1877, Bruxelles, p. 553-554, n° 496.

[504] Pour une analyse du régime de responsabilité du commissionnaire de transport dans l'espace OHADA, voir notamment J-A. BATOUAN BOUYOM, *Le droit OHADA sur le transport des marchandises par route : approche critique, prospective et comparative,* Thèse de doctorat, Université de Nantes - Université de Yaoundé 2, 2007, n° 439 ; F.T. KINANGA, *La condition juridique des auxiliaires de transport maritime dans l'espace CEMAC*, Mémoire de DEA, Université de Yaoundé II, 2005, p. 62 à 85 ; SOW, NDEYE CODOU MASSAL, op. cit.,

celles de tout mandant, à savoir : mettre l'intermédiaire en mesure d'exécuter sa mission, c'est-à-dire concrètement lui apporter sa collaboration pour lui faciliter la tâche. Ainsi, le représenté doit notamment fournir à l'intermédiaire toutes les informations nécessaires à la bonne exécution du mandat ; payer à l'intermédiaire la rémunération convenue ; « *rembourser à l'intermédiaire, en principal et intérêts, les avances et frais que celui-ci a engagés pour l'exécution régulière du mandat et le libérer des obligations contractées* ».

Paragraphe 3 - Les effets du contrat d'intermédiaire

495. Les effets du contrat d'intermédiaire peuvent être appréhendés dans les rapports entre les parties et le tiers.

Le contrat d'intermédiaire est un contrat de représentation. Pour que le mécanisme de la représentation opère, il importe que l'intermédiaire agisse pour le compte du représenté et le fasse savoir au tiers. La représentation est dite parfaite lorsque l'intermédiaire fait connaître sa qualité de représentant au tiers. L'effet essentiel de la représentation parfaite est que les actes accomplis par l'intermédiaire, et particulièrement les contrats conclus par lui, produisent leurs effets sur la tête du représenté. C'est ce que confirme d'ailleurs l'art. 180 de l'AUDCG. En effet, ce texte prévoit que, lorsque l'intermédiaire agit dans les limites de son mandat, les actes accomplis engagent directement le représenté envers le tiers dès lors que celui-ci connaissait ou devait connaître sa qualité d'intermédiaire.

496. En principe, l'intermédiaire qui agit dans le respect de ses pouvoirs n'est tenu d'aucune obligation envers le tiers avec lequel il a traité. Cependant, l'intermédiaire peut être directement engagé envers le tiers. Il en est notamment ainsi lorsque l'intermédiaire, bien qu'agissant dans les limites de son pouvoir, le tiers avec lequel il a traité ne connaissait pas ou n'était pas censé connaître sa qualité d'intermédiaire ou si les circonstances démontrent qu'il a entendu s'engager lui-même[505]. Tel est le cas lorsque l'intermédiaire agit en vertu d'un contrat de commission. On est ici dans une hypothèse de représentation dite imparfaite, puisque l'intermédiaire agit certes pour le compte d'autrui, mais ne le révèle pas au tiers. Dans ce cas, c'est à lui que le tiers pourra réclamer l'exécution des obligations nées du contrat et il sera tenu de les exécuter.

497. Il reste à envisager l'hypothèse où l'intermédiaire agit sans pouvoir ou au-delà de son pouvoir. Conformément au droit commun, l'intermédiaire est directement engagé envers le tiers lorsqu'il agit sans pouvoir ou au-delà de son pouvoir. Mais, de manière curieuse, l'article 183 de l'AUDCG paraît

[505] Art. 181 AUDCG.

poser une règle contraire en disposant que « *lorsque l'intermédiaire agit sans pouvoir ou au-delà de son pouvoir, ses actes ne lient ni le représenté ni le tiers* ». Toutefois, si, en toute bonne foi, le tiers a pu croire, à partir du comportement du représenté, que l'intermédiaire avait le pouvoir d'agir pour son compte, le représenté ne peut pas invoquer l'absence de pouvoir de l'intermédiaire. L'apparence joue en faveur du tiers de bonne foi, ce qui a pour conséquence que les actes accomplis par l'intermédiaire engagent le représenté. En outre, l'intermédiaire doit indemniser le tiers de tout dommage qui résulterait des actes accomplis sans pouvoir ou au-delà de son pouvoir. En revanche, l'intermédiaire n'encourt aucune responsabilité en cas de ratification des actes de l'intermédiaire par le représenté[506].

Paragraphe 4 - La fin du contrat d'intermédiaire

498. L'AUDCG prévoit les causes d'extinction du contrat d'intermédiaire tout en envisageant la survie dudit contrat ou de certaines obligations de l'intermédiaire.

499. On distingue ainsi les causes dépendant de la volonté des parties et les causes indépendantes de leur volonté.

S'agissant des causes tenant à la volonté des parties, l'art. 188 cite l'accord entre le représenté et l'intermédiaire, l'exécution complète du mandat, la révocation de l'intermédiaire par le représenté et la renonciation de l'intermédiaire à son mandat. Dans les deux derniers cas, celui qui met abusivement fin au mandat peut être tenu d'indemniser le cocontractant en cas de dommages.

Quant aux causes de cassation du mandat de l'intermédiaire indépendantes de la volonté des parties, elles sont prévues à l'article 189 AUDCG. Il s'agit du décès et de l'incapacité de l'une des parties, de l'ouverture d'une procédure collective (redressement judiciaire ou liquidation des biens).

500. L'AUDCG envisage deux hypothèses où certains effets du mandat subsistent malgré sa cessation. D'une part, l'art. 190 prévoit que la cessation du mandat donné par le représenté à l'intermédiaire est sans effets à l'égard du tiers, sauf si ce dernier a eu connaissance de la cessation. Autrement dit, il importe que le tiers ait été informé ou qu'il ait été en mesure d'avoir connaissance de la cessation pour que celle-ci produise des effets juridiques à son égard. On peut s'étonner que la même règle n'ait pas été étendue au cas où c'est l'intermédiaire qui aurait renoncé à son mandat.

D'autre part, l'obligation d'exécuter le mandat survit exceptionnellement. Il s'agit, pour l'intermédiaire, d'accomplir pour le compte du représenté ou de

---

506 Art. 184 AUDCG; M-J. COFFY de BOISDEFFRE, op. cit.,

ses ayants droit, des actes nécessaires et urgents en vue d'éviter les dommages qui résulteraient de la cessation du mandat[507]. Ainsi, l'intermédiaire est habilité à effectuer des actes nécessaires et urgents dans l'intérêt afin de prévenir les conséquences dommageables qui pourraient résulter de la cessation brutale du mandat qui lui a été confié.

Section 2- Les règles particulières à chaque contrat d'intermédiaire

501. L'AUDCG tient compte de la nature et de la spécificité de la mission de chaque intermédiaire et prévoit des règles propres à chaque contrat d'intermédiaire. Aussi, convient-il d'envisager successivement les règles particulières au commissionnaire (paragraphe 1), au courtier (paragraphe 2) et à l'agent commercial (paragraphe 3).

Paragraphe 1- Le contrat de commission

502. L'AUDCG ne définit pas le contrat de commission (auquel il fait pourtant référence à l'article 193), mais le commissionnaire. Aux termes de l'article 192 du même texte, « *le commissionnaire est un professionnel qui, moyennant le versement d'une commission, se charge de conclure tout acte juridique en son propre nom, mais pour le compte du commettant qui lui en donne mandat* ». Cette définition s'applique bien aux trois catégories de commissionnaire que l'AUDCG vise expressément, à savoir : commissionnaire chargé d'acheter ou de vendre des marchandises, le commissionnaire de transport et le commissionnaire en douane[508].

Cela étant, quel que soit le type de contrat de commission, les deux parties supportent des obligations réciproques (A) dont l'inexécution emporte des conséquences (B).

A- Les obligations des parties

503. Il convient d'abord d'évoquer les obligations du commissionnaire et ensuite celles du commettant.

---

507 Art.191 AUDCG.

508 E. KENGUEP, « Le commissionnaire de transport est-il le mandataire de son commettant ? Une occasion manquée par le législateur OHADA », *Revue de l'ERSUMA* n°1, juin 2012, p.170-186.

1- Les obligations du commissionnaire

504. Le commissionnaire n'est pas un mandataire comme les autres. En effet, agissant en son nom propre, il dispose d'une plus grande liberté et ne reçoit pas d'instructions du commettant. Force est cependant d'observer que l'AUDCG restreint cette liberté du commissionnaire en posant en règle qu'il est tenu d'exécuter les actes faisant l'objet du contrat de commission, conformément aux directives du commettant[509]. En cas d'instructions ou de directives données par le commettant, le commissionnaire doit les respecter, sauf à prendre l'initiative de la rupture du contrat si la nature du mandat ou les usages s'y opposent[510]. En revanche, lorsqu'il s'agit de simples indications de la part du commettant, le commissionnaire doit, autant que faire se peut, agir au mieux des intérêts de son cocontractant.

505. Outre l'obligation d'exécuter sa mission conformément aux directives ou instructions du commettant, le commissionnaire a l'obligation d'agir loyalement pour le compte du commettant. C'est ainsi qu'il est interdit au commissionnaire d'acheter pour son propre compte les marchandises qu'il est chargé de vendre ou de vendre ses propres marchandises au commettant[511]. Cette interdiction vise à éviter un conflit d'intérêts au détriment du commettant. Par ailleurs, le commissionnaire est tenu d'une obligation de diligence pour sauvegarder les intérêts du commettant lorsque les marchandises expédiées se trouvent dans un état défectueux ou peuvent se détériorer. Selon le cas, il lui revient de sauvegarder les droits et recours du commettant, de conserver la marchandise et de l'avertir sans retard, ou de faire vendre la marchandise[512]. Enfin, le commissionnaire est tenu d'une obligation d'informations et d'une obligation de rendre compte de sa gestion envers le commettant[513].

2- Les obligations du commettant

506. Le contrat de commission met surtout à la charge du commettant des obligations d'ordre pécuniaire. En premier lieu, le commettant doit verser la rémunération au commissionnaire en contrepartie de ses prestations. Le commissionnaire a droit à la commission dès lors qu'il a exécuté son mandat[514]. En second lieu, il doit rembourser au commissionnaire les frais et débours normaux exposés dans l'exécution de son mandat, à condition que ces frais aient été utiles et qu'ils soient justifiés[515]. En outre, le commettant est

---

509 Art. 193 AUDCG; M-J. COFFY de BOISDEFFR, op. cit., p.139-160.
510 Art. 193 AUDCG ; E. KENGUEP, *Ibid.*
511 Art. 194 AUDCG.
512 Art. 199 AUDCG.
513 Art. 195 AUDCG.
514 Art. 196 AUDCG.
515 Art. 197 AUDCG.

tenu d'indemniser le commissionnaire de ses pertes bien que celui-ci ait consenti un crédit ou une avance à un tiers sans son accord, s'il est démontré qu'il a agi dans son intérêt[516].

3- Les sanctions et garanties contre l'inexécution des obligations

507. L'AUDCG prévoit notamment des sanctions contre le commissionnaire en cas de manquements à ses obligations tout en lui reconnaissant un droit de rétention en cas de non-paiement de ses créances par le commettant[517].

Le commissionnaire qui manque à ses obligations peut voir sa responsabilité engagée ou perdre son droit à commission.

S'agissant de la responsabilité, il est évident que le commissionnaire est responsable en cas d'inexécution ou de mauvaise exécution de ses obligations. Il s'agit bien entendu d'une responsabilité pour faute dans la mesure où le commissionnaire est tenu d'une obligation de moyens. Le commettant doit rapporter la preuve de la faute du commissionnaire ainsi que le préjudice subi. Il faut observer que le commissionnaire ne répond que des conséquences de ses propres fautes. Toutefois, il est responsable envers le commettant de l'inexécution des obligations incombant aux tiers avec lesquels il a traités lorsqu'il s'est porté garant[518]. Tel est le cas en présence d'une clause dite de ducroire[519].

L'autre sanction est la perte du droit à commission[520]. Il en est notamment ainsi lorsqu'il s'est rendu coupable d'actes de mauvaise foi envers le commettant (par exemple en lui indiquant un prix supérieur au prix d'achat ou inférieur à celui du prix de vente). L'AUDCG sanctionne ainsi le commissionnaire « *coupable* » de déloyauté à l'endroit de son cocontractant.

---

[516] Art. 201 AUDCG.

[517] Pour la nature de cette garantie V. CCJA, arrêt n° 30 du 4 novembre 2004, Société de gestion ivoirienne de transport maritime et aérien (GITMA) contre Société africaine de matières exportables (SAM EX), obs. BATOUAN BOUYOM, in *Les grandes décisions de la Cour commune de justice et d'arbitrage de l'OHADA*, Paris, L'Harmattan, 2010, p. 237-249 ; A d'Abidjan, arrêt n° 1164 du 24 octobre 2003, Kinda Augustin Joseph C/ Mlle Kone Fatoumata, www.ohada.com/Ohadata-J-03-337; CCJA, arrêt n° 16/2002 du 27 juin 2002, Société MAREGEL c/ Serigne Moustapha Mbacke, Le Juris-Ohada, n° 4/2002, octobre-décembre 2002, p. 43, note anonyme. – Recueil de jurisprudence, CCJA, n° spécial, janvier 2003, p. 31 ; www.ohada.com/Oha- data-J-02-165.

[518] V. J A. BATOUAN BOUYOM, Le droit OHADA sur le transport des marchandises par route : approche critique, prospective et comparative, Thèse de Doctorat, Université de Nantes - Université de Yaoundé 2, 2007, n° 439 ; F.T. KINANGA, La condition juridique des auxiliaires de transport maritime dans l'espace CEMAC, Mémoire de DEA, Université de Yaoundé II, 2005, p. 62 à 85

[519] Art. 202 AUDCG.

[520] Art. 203 AUDCG.

Le commissionnaire dispose, pour le paiement de ses créances, du droit de rétention sur les marchandises qui appartiennent ou qui sont destinées au commettant. L'exercice de ce droit est subordonné aux conditions prévues par l'Acte uniforme sur les sûretés (en particulier, le commissionnaire doit s'en prévaloir avant toute saisie et justifier d'une créance certaine, liquide et exigible)[521]. Il faut par ailleurs préciser que l'AUS prévoit un privilège au profit du commissionnaire qui lui confère un droit de préférence par rapport aux autres créanciers sur les marchandises[522].

Paragraphe 2 - Le contrat de courtage

508. S'il est un intermédiaire qui mérite cette qualification, c'est bien le courtier. En effet, à la différence du commissionnaire qui agit pour le compte du représenté, le courtier n'est pas un représentant. L'art. 208 de l'AUDCG le définit précisément comme « *un professionnel qui met en rapport des personnes en vue de faciliter ou faire aboutir la conclusion de conventions entre ces personnes* »[523]. Dès lors, le courtier est indépendant des personnes qu'il met en relation et son rôle consiste essentiellement dans l'organisation des démarches de nature à faciliter l'accord entre celles-ci et la conclusion du contrat[524].

509. Cela étant, le contrat de courtage emporte des obligations à la charge des parties qui l'ont conclu.

A- Les obligations du courtier

510. Le courtier assume principalement deux obligations : une obligation d'information et une obligation de diligence à laquelle attacher celle d'assurer l'efficacité du contrat. Elles sont prévues à l'art. 210 de l'AUDCG.

L'obligation d'information consiste, pour le courtier, à donner aux parties qu'il met en relation, toutes les informations utiles leur permettant d'exprimer un consentement libre et éclairé. Ces informations peuvent concerner les parties qui

---

521 CCJA, arrêt n° 30 du 4 novembre 2004 op. cit., GITMA contre SAMEX, op. cit., arrêt n° 16/2002 du 27 juin 2002, Société MAREGEL c/ Serigne Moustapha Mbacke, op. cit., venant à la suite de CA de Dakar, chambre civile et commerciale 1, arrêt du 16 février 2001, MAREGEL c/ Sérigne Moustapha Mbacké, www.ohada.com/Ohadata-J-06-121; CA d'Abidjan; arrêt n°321 du 7 mars 2002, D. D. c/ SGBCI.

522 J-A. BATOUAN BOUYOM, « La protection du commissionnaire de transport contre l'inexécution du commettant dans l'espace OHADA », *Annuaire de droit maritime et océanique*, CDMO-Nantes, tome XXVIII, 2e trimestre 2010, p. 319-342.

523 Arrêt n° 012/2007, *Recueil de jurisprudence de la CCJA*, n° 9, janvier-juin 2007, p. 32-34.

524 Art. 209 et 210 203 AUDCG, H. MALEVILLE, « La responsabilité civile des intermédiaires professionnels au titre du devoir de conseil », *JCP*, 2000. I. 222 ; M. TCHENDJOU, « L'alourdissement du devoir d'information et de conseil du professionnel », *JCP*., 2003.I. 141.

veulent conclure le contrat (il s'agit des informations portant sur la personne de chaque contractant, ses capacités ou qualités, etc.) ou sur le contrat projeté (par exemple sur son objet, ou les conditions émises par une partie pour conclure, etc.). Dans ce sens, le courtier doit garantir l'existence du tiers contractant présenté : un minimum ! Mais ce n'est pas tout. Il doit en outre vérifier que ce tiers soit apparemment en mesure d'exécuter le contrat, et qu'il en ait la capacité juridique[525]. Le courtier engage sa responsabilité à l'égard de son client s'il lui donne de fausses informations sur la qualité du cocontractant. Aux termes de l'art. 210 al. 2 de l'AUDCG, le courtier est responsable en cas de fausses déclarations faites à une partie en vue de l'amener à contracter, sur les capacités ou qualités de l'autre partie. La partie ainsi abusée devra établir le préjudice et démontrer l'a intentionnellement trompé sur les capacités ou qualités de son cocontractant. De même, le courtier perd le droit à sa commission et au remboursement de ses dépenses en cas de déloyauté vis-à-vis de son donneur d'ordre. Il en est ainsi lorsqu'il agit au profit du cocontractant de son donneur d'ordre au mépris des intérêts de celui-ci ou lorsqu'il reçoit une rémunération du tiers contractant à l'insu du donneur d'ordre[526].

De même, le courtier doit informer son donneur d'ordres au sujet des principales caractéristiques du contrat dont la conclusion est projetée avec le tiers contractant. Ainsi doit-il mettre les contractants rapprochés au courant de toutes les circonstances relatives à l'opération, par exemple les conditions de célérité dans lesquelles le marché doit être traité[527], ou encore, pour un courtier en opération de bourse, des risques inhérents à l'opération si le donneur d'ordres était profane.

511. Quant à l'obligation de diligence, il s'agit, pour le courtier, « de faire tout ce qui est de nature à faciliter la conclusion du contrat ». Le courtier doit donc tout mettre en œuvre en vue de faciliter l'accord entre les parties et la conclusion du contrat. À ce titre, il peut intervenir personnellement dans la négociation (avec naturellement l'accord des parties), donner des conseils ou porter assistance aux parties. En tout état de cause, l'obligation incombant au courtier est une obligation de moyens.

Cette obligation de diligence constitue ainsi la prestation caractéristique du contrat : le courtier doit favoriser par ses démarches la conclusion d'un ou de

---

[525] A.P. SANTOS, « Commentaire Acte uniforme portant sur le droit commercial général » in OHADA, Traité et Actes uniformes commentés et annotés, op. cit., p. 245 ; Angers, 10 juin 1938, Gaz. Pal. 1938. 2. 588. – *Adde* : BONNECASE, *La responsabilité des courtiers libres en marchandises,* DH 1933. Chron. 45.

[526] Art. 218 AUDCG.

[527] J. DIFFO TCHUNKAM, « Une hybridation juridique de la qualification du courtier issu de l'OHADA : intermédiaire de commerce et commerçant », *Cahiers juridiques et politiques, Revue de la Faculté des Sciences juridiques et politiques de l'Université de Ngaoundéré*, 2010, p. 99-120 ; Rabat, 25 févr. 1930, *Gaz. Pal.* T. 1930-1935, *V°* Courtiers, n°s 4 à 8.

plusieurs contrats pour le compte de son donneur d'ordres. Il doit s'en acquitter avec diligence et rester fidèle aux instructions reçues. À défaut, il engage sa responsabilité contractuelle à l'égard du donneur d'ordres, à supposer bien entendu que sa faute ait causé un préjudice[528]. Elle fonde une obligation d'information portant non seulement sur la personne du ou des tiers contractants présentés, mais encore sur le contenu du contrat projeté.

512. À cette dernière obligation, on peut rattacher celle d'assurer l'efficacité du contrat. De manière plus générale, en effet, le courtier est tenu de promouvoir l'efficacité juridique du contrat dont il favorise la conclusion. Sauf à préciser que la notion d'efficacité est susceptible de deux approches. La première est juridique : est efficace le contrat qui respecte toutes les règles de nature à produire les effets voulus par l'ensemble des parties. Le respect des règles de validité des contrats ou d'opposabilité aux tiers participe de cette sorte d'efficacité. La seconde approche est économique : est efficace le contrat qui procure effectivement le résultat économique voulu. En ce sens, l'inexécution de ses obligations par l'une des parties compromet l'efficacité économique du contrat.

L'obligation d'assurer l'efficacité du contrat principal qui pèse sur le courtier n'est pas de même nature selon que l'efficacité considérée est entendue dans son acception juridique ou économique. Tandis qu'il est positivement tenu d'assurer l'efficacité juridique du contrat principal, il doit simplement ne pas compromettre son efficacité économique, n'étant nullement tenu de garantir l'exécution du contrat. Dans la mesure où cette dernière obligation négative se manifeste presque exclusivement par l'obligation d'informer le donneur d'ordres de l'insolvabilité du tiers contractant, l'essentiel des développements suivants est consacré à l'obligation positive d'assurer l'efficacité juridique du contrat principal.

513. Enfin, liberté contractuelle oblige, le courtier et le donneur d'ordres peuvent convenir de charger le premier de diverses missions qui excèdent une simple entremise : rédiger le contrat, vérifier la qualité de la marchandise, conserver la marchandise. Rien n'interdit en effet de doubler le contrat de courtage par un contrat d'entreprise ou de dépôt. C'est une hybridation de contrats, laquelle donnera lieu à une application distributive des qualifications en présence[529]. Des clauses de rendement peuvent également lier le courtier. Comme une clause

---

[528] Civ. 1re, 30 janv. 2001, n° 98-11.362, RGDA 2001. 441, note J. ROUSSEL. – Civ. 3e, 26 sept. 2012, n° 11-21.319). Par définition, son obligation n'est que de moyens (Com. 7 oct. 1997, n° 95-15.270, *Bull. civ.* IV, n° 243. – Civ. 1re, 14 déc. 2004, n° 01-17.563, *Bull. civ.* IV, n° 314; *RTD com.* 2005. 587, obs. BOULOC.

[529] BÉNABENT, « L'hybridation dans les contrats », in *Prospectives du droit économique. Dialogues avec MICHEL JEANTIN*, 1999, Dalloz, p. 27 s.

d'objectifs, par exemple, qui n'instaure pas nécessairement un déséquilibre dans les droits et obligations des parties[530].

B- Les obligations du donneur d'ordre

514. Généralement, le donneur d'ordres est tenu d'une obligation de loyauté qui le contraint à mettre le courtier en mesure d'exécuter sa mission et lui fournir des informations sincères et précises permettant une entremise efficace.

Mais spécifiquement, le plus souvent, le courtage est le support d'une activité professionnelle. Il est donc naturellement conclu à titre onéreux[531]. La règle est consacrée de longue date pour le mandat : gratuit par nature, il est présumé salarié lorsqu'il est exercé par une personne dans le cadre de sa profession habituelle. Les services du courtier peuvent ainsi être sollicités soit par l'une des parties désirant contracter, soit par les deux. Quel que soit le cas, il revient au donneur d'ordre de payer la rémunération du courtier. Si les deux parties sont donneuses d'ordre, la commission est normalement à leur charge. C'est ainsi qu'en ce qui concerne le courtage portant sur une vente, lorsque le vendeur et l'acheteur sont tous les deux donneurs d'ordre, la commission est fixée et répartie entre eux par accord commun avec le courtier[532].

La rémunération due au courtier correspond à un pourcentage du montant de l'opération déterminé par les parties sur la base du tarif en usage et, à défaut de tarif, conformément aux usages. En l'absence d'usages, la rémunération est fixée en tenant compte de tous les éléments relatifs à l'opération. Le courtier a droit à la rémunération dès que ses prestations ont abouti à la conclusion du contrat[533].

Cette rémunération est appelée « *commission* », ou « *courtage* ». Le courtier y a droit même si le contrat dont il a favorisé la conclusion n'a pas été exécuté par les parties. Comme l'affirme la Cour de cassation française, « *un courtier a droit à l'intégralité de la commission stipulée, sans qu'il y ait lieu de rechercher si le contrat a été exécuté ou non* »[534]. Là encore, le courtier n'est donc qu'une espèce de mandataire, un mandataire non-représentant.

---

[530] Paris, 12 sept. 2013, JCP E 2014. 1052, obs. MATHEY. – *Adde* . PEPINO, *La performance en droit des affaires*, Thèse, Aix-en-Provence, 2018 ; M.-E. PANCRAZI *(dir.)*, « La performance », in colloque de l'Association française des docteurs en droit, 11 oct. 2019 ; BARBIER, « Sous condition de résultats positifs… de la glorieuse incertitude de la performance », *RTD civ.* 2019. 108.

[531] GANTSCHNIG, « La rémunération du courtier », *AJ contrat* 2017. 51 ; A. DAHER, « La rémunération des courtiers », *LPA* 22 déc. 2011, n° 254, p. 6

[532] Art. 212 AUDCG.

[533] Art. 213 AUDCG.

[534] J. DIFFO TCHUNKAM, « Une hybridation juridique de la qualification du courtier issu de l'OHADA : intermédiaire de commerce et commerçant », *Cahiers juridiques et politiques,*

Encore faut-il que l'intervention du courtier ait été déterminante. En principe, il ne peut réclamer une rémunération que pour le marché sur lequel il s'est entremis. Il n'y a pas de droit de suite du courtier sur les nouveaux marchés directement conclus entre les parties mises en relation grâce aux diligences du courtier, sauf circonstances particulières ou stipulations contractuelles expresses, notamment celles qui confèrent une exclusivité. Le maintien de relations contractuelles entre les parties rapprochées par ses soins, suivies de la conclusion de nouveaux contrats hors intervention du courtier n'autorise pas ce dernier à obtenir de nouvelles rémunérations, sauf usage contraire. À plus forte raison lorsque la rupture du contrat de courtage émane du courtier et qu'il ne prouve pas son entremise.

515. Sauf conventions ou usages contraires, un intermédiaire n'a droit à sa rémunération que si le contrat principal dont il a favorisé la conclusion a bel et bien été conclu. Si elle n'est pas toujours suffisante, la conclusion du contrat principal est en principe nécessaire à la naissance du droit à commission du courtier[535].

La règle peut surprendre : le courtier, même s'il n'a pas réussi à convaincre les parties de contracter, n'a-t-il pas fourni un travail qui, en tant que tel, mériterait salaire ? Ce point de vue, « *humain* » comme le qualifiait CARBONNIER, est pourtant contrebalancé par un autre, « *utilitaire* » : il s'agit avant tout de stimuler les intermédiaires en les associant au succès de l'affaire[536]. Vainement, objecterait-on qu'une telle solution transforme l'obligation essentielle du courtier (favoriser le rapprochement des parties sans conclure le contrat) en une obligation de résultat (obtenir ladite conclusion). Ce n'est pas parce qu'on exige la conclusion du contrat principal pour faire naître le droit à commission d'un courtier que l'on fait de l'obligation du courtier une obligation de résultat. Tel serait le cas si, et seulement si, le paiement de la commission dépendait de la conclusion du contrat par le courtier. L'objection repose dès lors, pour reprendre les termes de M. JAMIN, sur « *un lien logique hâtivement établi : le moment où une personne peut exiger la mise en œuvre d'un droit ne permet pas nécessairement de fixer le contenu de l'obligation mise à sa charge* »[537].

Revue de la Faculté des Sciences juridiques et politiques de l'Université de Ngaoundéré, 2010, p. 99-120 ; Com. 17 oct. 1956, D. 1956. 750. – V. aussi Civ. 3ᵉ, 26 oct. 1983, Gaz. Pal. 1984. 2, Pan. 230 : si l'inexécution du contrat principal n'est pas due à la faute du courtier, ce dernier a droit à sa commission.

535 Sur les clauses différant le fait générateur de la commission, V. par ex. Com. 23 oct. 1956, D. 1956. 7651; *RTD com.* 1957. 166, obs. HEMARD. – Paris, 14 févr. 1927, Gaz. Pal. 1927. 2. 350. – Montpellier, 18 févr. 1927, *Gaz. T.* 28 juin 1927.

536 CARBONNIER, « Salaire des mandataires chargés de vendre », *RTD civ.* 1952. 521.

537 JAMIN, « La rémunération des agents immobiliers, une course d'obstacles », *Dr. et patr*, 5/1994, p. 35 s., spéc. p. 40.

Paragraphe 3 - Le contrat d'agence commerciale

516. L'agent commercial, contrairement au commissionnaire et au courtier, est le seul mandataire véritable, au sens du droit civil. Il est un mandataire professionnel dont le rôle est en effet de négocier et, si telle est la volonté du mandant, de conclure le contrat[538]. Les contrats visés expressément par l'AUDCG sont la vente, l'achat, la location et la prestation de services pour le compte de producteurs, d'industriels, de commerçants ou même d'autres agents commerciaux.

L'agent commercial et son mandant sont liés, non par un contrat de travail, mais par un contrat d'agence commerciale dont il faut préciser les obligations qu'il crée à la charge des parties avant de s'intéresser à ses conditions d'extinction.

A- Les obligations des parties

517. L'agent commercial et son mandant sont tenus d'obligations réciproques et d'obligations particulières.

1- Les obligations réciproques

518. Aux termes de l'art. 217 de l'AUDCG, « *l'agent commercial et son mandant sont tenus, l'un envers l'autre, d'une obligation de loyauté et d'un devoir d'information* ».

L'obligation de loyauté signifie d'une manière générale que chaque partie doit s'abstenir envers l'autre de tout comportement déloyal susceptible de préjudicier à ses intérêts. Les parties doivent donc agir avec sincérité dès lors que, comme le prévoit l'art. 217, le contrat d'agence commerciale est conclu dans l'intérêt commun des deux parties. Ainsi, pour l'agent commercial, l'obligation de loyauté consiste notamment dans l'obligation de non-concurrence qui se traduit par l'interdiction d'accepter la représentation d'un concurrent de son mandant, sauf accord écrit de ce dernier. Reste que l'agent commercial peut pour son propre compte mener une activité concurrente à celle de son mandant, sauf convention contraire[539]. Pour le donneur d'ordre, par contre, l'obligation de loyauté se découvre par l'obligation de respecter l'exclusivité accordée à l'agent. Non seulement, il doit s'abstenir de faire appel à un autre agent, mais encore, il ne peut directement se substituer à l'agent pour effectuer les opérations confiées à ce dernier.

---

538 Art. 216 AUDCG.

539 Art. 219 AUDCG ; J. NGUEBOU, Le droit commercial général dans l'Acte uniforme OHADA, collection Droit uniforme, op. cit., p. 88.

519. L'obligation d'information a un double objectif. Vue du côté de l'agent commercial, elle vise à permettre la facilitation de l'exécution du contrat. À cet effet, le mandant doit lui fournir toutes les informations ou instructions relatives au mandat qui lui a été confié. Il doit, le cas échéant, lui remettre les documents nécessaires à une bonne exécution de sa mission. En revanche, vue du côté du mandant, l'obligation d'information assumée par l'agent procède de la reddition des comptes. Il est normal que le mandant soit informé de la manière dont l'agent commercial exécute le contrat afin qu'il soit en mesure de réagir ou de donner les instructions appropriées en cas de besoin.

2- Les obligations particulières

520. Des obligations spécifiques découlent aussi du contrat d'agence commerciale. Certaines sont imposées à l'agent commercial, d'autres au donneur d'ordre.

Deux obligations principales sont à la charge de l'agent commercial. D'une part, il est tenu d'exécuter son mandat en bon professionnel[540]. Il s'agit alors de respecter les instructions du mandant, de mettre ses capacités et ses qualités en œuvre pour réussir au mieux sa mission et donner satisfaction à son client. Il assume en tout état de cause une obligation de moyens dès lors qu'il ne garantit pas le succès de la négociation ou la conclusion du contrat.

D'autre part, l'agent commercial est tenu d'une obligation de non-utilisation ou de non-divulgation des *« informations qui lui ont été communiquées par le mandant à titre confidentiel ou dont il a eu connaissance à ce titre en raison du contrat »*[541]. Il peut par exemple des secrets de fabrique, des données relatives aux clients du mandant ou à sa stratégie commerciale. Le champ d'application de cette obligation de confidentialité ou de non-utilisation est limité aux seules informations marquées du sceau de la confidentialité. Elle couvre notamment les périodes contractuelles et post-contractuelles.

521. Le cocontractant de l'agent commercial assume également deux obligations essentielles à son égard. En premier lieu, « *le mandant doit mettre l'agent commercial en mesure d'exécuter le mandat* »[542]. Cette obligation paraît bien recouvrir les obligations de loyauté et d'information ci-dessus évoquées. En tout cas, le mandat doit faire tout ce qui est en son pouvoir pour permettre à l'agent commercial de bien accomplir sa mission.

En second lieu, le mandant doit payer la rémunération et rembourser les frais et débours de l'agent commercial. La rémunération, qui est la

---

540 Art. 217 AUDCG.
541 Art. 219 AUDCG.
542 Art. 217 AUDCG.

contrepartie des prestations de l'agent commercial, peut varier avec le nombre ou la valeur des affaires et, dans ce cas, elle constitue une commission[543]. Elle est fixée soit conformément aux usages pratiqués dans le secteur d'activités concerné, soit en l'absence d'usage, en tenant compte de tous les éléments relatifs à l'opération considérée[544]. Si la prestation a été fournie après la cessation du contrat d'agence, l'agent commercial ne peut prétendre à une commission que si l'opération procède du contrat ayant pris fin et si elle a été faite dans un délai raisonnable à compter de la cessation du contrat[545].

522. Le droit à la commission est acquis à l'agent commercial « dès que le mandant a exécuté l'opération ou devrait l'avoir exécutée en vertu de l'accord conclu avec le tiers (...) ou bien encore dès que ledit tiers a exécuté l'opération »[546]. L'exigibilité de la commission est donc subordonnée soit à la diligence du mandant, soit à celle du tiers avec lequel il est en relation. L'agent commercial peut néanmoins perdre son droit à la commission lorsqu'il est établi l'inexécution du contrat conclu par le mandant lui est imputable ou est due à des circonstances indépendantes du comportement du mandant. Autant la première cause de « déchéance » du droit à la commission est justifiée, autant la seconde tenant à une inexécution du contrat due à des circonstances indépendantes du mandant paraît incompréhensible. Comment en effet faire subir à l'agent commercial les conséquences d'un événement qui lui est complètement étranger ? En privant l'agent commercial de sa rémunération, l'AUDCG fait en quelque sorte de l'exécution de l'opération prévue au contrat d'agence, la condition du paiement, et ce au détriment de l'agent commercial auquel pourtant l'inexécution n'est point imputable.

Pour ce qui est du remboursement des frais et débours de l'agent commercial, le mandant n'est tenu que de ceux consécutifs à l'exécution de ses instructions spéciales, ce qui exclut les frais et débours résultant de l'exercice normal de son mandataire[547]. Il n'en est autrement qu'en cas de convention ou d'usage contraire.

---

[543] M. E. BEIRA, note sous CCJA, arrêt n° 010/2002 du 21 mars 2002, Société Négoce Ivoire c/Société GNAB, Le Juris Ohada, n° 4/2002, oct.-déc. 2002, p. 33 ; *Recueil de jurisprudence CCJA*, n° spécial, janv. 2003, p. 23. M.A NJANDEU MOUTHIEU, Observations sous CCJA, arrêt n° 053/2005, 15 déc. 2005, Société Côte d'Ivoire céréales c/Société Shanny consulting, in *Les grandes décisions de la cour commune de justice et d'arbitrage de l'OHADA*, sous la direction de P-G. POUGOUE, S.S. KUATE TAMEGHE, L'Harmattan, Paris, 2010, p. 70 et s.
[544] Art. 220 AUDCG.
[545] Art. 222 AUDCG.
[546] Art. 224 AUDCG.
[547] Art. 226 AUDCG.

B- La cessation du contrat d'agence

523. Le contrat d'agence commerciale prend fin différemment selon qu'il a été conclu à durée déterminée ou indéterminée. En tout cas, elle obéit à des règles dérogatoires à celles du Code civil relatives à la fin du mandat. L'objectif de l'AUDCG est alors certainement d'assurer une meilleure protection à l'agent commercial. Cette protection se traduit notamment par l'exigence préalable d'un préavis et l'institution d'une indemnité compensatrice au profit de l'agent commercial.

1- L'exigence du préavis

524. Cette exigence ne concerne pas le contrat à durée déterminée qui prend effectivement à l'arrivée du terme sans qu'aucune formalité quelconque ne soit nécessaire[548]. Ce contrat se transforme d'ailleurs en contrat à durée indéterminée lorsque les parties poursuivent son exécution nonobstant l'expiration du terme prévu. Dans ce cas, c'est le régime prévu pour la cessation du contrat à durée indéterminée qui s'applique.

C'est donc lorsque le contrat est à durée indéterminée que celle des parties qui prend l'initiative de la rupture doit adresser un préavis à l'autre[549]. Toutefois, le préavis n'est pas nécessaire « *lorsque le contrat prend fin en raison d'une faute grave de l'une des parties ou de la survenance d'un cas de force majeure* »[550]. La durée du préavis est d'un mois pour la première année du contrat, de deux mois pour la deuxième année, de trois mois pour la troisième année. Le délai de préavis expire, sauf convention contraire, à la fin d'un mois civil. S'il s'agit d'un contrat à durée déterminée transformé en contrat à durée indéterminée, la durée du préavis se calcule à compter du début des relations contractuelles. Il est reconnu aux parties le droit de convenir d'un délai de préavis plus long, mais non d'un délai plus court. Ce délai doit cependant être identique pour les deux parties[551].

L'AUDCG ne prévoit pas de sanction de l'inexécution de l'obligation de préavis. On peut néanmoins penser que la partie n'ayant pas été avertie pourra toujours agir en responsabilité contre l'auteur de la rupture pour obtenir une éventuelle réparation du préjudice subi.

2- L'indemnité compensatrice

525. Elle est acquise à l'agent commercial (ou à ses ayants droit s'il est décédé) en cas de rupture du contrat d'agence, qu'il soit à durée déterminée

---

[548] Art. 227 AUDCG.
[549] Art. 228 al. 1 AUDCG.
[550] Art. 228. al. 7 AUDCG.
[551] Art. 228. Al. 5 et 6 AUDCG.

ou indéterminée. Cette indemnité ne se confond pas aux dommages-intérêts éventuels auxquels il peut prétendre. L'indemnité ainsi visée est une somme forfaitaire que le mandant verse à l'agent à la suite de la cessation du contrat d'agence. Pour en bénéficier, l'agent commercial doit signifier au mandant par acte d'huissier ou lui notifier par tout moyen permettant d'établir la réception effective, dans un délai d'un an à compter de la cessation du contrat, sa volonté de faire valoir ses droits. À défaut de cette formalité, il perd le droit à l'indemnité[552]. Son montant est déterminé par la loi pour les trois premières années d'exécution du contrat (elle correspond à un, deux ou trois mois de commission) et par les parties au-delà de trois ans de contrat[553]. En l'absence d'accord entre les parties, l'indemnité ne peut être inférieure à trois mois de commission.

L'indemnité n'est pas due[554]:

- en cas de cessation du contrat imputable à une faute grave de l'agent commercial ;
- en cas de cessation du contrat entreprise par l'agent à moins qu'elle ne soit due à des circonstances imputables au mandant, ou à l'âge, l'infirmité ou la maladie de l'agent commercial ou des circonstances indépendantes de sa volonté par suite desquelles la poursuite de son activité ne plus raisonnablement être exigée ;
- lorsqu'en accord avec le mandant, l'agent commercial cède ses droits et obligations nés du contrat à un tiers.

526. Il apparaît ainsi que l'indemnité compensatrice ne saurait être versée à l'agent commercial soit en cas de cessation par le mandant due à sa faute, soit en cas de cessation résultant de sa décision, soit en cas de cession à un tiers de ses droits et obligations.

Telles sont les règles essentielles qui gouvernent la cessation du contrat d'agence commerciale. Quelle que soit d'ailleurs la cause de la cessation, chaque partie est tenue de restituer tout ce qui lui a été remis pour la durée du contrat, sans préjudice du droit de rétention dont l'une ou l'autre peut se prévaloir[555].

---

552 Art. 229 al .2 AUDCG.
553 Art. 231 AUDCG.
554 Art. 230 AUDCG.
555 Art. 233 AUDCG.

CHAPITRE 2

LE CONTRAT DE TRANSPORT

527. Le contrat de transport est une réalité aussi riche et diverse que l'activité de transport qu'il matérialise, dont l'importance s'accroît régulièrement et même plus vite que celle des autres secteurs de la vie économique. Les progrès de la technique ont multiplié les déplacements et facilité les transports tant en ce qui concerne les personnes que les marchandises[556].

Non seulement les modes de transport classiques que sont la route, le fer et les voies de navigation intérieures, pour ne citer que ceux-là, se sont améliorés, mais des techniques nouvelles sont apparues alliant ou combinant plusieurs modes.

528. Les pouvoirs publics (nationaux, régionaux ou communautaires) ont particulièrement œuvré, dans le domaine des transports terrestres. Cette politique commune s'est traduite, en transport routier, par une importante réglementation communautaire portant essentiellement sur l'harmonisation des conditions d'exercice du transport de marchandises par route, dont le port étendard est l'Acte uniforme OHADA relatif au contrat de transport de marchandises par route (ci-après AUCT).

Ce texte définit le contrat de transport[557] comme « *tout contrat par lequel une personne physique ou morale, le transporteur, s'engage principalement et, moyennant rémunération, à déplacer par route, d'un lieu à un autre et par le moyen d'un véhicule, la marchandise qui lui est remise par une autre personne appelée l'expéditeur* »[558]. Au-delà de cette définition, qui a

---

[556] V-E. BOKALLI, « Le droit du transport multimodal des marchandises des pays de l'Afrique centrale », *Revue Africaine des Sciences juridiques*, Université de Yaoundé II, FSJP, Vol.1, N°3, 2003, p.1-17.

[557] Pour une vue d'ensemble, V. N. LACASSE, J. PUITZEYS, *L'Acte uniforme de l'OHADA relatif aux contrats de transport de marchandises par route,* Droit européen des transports 2003, p. 673 ; M. BROU-KOUAKOU, « Le nouveau droit des contrats de transport de marchandises par route dans l'espace OHADA », *Penant*, 2003, p. 394 ; V.E BOKALLI et D C SOSSA, *OHADA, Droit des contrats de transport de marchandises par route*, Bruylant, 2006, 169 p. ; J-C NGNINTEDEM, « La réglementation des transports en zone CEMAC : un modèle d'intégration sous-régionale », *Cahiers juridiques et politiques, Revue de la Faculté des sciences juridiques et politiques de l'Université de N'Gaoundéré*, 2008, p. 158 et s. ; J. ISSA-SAYEGH, « Présentation générale de l'Acte uniforme sur le contrat de transport de marchandises par route », op. cit.,

[558] Art 2 AUCT.

l'avantage de mettre en exergue les éléments spécifiques du contrat de transport (Section 1), l'AUCT énonce des règles impératives[559] qui régissent la formation (Section 2) et l'exécution du contrat de transport (Section 3).

Section 1- L'identification du contrat de transport de marchandises par route

529. Le contrat de transport se reconnaît aux traits spécifiques suivants : le déplacement de l'objet, auquel il est pourvu par le transporteur lui-même (Paragraphe 1), non par autrui, l'acceptation de répondre de la marchandise (Paragraphe 2), et le caractère professionnel (Paragraphe 3) et consensuel (Paragraphe 4) de la prestation ainsi exécutée.

Paragraphe 1- Le déplacement

530. Le déplacement est, par définition même, de l'essence du contrat de transport. Il constitue l'élément distinctif essentiel de ce contrat, celui qui, normalement, emporte la qualification. Il en découle que le contrat de transport comporte nécessairement un point de départ, où la marchandise est confiée au transporteur, et l'indication d'un point d'arrivée, où la même marchandise doit être remise au destinataire spécifié par l'expéditeur, destinataire qui sera, soit l'expéditeur lui-même, soit autrui. Le point de départ est normalement celui où il est procédé au chargement, le point d'arrivée, celui du déchargement. Peu importe la distance à parcourir et le moyen de déplacement dès lors que le déplacement constitue l'objet principal du contrat. De ce fait, il n'y a, par exemple, pas de contrat de transport là où un entrepreneur s'est chargé de desceller un bas-relief dans une pièce du rez-de-chaussée et de le receler dans une pièce de l'étage, car le déplacement constitue alors une prestation moins importante que le descellement et le nouveau scellement du bas-relief. La livraison à domicile, par le négociant ou le fabricant lui-même, de la marchandise à celui qui l'a achetée, ou de l'objet fabriqué au maître de l'ouvrage, ne constitue pas un contrat de transport au sens ici visé ; cette livraison, en effet, tend seulement à exécuter l'obligation de délivrance, accessoire du contrat de vente ou d'entreprise.

531. Le critère du déplacement a surtout posé problème à une époque où les activités du transporteur se sont diversifiées, pour s'étendre à ce qu'il est convenu d'appeler la logistique, c'est-à-dire la prise en charge pour le compte de sa clientèle des opérations concourant à la distribution physique de ses produits (entreposage, étiquetage, gestion informatique des stocks, livraison,

---

[559] L'article 28 al. 1 déclare nulle et de nul effet, toute stipulation qui, directement ou indirectement, dérogerait aux dispositions de l'AUCT.

voire conditionnement et facturation). Généralement, le juge va appliquer à l'ensemble des prestations fournies le régime de celle qui constitue la prestation principale du contrat. Si celle-ci est le transport, l'ensemble de la prestation sera soumis à ce régime[560]. Il prend également en compte la commune intention des parties.

Le critère du déplacement sert notamment à différencier le contrat de transport du contrat de déménagement, qui n'est rien d'autre qu'un contrat d'entreprise dès lors que le déplacement ne constitue pas la prestation essentielle du déménageur qui assure généralement l'emballage, la manutention et l'installation du mobilier transporté. Ainsi, la qualification de contrat de transport n'est généralement pas retenue pour les contrats de « *transfert d'usine* » qui comportent généralement à la charge de la société de déménagement, principalement des prestations de fournitures de caisses, de services de manutention, de chargement et de mise en place de matériels industriels lourds et complexes, avec fourniture d'équipes spécialisées. Ce type de contrat est qualifié de contrat d'entreprise qui met d'ailleurs à la charge de l'entrepreneur, comme pour le transporteur, une obligation de résultat.

Paragraphe 2- La maitrise du déplacement par le transporteur

532. Il s'agit là d'un critère essentiel pour distinguer le contrat de transport d'autres contrats. La maîtrise du déplacement équivaut à une prise en charge du déplacement par le transporteur, c'est-à-dire la conservation de la maîtrise commerciale et technique de l'opération. L'idée essentielle est que le transporteur s'engage à assurer l'acheminement des marchandises au moyen de son matériel de transport et éventuellement de ses préposés, ceci sous sa responsabilité.

Ainsi, la mise à disposition d'un véhicule avec chauffeur, celui-ci prenant ses instructions auprès du locataire, ne répond pas à ce critère ; il s'agit d'un contrat de location où le loueur n'a pas la maîtrise commerciale de l'opération. Ce contrat se caractérise également par l'indication des heures de mise à disposition (du véhicule et du chauffeur) ainsi que par la facturation d'un prix forfaitaire pour cette mise à disposition et non pour un nombre de transports effectués. Ces indices ainsi que d'autres (inscription au registre des transporteurs ou des loueurs, contenu de l'objet social, type d'assurance, documents commerciaux, etc.), serviront à qualifier l'opération de traction

[560] LACASSE et PUTZEYS, « L'Acte uniforme relatif aux contrats de transport des marchandises par route », *ETL*, 2003, no 6, p. 673-729 ; Cass. com. 27 avr. 1979, *Bull. civ.* IV, n° 133, *BT* 1979.401 ; CA Colmar, 9 mai 1990, *BTL* 1992.19 ; CA Versailles, 6 juill. 1994, *BTL* 1994.759.

routière soit en contrat de transport[561], soit en contrat de location de véhicule avec chauffeur.

533. Le déplacement porte sur un ou sur des objets que l'usage conduit à dénommer « *marchandise* », quelle qu'en soit la nature. Pour être déplacés, ces objets empruntent – le plus souvent – un engin de transport. Mais l'engin de transport lui-même peut parfois constituer l'objet même du transport. Le transport porte en effet en pareil cas, non seulement sur le contenu, mais encore sur le contenant.

Le critère de l'exécution du déplacement permet également de distinguer le contrat de transport du contrat de commission de transport. En effet, le commissionnaire de transport est un intermédiaire qui fait exécuter le déplacement par autrui. La qualification résulte de la nature des obligations souscrites et, peu importe, bien souvent, la qualité que l'entreprise revendique ou qu'elle inscrit sur les documents de transport. Ainsi, celle qui se prétend liée à son client par un contrat de commission de transport, alors qu'elle s'est engagée à déplacer elle-même la marchandise, risque de se voir qualifiée de transporteur. Toutefois, lorsque son rôle n'a pas été précisé à la conclusion du contrat et qu'elle choisit librement de sous-traiter le déplacement, elle pourra obtenir la qualité de commissionnaire[562].

Paragraphe 3- Le caractère professionnel

534. La doctrine s'accorde pour dire que les textes n'envisagent que le cas du transport réalisé par un transporteur professionnel[563].

Quelle qualification donner au cas, sans doute rare, du transport exécuté par un professionnel, mais à titre gratuit ? Rodière n'envisage pas une telle éventualité [564]et Josserand estime qu'un tel transport ne constitue pas « *une entreprise* »[565]. On peut estimer que la mise en œuvre de la responsabilité d'un transporteur bénévole est subordonnée à la preuve que le dommage résulte d'une faute de sa part[566]. Quant au transport bénévole fait par un non-professionnel (le Doyen Rodière donne l'exemple d'un automobiliste qui accepterait de transporter dans sa voiture un objet appartenant à quelqu'un

---

[561] A. ONDO-MVE, « L'Acte uniforme relatif aux contrats de transport de marchandises par route », *Hebdo Informations, Libreville*, n° 490 du 14-28 août 2004 ; Cass. com. 28 janv. 1977, *D.* 1984. somm. 216 ; CA Aix-en-Provence, 28 janv. 1977, *BT* 1977.324.
[562] Cass. com. 17 nov. 1965, *BT* 1966.38.
[563] RODIERE, *Droit des transports*, n° 225 ; P. BRUNAT, *transport*, Lamy, 1995, t. 1, n° 3.
[564] V. *Droit des transports*, n° 225 et 692 ; V-E. BOKALLI, « Le droit du transport multimodal des marchandises des pays de l'Afrique centrale », *Revue Africaine des Sciences juridiques*, Université de Yaoundé II, FSJP, Vol.1, N°3, 2003, p. 1-17.
[565] V. *Les transports en service intérieur et en service international*, 2e éd., 1926, n° 366.
[566] BRUNAT, *Lamy transport*, 1995, T. 1, N° 2.

d'autre), il s'agit d'un service d'ami, et « *personne ne songera à appliquer à cette relation l'une quelconque des pièces qui particularisent le statut du contrat de transport de marchandises* »[567].

Paragraphe 4- Le caractère consensuel

535. L'AUCT affirme le caractère consensuel du contrat de transport à l'article 3 en ces termes : « *le contrat de transport de marchandises existe dès que le donneur d'ordre et le transporteur sont d'accord pour le déplacement d'une marchandise moyennant un prix convenu* ». Le contrat de transport de marchandises est juridiquement formé dès l'instant où les parties tombent d'accord sur les conditions du transport en général et sur leurs obligations essentielles en particulier. Il importe donc que les parties, et notamment l'expéditeur et le transporteur, donnent leur consentement pour que le contrat de transport soit formé. Ce consentement doit véritablement marquer la volonté des parties de conclure le contrat. Aussi a-t-il été jugé que le simple dépôt dans les locaux du transporteur, à l'insu de ses préposés, des marchandises et de la déclaration d'expédition, ne suffit pas à former le contrat de transport. Il n'y a pas non plus contrat lorsque les parties en sont restées au stade des pourparlers, sans qu'intervienne un véritable accord.

On estime même que le contrat de transport public de marchandises n'est pas solennel, mais consensuel. Il est noué dès qu'est réalisé l'accord des parties sur la nature et le prix de la prestation,[568] même si le voiturier est chargé d'un service public. Cet accord est valable par le seul échange de leurs consentements sans qu'aucune formalité ne soit nécessaire pour sa validité[569]. Il n'est besoin ni de la rédaction d'un écrit ni de la remise de la chose au transporteur[570]. L'écrit servira en revanche à matérialiser l'accord des parties.

Section 2- La formation du contrat

536. En tant que contrat, le contrat de transport est soumis aux conditions générales de formation du contrat. Certaines de ces conditions générales méritent cependant d'être précisées ici, notamment celles qui concernent les parties ((Paragraphe 1), la rencontre des volontés (Paragraphe 2) et l'objet du contrat (Paragraphe 3).

---

567 RODIERE, *Droit des transports,* n° 692.
568 P.K. AGBOYIBOR, « L'OHADA a adopté un nouvel Acte uniforme relatif au transport des marchandises par route », *RDAI,* n° 4, 2003, p. 440-444 ; CA Aix-en-Provence, 27 janv. 1988, *BT* 1989.365.
569 CA Grenoble, 23 janv. 1990, *BT* 1990.607 ; CA Paris, 24 févr. 1982, *BT* 1982.168.
570 CA Paris, 24 févr. 1982, préc. ; CA Rouen, 21 déc. 1967, *BT* 1968.50.

Paragraphe 1- Les parties au contrat de transport de marchandises par route

537. Le contrat de transport est le type même d'opération juridique à trois personnes571. S'il est en réalité conclu entre l'expéditeur (A) et le transporteur (B), le contrat de transport devient un contrat à trois parties par l'association du destinataire de la marchandise (C).

A- L'expéditeur

538. L'expéditeur est celui qui conclut en son nom le contrat de transport, celui qui traite avec le voiturier soit personnellement, soit par l'intermédiaire d'un mandataire qualifié, et non pas nécessairement la personne chez laquelle la marchandise est enlevée. Cette qualité peut être établie par divers éléments ; par exemple, les ordres de transport adressés au transporteur ou les factures dressées par celui-ci. Il s'agit donc de celui qui conclut en son nom le contrat de transport à l'effet de faire déplacer la marchandise. À cet effet, il traite directement avec le transporteur et discute des conditions du transport envisagé. Il peut conclure personnellement le contrat ou le faire par l'intermédiaire d'un représentant ou d'un mandataire ayant reçu pouvoir d'agir en ses lieu et place.

L'expéditeur est donc celui qui confie la marchandise au transporteur en vue de son déplacement, qu'il en soit ou non le propriétaire. Comme l'a bien relevé la Cour d'appel de Paris dans un arrêt rendu le 11 juillet 1979[572], *« la qualité d'expéditeur n'est pas liée à la propriété de la marchandise. L'expéditeur, c'est celui qui est porté comme tel sur le document de transport et qui l'a signé »*. C'est lui seul qui est le cocontractant du transporteur. Ainsi, une personne n'ayant aucun droit sur la marchandise peut avoir la qualité d'expéditeur : il est un expéditeur apparent qui laisse dans l'ombre l'expéditeur réel qui est le propriétaire véritable de la marchandise. Ainsi, lorsque le contrat est conclu par un commissionnaire de transport, c'est lui qui est porté comme expéditeur sur le document de transport alors qu'il n'en est pas le propriétaire[573]. Le commissionnaire de transport est un intermédiaire

---

[571] M REMOND-GOUILLOUD, *Le contrat de transport*, coll. Connaissance du droit, 1983, p. 34 ; Ph. DELEBECQUE, *Pour une théorie du contrat de transport*, Mélanges J-L. AUBERT, p. 103 et s.

[572] V. DIALLO (I. K.), « Étude de l'Acte uniforme relatif au contrat de transport de marchandises par route », Ohadata D-05-08, p. 7 et s. ; *Bulletin des transports*, ci-après BT, 1979. 520.

[573] R. RODIERE, « La définition de la commission de transport », *RTD com.* 1957, 1 ; L. PEYREFFITE « Le commissionnaire de transport et les autres auxiliaires de transport en droit français », *D.* 1978 chron. *213* A. CHAO, « Le commissionnaire de transport, variation sur une définition », *B. T.* 1988, 477.

qui fait exécuter, sous sa responsabilité et en son nom propre, un transport de marchandises pour le compte du commettant. À ce titre, il conclut donc les contrats nécessaires à la réalisation de l'opération de transport.

B- Le transporteur

539. Le transporteur est toute personne physique ou morale qui fait profession de transporter les marchandises d'autrui avec ses moyens propres ou des moyens loués (leasing) contre le paiement par l'expéditeur ou le destinataire du prix du transport appelé aussi « *fret* ». Il s'agit donc d'un transporteur public, c'est-à-dire d'un professionnel ayant rempli les conditions prévues par la loi pour exercer une telle activité. C'est dire que le transporteur est un commerçant au sens où l'entend le droit commercial.

Lorsque le transporteur est une personne morale, le contrat est alors conclu par ses préposés ou représentants. Un tel contrat engage naturellement le transporteur. Par exemple, en matière routière, il est admis que le chauffeur représente et engage son entreprise pour tous les actes courants de conclusion du contrat de transport.

La détermination de la qualité de transporteur peut poser problème lorsqu'on est en présence d'une société mère et d'une filiale portant le même nom. Pour la jurisprudence, dès lors qu'elles ont des personnes juridiques distinctes, le transporteur est la personne ayant directement traité avec l'expéditeur. Ainsi a été mise hors de cause une société mère dès lors que c'est sa filiale qui est intervenue dans l'opération litigieuse[574].

C- Le destinataire

540. C'est son adhésion au contrat de transport qui fait du destinataire une partie à ce contrat. Et pour justifier cette adhésion du destinataire au contrat de transport, les tribunaux ont, depuis longtemps, eu recours au mécanisme juridique de la stipulation pour autrui[575]. Il s'agit de l'opération, convenue dans un contrat, par laquelle une personne appelée stipulant (ici, l'expéditeur) obtient de son cocontractant, le promettant (le transporteur), un engagement au profit d'un tiers bénéficiaire (le destinataire). Ce mécanisme permet de conférer au bénéficiaire qui n'a pas participé à la conclusion du contrat un droit direct et personnel contre le promettant. Il s'agit là d'une exception au principe de l'effet relatif des contrats

---

574 V. I. K. DIALLO, « Étude de l'Acte uniforme relatif au contrat de transport de marchandises par route », Ohadata D-05-08, p. 7 et s. ; Paris, 3 déc. 1984.

575 Sur ce débat, v. V.É. BOKALLI, D. C. SOSSA, op. cit., n° 154 et s. ; C. civ., art. 1121 ; V. Cass. civ. 2 déc. 1891, *S.* 92.1.92, *DP* 92.1.161 ; 31 janv. 1894, *S.* 94.1.246, *DP* 94.1.244 ; Cass. req. 24 mai 1897, *S.* 97.1.411, *DP.* 98.1.23 ; Cass. com. 1er févr. 1955, *BT* 1955.187 ; Cass. 1re civ. 21 nov. 1978, *JCP* 1980. II. 19315, note P. RODIERE.

prévus par l'article 1165 du Code civil. Le destinataire devient ainsi sujet des droits et obligations nées du contrat de transport, comme le serait une partie contractante. Dans le cadre du contrat de transport, cela se produit lorsque le destinataire prend livraison de la marchandise.

541. Toutefois, il a été jugé que « *l'acceptation du contrat de transport par le destinataire ne préjuge pas de l'acceptation de la marchandise en fin de transport et se présente juridiquement comme une opération distincte et indépendante de celle-ci, sous cette réserve qu'elle en constitue le préalable nécessaire* »[576]. L'adhésion du destinataire au contrat de transport devrait surtout être appréciée par rapport à son attitude : s'est-il comporté comme le destinataire de la marchandise ou non ? Si le refus de la marchandise est motivé par une cause relative à la prestation du transporteur (retard, avaries…), ce n'est pas alors le contrat de transport lui-même que le destinataire refuse, mais son objet, la marchandise. Dès lors, il conserve le droit d'actionner la responsabilité contractuelle du transporteur[577] et vice versa[578]. Si, par contre, le destinataire refuse de prendre livraison de la marchandise sans motif, simplement parce qu'il ne s'en estime pas destinataire, il se place de lui-même en dehors du contrat de transport[579]. Le transporteur ne pourra dès lors lui réclamer le prix du transport en port dû[580].

L'adhésion du destinataire au contrat de transport ne peut s'opérer que tant que l'expéditeur (le stipulant) n'a pas révoqué la stipulation faite en sa faveur[581], c'est-à-dire tant qu'il n'a pas modifié en cours de transport les instructions données au transporteur, usant ainsi de son droit de disposition.

Le recours à la théorie de la stipulation pour autrui n'a pas été exempt de critiques de la part de la doctrine[582]. La critique essentielle repose sur l'article 1119 du Code civil selon lequel on ne peut promettre pour autrui. La jurisprudence l'avait d'ailleurs rappelé : la stipulation pour autrui ne saurait faire naître qu'un droit au profit d'un tiers et non mettre à sa charge une obligation stipulée en dehors de lui. Or, on constate qu'en matière de contrat de transport, le destinataire assume certaines obligations, notamment celle de payer le port, si l'envoi est en port dû, et éventuellement le montant du remboursement grevant l'expédition. Il n'est donc pas seulement créancier,

---

[576] CA Paris, 11 juill. 1979, *BT* 1979.520 ; V.E. BOKALLI, « Le droit du transport multimodal des marchandises des pays de l'Afrique centrale », op. cit., p. 1-17.

[577] CA Toulouse, 7 août 1980, *BT* 1980.486.

[578] V. CA Paris, 11 juill. 1979, préc.

[579] CA Toulouse, 7 août 1980, préc.

[580] CA Paris, 18 déc. 1985, *BT* 1985.223.

[581] C. civ., art. 1121.

[582] V. G. RIPERT, *Droit maritime,* 4e éd., no 1583-1585 ; R. RODIERE, *Droit des transports,* op. cit., P. RODIERE, note sous Cass. 1re civ. 21 nov. 1978, préc. supra, no 84 ; M. REMOND-GOUILLOUD, *Le contrat de transport,* Connaissance du droit, 1993, Dalloz, p. 32.

mais encore débiteur du transporteur. La Cour de cassation française a cependant admis que la stipulation pour autrui n'exclut pas, dans le cas d'acceptation par le bénéficiaire, qu'il soit tenu de certaines obligations[583].

Toujours en matière de stipulation pour autrui, le promettant a le droit d'opposer au bénéficiaire toutes les exceptions tirées de la nature ou des clauses du contrat. Il peut ainsi se prévaloir de l'exception d'inexécution par le stipulant de ses obligations, même après l'acceptation de la stipulation par le bénéficiaire.

542. Étayant et ajoutant aux critiques formulées par le doyen Ripert quant à l'utilisation de la théorie de la stipulation pour autrui, R. Rodière[584] a proposé une autre solution : « *le contrat de transport est un contrat à trois personnages. Dès le début, l'expéditeur, le voiturier et le destinataire y sont parties. Mais les deux premiers apparaissent tout de suite et sont connus aussitôt. La personnalité du troisième peut quelque temps rester vague et inconnue du voiturier* ». Cette idée se justifie comme une exception apportée directement au principe de l'article 1165 du Code civil. La nature même du contrat de transport et la fonction économique qu'il satisfait conduisent à reconnaître sans danger l'association au contrat noué entre l'expéditeur et le voiturier de ce troisième personnage qu'est le destinataire.

Enfin, pour M. Rémond-Gouilloud, réduire le contrat de transport à une stipulation pour autrui, c'est-à-dire à une combinaison de rapports bilatéraux, est une manière d'occulter l'étroite imbrication de droits et de devoirs des trois cocontractants et, en définitive, d'en nier l'originalité[585]. Comme R. Rodière, elle défend l'idée que le contrat de transport est un vrai contrat triangulaire. Car il unit trois personnes, et ce, dès l'origine. Bien que le destinataire soit absent lors de la conclusion du contrat, l'expéditeur le représente cette fois selon l'article 1120 du Code civil : il se porte fort. L'expéditeur « *souscrit à l'égard du transporteur un double engagement : l'un à titre personnel, l'autre pour le compte du destinataire. De ce dernier, il promet qu'il prendra livraison à l'arrivée, et le cas échéant, réglera le prix du transport. Et il s'en porte fort : si le destinataire ne ratifie pas, il s'exécutera à sa place. La ratification du destinataire, tacite, résulte de ce qu'il remplit ses obligations ; elle a pour effet de libérer l'expéditeur de son engagement de porte fort* »[586].

---

583 Décision rendue en matière de vente immobilière : Cass. 1re civ. 8 déc. 1987, *Bull. civ.* I, n° 343, *D.* 1988, IR 3 ; V. G. VENANDET, « La stipulation pour autrui avec obligation acceptée par le tiers bénéficiaire », *JCP* 1989. I. 3391

584 Répertoire DALLOZ, *Droit des transports,* n° 364 et 365.

585 M. REMOND-GOUILLOUD, op. cit., p. 33.

586, M. REMOND-GOUILLOUD, *Ibid.*, p. 35 ; sur le droit d'action du destinataire réel, V. *infra,* n° 312.

Paragraphe 2- La rencontre des volontés

543. Le contrat de transport étant de nature consensuelle, il se forme par l'accord des volontés exprimées par les parties, selon le droit commun des obligations : il faut une offre, suivie d'une acceptation (A). Cette rencontre de consentement doit être exempte de vices (B)

A- L'offre et l'acceptation

544. L'offre est implicite de la part du transporteur ; elle résulte de la publicité qu'il fait de son activité. Le transporteur reste toutefois libre de contracter ou non, s'il s'agit là d'une offre imprécise ne s'appliquant pas à un objet bien déterminé. Et même dans ce dernier cas, il sera en droit de refuser l'exécution d'un transport qui lui paraît risqué ou au-dessus de ses moyens[587]. Les contrats types routiers l'y autorisent expressément lorsque le donneur d'ordre refuse de remédier à une défectuosité du chargement qui est de nature à porter atteinte à la sécurité de la circulation ou à la conservation de la marchandise. La preuve de l'accord des parties peut être faite par tout moyen (seulement par écrit à l'égard d'une partie non commerçante) : un échange de courrier[588], les documents relatifs au transport[589] éventuellement corroborés par la facture du transporteur[590], l'envoi d'ordres de transport au voiturier et l'absence de réclamation après leur exécution. L'accord du transporteur peut être déduit de l'exécution de la prestation sans protestation[591]. Dès l'accord des parties, leur responsabilité réciproque ne peut être que de nature contractuelle. En outre, c'est au moment de la conclusion de l'accord que le client doit avoir connaissance des conditions de transport, spécialement des clauses limitatives d'indemnité du voiturier et des clauses attributives de compétence. Pour être complet sur la question, signalons le développement, dans le domaine du transport routier, des bourses de fret télématiques qui permettent une rencontre rapide de l'offre et de la demande de fret. Par le biais du minitel, les donneurs d'ordre et les transporteurs font connaître, pour les premiers, leur offre de fret, pour les seconds leur demande de fret. Les tribunaux n'ont pas encore été amenés à se prononcer sur la question du moment où le contrat doit être considéré comme conclu.

---

[587] Cass. com. 3 oct. 1989, *BT* 1990. 66; CA Paris, 4 déc. 1979, *BT* 1980.79.

[588] CA Paris, 24 févr. 1982, *BT* 1982.168.

[589] Lettre de voiture, récépissé, feuille de route, CA Grenoble, 23 janv. 1990, *BT* 1990.607.

[590] CA Paris, 11 déc. 1990, *BT* 1991.83.

[591] CA Paris, 28 févr. 1989, Art Fret c/ Dubois, inédit ; CA Toulouse, 4 mars 1980, *BT* 1980.235.

B- Les vices du consentement

545. Le contrat de transport, comme tout autre contrat, est nul, notamment si le consentement de l'une des parties a été vicié. L'erreur n'est une cause de nullité que si elle a porté sur la « *substance* » du contrat (par ex. : la nature dangereuse du produit transporté) et non uniquement sur une condition accessoire[592]. Mais la nullité du contrat est rarement invoquée. Sa déclaration, après l'exécution du transport, présenterait un faible intérêt et le voiturier opte plutôt pour un redressement du prix. La nullité du contrat pour cause d'erreur sur la substance est davantage avancée lorsque la marchandise est avariée ou perdue. Les transporteurs tendent aussi à invoquer la faute de l'expéditeur comme cause exonératoire de leur responsabilité lorsqu'un dommage à la marchandise est résulté du défaut ou de la fausse déclaration de l'expéditeur ; exemples : le fait de ne pas indiquer au transporteur une particularité non apparente de la marchandise [593]ou d'indiquer un poids inexact[594]. Ceux-ci s'analysent en effet comme une faute de l'expéditeur, cause exonératoire du transporteur[595].

Paragraphe 3- L'objet du contrat

546. L'objet de l'obligation principale du voiturier est constitué par le déplacement de la marchandise qui lui est remise. Cette dernière doit répondre aux conditions normales de licéité. Seules les choses qui sont dans le commerce peuvent faire l'objet d'un contrat de transport. La loi vient généralement préciser les produits dont la circulation est interdite.

L'article 2 de l'AUCT adopte, à cet effet, une définition sommaire de la marchandise. Celle-ci désigne « *tout bien mobilier* », sans autre précision. On en déduit que la marchandise est tout bien mobilier, quelle qu'en soit la nature ou la quantité, qui est confié au transporteur en vue de son déplacement d'un point à un autre. La question qui se pose est alors de savoir si toute marchandise peut faire l'objet d'un contrat de transport ! L'AUCT ne semble pas apporter une réponse sans équivoque à cette interrogation.

En effet, il ressort de certaines de ses dispositions que seules les marchandises dites « *conventionnelles* », c'est-à-dire les marchandises qui sont dans le commerce et qui ne présentent pas de danger particulier, peuvent faire l'objet d'un transport soumis aux règles de l'AUCT. Il en est par exemple

---

592 C. civ., art. 1110 ; par ex. : erreur sur la qualité, que présente ou non l'expéditeur, d'être propriétaire de la chose, Cass. req. 6 févr. 1922, *S.* 1923.1.135.

593 La nature d'une marchandise délicate, CA Aix-en-Provence, 13 déc. 1984, *BT* 1985.411 , ou sensible, CA Montpellier, 25 juin 1987, *BT* 1987.618 ; un centre de gravité anormalement élevé, CA Paris, 4 juill. 1988, *BT* 1988.683 ; T. com. Paris, 22 juin 1979, *BT* 1979.415.

594 T. com. Toulouse, 28 mars 1979, *BT* 1979.224.

595 V. en faveur de cette analyse, P. BRUNAT, *Transport*, Lamy, op. cit.,

ainsi des objets de toutes sortes, des documents, des espèces ou des marchandises de grande valeur, animaux vivants, etc. Le contrat de transport ne peut être valablement conclu que si ces marchandises sont déterminées (ou déterminables) et sont licites. En tout état de cause, l'expéditeur doit faire un certain nombre de déclarations relatives à la marchandise destinée au transport. Celles-ci concernent notamment leur dénomination, leur nature, le nombre de colis, leurs marques et leurs numéros, le poids brut ou la quantité[596]. Lorsqu'il s'agit des espèces ou des marchandises de grande valeur, il lui est recommandé d'en faire connaître la nature ou la valeur lors de leur remise au transporteur[597]. Toutes ces déclarations doivent permettre au transporteur de prendre les dispositions nécessaires pour une bonne prise en charge des marchandises et leur déplacement dans de bonnes conditions.

547. Quant aux marchandises dangereuses, elles semblent, en principe, exclues de tout transport soumis aux règles de l'AUCT. Par marchandise dangereuse, on désigne « *une marchandise qui, par sa composition ou son état, présente un risque pour l'environnement, la sécurité ou l'intégrité des personnes ou des biens* ». L'article 1 al. 2 dispose que l'AUCT ne s'applique pas aux transports de marchandises dangereuses. Toutefois, l'AUCT laisse entrevoir la possibilité qu'un contrat de transport puisse avoir pour objet de telles marchandises. En premier lieu, l'article 4 al. 1-e vise parmi les mentions que doit contenir de la lettre de voiture, la « *dénomination généralement reconnue* » des marchandises dangereuses. Ensuite et surtout, l'article 8, alinéa 3, impose à l'expéditeur qui remet des marchandises dangereuses au transporteur d'en faire connaître, au préalable, leur nature exacte. Il résulte de la combinaison de ces deux textes que les marchandises dangereuses peuvent bien faire l'objet d'un contrat de transport soumis à l'AUCT. Sont en revanche exclus de tout transport régi par l'AUCT, les biens mobiliers usagés faisant l'objet d'un transport de déménagement, les restes mortels et les colis postaux. Ces différentes « *marchandises* » relèvent des transports spéciaux régis par des textes particuliers[598].

Section 3 - L'exécution du contrat

548. Les règles qui gouvernent l'exécution du contrat de transport varient selon que l'exécution est (Paragraphe 2) ou non perturbée (Paragraphe 1).

---

596 Art. 4 AUCT.
597 Art. 8 al. 4 AUCT.
598 Art. 1 al. 2 AUCT.

Paragraphe 1- L'exécution normale du contrat de transport

549. Le contrat de transport emporte des obligations à la charge des trois parties intéressées. Il convient d'étudier ces obligations dans un ordre chronologique, en commençant d'abord par celles de l'expéditeur qui s'exécutent essentiellement dans la phase de préparation de la marchandise au déplacement (A), puis celles du transporteur qui s'ordonnent autour du dit déplacement (B), enfin celles du destinataire qui concernent la prise de livraison de la marchandise (C).

A - Les obligations de l'expéditeur

550. Les obligations de l'expéditeur sont de deux ordres[599] : certaines sont relatives aux marchandises proprement dites (1), d'autres ont trait au fret, c'est-à-dire au prix du transport (2).

1- Les obligations relatives à la marchandise

551. Les obligations relatives aux marchandises consistent, pour certaines, en des déclarations que l'expéditeur doit faire au transporteur, pour d'autres, en des opérations matérielles.

Les obligations matérielles sont ensemble d'obligations dont l'exécution vise à permettre une prise en charge aisée et sûre de la marchandise par le transporteur, et partant, un voyage sans risques ni danger pour les personnes et les biens. Entrent dans cette catégorie : l'emballage et le conditionnement de la marchandise d'une part, le marquage et l'étiquetage d'autre part.

- **L'emballage et le conditionnement**

552- Certaines marchandises ne nécessitent pas d'emballage, notamment celles qui sont destinées à voyager à nu. En revanche, pour la plupart, il faut absolument un emballage qui a pour fonction première de protéger la marchandise[600]. Il en est particulièrement ainsi en ce qui concerne les marchandises dangereuses. Des textes spéciaux édictent d'ailleurs des prescriptions techniques impératives pour leur emballage et leur conditionnement. Quant aux marchandises conventionnelles, leur emballage doit être conforme à la pratique ou aux usages du commerce.

---

[599] A. AKAM AKAM, « L'information dans le contrat de transport de marchandises par route. Le droit commun des contrats à l'épreuve du droit OHADA », *RRJ* n° 2006-3, p. 1647-1684, spécialement les n° 9 et s. ; L. BRUNAT, « Obligations et responsabilité de l'expéditeur », *B. T.* 1974, 472.

[600] NOSSOVITCH, « L'emballage de la marchandise dans les transports routiers », *B. T* 1982, 463.

L'emballage et le conditionnement incombent normalement à l'expéditeur. Quand bien même ce dernier ne l'exécuterait pas directement, il n'en assume pas moins la responsabilité. C'est à l'expéditeur qu'il revient de prendre toutes les dispositions pour que la marchandise soit correctement emballée. À cet effet, l'article 7 al. 1er de l'AUCT dispose : « *À moins que le contrat ou les usages ne prévoient le contraire, l'expéditeur doit emballer la marchandise de manière adéquate* ». Que faut-il entendre par cette formule ? Elle signifie simplement que lorsque les marchandises nécessitent une protection, l'obligation de l'expéditeur est de réaliser un emballage suffisant et apte à supporter un transport exécuté dans des conditions normales. Quel que soit le type d'emballage choisi (cartons, palettes, conteneur, etc.), il doit être adapté à la nature de la marchandise et surtout présenter une solidité suffisante. Dans tous les cas, l'emballage doit être capable de supporter un transport exécuté dans des conditions normales et de résister aux incidents pouvant survenir au cours du transport.

Quelle attitude doit avoir le transporteur lors de la prise en charge relativement à ces opérations ? L'article 7 al. 2 de l'AUCT prévoit que « *lorsqu'au moment de la prise en charge, un défaut d'emballage apparent ou connu du transporteur présente un risque évident pour la sécurité ou l'intégrité des personnes ou des marchandises, le transporteur doit en aviser la personne responsable de l'emballage et l'inviter à y remédier* ». Par ailleurs, si en cours de transport survient un bris d'emballage, il est fait obligation au transporteur de prendre les mesures qui lui paraissent les meilleures dans l'intérêt de l'ayant droit à la marchandise et d'aviser ce dernier[601]. Le transporteur ne saurait donc rester indifférent aux opérations d'emballage et doit agir en professionnel qu'il est, soit en prévenant et conseillant l'expéditeur, soit en prenant les mesures nécessaires le cas échéant.

- **Étiquetage et marquage**

553. L'expéditeur doit, en tant que de besoin, doter la marchandise d'un étiquetage et d'un marquage appropriés. Les étiquettes sont des symboles, figurations et autres écrits que l'on appose sur les colis et qui alertent le transporteur ou toute autre personne, notamment les manutentionnaires, et les incitent à prendre des précautions. Elles sont particulièrement nécessaires en cas de marchandises dangereuses. Les colis renfermant des matières dangereuses doivent impérativement porter d'une manière apparente des étiquettes de danger indélébiles, bien lisibles et conformes aux modèles prévus par la réglementation pour chaque type de marchandises.

---

[601] J-A. BATOUAN BOUYOM, *Le droit OHADA sur le transport des marchandises par route : approche critique, prospective et comparative*, Thèse de doctorat, Université de Nantes-Université de Yaoundé II, 2007, p. 629; Art. 7 al. 3 AUCT.

Les marques sont des inscriptions portées sur les colis et qui précisent généralement les noms du destinataire et de l'expéditeur, le numéro de série et le numéro du colis dans la série, le lieu de livraison. Elles visent donc à faciliter la reconnaissance des colis et à éviter les erreurs.

Quant aux déclarations relatives à la marchandise, elles sont édictées afin de permettre au transporteur d'établir la lettre de voiture. L'article 4, alinéas 1 et 2, vise notamment la dénomination courante de la nature de la marchandise (numéros, poids brut ou quantité), le mode d'emballage, le nombre de colis, leurs marques et numéros, le lieu et la date de prise en charge de la marchandise, le lieu de livraison. En outre, lorsque cela est nécessaire, l'expéditeur doit fournir au transporteur les instructions requises pour les formalités de douane ou pour l'assurance de la marchandise.

L'AUCT met ainsi à la charge de l'expéditeur une obligation légale d'information[602]. Celui-ci est tenu de faire des déclarations exactes, complètes et sincères. L'expéditeur pourrait voir sa responsabilité engagée vis-à-vis du transporteur pour tout dommage ayant pour origine l'omission, l'insuffisance ou l'inexactitude de ses déclarations relatives à la marchandise[603]. Par ailleurs, lorsque l'expéditeur remet au transporteur des marchandises dangereuses sans en avoir fait connaître la nature exacte, il est responsable de tout préjudice qui pourrait résulter du transport de cette marchandise. Outre la mise en œuvre de sa responsabilité, l'expéditeur court le risque de voir les marchandises dangereuses déchargées, détruites ou rendues inoffensives par le transporteur sans indemnité, dès lors que celui-ci peut démontrer qu'il n'aurait pas consenti à les prendre en charge s'il avait eu connaissance de leur nature ou de leur caractère. Enfin, lorsqu'il remet au transporteur des espèces, des documents ou des marchandises de grande valeur sans en avoir fait connaître la nature ou la valeur, l'expéditeur est responsable de tout préjudice subi en raison de leur transport[604].

554. Au-delà de ces obligations légales d'information ou d'instruction, l'expéditeur est tenu, en vertu de l'exigence générale de bonne foi contractuelle, de donner au transporteur toutes les informations ou de lui signaler les particularités non apparentes de la marchandise susceptibles d'avoir une incidence sur la bonne exécution ou la sécurité du transport.

---

[602] A. AKAM AKAM, « L'information dans le contrat de transport de marchandises par route. Le droit commun des contrats à l'épreuve du droit OHADA », op. cit., p. 1647 et s ;
[603] V.E. BOKALLI et D.C. SOSSA, OHADA : droit des contrats de marchandises par route, op. cit., Art. 8 al. 2 AUCT.
[604] Art. 8 al. 3 AUCT; F.R. FERRARI, « The OHBLA draft uniform act on contracts for the carriage of goods by road. First remorks on its sphere of application », *RDAL*, n° 7, 2001, p. 898-905.

2- Les obligations relatives au fret

555. En contrepartie de l'obligation du transporteur d'assurer le déplacement de la marchandise, l'expéditeur doit le prix du transport ainsi que les autres frais y afférents[605]. Le contrat peut tout de même prévoir que cette charge incombera au destinataire. Il convient alors de préciser d'abord le régime du paiement des frais de transport avant d'envisager les garanties de paiement reconnues au transporteur.

S'agissant du régime du paiement des frais afférents au transport, les parties au contrat de transport conviennent du prix du transport appelé fret et, le cas échéant, des autres frais accessoires. L'article 4 al. 1 de l'AUCT relève simplement que la lettre de voiture doit contenir « *les frais afférents au transport* » qui comprennent le prix du transport proprement dit, et éventuellement « *les frais accessoires, les droits de douane et autres frais survenant à partir de la conclusion du contrat jusqu'à la livraison* ». Ce sont ces éléments qui constituent les frais afférents au transport au sens large. S'agissant de la détermination du montant des frais de transport, force est de constater que l'AUCT n'en indique pas les modalités. Il appartient donc aux parties de convenir du prix du transport. Mais, dans la pratique, c'est au transporteur qu'il revient de fixer le prix du transport en fonction de divers éléments, tels que la distance, la nature ou la valeur de la marchandise, le poids brut ou la quantité, le nombre de colis, etc. À cet effet, l'expéditeur doit faire au transporteur des déclarations sincères en vue de lui permettre de fixer le prix de transport adéquat. En cas de fausse déclaration de la nature ou de la valeur de la marchandise, l'article 15 al. 2 de l'AUCT prévoit que « *le transporteur peut réclamer le prix qu'il aurait pu exiger pour ce transport* ». Autrement dit, le transporteur va procéder au redressement du prix sur la base des constatations opérées après vérification. Quant au transporteur, il doit facturer un prix normal et raisonnable en rapport avec la prestation à fournir.

556. L'autre problème qui se pose est celui de la détermination du débiteur du prix du transport et des autres frais accessoires ? L'AUCT apporte quelques éléments de réponse. En premier lieu, l'article 4 al. 2 prévoit que la lettre de voiture peut contenir, le cas échéant, « *les frais que l'expéditeur prend à sa charge, le montant du remboursement à percevoir lors de la livraison de la marchandise* ». En second lieu, l'article 15 al. 1 précise que « *les créances résultant de la lettre de voiture sont payables par le donneur d'ordre avant la livraison, sauf stipulation contraire sur la lettre de voiture* ». Il résulte de la combinaison de ces deux textes que c'est à l'expéditeur qu'il revient de s'acquitter de l'obligation de payer le prix de transport, sauf clause contraire.

---

[605] Art. 8 al. 3 AUCT.

Ainsi, le débiteur du fret varie selon que le transport est effectué en « *port payé* » ou en « *port dû* »[606].

Le transport est en « *port payé* » lorsque le fret doit être acquitté au départ par l'expéditeur. Il est le débiteur du prix du transport. Si le port n'a pas été payé au départ ou que l'expéditeur est devenu insolvable, le transporteur ne saurait réclamer le paiement du prix de transport ou de ses autres frais au destinataire. Le fait pour le destinataire d'accepter le contrat de transport n'a pas pour effet de le substituer dans l'exécution des obligations qui incombent normalement à l'expéditeur, et notamment celle de payer le prix de transport.

Le transport peut être effectué en « *port dû* ». Cela doit résulter des stipulations contractuelles, et en particulier, de la lettre de voiture qui doit mentionner clairement que la charge du paiement des frais afférents au transport est à la charge du destinataire. Dans cette hypothèse, le prix de transport doit être acquitté par le destinataire avant la livraison de la marchandise. Comme l'énonce l'article 13 al. 3 de l'AUCT, « *avant de prendre livraison, le destinataire est tenu de payer le montant des créances résultant de la lettre de voiture* ». Que peut faire le transporteur en cas de refus du destinataire de payer le fret ? La jurisprudence[607] a, en pareil cas, décidé que le transporteur pouvait s'adresser à l'expéditeur pour son paiement : « *l'expédition en port dû n'a pas pour effet de substituer, comme débiteur du prix du transport, le destinataire à l'expéditeur, qui en demeure redevable en cas de défaillance du destinataire* ». L'AUCT semble prendre le contrepied de cette solution en prévoyant à l'article 15 al. 3 que le transporteur qui n'exige pas le paiement des sommes dues au destinataire avant la livraison « *perd son droit de les réclamer au donneur d'ordre* ». En revanche, si le destinataire refuse d'effectuer le paiement, le transporteur doit en aviser le donneur d'ordre et lui demander des instructions[608].

557. Quant aux règles relatives aux garanties de paiement du fret, l'AUCT prévoit deux techniques susceptibles de garantir le paiement du fret dû au transporteur : il s'agit du droit de rétention, d'une part, et du privilège, d'autre part.

- **Le droit de rétention de la marchandise**

558. Aux termes de l'art. 15 al. 3, « le transporteur a le droit de retenir la marchandise transportée jusqu'au paiement des créances résultant de la lettre de voiture »[609]. L'AUCT reconnaît ainsi au transporteur le droit de retenir la

---

606 N. LACASSE et J. PUTZEYS, « L'Acte uniforme relatif aux droits de transport de marchandises par route », *ETL*, 2003, n° 6, p. 673-729.
607 VÉ. BOKALLI ; D.-C. SOSSA, op. cit., n° 25 et s ; J.-C. NGNINTEDEM, « La réglementation des transports en zone CEMAC : un modèle d'intégration sous-régionale », op. cit., p. 158 et s. ; Civ, 3 févr. 1913, D. 1914.I. 63.
608 Art. 15 al. 3 *in fine* AUCT.
609 J.-C. JAMES, « Le droit de rétention en droit uniforme africain », *Revue Afrique Juridique*

marchandise tant que le destinataire ne paye pas le montant des créances résultant de la lettre de voiture. Il s'agit là sans conteste d'un véritable droit de rétention qui obéit aux dispositions de l'Acte uniforme du 17 avril 1997 portant organisation des sûretés[610]. Pour exercer ce droit de rétention, le transporteur doit justifier d'une créance certaine, liquide et exigible, conformément aux dispositions de l'acte uniforme susvisé. S'il n'obtient pas finalement le paiement souhaité, il bénéficie d'un droit de préférence en cas de vente de la marchandise.

Cela dit, rien n'oblige le transporteur de se dessaisir de la marchandise avant le paiement de ses créances par le débiteur ou le destinataire. Toutefois, aux termes des dispositions de l'article 13 al. 3 de l'AUCT, « le transporteur n'est obligé de livrer la marchandise que si une caution lui est fournie par le destinataire ».

- **Le privilège du transporteur**

559. Il est prévu par l'article 15 al. 4 de l'AUCT qui énonce : « Le transporteur a un privilège sur la marchandise transportée pour tout ce qui lui est dû à condition qu'il y ait un lien de connexité entre la marchandise transportée et la créance ». Ce texte reprend pratiquement les dispositions de l'Acte uniforme portant organisation des sûretés. Le transporteur qui n'a pas reçu le paiement de sa créance résultant de la lettre de voiture est ainsi doté d'un privilège spécial portant sur une chose précise, qui est la marchandise ayant fait l'objet du transport. En effet, ce privilège ne lui est acquis qu'à condition qu'il y ait un lien de connexité entre la marchandise transportée et la créance impayée.

Le privilège ainsi reconnu au transporteur couvre le prix du transport proprement dit, et, le cas échéant, tous les frais accessoires ainsi que les frais éventuels exposés par le transporteur après la conclusion du contrat de transport (soins à la marchandise, entreposage, etc.). Il confère un droit de préférence au transporteur.

B- Les obligations du transporteur

560. Dans l'exécution du contrat de transport, le transporteur est certainement la partie qui supporte le plus grand nombre d'obligations. Celles-ci vont de la prise en charge (1) à la livraison de la marchandise (3) en passant par son déplacement (2).

---

et Politique, vol. I, n° 2, p. 3 à 34.

[610] J-C. JAMES, « Le droit de rétention en droit uniforme africain », Revue Afrique Juridique et Politique, vol. 1, n° 2, p. 3 à 34.

1- La prise en charge de la marchandise

561. C'est l'acte matériel et juridique par lequel le transporteur prend possession effective de la marchandise et l'accepte au transport. La détermination du moment de la prise en charge dépend de la convention des parties. Il revient à l'expéditeur de présenter la marchandise qui est l'objet du contrat au transporteur. Cette présentation doit se faire aux moment et lieu convenus. La marchandise doit bien entendu être emballée et conditionnée correctement. Dès lors, il incombe au transporteur de procéder à la vérification, au pesage ou au comptage de marchandise, et, le cas échéant, de faire des réserves. La prise en charge se traduit aussi par l'établissement de la lettre de voiture.

S'agissant du premier versant cette obligation de prise en charge, il est de l'intérêt du transporteur qu'il procède à la vérification des marchandises[611]. C'est effectivement au cours de cette opération qu'il peut contrôler les déclarations de l'expéditeur et faire les réserves nécessaires. Le transporteur doit notamment vérifier la nature et l'état de la marchandise. Pour ce faire, il a le droit de procéder à une vérification de l'état extérieur et intérieur des colis.

L'AUCT traite directement de la vérification. En effet, il résulte de l'article 10 al. 1er que « lors de la prise en charge de la marchandise, le transporteur est tenu de vérifier : l'exactitude des mentions de la lettre de voiture relatives au nombre de colis, à leurs marques ainsi qu'à leurs numéros ; l'état apparent de la marchandise et de son emballage ». Cette disposition, qui ne dispense pas le transporteur de procéder à une vérification complète des marchandises, indique simplement les éléments que celui-ci doit contrôler en priorité. Si le transporteur n'a pas les moyens raisonnables de le faire, il doit inscrire des réserves motivées sur la lettre de voiture[612]. L'AUCT va même plus loin en reconnaissant à l'expéditeur le droit d'exiger du transporteur qu'il vérifie le poids brut ou la quantité de la marchandise ou le contenu du colis[613]. Dans ce cas, le transporteur peut lui réclamer le paiement des frais de vérification.

Enfin, il y a lieu de noter que le transporteur, qui s'abstient de vérifier la marchandise, est réputé l'avoir reçu dans l'état et la quantité décrits dans la lettre de voiture[614].

562. Le pesage et le comptage de la marchandise sont constitués d'opérations complémentaires à la vérification. On peut même dire qu'elles participent de la vérification. Ainsi, il revient généralement au transporteur de

---

[611] P. BRUNAT, « Vérification par le transporteur du chargement effectué par l'expéditeur », *BT* 19880.282.

[612] Art. 10 AUCT.

[613] Art. 10 al.3 AUCT.

[614] Art. 10 al.4 AUCT.

procéder au pesage de la marchandise pour s'assurer de la réalité du poids brut de la marchandise déclarée par l'expéditeur. L'expéditeur peut lui aussi exiger un tel pesage. Quant au comptage, il est nécessaire lorsque la quantité de la marchandise est exprimée autrement qu'en poids (nombre de colis notamment). Ces opérations permettent au transporteur, en cas de fausse déclaration de l'expéditeur, de procéder au redressement du prix de transport.

La prise en charge prend fin avec le chargement et l'arrimage de la marchandise à bord du véhicule.

L'AUCT ne règle pas expressément la question de la responsabilité du chargement et des opérations annexes, tel que l'arrimage ou le bâchage de la marchandise[615]. D'une manière générale, le chargement incombe au transporteur. En effet, dès lors qu'il a accepté la marchandise au transport, le transporteur doit en prendre possession et la charger dans le véhicule approprié à sa nature ou à ses caractéristiques. Il doit naturellement procéder à l'arrimage de la marchandise une fois chargée. Cependant, lorsque la responsabilité du chargement incombe à l'expéditeur, le transporteur doit alors lui donner toutes les indications nécessaires au respect du Code de la route en ce qui concerne la sécurité de la circulation. Autrement dit, en tant que professionnel, le transporteur est tenu d'un véritable devoir de conseil à l'égard de l'expéditeur qui effectue le chargement. En tout état de cause, il devra contrôler l'exécution de cette opération. Si le chargement est défectueux, il doit faire des réserves et inviter l'expéditeur à y remédier[616].

2- Le déplacement de la marchandise

563. L'acheminement de la marchandise à destination est l'obligation principale du transporteur. C'est la principale obligation du transporteur. Elle consiste à déplacer la marchandise du point de prise en charge jusqu'au lieu de livraison convenu. À cet effet, le transporteur assume des obligations secondaires qui concernent notamment le choix de l'itinéraire et le respect du délai de route. Pour l'exécuter, il doit déplacer dans les délais et itinéraires normaux. En cas d'empêchement en cours de route, il doit en avertir l'ayant droit à la marchandise.

En effet, la détermination de l'itinéraire n'est pas sans importance. Il suffit de rappeler que le prix du transport dépend entre autres de la distance à parcourir. Cela dit, la convention des parties doit normalement fixer l'itinéraire à suivre par le transporteur. À défaut de stipulation, le transporteur doit prendre la voie la plus directe pour atteindre le lieu de livraison prévu par

---

[615] NOSSOVITCH, « Chargement, déchargement et arrimage dans les transports routiers », *BT*. 1982.102.
[616] BRUNAT, « La prise en charge sans réserve d'un chargement défectueux », BT 1978. 477.

les parties. Un déroutement injustifié qui cause un préjudice à l'ayant droit de la marchandise pourrait entraîner la responsabilité du transporteur.

L'AUCT envisage la délicate question du délai de transport. En effet, l'article 13 al. 1 dispose que « *la livraison doit être faite dans le délai convenu ou, à défaut, dans le délai qu'il est raisonnable d'accorder à un transporteur diligent, compte tenu des circonstances de fait* ». L'appréciation de ce délai se fait notamment en fonction de la nature de la marchandise et des usages. En tout état de cause, il appartient au juge de dire et d'apprécier souverainement si le temps mis par le transporteur pour acheminer la marchandise était ou non normal.

564. Quant aux empêchements en cours de transport, il peut arriver qu'en cours de route, des difficultés se présentent ou des évènements se produisent et compliquent ou rendent impossible la continuation du transport dans les conditions prévues. Dans ce cas, l'art.12 al. 1-a de l'AUCT fait obligation au transporteur d'aviser l'ayant droit à la marchandise sans délai et de demander des instructions. À défaut d'instructions, si le transport peut être exécuté dans des conditions différentes, le transporteur doit prendre « *les mesures qui lui paraissent les meilleures* » dans l'intérêt de l'ayant droit. Il doit apporter tous les soins nécessaires à la marchandise et veiller notamment à sa conservation en tenant compte de sa nature et de ses caractéristiques. En tout cas, la marchandise demeure sous sa responsabilité pendant toute la durée de l'empêchement au transport. S'il a confié la marchandise à un tiers, il est responsable du choix judicieux de ce dernier[617]. Dans tous les cas, confronté à un empêchement, le transporteur doit agir en professionnel avisé. Cela vaut également en cas d'empêchement à la livraison.

Le transporteur doit normalement attendre et suivre les instructions de l'ayant droit à la marchandise. À défaut d'instructions dans un délai de quinze jours suivant l'avis, il peut faire procéder à la vente de la marchandise dans l'intérêt de l'ayant droit, déduction faite des frais éventuels grevant la marchandise. Toutefois, l'AUCT lui reconnaît le droit de faire vendre la marchandise sans attendre les instructions si l'état ou la nature périssable de la marchandise le justifie ou si les frais de garde sont hors de proportion avec la valeur de la marchandise[618].

Sauf dans le cas où l'empêchement au transport provient de sa faute, le transporteur a droit au remboursement des frais qu'impliquent sa demande d'instructions et l'exécution des instructions reçues. Notamment, le destinataire a droit à une rémunération raisonnable pour la conservation ou l'entreposage de la marchandise.

---

[617] Art. 12 al. 5 AUCT.
[618] Art. 12 al. 6 AUCT.

3- La livraison de la marchandise

565. C'est l'étape finale du contrat de transport pour le transporteur. Elle marque la fin normale des obligations du transporteur. L'AUCT ne définit point la livraison. Celle-ci peut être entendue comme la prise de possession effective de la marchandise par l'ayant droit désigné par la lettre de voiture. Avant la livraison, il est tenu d'avertir le destinataire de l'arrivée de la marchandise. L'article 13 al. 2 prévoit effectivement que : « *après l'arrivée de la marchandise au lieu prévu pour la livraison, le transporteur est tenu d'aviser le destinataire de l'arrivée de la marchandise et du délai imparti pour son enlèvement, à moins que la livraison ne s'effectue à la résidence ou à l'établissement du destinataire* ».

566. Cela dit, le transporteur doit livrer la marchandise au destinataire au lieu prévu pour la livraison et de lui remettre la copie de la lettre de voiture accompagnant la marchandise. Il peut arriver qu'en cours de route, le lieu de livraison change par décision de l'expéditeur. En effet, en vertu de l'article 11 al. 1 de l'AUCT, l'expéditeur a le droit de disposer de la marchandise en cours de route et notamment de modifier le lieu prévu pour la livraison ou même de demander au transporteur de livrer la marchandise à un destinataire différent de celui indiqué sur la lettre de voiture. Par ailleurs, en cas d'empêchement au lieu de destination, le transporteur doit sans délai aviser l'expéditeur et demander des instructions[619]. Le transporteur a aussi droit au remboursement de ses frais, sauf si l'empêchement à la livraison est la conséquence d'une faute de sa part.

C- Les obligations du destinataire

567. Les obligations du destinataire commencent avec l'arrivée de la marchandise à destination[620]. Pour l'essentiel, le destinataire doit prendre livraison de la marchandise (1) et, le cas échéant, conserver les droits et recours contre le transporteur (2).

1- La réception de la marchandise

568. Il faut d'emblée relever que le destinataire ne saurait être contraint à prendre livraison de la marchandise. Son refus de le faire pose problème. Il s'agit alors de savoir s'il faut y voir un refus du contrat de transport ou un simple refus de la marchandise qui en est l'objet. Si, dans le premier cas, le destinataire reste en dehors du contrat de transport (il est un tiers au contrat),

---

619 Art 12 al. 1 AUCT ; A. CHAO, « Empêchement à la livraison », *BT.* 1986.204.

620 L. BRUNAT, « Droits et devoirs du destinataire dans le contrat de transport », *BT.* 1983.18.

dans le second, on considère qu'il y a adhéré et, par conséquent, est devenu partie au contrat.

Cela étant, il convient de rappeler que le contrat de transport prend fin avec la livraison des marchandises. Il importe alors de préciser la notion de livraison avant d'en envisager les modalités.

569. Pour ce qui est de la notion de livraison, elle ne doit être confondue avec celle d'achèvement du transport. L'achèvement du transport est simplement la fin du déplacement de la marchandise, qui coïncide avec l'arrivée à destination. Toute autre chose est la livraison. En quoi consiste-t-elle réellement ?

Deux conceptions se sont opposées. Pour la première, la livraison consiste dans la prise de possession physique de la marchandise par le destinataire. Elle ne se réalise donc qu'au moment du retrait effectif et total de la marchandise des mains du transporteur. C'est la thèse dite de la livraison matérielle. En revanche, pour la seconde, la livraison serait simplement un acte purement consensuel se réalisant par l'accord des parties, indépendamment de tout acte matériel de retrait de la marchandise. C'est la thèse dite de la livraison juridique soutenue par le Doyen Rodière. Entre ces deux opinions contraires, la jurisprudence a choisi en retenant la thèse de la livraison matérielle. Elle pose en principe que le contrat de transport ne prend fin qu'avec le retrait effectif et total des marchandises des mains du transporteur[621]. D'ailleurs, dans un arrêt rendu en matière maritime, la Cour de cassation française[622] entend, par livraison, l'opération par laquelle le transporteur remet la marchandise à l'ayant droit qui l'accepte. La livraison consiste donc avant tout dans la prise de possession physique, de sorte qu'une marchandise ne peut être regardée comme livrée tant qu'elle se trouve entre les mains du transporteur, même si le destinataire en a donné décharge au transporteur. C'est dire que la mise à disposition de la marchandise n'équivaut pas à la livraison ; celle-ci n'est effective qu'avec la prise de contrôle physique de la marchandise par le destinataire[623].

570. Quant aux modalités de la livraison, elles se rapportent à la personne qui a droit à la livraison et à la notion de déchargement.

Pour ce qui est du déchargement l'AUCT ne précise pas à qui du transporteur ou du destinataire incombe le déchargement. En pratique, c'est au destinataire qu'il appartient normalement d'exécuter le déchargement. Il doit, pour ce faire, désarrimer la marchandise, retirer son calage et procéder à sa mise à terre par tous moyens de son choix, manuels ou mécaniques. Si le

---

621 Paris, 20 déc. 1984.
622 Com. 17 nov. 1992, *Bull.civ.*, IV, n° 365, p. 259.
623 Com. 24 nov. 1987, BT. 1988. 42.

destinataire refuse d'effectuer le déchargement, le transporteur est fondé à considérer qu'il y a empêchement à la livraison. Mais il peut aussi arriver que le transporteur accepte de procéder au déchargement à la place du destinataire ou de participer à l'opération. Dans un cas comme dans l'autre, le transporteur est présumé responsable des dommages subis par la marchandise au cours du déchargement ou des dommages causés aux tiers[624]. Il en est ainsi parce que le contrat ne prend fin qu'au moment de la livraison effective au destinataire.

571. Quant à l'ayant droit à la livraison, la question est de savoir à qui la livraison doit-elle être faite ? La réponse est simple : la marchandise doit être remise à la personne désignée comme destinataire sur le document de transport ou à son représentant. Le transporteur doit donc vérifier l'identité de la personne qui réclame la livraison afin de s'assurer qu'il s'agit bien de l'ayant droit ou d'une personne agissant pour son compte. Ainsi, en droit français, il a été jugé que commet une faute :

- Le transporteur, qui, connaissant le destinataire réel, lui livre directement la marchandise en lieu et place du destinataire mentionné sur le document de transport[625].
- Le transporteur qui remet la marchandise à un tiers au domicile duquel la livraison devait être faite sans s'assurer qu'il était bien le destinataire nominal[626].

En tout état de cause, la livraison à un tiers constitue une faute et équivaut à une perte totale pour le véritable destinataire. Toutefois, la responsabilité du transporteur n'a pas été retenue en cas de livraison faite à un tiers sur présentation du récépissé revêtu d'une décharge du destinataire, puisque celui-ci s'était fait voler par un tiers, ou de la lettre d'avis régulièrement adressée au destinataire, puis volée par un tiers qui l'avait ensuite faussement signée du nom du destinataire.

2- La conservation des droits et recours contre le transporteur

572. Le destinataire doit faire des réserves en cas d'avaries, de pertes ou de retard à la livraison à l'effet de préserver son droit au recours. L'obligation de faire des réserves suppose la vérification préalable des colis.

L'obligation incombant au destinataire d'adresser au transporteur un avis écrit en cas de pertes ou avaries justifie le droit qui lui est reconnu de procéder à la vérification préalable des marchandises avant d'en donner décharge au

---

624 R. RODIERE, « Des avaries aux marchandises en cours de chargement ou de déchargement », *JCP* 1953.I.1085 ; « Chargement, déchargement, dommages causés aux tiers au cours de ces opérations », BT. 1979.274.

625 T. com. Paris, 26 janv. 1970.

626 Com, 9 déc. 1965.

transporteur[627]. Le doyen Josserand a justement observé depuis fort longtemps que la vérification amiable « *constitue pour le destinataire un droit absolu, à l'exercice duquel le voiturier ne saurait faire aucune objection tirée des difficultés qu'il ne lui crée ni du mode particulier de conditionnement du colis, ni du bon état de conditionnement extérieur ou du poids régulier du colis ; elle peut être exigée intérieurement aussi bien qu'extérieurement et préalablement au paiement du prix du transport* ». C'est dire que le destinataire a le droit d'exiger le contrôle préalable des colis sans que le transporteur puisse s'y opposer ou y apporter des restrictions.

573. Force est de relever que l'AUCT ne prévoit pas expressément ce droit, mais envisage la possibilité d'une constatation commune écrite de l'état de la marchandise à la livraison. L'article 14 al. 1 admet ainsi que le transporteur et le destinataire peuvent, de concert, procéder à un constat contradictoire de l'état de la marchandise lors de la livraison ; dans ce cas, il est dispensé d'adresser un avis écrit au transporteur[628]. Lorsqu'il y a eu constatation contradictoire, la preuve contraire ne peut être rapportée que s'il s'agit de pertes ou d'avaries non apparentes et si le destinataire a adressé des réserves écrites au transporteur dans les sept jours suivant la constatation commune. Les règles sont différentes lorsqu'il n'y a pas eu de constatation contradictoire.

En l'absence d'un constat commun de l'état de la marchandise, le destinataire est tenu d'adresser au transporteur un avis écrit indiquant la nature des pertes ou avaries soit : au plus tard le premier jour ouvrable qui suit la date de la livraison, en cas de pertes ou avaries apparentes, soit dans un certain délai, en cas de pertes ou avaries apparentes ; dans les sept jours suivant la date de livraison, dimanche et jours fériés non compris, en cas de pertes ou avaries non apparentes.

En cas de retard à la livraison, il est fait obligation au destinataire d'adresser au transporteur un avis écrit dans les vingt et un jours suivant la date de l'avis d'arrivée de la marchandise.

Les réserves exigées du destinataire doivent être écrites, précises et complètes[629]. Il en est notamment ainsi lorsque l'avis adressé au transporteur indique de manière précise et complète la nature et l'importance du dommage constaté. Aussi, des réserves vagues ou imprécises du genre « *sous réserve de déballage* » ou encore « *sous toutes réserves* » n'ont aucun effet.

---

[627] L. BRUNAT, « Le droit de vérification du destinataire », BT. 1983.158.

[628] Paris, 28 mars 1978, Gaz. Pal. 1978, somm. 400 ; BT 1974. 320.

[629] A. AKAM AKAM, *Les réserves à la livraison. Étude des diligences des réceptionnaires dans les transports maritimes, terrestres et aériens*, Thèse, Aix-Marseille III, 1991, 360 p ; « La conservation de l'action en responsabilité contre les transporteurs terrestres de marchandises », *Revue Lex lata*, 1995, n° 18, p. 10 et s et n° 19, p. 8 et s.

574. Les réserves ont des fonctions différentes[630]. Pour celles qui dénoncent des avaries ou des pertes, elles constituent un moyen de preuve de l'existence au moment de la livraison. En effet, des réserves précises et complètes font la preuve que les avaries ou pertes constatées sont antérieures à la livraison. Il appartient alors au transporteur d'apporter la preuve contraire. À défaut de réserves, il y a présomption que la marchandise a été reçue par le destinataire dans l'état décrit dans la lettre de voiture[631].

575. Quant aux réserves concernant le retard à la livraison, elles ont pour fonction de sauvegarder le droit à l'indemnité de l'ayant droit à la marchandise. En effet, il ressort des dispositions de l'article 14 al. 4 de l'AUCT qu'un retard à la livraison ne peut donner lieu à une indemnité que si un avis écrit a été adressé au transporteur dans le délai prescrit.

En définitive, le destinataire doit veiller à adresser ses réserves au transporteur dans les conditions de forme et de délais prévues par l'AUCT. Il n'en est dispensé que si « *une mention écrite de la perte ou de l'avarie faite sur la lettre de voiture ou sur tout autre document de transport au moment de la livraison satisfait aux exigences* » de l'avis[632].

Paragraphe 2- L'exécution perturbée du contrat de transport

576. Les difficultés d'exécution du contrat de transport peuvent être à la fois le fait de l'expéditeur (A) et du transporteur (B).

A- L'exécution perturbée du contrat de transport imputable à l'expéditeur

577. L'AUCT a le mérite d'aborder clairement l'un des aspects les moins connus ou étudiés du droit des transports, à savoir la responsabilité de l'expéditeur[633]. Il stipule que l'expéditeur doit répondre des dommages causés au transporteur ou à toute personne qui l'aide pour l'exécution du contrat de transport. Il faut préciser ces conditions de responsabilité (1) avant d'évoquer le domaine de cette responsabilité (2).

---

630 M. de JUGLART, « Protestations, réserves et actions en justice contre le transporteur à l'arrivée des marchandises », DMF 1955. 131.

631 Art. 14 al. 3 AUCT in limine.

632 Art. 14 AUCT.

633 En matière maritime, V. A. AKAM AKAM, *La responsabilité du chargeur pour les dommages causés par ses marchandises*, Mémoire de DESS, Université d'Aix-Marseille 3, 1987.

1- Les conditions de la responsabilité de l'expéditeur

578. Il ressort de la combinaison des dispositions des articles 7 et 8 de l'AUCT que l'expéditeur est responsable envers le transporteur des dommages résultant d'une faute de sa part ou du vice propre de la marchandise.

La faute qui engage la responsabilité de l'expéditeur est soit une faute dans l'emballage de la marchandise, soit une faute dans ses déclarations relatives à la marchandise.

L'article 7 al. 1 fait obligation à l'expéditeur d'emballer la marchandise de manière adéquate[634]. En cas de défectuosité de l'emballage, l'expéditeur est responsable envers le transporteur des dommages causés aux personnes, au matériel ou à d'autres marchandises. Il appartient au transporteur de rapporter la preuve que le dommage dont il est demandé réparation résulte bien de la défectuosité de l'emballage. En effet, c'est au transporteur d'apporter la preuve positive et formelle du défaut ou de l'inadéquation de l'emballage ainsi que celle du lien de causalité entre cette déficience de l'expéditeur et le dommage. En fait, lorsque le défaut d'emballage était apparent ou connu du transporteur au moment de la prise en charge et que celui-ci n'a pas fait de réserves, la responsabilité de l'expéditeur ne saurait être engagée[635]. Cette disposition de l'AUCT est contestable dans la mesure où, si l'absence de réserves concernant l'emballage au moment de la prise en charge entraîne simplement la présomption que le transporteur a reçu la marchandise en bon état, elle ne l'empêche pas, selon nous, d'invoquer le défaut d'emballage pour demander réparation.

579. La faute dans les déclarations ou instructions concernant la marchandise est l'autre variante de la faute de l'expéditeur. À cet effet, l'article 8 al. 2 de l'AUCT prévoit la responsabilité de l'expéditeur envers le transporteur lorsque le préjudice résulte de « *l'omission, l'insuffisance ou l'inexactitude de ses déclarations ou instructions relativement à la marchandise transportée* ». Ce texte envisage trois situations fautives bien distinctes :

- la faute pour défaut de déclarations. Il est d'ailleurs prévu aux alinéas 3 et 4 de l'article 8 que l'expéditeur qui remet au transporteur une marchandise dangereuse ou des documents, espèces ou des marchandises de grande valeur, sans en avoir fait connaître au préalable la nature exacte, est responsable de tout préjudice subi en raison du transport de cette marchandise ;

---

[634] NOSSOVITCH, « L'emballage de la marchandise dans les transports routiers », *BT*. 1982. p. 463.
[635] Art. 7 AUCT.

- la faute pour déclarations insuffisantes qui correspond à l'hypothèse dans laquelle l'expéditeur a fait des déclarations incomplètes ;
- la faute pour déclarations mensongères ou erronées[636].

En posant le principe de la responsabilité de l'expéditeur, la loi entend sanctionner la négligence ou la déloyauté dans les déclarations faites au transporteur.

580. S'agissant du vice propre de la marchandise, aux termes de l'article 8 al. 2, « *l'expéditeur est tenu de réparer le préjudice subi par le transporteur ou toute autre personne au service de laquelle ce dernier recourt pour l'exécution du contrat de transport, lorsque ce préjudice a pour origine (...) le vice propre de la marchandise* ». Ainsi, le vice propre de la marchandise n'est pas seulement une cause d'exonération de responsabilité pour le transporteur, il est aussi une cause de responsabilité.

L'AUCT ne définit pas le vice propre[637]. Il est admis que le vice propre est une particularité, un défaut de fabrication ou de constitution de la marchandise qui la rend inapte à supporter sans dommage les risques inhérents à un transport effectué dans des conditions normales, qui la prédispose à se détériorer par le seul fait de son déplacement. Il peut donc arriver que la marchandise de l'expéditeur occasionne, par sa nature, des dommages au transporteur. La preuve du vice propre doit être rapportée par le transporteur ainsi que celle du lien de causalité entre le vice propre et le dommage. Autrement dit, il doit démontrer que le dommage subi, par exemple par son matériel ou par des marchandises d'autres expéditeurs, a bien pour cause le vice propre de la marchandise appartenant à l'expéditeur poursuivi.

2- Le domaine de la responsabilité de l'expéditeur

581. La responsabilité de l'expéditeur est d'ordre contractuel et couvre certains dommages.

Aux termes de l'article 7 al. 1 de l'AUCT, l'expéditeur est responsable envers le transporteur « *des dommages aux personnes, au matériel ou à d'autres marchandises* » et ayant pour origine une défectuosité de l'emballage. Cette disposition vise trois catégories de dommages qui peuvent entraîner la responsabilité de l'expéditeur.

Il y a d'abord les dommages causés aux personnes. Il s'agit des dommages qui résultent d'une atteinte à la sécurité ou à l'intégrité physique des personnes (dommages subis par le transporteur lui-même ou par toute

---

636 L. BRUNAT, « Sanctions applicables en cas de fausse déclaration de la nature ou du poids des marchandises », *BT*. 1978.166.

637 Celui-ci ne se confond pas avec le déchet de route, V. BRUNAT, « Le déchet de route dans les différents modes de transport », *BT* 1979.246.

autre personne au service de laquelle le transporteur recourt pour l'exécution du contrat de transport, soit enfin des personnes étrangères au transport (les tiers au contrat de transport). L'expéditeur répond normalement de ces dommages envers le transporteur.

Il y a ensuite les dommages causés aux matériels de transport (tel que le matériel roulant) ou tout autre matériel nécessaire à l'exécution du contrat de transport (tels que les engins de levage ou de pesage). En effet, le matériel du transporteur peut être endommagé par suite d'une défectuosité de l'emballage ou par le vice propre de la marchandise de l'expéditeur.

Enfin, le dommage peut affecter les marchandises appartenant à d'autres expéditeurs (par salissure ou contamination, par exemple). Dans ce cas, c'est normalement le transporteur qui est responsable envers ces expéditeurs qui n'ont aucun rapport contractuel avec l'expéditeur de la marchandise litigieuse[638]. Ce n'est que par action récursoire qu'il va pouvoir demander réparation à l'expéditeur.

582. La responsabilité de l'expéditeur a pour fondement le contrat de transport[639]. Cette responsabilité contractuelle n'est engagée qu'à l'égard du transporteur. Les personnes auxquelles le transport a recours pour l'exécution du contrat de transport (tels que ses préposés) ou les autres expéditeurs ne peuvent agir contre l'expéditeur sur le fondement contractuel. C'est normalement le transport qui répond directement des dommages par eux soufferts et peut se retourner contre l'expéditeur fautif ou dont la marchandise est à l'origine du préjudice.

Si le préposé ou un autre expéditeur ayant subi un dommage veut mettre directement en cause la responsabilité de l'expéditeur, il ne peut le faire que sur le fondement de la responsabilité extracontractuelle en l'absence de tout lien contractuel avec ce dernier. En revanche, le transporteur qui les aura indemnisés pourra mettre en jeu la responsabilité contractuelle de l'expéditeur, dont le fait ou le vice de la marchandise est à l'origine des dommages. C'est d'ailleurs sur la base contractuelle que sa responsabilité peut être recherchée par l'ayant droit à la marchandise.

---

[638] A. AKAM AKAM, « L'information dans le contrat de transport de marchandises par route », op. cit., n° 73.

[639] R. RODIERE, « Nature de la responsabilité encourue par l'expéditeur en cas de dommage causé par la marchandise à l'engin du transporteur et à sa personne », *BT.* 1971. 106.

B- L'exécution perturbée du contrat de transport imputable au transporteur

583. La responsabilité du transporteur peut être engagée en cas d'avaries, de pertes ou de retard à la livraison. Il convient, d'une part, de préciser le régime de cette responsabilité (1), et, d'autre part, sa mise en œuvre (2).

1- Le régime de la responsabilité du transporteur

584. La responsabilité du transporteur étant une responsabilité de plein droit, mais limitée, ce dernier ne peut en être exonéré que pour des causes que l'AUCT détermine.

Le principe de cette responsabilité est énoncé par l'article 16 al. 1 de l'AUCT en ces termes : « *le transporteur est tenu de livrer la marchandise à destination. Il est responsable de l'avarie, de la perte totale ou partielle qui se produit pendant la période de transport, ainsi que du retard à la livraison* ». Le transporteur répond ainsi des avaries, pertes ou manquants ainsi que du retard à la livraison sans que le demandeur n'ait à faire la preuve de sa faute. Cette solution se justifie dans la mesure où le transporteur est tenu d'une obligation de résultat qui consiste à prendre en charge la marchandise et à la livrer à destination dans l'état, la quantité et le délai convenu. Ainsi, le transporteur est présumé responsable du dommage subi par l'ayant droit à la marchandise dès lors que celle-ci n'a pas été livrée dans l'état et la quantité décrits à la lettre de voiture ou n'a pas été livrée dans le délai convenu. Il faut observer qu'il est responsable non seulement de ses propres actes ou omissions, mais encore « *des actes ou omissions de ses préposés ou mandataires agissant dans l'exercice de leurs fonctions et de ceux de toute autre personne au service desquels il recourt pour l'exécution du contrat de transport, lorsque cette personne agit aux fins de l'exécution du contrat* »[640].

585. Dans un tel système de responsabilité, le demandeur doit rapporter une double preuve :

- d'abord, celle de l'existence et de l'importance du préjudice. Il s'agit d'établir l'existence d'avaries, de manquements, ou que la livraison a été effectuée au-delà du délai convenu ou raisonnable [641]et l'étendue du dommage subi ;
- ensuite et surtout, celle de la survenance du dommage pendant la période de transport. Autrement dit, il doit prouver que l'avarie ou la perte s'est produite pendant le transport, c'est-à-dire la période pendant la période qui s'étend de la prise en charge à la livraison de la

---

[640] Art. 16 al. 4 AUCT.
[641] Art. 16 al. 2 AUCT.

marchandise[642]. Cette période est celle pendant laquelle la marchandise est sous la garde ou le contrôle du transporteur.

Le transporteur est donc présumé responsable et doit répondre des dommages subis par l'ayant droit à la marchandise. Cette présomption de responsabilité est d'ordre public. Les parties ne peuvent ainsi prévoir de règle dérogatoire[643]. Aussi, le transporteur ne peut échapper à sa responsabilité que s'il peut invoquer une cause d'exonération.

586. Les causes d'exonération de responsabilité du transporteur sont, en effet, énumérées à l'article 17 de l'AUCT. Ces causes sont nombreuses et variées. On peut distinguer les causes générales des causes particulières d'exonération. Toutefois, le transporteur peut être déchu du droit de s'en prévaloir.

Aux termes de l'art. 17 al. 1 de l'AUCT, « *le transporteur est exonéré de responsabilité s'il prouve que la perte, l'avarie ou le retard a eu pour cause une faute ou un ordre de l'ayant droit, un vice propre de la marchandise ou des circonstances que le transporteur ne pouvait pas éviter et aux conséquences desquelles il ne pouvait remédier* ». En clair, ce texte vise la faute ou le fait du cocontractant, le vice propre de la marchandise et la force majeure.

Le premier cas d'exonération du transporteur est la faute ou le fait de l'ayant droit de la marchandise. Celui-ci peut être soit l'expéditeur, soit le destinataire. Cette cause d'exonération correspond à une hypothèse classique du droit des contrats selon laquelle la faute du cocontractant exonère le débiteur lorsqu'elle est à l'origine du dommage[644].

En second lieu, le transporteur est exonéré si le dommage est dû au vice propre de la marchandise. On entend par vice propre une particularité, un défaut de fabrication ou de constitution qui la rend inapte à supporter sans dommage les risques inhérents au transport effectué dans des conditions normales, ou qui la prédispose à se détériorer sans action extérieure (maladie d'un animal, état de maturation avancé de fruits, etc.).

Enfin, la force majeure exonère aussi le transporteur. Elle est par définition un évènement que le transporteur n'a pu ni prévoir ni éviter dans sa cause comme dans ses effets. L'article 17 al. 1 n'utilise pas la notion, mais traite « *des circonstances que le transporteur ne pouvait pas éviter et aux conséquences desquelles il ne pouvait remédier* » (par ex. les circonstances atmosphériques d'une intensité exceptionnelle). Les juges du fond apprécient souverainement.

---

[642] Art. 9 AUCT.

[643] L'art. 28 al. 1 déclare nulle et de nul effet toute stipulation qui dérogerait aux dispositions de l'AUCT.

[644] V. A. AKAM AKAM, « Le comportement de la victime et la responsabilité civile », *CJP*, 2008, p. 1 et s.

Les différents cas particuliers d'exonération du transporteur routier sont prévus à l'article 17 al. 2 de l'AUCT. On peut, à leur sujet, parler de causes privilégiées d'exonération[645]. Ainsi, le transporteur est exonéré lorsque le dommage résulte des risques inhérents à l'un des faits suivants : emploi de véhicules ouverts et non bâchés, lorsque cet emploi a été convenu de manière expresse ; absence ou défectuosité de l'emballage pour les marchandises exposées par leur nature à des déchets ou avaries quand elles sont mal emballées ou pas emballées ; manutention, chargement, arrimage ou déchargement de la marchandise par l'expéditeur ou le destinataire ou leurs préposés ; nature de certaines marchandises exposées soit à la perte totale ou partielle, soit à l'avarie, notamment par bris, détérioration spontanée, dessiccation, coulage ou déchet normal[646]; insuffisance ou imperfection des marques ou des numéros de colis ; transport d'animaux vivants (*le transporteur ne peut invoquer ce cas que s'il prouve qu'il a fait diligence et qu'il s'est conformé aux instructions spéciales qui ont pu lui être données*[647]).

587. En définitive, il convient de relever que le transporteur n'est totalement exonéré que s'il établit que le dommage résulte exclusivement de la cause d'exonération invoquée. En revanche, il y a lieu à exonération partielle si la cause d'exonération alléguée n'a été qu'en partie la cause du dommage.

Le transporteur routier peut dégager sa responsabilité en établissant que le dommage est dû à l'une des nombreuses causes d'exonération prévues par l'AUCT. Toutefois, il perd le droit à l'exonération « *s'il est prouvé que la perte, l'avarie ou le retard à la livraison résulte d'un acte ou d'une omission qu'il a commis, soit avec l'intention de provoquer cette perte, cette avarie ou ce retard, soit témérairement et en sachant que cette perte, cette avarie ou ce retard en résulterait probablement* »[648]. Ce texte distingue donc bien deux cas où le transporteur est déchu du droit d'invoquer une cause d'exonération : soit en cas de faute intentionnelle ou dolosive, soit en cas de faute inexcusable[649].

2- La limitation de la responsabilité du transporteur

588. En contrepartie de la présomption de responsabilité, le transporteur bénéficie de la limitation de sa responsabilité, sauf dans quelques cas prévus par l'AUCT.

L'une des originalités du contrat de transport de marchandises par route est l'existence de limitations légales de responsabilité qui ne cessent de

---

[645] B. MERCADAL, Droit des transports terrestres et aériens, 1996, n° 232, p. 129.

[646] Sur la distinction entre cette cause d'exonération et le vice propre, V. P. BRUNAT, *Transport,* op. cit., B. MERCADAL, op.cit., n° 232.

[647] V. art. 17 al. 6 AUCT.

[648] Art. 21 al. 1 AUCT.

[649] Sur ces notions, A. SERIAUX, *La faute de l'expéditeur*, Economica, 1984, p. 289.

s'appliquer que dans certains cas. Les articles 18 et suivants prévoient que « *l'indemnité pour avarie ou pour perte totale ou partielle de la marchandise et ne peut excéder 5000 francs CFA par kilogramme de poids brut de la marchandise* ». Ces textes fixent le plafond de l'indemnité qui peut être réclamée au transporteur non seulement en cas d'avarie ou de perte, mais aussi en cas de retard. Il ne faut pas croire que, dans tous les cas, le demandeur aura 5000 FCFA par kg. En effet, la base de calcul de l'indemnité pour une perte ou une avarie est la valeur de la marchandise. Autrement dit, ce sont les ayants droit à des marchandises dont la valeur dépasse 5000 par kg de poids brut qui sont pénalisés. Il faut d'ailleurs préciser qu'en ce qui concerne le retard, outre le plafond fixé à l'article 18 al.1, l'ayant droit peut aussi demander que le transporteur lui paye une indemnité correspondant au dommage supplémentaire qu'il aurait subi, mais cette indemnité ne saurait dépasser le prix du transport.

Les limites d'indemnisation ci-dessus envisagées sont d'ordre public. Elles s'imposent aux parties. Aussi, toute clause prévoyant une limite de réparation inférieure à celle prévue par l'AUCT, est nulle et de nul effet.

Il y a deux cas où les limites de responsabilité cessent de s'appliquer : soit en déclaration de valeur ou d'intérêt spécial à la livraison, soit en cas de déchéance du transporteur.

- **La déclaration de valeur ou d'intérêt spécial à la livraison**

589. De la combinaison des dispositions des articles 18 al. 1 et 2 de l'AUCT, il résulte que les limites de responsabilité prévues ne s'appliquent pas en cas de déclaration de valeur ou de déclaration spéciale d'intérêt à la livraison. Si l'expéditeur a fait une telle déclaration, c'est le montant déclaré qui constitue le plafond de l'indemnisation. En outre, s'il a fait une déclaration d'intérêt spécial à la livraison, il peut obtenir une indemnité égale au dommage supplémentaire dont la preuve aurait été rapportée.

- La déchéance du transporteur

590. Il ressort des dispositions de l'article 21 al. 1 de l'AUCT que le transporteur ne peut pas se prévaloir de la limitation de responsabilité lorsque la perte, l'avarie ou le retard à la livraison résulte d'un acte ou d'une omission qu'il a commis (ou de ses préposés ou mandataires) soit avec l'intention de provoquer cette perte, cette avarie ou ce retard (faute intentionnelle, dolosive ou lourde), soit témérairement et en sachant que cette perte, cette avarie ou ce retard en résulterait probablement (faute inexcusable). Dans l'un et l'autre cas, il y a donc déchéance du droit à la limitation de responsabilité. Autrement dit, le transporteur perd le droit d'invoquer le bénéfice de la cause d'exonération.

En conclusion, il faut souligner que les exonérations et limites de responsabilité évoquées précédemment s'appliquent, quel que soit le fondement de la responsabilité du transporteur. Qu'il s'agisse de sa responsabilité contractuelle ou de sa responsabilité extracontractuelle, le transporteur est en droit d'invoquer, le cas échéant, soit les exonérations, soit la limitation légale de sa responsabilité. En disposant ainsi, l'AUCT soumet la situation du transporteur aux mêmes conditions, que l'action en responsabilité soit contractuelle ou délictuelle[650].

C- La mise en œuvre de la responsabilité du transporteur

600. Qui peut exercer l'action en responsabilité contractuelle contre le transporteur (1), à quelles conditions (2) et devant quel juge (3) ? Voici les questions auxquelles il faut apporter des réponses à la lumière des dispositions de l'AUCT.

1- Les titulaires de l'action

601. L'action en responsabilité appartient aux cocontractants du transporteur, c'est-à-dire à l'expéditeur et au destinataire, qui sont portés comme tels sur la lettre de voiture. En réalité, elle doit être exercée par celui qui a subi le préjudice consécutif au manquement du transporteur à ses obligations contractuelles. Ainsi, le droit d'action de l'expéditeur existe à partir du moment où il peut justifier d'un préjudice ayant pour origine le contrat de transport[651]. En revanche, le droit d'agir revient au destinataire dès lors qu'il accepte la marchandise et qu'il peut justifier d'un intérêt légitime à agir. Il convient de relever que la qualité de destinataire n'étant pas liée à la propriété de la marchandise, celui qui peut mettre en œuvre la responsabilité du transporteur est le destinataire mentionné comme tel sur le document de transport. Par ailleurs, si le destinataire refuse de prendre livraison sans motif ou pour un motif auquel le transporteur est complètement étranger, il ne peut agir en responsabilité contractuelle comme n'ayant pas la qualité de partie au contrat.

L'expéditeur et le destinataire peuvent donc agir en responsabilité contre le transporteur. Si, en principe, il ne peut y avoir qu'une action émanant de l'un ou l'autre, rien ne s'oppose cependant qu'il puisse y avoir des actions concurrentes de l'expéditeur et du destinataire.

Des tiers au contrat de transport pourraient agir en responsabilité contre le transporteur, sur le fondement extracontractuel (ou délictuel). Dans ce cas, l'article 20 al. 1 prévoit néanmoins que les exonérations et limitations sont

---

[650] Art. 18 al. 3 AUCT.

[651] Com. 27 oct. 1975, BT 1975.526, action de l'expéditeur contre le transporteur désigné par le commissionnaire de transport ; 23 nov. 1971, BT 1972. 113- droit d'action de l'expéditeur réel non mentionné sur la lettre de voiture.

applicables à toute action contre le transporteur, que l'action soit contractuelle ou extracontractuelle.

2- Les conditions d'exercice de l'action

602. L'expéditeur ou le destinataire qui veut agir contre le transporteur pour avoir réparation de son préjudice, doit veiller à exercer son recours dans un délai d'un an à compter de la date de livraison ou, à défaut de livraison, de la date à laquelle la marchandise aurait dû être livrée[652]. Cependant, l'AUCT porte ce délai à trois ans lorsque le transporteur a commis un dol ou une faute équivalente au dol.

L'AUCT ne prévoit pas de causes de suspension ou d'interruption de la prescription annale ou triennale. Aussi, la prescription peut être suspendue ou interrompue selon la loi du tribunal saisi. Ce sont donc les causes de suspension ou d'interruption de droit commun qui s'appliquent[653].

3- Le juge de l'action

603. L'AUCT offre deux voies pour le règlement du contentieux issu du contrat de transport : la voie d'arbitrage ou la voie judiciaire. Il revient au demandeur de choisir la voie qui lui convient.

La compétence du tribunal arbitral est prévue par l'article 26 : « *tout litige résultant d'un contrat de transport soumis au présent Acte uniforme peut être réglé par voie d'arbitrage* ». Les parties peuvent donc recourir à l'arbitrage, soit en insérant une clause dans le contrat de transport attribuant la compétence à un tribunal arbitral en cas de litige (clause compromissoire), soit en décidant de se soumettre à l'arbitrage une fois le différend survenu (compromis). L'AUCT n'impose pas un type d'arbitrage. Les parties ont la liberté de choisir n'importe quelle forme d'arbitrage[654]. En cas de recours à l'arbitrage, le tribunal arbitral doit impérativement appliquer les dispositions de l'AUCT qui sont impératives.

604. Quant au tribunal étatique, la détermination de sa compétente ne suscite de réelle difficulté que dans les transports inter-États (en cas de transport interne, la juridiction compétente est déterminée selon la loi du pays sur le territoire duquel le transport a eu lieu). Ainsi, à défaut de choix par les parties d'une juridiction compétente (les parties peuvent prévoir valablement une clause attributive de juridiction), l'article 27 al. 1 de l'AUCT prévoit que le demandeur peut saisir les juridictions du pays sur le territoire duquel : « *le*

---

652 Art. 25 al. 1 AUCT.

653 V. V.E BOKALLI, D.C SOSSA, op. cit., n° 453 et s.

654 Sur l'arbitrage OHADA, V. P-G. POUGOUE, J-M. TCHAKOUA, A. FENEON, *Droit de l'arbitrage dans l'espace OHADA,* coll. Droit uniforme, PUA, Yaoundé, 2000, 506 p.

défendeur a sa résidence habituelle, son siège principal ou la succursale ou l'agence par l'intermédiaire de laquelle le contrat de transport a été conclu » ; « *la prise en charge de la marchandise a eu lieu ou les juridictions du pays sur le territoire duquel la livraison est prévue* ».

Pour prévenir les cas de litispendance, l'AUCT prévoit qu'il ne peut être intenté une nouvelle action pour la même cause entre les mêmes parties[655].

L'AUCT aborde enfin le problème des effets du jugement rendu par une juridiction dans les autres pays membres de l'OHADA[656].

L'AUCT pose des règles supplétives à la volonté des parties. Pour déterminer le tribunal effectivement compétent, il faudra toujours se référer aux règles de procédure du pays où l'action doit être engagée.

---

[655] Art. 27 al. 2 AUCT ; G. KENFACK DOUAJNI, « Les nouvelles sûretés introduites dans l'Acte uniforme sur les sûretés adopté le 15 décembre 2010 », *Revue de l'ERSUMA*. Droit des Affaires – Pratique professionnelle, n° Spécial, novembre/décembre 2011, P. 81-86 ; Y-R. KALIEU ELONGO, *Les sûretés personnelles dans l'espace OHADA,* Collection VADEMECUM, PUA, Yaoundé, décembre 2006, p. 90.
[656] Art. 27. 3 AUCT.

CHAPITRE 3

LES CONTRATS PORTANT SUR LES SÛRETÉS

605. Selon l'Acte uniforme de l'OHADA portant organisation des sûretés, les sûretés sont les moyens accordés au créancier par la loi ou la convention des parties pour garantir l'exécution des obligations, quelle que soit la nature juridique de celle-ci[657]. En effet, l'Acte uniforme en a fait un objet de conventions[658]. Et les contrats peuvent porter indistinctement aussi bien sur les sûretés personnelles (Section 1) que sur les sûretés réelles (Section 2).

Section 1- Les contrats portant sur les sûretés personnelles

606. La sûreté personnelle est définie à l'article 4 AUS comme « *l'engagement d'une personne de répondre de l'obligation du débiteur principal en cas de défaillance de celui-ci ou à première demande du bénéficiaire de la garantie* »[659]. L'AUS règlement deux principales sûretés personnelles : le cautionnement (Sous-section 1) et la garantie autonome (Section-section 2).

Sous-section 1- Le cautionnement

607. Le cautionnement est défini à l'article 13 de l'AUS comme un contrat par lequel la caution s'engage, envers le créancier qui accepte, à exécuter une obligation présente ou future contractée par le débiteur, si celui-ci n'y satisfait pas lui-même[660]. Cet engagement peut être contracté sans ordre du débiteur. Il est désormais régi par les articles 13 à 38 de l'AUS.

---

[657] J. ISSA-SAYEGH, « Organisation des sûretés » *Cahiers juridiques et fiscaux, CFCE*, 1998, n° 2, p. 351 et s.

[658] M. SAKHO, « Le nouvel Acte uniforme OHADA portant organisation des sûretés : Propos introductifs autour d'une refonte d'envergure du droit des sûretés », *Revue de l'ERSUMA*, Droit des Affaires – Pratique professionnelle, N° spécial – novembre/ décembre 2011, Législation, p. 87-99 ; E. SOUPGUI, *Les sûretés conventionnelles à l'épreuve des procédures collectives dans l'espace OHADA*, Thèse de Doctorat Ph. D, Université de Yaoundé II (SOA), 2007-2008, p. 408.

[659] D.M. DRIZOUA, « Le nouveau visage des sûretés personnelles dans l'espace OHADA », *Droit et patrimoine*, n° 197, novembre 2010, p. 60 et s. ; J. GATSI, *Droit des biens et des sûretés dans l'espace OHADA*, P.U.L., Fév. 2012, p. 148.

[660] Sur le cautionnement, lire : M. BROU KOUAKOU, « Le droit OHADA et le cautionnement hypothécaire », *Penant*, n°856, juillet-septembre 2006, p.273; F.PONKA SEUKAM, *Les*

Le cautionnement met en présence trois personnes que sont le débiteur, le créancier et la caution, et donne donc lieu à une relation triangulaire. À la relation initiale qui lie le débiteur à son créancier, va s'ajouter une nouvelle relation entre la caution et le créancier, le premier s'engageant en faveur du second à exécuter la prestation due par le débiteur en cas de défaillance de ce dernier. Mais en même temps, le contrat de cautionnement a une certaine autonomie par rapport au contrat principal. La caution ne s'engage que sur l'initiative du débiteur avec lequel elle entretient des relations. La loi prévoit toutefois que l'engagement de la caution peut être fait sans ordre du débiteur[661].

Sa formation (paragraphe 1), et ses effets (paragraphe 2) ainsi que son extinction sont strictement réglementés par l'acte uniforme (Paragraphe 3).

Paragraphe 1- La formation du cautionnement

608. Les conditions de formation du cautionnement (A) ainsi que son étendue (B) sont précisées aux articles 13 et suivants AUS.

A- Les conditions de validité du cautionnement

La validité du contrat de cautionnement est soumise à des exigences qui concernent les parties au contrat de cautionnement (1) et l'acte de cautionnement (2).

1- Les conditions relatives aux parties

609. Elles ont particulièrement trait au consentement des parties, à leur capacité et à leur pouvoir. Par ailleurs, une condition particulière de solvabilité a été exigée de la caution[662].

---

figures mineures ou oubliées du cautionnement dans l'AUS, Mémoire de DEA, Université de Yaoundé 2, 2008 ; J.L. TCHOUAMBIA TOMTOM., *Le cautionnement réel en OHADA,* Mémoire de DEA, Université de Dschang, 2004 ; Sur la jurisprudence relative au cautionnement réel, voir par ex. : TPI de Cotonou, 1re chambre civile moderne, jugement deF. défaut n° 21/03 du 16 avril 2003, OCKEY Gérard c/ SOUMANOU S. et SOUMANOU K.C., ohadata J-06-151 ; TGI de Ouagadougou, jugement n° 446 du 9 mai 2001, Bank of Africa c/ NASSA P. K., OUEDRAOGO N. et KIENDRENEGO, ohadata J-04-05 ; Y-R. KALIEU ELONGO, *Les sûretés personnelles dans l'espace OHADA,* op. cit.,

[661] P. CROCQ, « Les sûretés fondées sur une situation d'exclusivité et le projet de réforme de l'Acte uniforme portant organisation des sûretés », *Droit et patrimoine,* n° 197, novembre 2010, p. 78 et s. ; J-J. ANVILE N'GORAN, « Du cautionnement solidaire dans l'acte uniforme portant organisation des sûretés de l'OHADA », *Penant* n°857, octobre- décembre 2006, p. 401-415

[662] D. ABARCHI, « L'introduction du « TOLME » ou « DJINGUINA » dans le nouveau code de commerce nigérien : une tentative de valorisation d'une sûreté traditionnelle aux suites incertaines », Ohadata D-03-11, www.ohada.com.

En tant que contrat, en effet, le cautionnement suppose une rencontre de volontés, un échange de consentements. Le consentement du créancier ne soulève guère de difficultés, s'agissant le plus souvent d'un établissement bancaire. Il est évident que le consentement susceptible de poser le plus de problèmes est celui de la caution. L'offre de se porter caution doit être expresse, et obéit aux règles qui gouvernent l'offre de contracter en droit commun.

610. La question de l'intégrité du consentement de la caution se pose fréquemment aux tribunaux. Les vices du consentement constituent souvent la première étape, car la plus évidente, de la tentative de certaines cautions de se libérer d'un engagement qu'elles regrettent. Si le vice du consentement est établi, le cautionnement sera nul, la caution sera censée n'avoir jamais été engagée[663].

Le rôle de l'erreur en matière de cautionnement est assez réduit, notamment parce que ce contrat n'a pas pour objet une chose, ce qui rend plus rares ses applications[664]. L'erreur est généralement définie comme une représentation inexacte, par une personne, de la réalité[665]. Apprécier l'erreur revient donc à apprécier le sujet et l'objet : la personne de celui qui s'est trompé, et ce sur quoi il s'est trompé[666].

611. S'agissant de son objet, en application du droit commun, l'erreur peut être invoquée dès lors qu'elle porte sur la substance même de l'engagement, c'est-à-dire sur un élément essentiel de l'obligation du débiteur principal. En matière de cautionnement comme ailleurs, la difficulté est de déterminer les éléments essentiels. La jurisprudence admet également l'erreur sur l'existence ou l'efficacité d'autres sûretés bénéficiant au créancier[667]. Ces sûretés ont en effet vocation à lui profiter, par le biais de la subrogation. La nullité ne sera toutefois prononcée qu'à condition que la caution démontre que l'existence et l'importance de ces sûretés étaient un motif déterminant de son engagement.

---

[663] B. NJOYA NKAMGA, « Le cautionnement douanier CEMAC au lendemain de la réforme de l'acte uniforme OHADA portant droit des sûretés », *Revue de droit des affaires OHADA*, n°1, 1er semestre 2012, pp. 164-188, J. ISSA-SAYEGH, « La liberté contractuelle dans le droit des sûretés OHADA », *Penant* n°851, avril-juin 2005, p. 150-173.

[664] En ce sens, S. PIEDELIÈVRE, *Droit des sûretés*, op.cit., n° 85 ; J. ISSA-SAYEGH, *Répertoire quinquennal OHADA*, 2006-2010, Tome II, 4e Partie : Jurisprudence.

[665] G. KENFACK DOUAJNI, « Les nouvelles sûretés introduites dans l'Acte uniforme sur les sûretés adopté le 15 décembre 2010 », *Revue de l'ERSUMA*. Droit des Affaires – Pratique professionnelle, n° Spécial, novembre/décembre 2011, P. 81-86 ; FARJAT, *Droit privé de l'économie*, t. 2 *: théorie des obligations*, 1975, PUF, p. 141. ; GHESTIN, *La notion d'erreur dans le droit positif actuel*, préf. BOULANGER, 1963, t. 41, Bibl. dr. privé, LGDJ

[666] Sur le dol en matière de cautionnement ; CS de Côte d'Ivoire, chambre judiciaire, arrêt n° 243/02 du 14 mars 2002, Actualités juridiques n° 37/2003, p. 12 ; ohadata J-04-62.

[667] Civ. 1re, 1er juill. 1997, n° 95-12.163, Bull. civ. I, n° 219; D. 1999. 181, note BRÉMOND; JCP E 1998, n° 5, p. 170, obs. SIMLER; RTD civ. 1997. 970, obs. BANDRAC: erreur à propos du rang de l'hypothèque conférée au créancier sur l'immeuble du débiteur principal. – Civ. 1re, 5 févr. 2009, n° 07-17.853.

L'un des types d'erreurs les plus souvent invoqués par les cautions pour se délier de leur engagement est l'erreur sur la solvabilité du débiteur principal. Fort logiquement, la jurisprudence refuse l'annulation du contrat lorsque l'erreur de la caution a porté sur la solvabilité future du débiteur[668]. La solution inverse reviendrait à dénaturer le cautionnement, qui a pour objet de garantir le créancier contre l'insolvabilité future du débiteur[669].

612. La violence est rarement invoquée alors que le dol est couramment invoqué par les cautions pour tenter de faire annuler le contrat de cautionnement. Il faut reconnaître que l'évolution générale, en jurisprudence, de ce vice du consentement assouplit ses conditions, et favorise par voie de conséquence les annulations sur ce fondement. L'élément intentionnel du dol suppose que son auteur ait agi sciemment, avec l'intention de tromper son cocontractant. Cette intention est appréciée de manière extensive par les tribunaux, puisqu'elle est retenue même dans des hypothèses dans lesquelles le comportement du créancier s'apparente davantage à une imprudence ou une négligence[670].

2- La capacité et les pouvoirs

613. Les questions de capacité et de pouvoirs peuvent être rapprochées : la capacité est le pouvoir de s'engager soi-même, tandis que les pouvoirs sont la capacité d'engager autrui.

Le cautionnement, comme tout contrat, doit être conclu entre personnes. La capacité du créancier ne soulève guère de difficultés, car, dans la majorité des hypothèses, il s'agit d'un établissement bancaire, par définition capable. La caution doit, par contre, avoir la capacité de contracter. Ainsi en est-il du majeur et du mineur émancipé. La validité du cautionnement donné, par exemple, par un mineur dépend de l'appréciation de l'intérêt du mineur.

614. La question du pouvoir de conclure un cautionnement se pose en des termes proches de celle de la capacité. Le droit commun du mandat est applicable au cautionnement. Aussi, le cautionnement peut-il être conclu par un mandataire, qui représente la caution, en vertu d'un mandat spécial. Le mandataire ne peut engager le mandant que dans les limites qui lui ont été assignées par le mandat. En cas de dépassement de ses pouvoirs par le mandataire, le cautionnement souscrit est en principe nul. Outre le mandat, la question du pouvoir de conclure

---

668 Civ. 1re, 13 nov. 1990, n° 89-13.270, *Bull. civ.* I, n° 242; *RTD civ.* 1991. 149, obs. BANDRAC ; D. 1991. Somm. 385, obs. L. AYNÈS.

669 M BROU KOUAKOU, « Le droit OHADA et le cautionnement hypothécaire », *Penant* n°856, juillet-septembre 2006, p. 273 – 284.

670 Civ. 1re, 20 janv. 1998, n° 96-11.075. – Civ. 1re, 8 juill. 2003, n° 01-00.880. – V. toutefois Civ. 1re, 20 juin 2000, n° 98-13.421, dans lequel la Cour de cassation estime qu'il n'était pas établi que la banque avait sciemment dissimulé des éléments à la caution ; J-J. ANVILE N'GORAN, « Du cautionnement solidaire dans l'acte uniforme portant organisation des sûretés de l'OHADA », *Penant* n°857, octobre- décembre 2006, p. 401-415.

un cautionnement se pose dans deux situations : celle des époux communs en biens et celle des représentants de société[671].

L'article 1415 du Code civil pose une exception au principe de la gestion concurrente des biens communs dans le régime légal [672]. Ainsi, si un époux se porte caution sans obtenir le consentement exprès de son conjoint, le créancier ne pourra poursuivre que sur les biens propres et les revenus de la caution. Les biens communs ne seront engagés que si le cautionnement est conclu avec le consentement exprès de l'autre conjoint, qui n'engage pas, dans ce cas, ses biens propres.

S'agissant des pouvoirs des représentants de société, ils sont très encadrés en matière de cautionnement, afin d'éviter des engagements souscrits avec légèreté au nom de la personne morale[673]. Le cautionnement doit entrer, directement ou indirectement, dans l'objet social[674]. Cela s'explique par le principe de spécialité, en vertu duquel les personnes morales n'ont qu'une capacité limitée aux domaines en vue desquels elles ont été créées[675].

Le cautionnement doit également être conforme à l'intérêt social[676]. Il semble évident que sont donc prohibés les cautionnements qui engagent le patrimoine social dans l'intérêt exclusif d'un associé ou des dirigeants sociaux.

Enfin, pour engager une société anonyme en qualité de caution[677], son représentant doit avoir reçu à cet effet une autorisation préalable du conseil d'administration ou du conseil de surveillance. Cette exigence ne s'applique pas aux sociétés anonymes exploitant des établissements bancaires ou financiers.

---

671 V. art. 17 AUS.

672 Y. FLOUR, « Le cautionnement et le patrimoine des couples », *Dr. et patr.* avr. 2001. 80 ; MOULY, « Le cautionnement donné par une personne mariée », *Defrénois,* 1988. 227.

673 Avis CCJA n° 2/2000/EP du 26 avril 2000, Recueil de Jurisprudence de la CCJA, n° spécial, janvier 2003, p. 73 ; point I, Ohadata J-02-03 ; J. ISSA-SAYEGH, Répertoire quinquennal OHADA 2000-2005, p. 655, n° 69.

674 COURET, « Cautionnement et sociétés », *RD banc. Fin.* 2002. 219. ; HONORAT, « Société et cautionnement », *Defrénois*, 1982, art. 32970, n° 2. – HOVASSE, « Les cautionnements donnés par les sociétés et l'objet social », *Dr. et patr*, avr. 2001. 76)

675G. KENFACK DOUAJNI, « Les nouvelles sûretés introduites dans l'Acte uniforme sur les sûretés adopté le 15 décembre 2010 », *Revue de l'ERSUMA*. Droit des Affaires – Pratique professionnelle, n° Spécial, novembre/décembre 2011, p. 81-86 ; Y-R. KALIEU ELONGO, *Les sûretés personnelles dans l'espace OHADA,* op. cit.,

676 PIETTE, « Cautionnement et intérêt social », *JCP* 2004. I. 142. ; SCHULTZ, « Associé cautionné par sa société et intérêt social », *Mélanges SIMLER*, 2006, Dalloz-Litec, p. 429.

677 Pour les autres formes de sociétés, il faut appliquer les règles de représentation. Ainsi, « Est régulier, l'acte de cautionnement consenti par un gérant en vertu d'un mandat spécial conféré par l'unanimité des associés et qui équivaut à une modalité extensive l'objet social (...) » (En ce sens : Tribunal régional hors classe de Dakar, audience éventuelle, jugement n° 499 du 8 mars 2000, GIE PAN Industrie et SCI République c/ société Crédit sénégalais, ohadata J-04-23 ; Répertoire quinquennal OHADA, p. 324.

L'article 15 de l'AUS impose surtout que la caution fournie soit solvable ou mieux présente des garanties de solvabilité. Si elle ne l'est pas, le créancier est en droit de la refuser et, dans ce cas, la loi permet à la caution de la remplacer par une sûreté réelle. L'article 16 ajoute que la caution ne doit pas être solvable uniquement au moment où elle est constituée, mais qu'elle doit l'être « en permanence » de sorte que l'insolvabilité survenue oblige le débiteur à remplacer cette caution par une autre ou par une sûreté réelle. La seule exception concerne le cas où le créancier a subordonné son consentement au contrat principal à l'engagement d'une caution nommément désignée. Dans ce cas, la caution doit être maintenue en dépit de son insolvabilité.

3- Les conditions relatives à l'acte de cautionnement

615. Le cautionnement ne se présume pas. L'écrit ne peut servir que comme un moyen de preuve, pourvu qu'il contienne la signature de la caution et celle du créancier, ainsi qu'une mention manuscrite de ce dernier. Ainsi, il faut un écrit qui doit comporter la « *mention écrite* »[678].

L'écrit peut être un acte sous seing privé ou par un acte notarié. Mais en réalité, pour les cautionnements bancaires, l'acte de cautionnement se présente sous la forme de formulaires imprimés et préétablis, dont seules certaines mentions particulières varient suivant les cas. Mais, lorsque le cautionnement est consenti occasionnellement, l'écrit est rédigé par les parties elles-mêmes. Pour servir de moyen de preuve, l'écrit doit comporter la signature des parties et la mention manuscrite de la caution[679].

S'agissant de la mention écrite[680], l'article 4 exige qu'en plus de la signature apposée sur l'acte de cautionnement, la caution écrive de sa main, le montant de la somme qu'elle a accepté de garantir[681]. C'est dire que le reste de l'acte peut être rédigé même en caractère d'imprimerie, mais s'agissant du montant, celui-ci devra être porté de la main de la caution.

---

678 P. NKOU MVONDO., « L'information de la caution dans le nouveau droit des sûretés des États africains », *Ohadata D-06-33* ; Y. BAMOGO, *L'obligation d'information de la caution en droit OHADA*, Mémoire de Mater, Université Thomas Sankara, Burkina Faso, 2021 ; E. DJIBA, *La transparence dans le contrat de cautionnement en droit OHADA*, Mémoire Master, UCAD, 2007.

679 Art. 14 AUS.

680 V. Y-R. KALIEU, « La mention manuscrite dans le cautionnement OHADA », *Juridis Périodique*, 2003, p. ; M. GRIMALDI, « L'Acte uniforme portant organisation des sûretés » in *Petites affiches*, n° spéc., p. 30 et sv. not ; p. 32.

681 En ce sens : Tribunal de première instance de Gagnoa, jugement n° 79 du 4 juin 2003, affaire O. c/ V., ohadata J-04-388 ; Le Juris Ohada, n° 3/2004, p. 41, répertoire quinquennal OHADA, p. 325 ; TGI de Ouagadougou, jugement n° 424/2005 du 28 septembre 2005, L'entreprise DIBGOLONGO c/ Nare Mouini et Nabole Rosalie, Ohadata J-07-106.

La mention doit porter sur la somme maximale garantie couvrant le principal, les intérêts et autres accessoires. Elle est considérée non comme une simple exigence de preuve, mais comme une règle ayant pour finalité la protection de la caution et donc une condition de validité du cautionnement. L'acte uniforme fait, en outre, de la mention manuscrite portée dans l'acte de cautionnement, une preuve pour tout type de contrat (conventionnel, légal ou judiciaire), quelle que soit la qualité de la caution (civile, professionnelle, commerçante) et quelle que soit l'étendue de la dette garantie[682]. Dans aucun cas, la mention manuscrite ne peut donc constituer une condition de validité du cautionnement[683].

B- L'étendue du cautionnement

616. L'étendue de l'objet du cautionnement est limitée par les articles 14 et 19 AUS. Ce texte interdit que le cautionnement excède la dette du débiteur, ou soit contracté sous des conditions plus onéreuses. Il s'agit là d'une conséquence du caractère accessoire du cautionnement, puisque, si ce dernier était d'un montant plus élevé que la dette principale, la partie excédentaire serait un accessoire sans aucun principal auquel se rattacher. Pour déterminer l'étendue de l'engagement de la caution, on peut distinguer selon que le cautionnement est déterminé ou non[684].

---

682 Pour un cas d'application, voir CCJA, arrêt n° 018/2003 du 19 octobre 2003, Sté Afrocom c/ Caisse de stabilisation et de soutien des prix des produits agricoles, CSSPA in Les grandes décisions de la Cour commune de justice et d'arbitrage *sous la direction de P-G. POUGOUÉ et S.S. KUATE TAMEGHE*, Harmattan, 2010, p. 257, observations J.A. BATOUAN-BOUYOM, dans cette affaire, les juges de la CCJA après avoir décidé que le cautionnement en cause conclu après l'entrée en vigueur de l'AUS devait se conformer aux dispositions de cet Acte uniforme ; devait conclure à la nullité du cautionnement conclu au motif que les actes de cautionnement conclus ne comportaient pas la signature du bénéficiaire, comme le prescrivait l'article 4 de l'AUS dans sa version antérieure à la réforme. Voir également, TPI Abidjan, n° 31 du 22 mars 2001, CSSPA C/ Sté Afrocom, Ecobank et BACI cité par J. ISSA SAYEGH, in *OHADA Traité et actes uniformes commentés et annotés*, 3e éd., Juriscope, 2008, p. 660.

683 Sur la sanction du défaut de la mention manuscrite, voir Arrêt n° 018/2003 du 19 octobre 2003, Sté Afrocom c/ Caisse de stabilisation et de soutien des prix des produits agricoles (CSSPA) in Les grandes décisions de la Cour commune de justice et d'arbitrage sous la direction de P-G. POUGOUÉ. Et S.S. KUATE TAMEGHE, L'Harmattan, 2010, p. 257, observations J.A. BATOUAN-BOUYOM. ; Le Juris Ohada, n° 4/2003, p. 10, note M. BROU KOUAKOU ; Recueil de jurisprudence CCJA, n° 2, juil.-dec. 2003, p. 30 ; J.A. BATOUAN-BOUYOM, observation sous arrêt n°018/2003 du 19 octobre 2003, Sté Afrocom c/ Caisse de stabilisation et de soutien des prix des produits agricoles (CSSPA), in Les grandes décisions de la Cour Commune de Justice et d'Arbitrage, précité, p. 268 ; Y. BAMOGO, *L'obligation d'information de la caution en droit OHADA*, Mémoire de Master, Université Thomas Sankara, Burkina Faso, 2021.

684 F. ANOUKAHA, Le droit des sûretés dans l'Acte uniforme OHADA, PUA, 1998 ; J. ISSA SAYEG, Commentaires sous article de l'Acte uniforme portant organisation des sûretés in Traité et Actes uniformes OHADA commentés, Juriscope, 2002 ; Y-R. KALIEU, La mention manuscrite, op.cit. ; Y-R. KALIEU ELONGO, Les sûretés personnelles dans l'espace

La loi n'impose pas que l'objet du cautionnement soit défini, c'est-à-dire que l'engagement de la caution soit expressément limité à une somme déterminée. Les cautionnements indéfinis de dettes déterminées sont admis, tant par l'AUS sous certaines conditions. Dans ce type de cautionnement, la caution garantit une ou plusieurs dettes identifiées, sans limitation de montant.

617. Ces cautionnements indéfinis, qu'ils soient de dettes déterminées ou *omnibus,* peuvent sembler dangereux pour la caution. Aussi, la jurisprudence tempère-t-elle parfois la rigueur de ces sûretés avec le principe de l'interprétation stricte du cautionnement, en vertu duquel on ne peut étendre le cautionnement au-delà des limites dans lesquelles il a été contracté. Si ce principe est applicable à tous les cautionnements, même définis, il prend à l'évidence sa pleine mesure dans les cautionnements indéfinis. Par ailleurs, le législateur tente de restreindre progressivement les possibilités de recourir à des cautionnements indéfinis. Ainsi, l'article 19 AUS a prévu des restrictions à la conclusion de tels engagements : d'abord, il est prévu que le cautionnement général des dettes d'un débiteur ne s'entend sauf clause contraire que de la garantie des dettes contractuelles directes ; ensuite, ce type de cautionnement ne couvre pas, sauf clause contraire, les dettes du débiteur principal antérieures à la signature de l'acte. Il s'agit à l'évidence d'une interdiction des cautionnements de montant illimité.

Mais le plus souvent, le cautionnement est généralement déterminé. On parle alors cautionnement limité. Il s'agit du cas où la somme cautionnée est exactement et limitativement déterminée dans l'acte de cautionnement, et plus précisément dans la mention manuscrite. À cet effet, l'article 14 précité impose que ladite somme soit écrite en toutes lettres et en chiffres.

Paragraphe 2- Les effets du cautionnement

618. Les effets du contrat de cautionnement, entendu *stricto sensu,* sont les relations entre la caution et le créancier, puisque ce sont les parties au contrat (A). Toutefois, prendre en considération l'opération de cautionnement, dans son intégralité, suppose d'examiner aussi les relations entre la caution et le débiteur (B), et celles entre cofidéjusseurs (C).

OHADA, op.cit.; G. KENFACK DOUAJNI, « Les nouvelles sûretés introduites dans l'Acte uniforme sur les sûretés adopté le 15 décembre 2010 », Revue de l'ERSUMA, Droit des Affaires – Pratique professionnelle, n° Spécial, novembre/décembre 2011, p. 81-86.

A- Les rapports entre la caution et le créancier

619. Les relations entre la caution et le créancier sont très différentes en fonction de la chronologie des événements, selon que l'on se place avant les poursuites (1) ou au moment des poursuites du créancier (2).

1- Avant les poursuites du créancier

620. La conclusion du contrat de cautionnement crée un lien d'obligation entre la caution et le créancier. Ce dernier devient titulaire d'un droit personnel envers la caution. Par conséquent, il est en droit de prendre toutes les mesures conservatoires destinées à protéger sa créance685.

Le créancier est par ailleurs redevable envers la caution de certaines obligations d'information. Il peut s'agir d'informations relatives à l'évolution de la dette garantie, ou à la défaillance du débiteur principal. Toutes les cautions bénéficient de ces dispositions, qu'elles soient personnes physiques ou morales, profanes ou non, dès l'instant qu'elles garantissent un concours financier[686].

S'agissant particulièrement de l'information relative à la défaillance du débiteur principal, elle est susceptible de l'intéresser particulièrement : la caution, apprenant que le débiteur n'a pas réglé une échéance, pourra tenter d'inciter ce dernier à exécuter son obligation, ou pourra décider de payer rapidement le créancier, afin de limiter les éventuelles pénalités de retard. Le créancier doit informer la caution de la défaillance du débiteur principal entrepreneur individuel ou société, dès le premier incident de paiement non régularisé dans le mois suivant l'exigibilité.

2- Au moment des poursuites du créancier

621. Les poursuites de la caution par le créancier dépendent de l'exigibilité de la dette[687]. La caution peut tenter d'opposer des moyens de défense au créancier : exceptions, bénéfice de discussion ou bénéfice de division. Quoi qu'il en soit, la caution doit bénéficier d'un *« reste à vivre »*.

---

[685] J-L. VIVIER, « L'OHADA ou l'unification du droit des affaires africain », *Droit et patrimoine*, n° 72, juin 1999, p. 41 ; P. BOUREL, « À propos de l'OHADA : libres opinions sur l'harmonisation du droit des affaires en Afrique », *Recueil Dalloz*, 2007, N° 14, p. 969 à 972 ; B. NJOYA NKAMGA, « Le cautionnement douanier CEMAC au lendemain de la réforme de l'acte uniforme OHADA portant droit des sûretés », *Revue de droit des affaires OHADA*, n°1, 1er semestre 2012, p. 164-188.

[686] P. TIGER, « Douze questions sur le cautionnement et leur solution en droit OHADA », *Penant*, n° 840, spécial Sûretés et garanties bancaires, p. 416 ; Y-R. KALIEU ELONGO, *Les sûretés personnelles dans l'espace OHADA*, op. cit.,

[687] À d'Abidjan, arrêt n° 1070 du 27 juillet 2001, G. TOURE et A. TOURE, c/ BICICI, Écodroit n° 13614, juil.-août 2002, p. 57 ; oha- data J-02-194.

Le créancier ne peut donc engager de poursuites à l'encontre de la caution tant que la dette de celle-ci n'est pas exigible. La date d'exigibilité du cautionnement est généralement calquée sur celle de la dette principale. Dans le silence du contrat, la jurisprudence décide que l'obligation de la caution est exigible lorsque celle du débiteur principal l'est aussi, du fait du caractère accessoire du cautionnement[688]. Les parties peuvent déroger conventionnellement à cette règle, même si de telles stipulations sont rares. Sauf situations particulières, il serait en effet peu opportun pour le créancier de désynchroniser les deux. Si le terme du cautionnement est postérieur à celui de l'obligation principale, les poursuites du créancier à l'encontre de la caution sont repoussées d'autant.

622. Sauf clause contraire, la déchéance du terme prononcée à l'encontre du débiteur principal est inopposable à la caution[689]. Le fondement de cette solution réside dans les raisons qui justifient la déchéance du terme au détriment du débiteur principal. La déchéance est encourue personnellement par ce dernier, généralement à titre de sanction. Il serait injuste que la caution pâtisse de la négligence du débiteur.

En ce qui concerne les effets de la prorogation du terme de l'obligation principale sur le terme de l'obligation de la caution, l'article 23 al. 3 AUS dispose que la prorogation du terme accordée au débiteur principal par le créancier doit être notifiée par ce dernier à la caution c'est-à-dire que celle-ci doit en être expressément informée. Il est nécessaire de distinguer selon que la prorogation est volontaire ou non. Si la prorogation du terme a volontairement été accordée au débiteur principal par le créancier, ce dernier ne peut poursuivre la caution dans le même temps. La prorogation du terme consentie au débiteur ne profite toutefois à la caution que si celle-ci le souhaite. La caution peut en effet préférer que sa dette soit éteinte le plus rapidement possible, notamment si elle craint que les difficultés financières du débiteur s'aggravent[690].

Si la prorogation du terme de l'obligation principale a été imposée au créancier par la loi ou le juge, c'est la solution inverse à celle retenue pour les prorogations volontaires qui s'impose. Le délai obtenu par le débiteur est le risque contre lequel le créancier entendait se prémunir. L'hypothèse est sensiblement différente de la précédente, puisque le créancier, ici, n'a pas donné son consentement au sursis accordé au débiteur. La fonction du

[688] Com. 19 févr. 1979, n° 77-13. 340, *Bull. civ.* IV, n° 65.

[689] V. L'article 23 al.4 AUS, M. BROU KOUAKOU, « Le droit OHADA et le cautionnement hypothécaire », *Penant* n°856, juillet-septembre 2006, p. 273 - 284.

[690] L. YONDO BLACK, « L'enjeu économique de la réforme de l'Acte uniforme OHADA portant organisation des sûretés : un atout pour faciliter l'accès au crédit : Bientôt un droit des sûretés dans l'OHADA », *Droit et patrimoine*, n° 197, novembre 2010, p. 45 et s.

cautionnement, à savoir garantir le paiement à l'échéance, doit par conséquent être privilégiée, sous peine de dénaturer cette sûreté.

623. Lorsque, à la survenance du terme, le créancier poursuit la caution en paiement, celle-ci peut évidemment s'exécuter, et verser au créancier les sommes qu'elle lui doit. La caution peut aussi préférer tenter de se défendre, notamment en opposant au créancier certaines exceptions. Elle peut lui opposer toutes les exceptions qui appartiennent au débiteur principal, et qui sont inhérentes à la dette, sans pouvoir toutefois se prévaloir des exceptions qui sont purement personnelles au débiteur. La règle de l'opposabilité des exceptions est une conséquence du caractère accessoire du cautionnement. Le sort de l'accessoire étant lié à celui du principal, il est logique de considérer que tout ce qui affecte l'obligation du débiteur puisse affecter l'obligation de la caution. Aussi, est-il normal d'accorder à celle-ci le droit d'invoquer ces exceptions.

Le bénéfice de discussion permet à la caution d'exiger du créancier qu'il saisisse et fasse vendre les biens du débiteur avant de l'actionner en paiement. À cet effet, l'article 27 al. 2 dispose : « *la caution simple, à moins qu'elle ait expressément renoncé à ce bénéfice, peut, sur premières poursuites dirigées contre elle, exiger la discussion du débiteur principal, en indiquant les biens de ce dernier susceptibles d'être saisis immédiatement sur le territoire national et de produire des deniers suffisants pour le paiement intégral de la dette* »[691].

La caution doit requérir le bénéfice de discussion sur les premières poursuites dirigées contre elle. Elle doit indiquer au créancier les biens du débiteur principal, et faire l'avance des frais[692].

Le créancier demeure libre de donner suite à la demande de la caution, c'est-à-dire de discuter les biens du débiteur principal. Mais s'il n'agit pas contre le débiteur, il en assume les risques, puisqu'il est, jusqu'à concurrence des biens indiqués, responsable à l'égard de la caution, de l'insolvabilité du débiteur principal survenue par le défaut de poursuites. Cette responsabilité du créancier doit toutefois être fonction du préjudice causé par son fait. La caution devra être déchargée dans la mesure du préjudice causé par la négligence du créancier, c'est-à-dire dans la mesure des sommes que les poursuites auraient rapportées si le créancier avait agi. C'est à la caution, par

---

[691] CA du Littéral, 2e chambre civile et commerciale, arrêt n° 32 du 5 février 2003, M... et F..., c/ Afric-Auto, Le juris-ohada, n° 4/2004, oct.-déc. 2004, p. 36, note Brou Kouakou M., ohadata J-05-174, répertoire quinquennal, préc., p. 327 ; TPI de Douala-Bonanjo, ord. n° 251 du 29 juin 2006, aff. OMAIS K. c/ la sté SDV Cameroun SA, ohadata J-07-81, note J. GATSI et W.J. NGOUE.

[692] Y-R. KALIEU ELONGO, Les sûretés personnelles dans l'espace OHADA, op. cit.,

application du droit commun de la responsabilité, qu'il appartient d'établir l'existence d'une négligence du créancier.

624. Le bénéfice de division permet à la caution d'imposer au créancier de diviser son action entre les cofidéjusseurs. En effet, aux termes de l'article 28 AUS que s'il existe plusieurs cautions pour un même débiteur et une même dette, chacune d'elles peut, sur premières poursuites dirigées contre elle, demander la division de la dette. Ce bénéfice, à l'instar du bénéfice de discussion, est ouvert à toutes les cautions, à l'exception des cautions solidaires et des cautions dont l'engagement est commercial.

Étant généralement invoqué par voie d'exception, le bénéfice de division doit être soulevé avant toute défense au fond. Néanmoins, la caution peut l'invoquer par voie d'action, notamment en réglant sa part de la dette au créancier, ou, si celui-ci refuse, en consignant la somme due[693]. La division ne peut être demandée qu'entre cautions solvables, ce qui a pour conséquence de faire peser le risque d'insolvabilité de l'une des cautions sur ses cofidéjusseurs. Cependant, l'insolvabilité d'une caution ne pèse sur ses cofidéjusseurs que si elle est survenue avant la division. Si l'insolvabilité d'une caution survient postérieurement à la demande de division, elle est à la charge du créancier.

L'effet du bénéfice de division est que la caution l'ayant invoqué sera tenue pour sa seule part et portion. Ces effets sont individuels. Le créancier ne pourra demander à cette caution que sa part, mais pourra réclamer à une autre caution l'intégralité de la créance, déduction faite de ce qu'il a perçu de la première caution, sauf si cette seconde caution invoque à son tour le bénéfice de division[694].

B- Les rapports entre la caution et le débiteur

625. La caution n'est qu'un débiteur accessoire, subsidiaire, obligé à la dette, mais qui ne doit pas y contribuer. Cette absence de contribution à la dette justifie que des recours, avant (1) et après paiement (2), soient ouverts à la caution.

---

693 SIMLER, « Cautionnement, garanties autonomes, garanties indemnitaires », op. cit., n° 559 ; G. KENFACK DOUAJNI, « Les nouvelles sûretés introduites dans l'Acte uniforme sur les sûretés adopté le 15 décembre 2010 », *Revue de l'ERSUMA*. Droit des Affaires – Pratique professionnelle, n° Spécial, novembre/décembre 2011, p. 81-86.

694 R. NJEUFACK TEMGWA, « Réflexion sur les procédés alternatifs de réalisation des sûretés réelles conventionnelles en droit OHADA », *Juridis Périodique* n°92, Octobre-Novembre-Décembre 2012, p.107-120.

1- Le recours avant paiement

626. Hypothèse extraordinaire, le législateur OHADA a listé les hypothèses dans lesquelles le débiteur peut être poursuivi par la caution avant paiement. Il y en a quatre : lorsque le débiteur est en état de cessation de paiement ou est en déconfiture ; lorsque la caution est poursuivie en paiement ; lorsque le débiteur est obligé de lui rapporter sa décharge dans un certain temps ; lorsque la dette est devenue exigible par l'échéance du terme. On suppose ici que, malgré l'arrivée du terme de la dette, le créancier n'a pas engagé de poursuites contre le débiteur principal et la caution ne souhaite pas continuer à assumer le risque d'insolvabilité du débiteur[695].

Ces recours avant paiement se justifient par deux considérations. Dans certains cas, il semble évident que la caution va prochainement être obligée de payer, et il est souhaitable pour elle de pouvoir se tourner le plus rapidement possible vers le débiteur, tant qu'il est encore un peu solvable. En d'autres hypothèses, l'obligation de garantie de la caution tend à dépasser ses estimations initiales. L'aspect préventif de ces recours avant paiement apparaît clairement. Leur objectif est de permettre à la caution de limiter ses pertes à venir, soit que l'insolvabilité du débiteur soit prochaine et inéluctable, soit que le montant de ses engagements risque d'augmenter dans des proportions imprévues.

Étant exceptionnels, ces recours doivent être interprétés strictement[696]. Ainsi, ces six hypothèses sont limitatives, et le juge ne saurait en créer de nouvelles. Pour la même raison, ces recours avant paiement sont cantonnés au cautionnement, et ne peuvent recevoir application en matière de garantie autonome[697]. Enfin, la caution ne peut agir sur le fondement de l'article 2309 qu'à l'encontre du débiteur principal, et non contre le codébiteur solidaire de ce dernier, ou contre une autre caution ou une sous-caution.

2- Le recours après paiement

627. Après paiement deux types de recours peuvent être possibles : le recours personnel et le recours subrogatoire.

[695] J. ISSA-SAYEGH, « Organisation des sûretés », *Cahiers juridiques et fiscaux, CFCE,* 1998, n° 2, p. 351 ; « Commentaire de l'Acte uniforme portant organisation des sûretés », in *OHADA Traité et actes uniformes commentés et annotés,* Juriscope, 3e éd., 2008 ; « Présentation générale de l'Acte uniforme sur le droit des sûretés (AUS) », *Répertoire quinquennal OHADA* 2000-2005, 2010, p. 93 ; J-J. ANVILE N'GORAN, « Du cautionnement solidaire dans l'acte uniforme portant organisation des sûretés de l'OHADA », *Penant* n°857, octobre- décembre 2006, p. 401-415.

[696] M. BRIZOUA-BI, « Le nouveau visage des sûretés personnelles dans l'espace OHADA. Bientôt un droit des sûretés dans l'OHADA », *Droit et patrimoine*, n° 197, novembre 2010, p. 60 et s. ; BARTHEZ et HOUTCIEFF, *Traité de droit civil. Les sûretés personnelles,* op. cit., n° 883.

[697] S. PIEDELIÈVRE, *Droit des sûretés*, op. cit., n° 255 ; E. SOUPGUI , Thèse , op. cit., 408 P

Le recours personnel, prévu par l'article 32 AUS, est ouvert à toute caution, quelle qu'elle soit : civile ou commerciale, simple ou solidaire, etc[698]. Lorsque la caution s'est engagée au profit de plusieurs codébiteurs solidaires, elle peut recourir pour le tout contre n'importe lequel d'entre eux. Si elle n'a garanti que l'un des codébiteurs, la caution ne devrait pouvoir exercer son recours que contre l'un d'eux. Seul le débiteur qu'elle a cautionné devrait logiquement pouvoir être poursuivi.

L'avantage principal du recours personnel est de permettre une indemnisation complète de la caution, qui pourra obtenir plus que ce qu'elle a payé au créancier au titre du cautionnement. L'inconvénient est que, dans le cadre de ce recours personnel, la caution est créancière du débiteur à titre chirographaire. Or, si la caution a été amenée à payer le créancier, il existe une probabilité assez forte pour que le débiteur soit insolvable.

628. Le recours subrogatoire est visé par l'article 31 al. 1 de l'AUS. La caution qui a payé le créancier est subrogée dans les droits de celui-ci. À l'instar du recours personnel, le recours subrogatoire est ouvert à toute caution, simple ou solidaire, civile ou commerciale. L'inconvénient de ce recours subrogatoire est que, par l'effet même de la subrogation, l'indemnisation de la caution sera limitée à ce qu'elle a payé au créancier. Contrairement au recours personnel, le recours subrogatoire ne permet pas à la caution de demander paiement d'intérêts et de dommages et intérêts.

Le recours subrogatoire présente néanmoins deux avantages en comparaison du recours personnel. D'une part, la caution pourra agir contre le débiteur, mais aussi contre toute autre personne que le créancier aurait pu poursuivre au titre de l'obligation principale. Ainsi, la caution peut, par le recours subrogatoire, poursuivre n'importe lequel des codébiteurs solidaires, même non cautionnés, pour lui réclamer le paiement de l'intégralité de la dette. Le recours subrogatoire, à la différence du recours personnel, permet également à la caution de poursuivre en paiement ses cofidéjusseurs[699].

D'autre part, la caution étant subrogée dans les droits et actions du créancier, elle pourra profiter des éventuelles garanties et sûretés, personnelles et réelles, dont celui-ci disposait en sus du cautionnement. La caution subrogée dispose de toutes les actions qui appartenaient au créancier et qui se rattachaient à cette créance immédiatement avant le paiement.

---

[698] Voir CA de Daloa, arrêt n° 115 du 28 juillet 2005, DBY c/ GVC Wadama, le juris ohada n° 1, 2006, p. 39 ; ohadata J-07-04 ; Y-R. KALIEU ELONGO, *Les sûretés personnelles dans l'espace OHADA*, op. cit.,

[699] F. ANOUKAHA, A. CISSE-NIANG, M. FOLI, J. ISSA SAYEGH, I.Y. NDIAYE, M. SAMB, *OHADA Suretés*, Bruylant, Bruxelles, 2002, p. 279 ; M. BROU KOUAKOU, op. cit., p. 273 – 284.

C- Les rapports entre cofidéjusseurs

629. En cas de pluralité de cautions, la caution *solvens* dispose d'un choix. Elle peut exercer un recours personnel ou subrogatoire contre le débiteur principal, ou préférer, notamment si ce dernier est insolvable, un recours contre les cofidéjusseurs.

Dans ce dernier cas, la caution dispose contre ses cofidéjusseurs de deux recours, semblables à ceux dont elle dispose contre le débiteur (et présentant les mêmes avantages et inconvénients), à savoir un recours personnel (1) et un recours subrogatoire (2).

1- Le recours personnel

630. Lorsque plusieurs personnes ont cautionné un même débiteur pour une même dette, la caution qui a acquitté la dette peut recourir contre les autres cautions, chacune pour sa part et portion. Il s'agit du recours personnel de la caution *solvens* à l'encontre de ses cofidéjusseurs. Ce recours est inspiré par une considération d'équité : il serait injuste qu'en cas de pluralité de cautions, une seule d'entre elles doive supporter le poids de la dette, sous prétexte qu'elle fut choisie par le créancier.

Ce recours personnel suppose d'abord que la caution qui entend l'exercer ait acquitté la dette. Le paiement effectué par la caution peut être partiel. Mais pour que le recours ait un sens, encore faut-il que ce paiement excède la part contributive de la caution *solvens.* Ce recours s'exerce contre les autres cautions du même débiteur, qu'elles soient, elles aussi, simples ou solidaires, civiles ou commerciales. Il importe peu que ces autres cautions se soient engagées par le même acte, ou par actes séparés, dès l'instant qu'elles sont engagées en qualité de caution).

Chaque caution étant tenue pour sa part et portion, la caution *solvens* devra recourir en proportion de leur engagement initial. C'est donc un principe de répartition proportionnelle de la charge de la dette qui s'impose.

661. La situation la plus simple est celle dans laquelle chaque caution s'est engagée à hauteur de l'ensemble de la dette, voire de manière illimitée. Lorsque les cautions se sont engagées pour des sommes inégales, le principe de répartition proportionnelle doit être appliqué. Ainsi, il faut connaître la proportion de l'engagement de chaque caution dans le montant de la dette. On peut ensuite calculer la part que devra payer chacun d'entre eux. Pour ce faire,

il convient de calculer le montant total des engagements des cautions, et de diviser chacun de ces derniers par le dénominateur commun obtenu[700].

2- Le recours subrogatoire

662. Ce recours subrogatoire, à l'inverse de celui dont dispose la caution envers le débiteur principal, n'est pas prévu par un texte particulier. Mais, en vertu du droit commun, la subrogation a lieu de plein droit au profit de celui qui, étant tenu avec d'autres ou pour d'autres au paiement de la dette, avait intérêt à l'acquitter. Par la généralité de ses termes, le droit commun s'applique indiscutablement à la caution qui a payé le créancier et se retourne contre les cofidéjusseurs. La caution *solvens,* subrogée dans les droits du créancier, bénéficie des autres sûretés, personnelles et réelles, dont disposait le créancier à l'encontre de tel ou tel cofidéjusseur. L'inconvénient est que les cofidéjusseurs peuvent opposer à la caution *solvens* les exceptions qu'ils auraient pu opposer au créancier.

Par un tel recours, la logique commanderait que la caution n'ait pas à diviser son recours. En effet, elle est subrogée dans les droits d'un créancier qui n'avait pas lui-même obligation de diviser ses poursuites (sinon, la caution lui aurait opposé le bénéfice de division, et la question du recours contre les cofidéjusseurs ne se poserait pas).

Paragraphe 3- L'extinction

663. Reflet de son caractère accessoire, le cautionnement peut s'éteindre par voie accessoire (A) ou par voie principale (B).

A- L'extinction par voie accessoire

664. L'extinction de l'obligation principale provoque celle du cautionnement. Cette idée s'explique par le caractère accessoire du cautionnement : l'accessoire ayant vocation à suivre le sort du principal (*accessorium sequitur principale*), il est logique que la disparition du principal entraîne celle de l'accessoire. Par conséquent, la caution est déchargée avec l'extinction de l'obligation du débiteur principal[701].

---

[700] R. NJEUFACK TEMGWA, « Réflexion sur les procédés alternatifs de réalisation des sûretés réelles conventionnelles en droit OHADA », op. cit.,

[701] V. art. 36 et s. AUS ; J-J. ANVILE N'GORAN, « Du cautionnement solidaire dans l'acte uniforme portant organisation des sûretés de l'OHADA », *Penant* n°857, octobre- décembre 2006, p. 401-415.

Si l'obligation principale est éteinte par paiement, c'est à la caution poursuivie par le créancier de rapporter la preuve que le débiteur a effectué un paiement

La compensation intervenante entre le débiteur principal et le créancier libère également la caution, qu'elle soit simple ou solidaire.

665. La caution est également libérée lorsque s'opère une dation en paiement[702]. De même, la confusion survenant entre le patrimoine du créancier et celui du débiteur emporte extinction du cautionnement. Il en est ainsi également de la novation qui emporte extinction des sûretés, sauf les hypothèses dans lesquelles l'intéressé manifeste sa volonté de garantir la nouvelle dette. La remise de dette accordée au débiteur principal libère aussi les cautions. Cette règle se justifie par le principe selon lequel la caution ne peut être tenue plus sévèrement que le débiteur principal. Enfin, la prescription de l'obligation principale provoque l'extinction du cautionnement. La caution, quelles que soient les caractéristiques de son engagement, peut invoquer la prescription extinctive alors même que le débiteur ne s'en serait pas prévalu. Mais, inversement, l'interruption, par le créancier, de la prescription à l'égard du débiteur principal a pour effet d'interrompre la prescription à l'égard de la caution.

B- L'extinction par voie principale

666. Le cautionnement s'éteint par voie principale lorsqu'une cause d'extinction affecte le rapport entre la caution et le créancier. La particularité de ces cas d'extinction réside dans le fait que seule la sûreté disparaît. L'obligation principale subsiste. Ainsi, d'une part, le cautionnement peut s'éteindre pour des raisons indépendantes du comportement fautif du créancier (1) et, d'autre part, son extinction peut sanctionner une faute du créancier (2).

1- Les causes d'extinction indépendantes d'une faute du créancier

667. Elles sont, pour la plupart, comparables aux causes d'extinction de l'obligation principale[703]. Leur spécificité provient du fait qu'elles émanent du rapport caution-créancier, et non plus du rapport débiteur principal-créancier. Toutefois, la dualité des obligations générées par le cautionnement suppose de distinguer les causes d'extinction selon l'obligation qu'elles affectent, soit l'obligation de couverture, soit l'obligation de règlement.

702, *Ibid.* tribunal de Sassandra, jugement n° 14 du 29 janvier 2003, dame A c/ S et N., le juris ohada, n° 2/2004, juin-aoßt 2004, p. 69, note M. BROU KOUAKOU, ohadata J-04-306 ; *Répertoire quinquennal*, p. 327.

703 V. art. 37 AUS; M. BROU KOUAKOU, op. cit.,

- **Extinction de l'obligation de règlement**

Le paiement fait par la caution la libère envers le créancier, s'il remplit plusieurs conditions. Pour être libératoire, le paiement doit en effet être valable, intégral. Si une personne règle une dette en se croyant faussement caution, son paiement est nul. Elle dispose alors d'une action en répétition de l'indu. Si la caution garantit plusieurs dettes, elle peut indiquer lors de son paiement quelle est la dette qu'elle entend acquitter. Le paiement libératoire par la caution, s'il désintéresse le créancier, ne libère pas le débiteur ; la caution dispose alors de ses recours à l'encontre de ce dernier.

La remise de dette consentie par le créancier à la caution ne libère pas le débiteur principal. La remise de dette ne profite pas davantage aux cofidéjusseurs. L'obligation de la caution peut également s'éteindre par prescription, lorsque le délai est expiré. La novation éteint le cautionnement initial, pour en créer un autre. La compensation intervenue entre le créancier et la caution libère cette dernière. L'hypothèse est relativement courante, notamment lorsque la caution obtient la condamnation du créancier à des dommages et intérêts. La confusion du patrimoine du créancier et de celui de la caution (en raison d'une succession, d'une fusion, etc.) est également une cause d'extinction du cautionnement par voie principale.

- **Extinction de l'obligation de couverture**

Contrairement à l'extinction de l'obligation de règlement qui libère purement et simplement la caution, l'extinction de l'obligation de couverture ne fait que mettre un terme à la garantie de la caution pour l'avenir. La caution est libérée pour les éventuelles dettes à naître, mais demeurera tenue pour les dettes déjà nées. Il apparaît clairement que l'extinction de l'obligation de couverture ne peut concerner, par définition, que les cautionnements de dettes futures.

Si le cautionnement est conclu à durée déterminée, le terme extinctif doit être respecté. Il s'impose aux deux parties. Le créancier ne peut exiger la garantie de la caution pour des dettes nées postérieurement au terme. Et, réciproquement, la caution ne peut se libérer de son engagement avant le terme convenu.

Lorsque le cautionnement est conclu pour une durée indéterminée, chaque contractant, par application du droit commun, bénéficie d'une faculté unilatérale de résiliation. Les effets de la résiliation sont similaires à ceux produits par la survenance du terme dans les cautionnements à durée déterminée[704]. L'obligation de couverture est éteinte, ce qui libère la caution

[704] Art. 19 AUS; M. SAKHO, « Le nouvel Acte uniforme OHADA portant organisation des sûretés : Propos introductifs autour d'une refonte d'envergure du droit des sûretés », *Revue de*

quant aux dettes à naître. En revanche, l'obligation de règlement subsiste ; si le créancier lui en fait la demande, la caution sera tenue de payer les sommes dues en vertu de dettes nées antérieurement.

Le décès de la caution met également un terme à l'obligation de couverture, qui n'est donc pas transmise aux héritiers. Pendant longtemps, la jurisprudence ne voyait pas dans le décès de la caution une cause d'extinction du cautionnement. Se fondant sur l'ancien article 2017 du Code civil, aux termes duquel « *les engagements des cautions passent à leurs héritiers* », la Cour de cassation française considérait que les héritiers, sauf renonciation à la succession ou acceptation sous bénéfice d'inventaire, étaient tenus de toutes les dettes, même celles nées postérieurement au décès de leur auteur[705]. Depuis un revirement de jurisprudence, la Cour de cassation applique la distinction entre obligation de couverture et obligation de règlement[706]. L'obligation de couverture est éteinte par le décès de la caution, mais non celle de règlement.

Le législateur OHADA s'inspirant de cette évolution jurisprudentielle a réglé nettement la question en décidant à l'article 36 al. 4 de l'AUS que « *les engagements de la caution qu'elle soit simple ou solidaire passent aux héritiers si ces engagements sont nés antérieurement au décès de la caution* ». À travers cette disposition, le législateur communautaire pose que le décès de la caution met fin à l'obligation de couverture et laisse place à l'obligation de règlement qui sera assumée par ses héritiers.

2- Les causes d'extinction sanctionnant une faute du créancier

668. Une autre cause d'extinction, généralement partielle elle aussi, sanctionne une faute bien particulière du créancier : c'est le bénéfice de subrogation. Au terme de l'article 29, alinéa 2 de l'AUS, « *la caution simple ou solidaire est déchargée quand la subrogation aux droits et garanties du créancier ne peut plus s'opérer en sa faveur, par le fait du créancier* ».

Le bénéfice de subrogation est un mode d'extinction du cautionnement par voie principale, puisque la dette cautionnée subsiste. La caution, si elle paye le créancier, sera subrogée dans tous les droits et actions dont dispose ce dernier à l'encontre du débiteur principal. Elle bénéficiera notamment de toutes les sûretés dont s'était muni le créancier en plus du cautionnement. Elle peut, par conséquent, subir un préjudice important si le créancier néglige ces autres sûretés, par exemple en ne renouvelant pas une inscription

---

l'ERSUMA, Droit des Affaires – Pratique professionnelle, N° spécial – novembre/ décembre 2011, Législation, p. 87-99.

705 Par ex., Civ. 1re, 16 déc. 1969, *Bull. civ.* I, n° 396 ; RTD com. 1970. 400, obs. M. CABRILLAC ET RIVES-LANGE.

706 Com. 29 juin 1982, n° 80-14.160, *Bull. civ.* IV, n° 258; D. 1983. 360, note MOULY ; *RTD civ.* 1983. 354, obs. REMY ; *Rev. sociétés* 1982. 86, note M. CABRILLAC.

hypothécaire, ou en restituant un bien gagé. La subrogation ne pouvant plus s'opérer, la caution ne tirera plus avantage de son recours subrogatoire. Le bénéfice de subrogation a pour objet de protéger la caution contre de telles négligences du créancier.

669. L'article. 29 ci-dessus cité a vocation à s'appliquer à toutes les cautions.

La réunion de quatre conditions est nécessaire pour que la caution puisse opposer au créancier le bénéfice de subrogation : la perte d'un droit préférentiel, un fait du créancier, une atteinte aux prévisions légitimes de la caution et un préjudice subi par cette dernière.

Le bénéfice de subrogation a pour effet d'aboutir à une décharge de la caution. Cette dernière est déchargée à concurrence de la valeur des droits préférentiels perdus[707]. La décharge n'est donc le plus souvent que partielle, à la mesure du préjudice éprouvé par la caution. La décharge de la caution peut être totale lorsque la valeur des droits perdus est au moins égale au montant du cautionnement, ou encore lorsque le créancier a commis une faute ayant rendu impossible toute appréciation de la valeur des droits perdus. La valeur des droits préférentiels perdus par le fait du créancier doit être appréciée à la date de l'exigibilité de l'obligation de la caution, c'est-à-dire à la date de la défaillance du débiteur principal.

L'article 29 permet seulement la décharge de la caution. Si cette dernière souhaite l'octroi de dommages et intérêts, elle devra soit intenter une action en responsabilité fondée sur une autre faute, soit démontrer que la perte de droits préférentiels lui a causé un préjudice distinct de la seule impossibilité d'être subrogée ?

Sous-section 2- La garantie autonome

670. Connue sous le nom de lettre de garantie avant la réforme de l'AUS ou encore sous celle de garantie indépendante ou de garantie à première demande, la garantie autonome est régie par les articles 39 à 49 AUS[708]. Très utilisée dans les relations commerciales internationales, elle se substitue dans certains cas au crédit documentaire[709], au cautionnement bancaire et parfois au dépôt de garantie. La garantie autonome est volontairement présentée

---

[707] J-J. ANVILE N'GORAN, « Du cautionnement solidaire dans l'acte uniforme portant organisation des sûretés de l'OHADA », op. cit.,

[708] J-C. OUTOUMOU, « La lettre de garantie OHADA », *RDAI*, n° 4, 1999, p. 425 et s.

[709] Qui est défini comme l'opération par laquelle le banquier intervenant sur l'ordre de son client acheteur pour le règlement d'une importation promet de payer le vendeur exportateur contre remise par ce dernier de documents attestant l'expédition des marchandises ; J.J. ANVILE N'GORAN, « Du cautionnement solidaire dans l'acte uniforme portant organisation des sûretés de l'OHADA », op. cit.,

comme une alternative au cautionnement[710], une réponse à certaines principales faiblesses de cette sûreté justifiées pour la plupart par sa nature d'engagement accessoire[711].

La garantie autonome est définie à l'article 39 comme « *une convention par laquelle, à la requête ou sur instruction du donneur d'ordre, le garant s'engage à payer une somme déterminée au bénéficiaire, sur première demande de la part de ce dernier* »[712]. Elle fait intervenir trois personnes que sont le donneur d'ordre, le garant et le bénéficiaire. Elle est une sûreté personnelle en ce qu'un engagement est pris par un tiers à titre de sûreté de la dette d'un débiteur principal[713]. À côté de la garantie autonome, le législateur a également réglementé la contre-garantie définie comme une convention par laquelle le contre-garant s'engage à payer une somme déterminée au garant, sur première demande de la part de ce dernier. Le contre-garant garantit donc les engagements du garant[714]. Pour le reste, la lettre de contre-garantie obéit exactement au même régime que la garantie autonome, aussi bien en ce que concerne sa formation (Paragraphe 1) et ses effets (Paragraphe 2).

Paragraphe 1- La formation de la garantie autonome

671. La constitution de la garantie autonome répond à une certaine rigueur aussi bien pour ce qui est du consentement des parties (A) que de la durée de l'engagement (B). Il faut par ailleurs préciser que le législateur OHADA a limité la souscription des garanties et contre-garanties autonomes uniquement aux personnes morales. Il peut s'agir aussi bien des personnes morales de droit privé que de droit public, commerçantes ou non. Habituellement, les garants sont généralement des banques ou des établissements de crédit, des sociétés commerciales et parfois des sociétés-mères qui s'engagent pour le compte de leurs filiales. Dans tous ces cas, la forme (C) et la durée de l'engagement doivent être précisées.

---

710 Au même titre que les lettres d'intention, même si celles-ci se caractérisent essentiellement par la variabilité des engagements susceptibles d'être pris par le signataire de la lettre. Suivant les cas, l'engagement du signataire de la lettre sera qualifié soit de cautionnement soit de lettre de garantie de même qu'il pourra constituer une obligation de faire ou de ne pas faire.

711 B. MARTOR, « Comparaison de deux sûretés personnelles : le cautionnement et la lettre de garantie ». *La Semaine juridique :* entreprises et affaires, n° 5, supplément à la Semaine juridique n° 44 du 28 octobre 2004, p. 21 et s.

712 Ch. MBA-OWONO, « Le régime juridique des lettres de garantie dans l'Acte uniforme de l'OHADA portant organisation des sûretés », *Penant*, n°835, janv.-avril 2001, p. 56 et s.

713 R. NEVRY, « La garantie autonome à première demande. Droit OHADA, Droit français », *RDAI*, 2007, n°3, p. 313 et s.

714 Dans la pratique internationale, la garantie est émise par la banque du bénéficiaire et la contre garantie par la banque du débiteur donneur d'ordre.

A- Le consentement

672. La lettre de garantie nécessite la rencontre d'une offre et d'une acceptation. La jurisprudence s'est d'ailleurs prononcée en ce sens[715]. On se trouve en présence d'un contrat unilatéral qui peut être aussi bien souscrit dans l'ordre international que dans l'ordre interne[716].

La lettre de garantie requiert une rencontre des consentements entre le garant et le bénéficiaire et, en cas de contre-garantie, entre le contre-garant et le garant de premier rang.

673. Le consentement doit aussi être exempt de vices. Tant que la lettre de garantie reste souscrite par des banquiers pour couvrir des opérations du commerce international, le rôle de la théorie des vices du consentement demeure plus théorique que pratique. Mais avec la progression de la souscription de cette garantie par des particuliers, on assiste à son développement. La jurisprudence française l'utilise pour essayer de freiner le développement des garanties à première demande souscrites en droit interne par des particuliers. Selon la Cour d'appel de Paris, en effet, il n'apparaît pas « *équitable qu'elle se généralise en raison de la rupture d'équilibre qui s'opérerait à l'avantage du créancier, principalement lorsque le garant n'est pas un organisme de crédit* »[717]. Pourtant, « *il ne résulte d'aucun principe ni d'aucune disposition que l'utilisation de la garantie autonome soit réservée aux relations entre banques ; si, par leurs consentements exempts de vice, les parties se sont accordées à choisir ce type de garantie, ce libre choix, malgré la rigueur de ses conséquences pour le garant, doit être considéré comme leur loi dans la mesure où il est exprimé sans équivoque* »[718]. Cette recherche d'un équilibre, sans doute difficile à atteindre dans le droit des sûretés, l'a conduite à utiliser des procédés critiquables juridiquement, mais qui ont eu le mérite de l'efficacité.

674. Le dol semble être le vice du consentement le plus invoqué. Il ne sera pris en considération que s'il émane du bénéficiaire. En cette matière, la jurisprudence française, par exemple, l'étend dans le but de limiter le recours à cette forme de garantie[719].

---

[715] J. ISSA-SAYEGH, « La liberté contractuelle dans le droit des sûretés OHADA », op. cit., Com. 2 févr. 1988, *Bull. civ.* IV, n° 55, *RTD civ.* 1988. 794, obs. M. BANDRAC, *RTD com.* 1988. 479, obs. M. CABRILLAC et B. TEYSSIE, D. 1988, somm. 239, obs. M. VASSEUR.

[716] M. SAMBA, *La lettre de garantie, OHADA Suretés*, Juriscope, Bruylant, coll. « Droit uniforme », 2002, p. 45 et s.

[717] Paris, 5 févr. 1992, Banque 1992. 844, obs. J.-L. RIVES-LANGE, D. 1993, somm. 107, obs. M. VASSEUR.

[718] Paris, 12 févr. 1993, *RTD com.* 1995. 555, obs. M. CABRILLAC et B. TEYSSIE ; E. SOUPGUI, Thèse, op. cit.,

[719] Ainsi la Cour d'appel de Paris a-t-elle annulé une garantie à première demande émise par

675. L'erreur ne paraît pas devoir jouer un grand rôle. L'erreur sur la nature de l'engagement sera, sans doute, aussi exceptionnelle qu'en matière de cautionnement, même si certains garants essaient de l'utiliser, en prétendant avoir cru souscrire un cautionnement, ce qui n'a pas à prospérer, car il s'agit d'une question de qualification de l'acte ou d'absence d'information. L'erreur sur la solvabilité du débiteur n'existe pas ici, puisque l'engagement est autonome.

676. La violence, enfin, ne joue, pour le moment, aucun rôle. Mais, en France, la question risque de se poser avec l'abus de dépendance prévu par l'article 1143 du Code civil. Selon cette disposition, « *il y a également violence lorsqu'une partie, abusant de l'état de dépendance dans lequel se trouve son cocontractant, obtient de lui un engagement qu'il n'aurait pas souscrit en l'absence d'une telle contrainte et en tire un avantage manifestement excessif* ».

B- La capacité et les pouvoirs

677. Le garant contracte une obligation personnelle qui engage son patrimoine. Sa situation est, de ce point de vue, identique à celle d'une caution : il doit avoir la capacité de s'engager.

Pour la question des pouvoirs, il est nécessaire de faire allusion aux solutions résultant du droit des sociétés. Pour les sociétés anonymes, il suffit d'appliquer les articles 449 et 509 AUSGIE qui visent « *les cautions, avals et garanties* ». On appliquera la procédure d'autorisation prévue, soit, ici, l'autorisation préalable du conseil d'administration pour émettre une lettre de garantie, sauf si la société anonyme a pour objet l'exploitation d'un établissement bancaire ou financier. Le pouvoir d'émettre un cautionnement ne vaut pas celui d'émettre une lettre de garantie[720].

1- La forme

678. En principe, la lettre de garantie n'est soumise à aucune règle de forme particulière, et ce, qu'elle soit souscrite par un organisme de crédit ou par une personne physique. Mais, parce que la garantie et la contre garantie ne se présument pas et doivent être constatées par un écrit qui doit comporter à peine

---

l'épouse d'un gérant de société au profit d'un établissement de crédit-bail, en raison du dol dont ce dernier se serait rendu coupable en manquant d'attirer l'attention de la garante sur la portée de son engagement (Paris, 27 juin 1990, RD bancaire et bourse 1991. 27, obs. M. CONTAMINE-RAYNAUD, DEFRENOIS 1990. 1349, obs. L. AYNES, D. 1991, somm. 194, obs. M. VASSEUR, D. 1992. 30, note G. BLANC, RTD com. 1991. 81, obs. M. CABRILLAC et B. TEYSSIE, JCP E 1991. II. 119, obs. T. HASSLER.

[720] J. ISSA-SAYEGH, « La liberté contractuelle dans le droit des sûretés OHADA », *Penant* n°851, avril-juin 2005, p. 150-173.

de nullité, certaines mentions limitativement énumérées par les textes[721]. C'est pourquoi, malgré tout, il existe nécessairement en la matière un certain formalisme qui implique qu'un document soit nécessaire en pratique. Compte tenu de son caractère autonome, il importe que l'ensemble de ses caractéristiques soit clairement indiqué. La logique voudrait que la dénomination de « garantie ou de contre-garantie » figure dans le document la constatant ainsi que la clause de paiement à première demande. En l'effet, l'acte doit être constaté par un écrit mentionnant, à peine de nullité : la dénomination de garantie ou de contre-garantie autonome ; le nom du donneur d'ordre ; le nom du bénéficiaire ; le nom du garant ou du contre-garant ; la convention de base, l'acte ou le fait, en considération desquels la garantie ou la contre-garantie autonome est émise ; le montant maximum de la garantie ou de la contre-garantie autonome ; la date ou le fait entraînant l'expiration de la garantie ; les conditions de la demande de paiement, s'il y a lieu ; l'impossibilité, pour le garant ou le contre-garant, de bénéficier des exceptions de la caution

679. Cette idée de formalisme se retrouve dans la Convention CNUDCI. Selon son article 7, paragraphe 2, la garantie sur demande et la lettre de crédit *stand-by* peuvent être émises sous toute forme qui préserve un enregistrement complet du texte et qui permet une authentification de sa source par des méthodes acceptées généralement ou selon une procédure convenue entre le garant et le bénéficiaire, ce qui permet un recours aux écrits informatiques. Dans le même ordre d'idées, l'article 3 prévoit que la garantie devra énoncer le donneur d'ordre, le bénéficiaire, le garant, la transaction de base, le montant maximal payable et la monnaie de paiement, la date d'expiration et/ou le fait entraînant l'expiration de la garantie, les conditions de la demande du paiement et toute disposition visant à la réduction du montant de la garantie.

Il existe parfois un formalisme que l'on peut qualifier d'indirect[722]. Tel est le cas des lettres de garanties souscrites par des sociétés[723]. Si l'on raisonne sur les sociétés anonymes, le garant devra obtenir l'autorisation du conseil d'administration ou du conseil d'administration en application des articles 449 et 509 précités. De manière plus générale, les règles propres de pouvoirs s'appliquent aux sociétés.

---

[721] Art. 41 AUS ; Y-R . KALIEU ELONGO, *Les sûretés personnelles dans l'espace OHADA*, op. cit.,

[722] Cour d'Appel d'Abidjan, arrêt n° 184 du 21 février 2003, SIB c/Société CORECA, Ohadata J-03-230, ohada.com, observations J.I. SAYEGH.

[723] M. BOURASSIN, V. BRÉMOND et M.-N. JOBARD-BACHELLIER, *Droit des sûretés, op. cit.*, n° 515.

2- La durée de validité de la garantie

680. Le problème de la durée de la garantie à première demande ne devrait, *a priori,* susciter que peu de difficultés. Le banquier, le garant et le bénéficiaire ont une totale liberté pour la déterminer. Le contrat de base n'exerce aucune influence sur la durée de l'engagement du garant. Le banquier doit exécuter son engagement, même si tous les délais prévus par le rapport commercial ont disparu. L'autonomie de la garantie à première demande interdit une telle référence, puisque le banquier doit payer sans pouvoir opposer une quelconque exception tirée de ce rapport. L'absence de caractère accessoire justifie également cette solution. Mais un certain particularisme va cependant apparaître, et ce, dans les hypothèses de garantie tant à durée déterminée (1) qu'à durée indéterminée (2).

a- Garantie à première demande à durée déterminée

681. Il s'agit de l'hypothèse la plus fréquente en pratique. Ce devrait être l'hypothèse la plus simple, car il devrait suffire de comparer la date de l'appel de la garantie avec celle d'expiration de la garantie. Mais cette règle sera parfois infléchie par le bénéficiaire avant l'expiration de la garantie. Ce dernier va placer le banquier ou le donneur d'ordre devant une alternative : « *Payez ou prorogez la garantie* ».

La lettre de garantie est fréquemment stipulée à durée déterminée. Le contrat prévoit alors sa durée ou sa date d'expiration. Pendant toute cette durée, le bénéficiaire a la possibilité d'appeler la garantie. Le garant n'a pas la possibilité de résilier son engagement aussi bien vis-à-vis du bénéficiaire que du donneur d'ordre. Ce terme est généralement fixé en fonction de l'opération commerciale couverte. Par prudence, la date d'expiration est fixée avec une marge de manœuvre en faveur du bénéficiaire[724].

682. Dans certains pays, il est prévu que les garanties à première demande, même stipulées à durée déterminée, resteront en vigueur jusqu'à la restitution de la lettre par le bénéficiaire. Cette clause permet de faire survivre la garantie au-delà de sa date d'expiration et surtout, elle met le garant à la discrétion du bénéficiaire. On aboutit en réalité à des garanties qui ont une durée indéfinie. Pour cette raison, cette pratique est condamnée par les Règles et usages de la Chambre de commerce internationale et par les règles de la CNUDCI. Selon l'article 24 des RUGD « *lorsqu'une garantie a pris fin..., le fait de conserver la garantie... ne confère aucun droit au bénéficiaire* ». De son côté, l'article 112 des règles de la CNUDCI prévoit que « *l'engagement peut disposer, ou le garant émetteur et le bénéficiaire peuvent convenir, par ailleurs, que le renvoi au*

[724] M. SAKHO, « Le nouvel Acte uniforme OHADA portant organisation des sûretés : Propos introductifs autour d'une refonte d'envergure du droit des sûretés », op. cit.,

garant émetteur du document contenant l'engagement [...] est requis pour que s'éteigne le droit de demander paiement... Toutefois, en aucun cas la conservation d'un tel document par le bénéficiaire après que le droit de demander paiement s'est éteint [...] ne préserve un droit quelconque du bénéficiaire en vertu de l'engagement ».

683. Il est impossible de transposer en matière de lettre de garantie la distinction existant en matière de cautionnement entre obligation de couverture et obligation de règlement. Le banquier garant ne peut pas, et il ne veut pas, connaître l'évolution des relations commerciales entre le donneur d'ordre et le bénéficiaire. Il s'engage à payer une somme d'argent. La demande de paiement devra être effectuée au plus tard au jour de l'échéance. Il s'agit d'une conséquence de l'absence de caractère accessoire de la garantie à première demande. Cette solution [obligation de règlement, obligation de couverture] ne peut être considérée comme transposable en matière de garantie indépendante parce que, à son propos, il n'y a pas de dette principale. La dette du garant ou du contre-garant est sa dette à lui.

Pour éviter de se voir opposer une date limite, les bénéficiaires vont parfois placer le banquier garant devant l'alternative : « *payez ou prorogez la garantie* ». Pour certains, il s'agirait d'une forme de chantage[725]. Cette clause se situe dans la logique de la garantie à première demande et de son effet couperet. Elle doit être mise en œuvre avant la date d'expiration de la sûreté ; si tel n'est pas le cas, une nouvelle garantie devra être souscrite.

L'article 23 des RUGD adopte une solution originale. Lorsqu'une garantie est présentée avec l'alternative « *prorogez ou payez* », le garant ou le contre-garant a la possibilité de suspendre le paiement pendant une période maximale de trente jours. Malgré tout, la réglementation de cette demande aurait pu être encore plus précise. En effet, la prorogation ne peut résulter que d'un accord du donneur d'ordre. Si tel n'est pas le cas, le garant outrepasse les ordres qui lui sont donnés avec cette conséquence qu'il ne pourrait plus exercer de recours à l'encontre de ce dernier.

b- La garantie à première demande à durée indéterminée

684. Certaines personnes refusent d'introduire une quelconque indication de durée dans le contrat de garantie. Par exemple, il est parfois prévu que la garantie restera en vigueur jusqu'à la mainlevée du bénéficiaire. La date fournie n'est qu'une date probable. L'engagement est donc bien à durée indéterminée. Le contrat de garantie peut ne comporter aucune indication sur

---

725 M. CABRILLAC, Ch. MOULY, S. CABRILLAC et Ph. PÉTEL, *Droit des sûretés*, op. cit., A.-S. BARTHEZ et D. HOUTCIEFF, *Les sûretés personnelles*, n° 1316, op. cit.,

cette question. En l'absence de toute possibilité de connaître la durée, on arrive à un engagement à durée illimitée[726].

Or, le droit (de la majorité des pays membres) des contrats prohibe les engagements à durée illimitée ou perpétuelle. Une faculté de résiliation appartient au banquier garant, le donneur d'ordre ne pouvant intervenir, car il n'est pas partie au contrat. L'effet de cette résiliation sera d'empêcher toute mise en jeu de la garantie, puisqu'on n'admet pas la distinction entre obligation de couverture et obligation de règlement. L'engagement du banquier étant celui de payer une somme d'argent, il est logique que la résiliation ait pour conséquence une impossibilité de mise en jeu de la garantie. Pour éviter ce risque, il est fréquent que les bénéficiaires exigent du garant que le contrat de garantie prévoit un préavis pour la réalisation. Apparaît alors tout l'intérêt de la clause dite « *proroger ou payer* ».

685. Les RUGD ont pourtant introduit une nouvelle cause d'extinction des garanties à première demande qui concerne celles à durée indéterminée. On retrouve la volonté de lutter contre la pratique de certains bénéficiaires qui refusent d'introduire une quelconque indication de durée dans les contrats de garantie. L'article 25c reprend une solution adoptée par l'article 12c de la convention CNUDCI, mais en en réduisant le délai, en prévoyant que, si la garantie ou la contre-garantie n'indique pas de date d'échéance ou d'évènements entraînant la déchéance, la garantie expirera trois ans après sa date d'émission et la contre-garantie expirera trente jours calendaires après l'expiration de la garantie, ce qui est suffisant pour que cette dernière soit déclenchée.

Paragraphe 2- Les effets de la garantie autonome

686. La garantie autonome est mise en œuvre à travers l'appel en garantie adressé par le bénéficiaire au garant (A). Celui-ci doit en principe payer (B), mais, exceptionnellement, il peut invoquer des moyens de défense (C). Une fois le paiement effectué, il dispose de recours (D).

A- L'appel en garantie

687. Certaines conditions doivent être réunies pour que le garant puisse effectivement procéder au paiement. L'article 45 précise ces conditions. Il faut un écrit accompagné de tout document prévu dans la garantie, une déclaration écrite du garant, en cas d'appel en paiement, adressée par ce dernier au contre-garant.

---

[726] M. SAKHO, « Le nouvel Acte uniforme OHADA portant organisation des sûretés : Propos introductifs autour d'une refonte d'envergure du droit des sûretés », op. cit.,

S'agissant de l'exigence d'un écrit, au niveau de sa réalisation, le formalisme de la garantie autonome est également renforcé[727]. Le garant ne sera tenu de payer que s'il reçoit en ce sens une demande écrite de la part du bénéficiaire. La forme de l'écrit n'a pas été précisée. En revanche, son contenu a été précisé, voire imposé. La demande de paiement doit préciser que le donneur d'ordre a manqué à ses obligations envers le bénéficiaire et en quoi consiste ce manquement.

Quant à la présentation de documents, le bénéficiaire doit joindre à sa demande les documents prévus dans la convention de garantie. Ces documents sont susceptibles de varier d'une convention à l'autre en fonction des engagements du garant ou de la nature de la convention de base. Il s'agira par exemple de rapports d'expertise, de décision de justice ou de sentence arbitrale, de factures non réglées, etc. L'exigence des documents fait penser que la garantie autonome OHADA serait une garantie documentaire et non une garantie indépendante ou autonome au sens strict[728].

B- Le paiement

688. Toute la rigueur de la garantie autonome va apparaître lors de la demande de paiement. Il s'agit d'une conséquence de sa nature juridique et de la volonté des parties d'exclure toute référence, ou presque, à l'opération couverte. À l'heure actuelle, sécurité, rapidité, formalités réduites sont exigées dans le commerce international et à un degré moindre dans le commerce interne. La multiplication et la complexité de ces contrats nécessitent des garanties simples et efficaces. Il convient cependant de relever que l'efficacité des garanties autonomes est infléchie en cas d'ouverture d'une procédure de sauvegarde, de redressement et de liquidation judiciaires, lorsque le garant est une personne physique[729].

Les donneurs d'ordre, les garants et les bénéficiaires s'opposent souvent lors du déclenchement de cette sûreté. En essayant parfois de bloquer la mise en jeu de la garantie, les donneurs d'ordre vont essayer de faire triompher ce qui, à leurs yeux, revêt une certaine honnêteté contractuelle. Ils pensent avoir exécuté avec diligence leurs obligations et ne veulent pas voir jouer cette institution, car ils savent qu'ils devront rembourser les sommes versées au bénéficiaire par le garant. Les garants, principalement lorsqu'il s'agit de

---

[727] Cour d'appel d'Abidjan, arrêt n° 184 du 21 février 2003, voir observations de KASSIA BI OULA, Ohadata J-05-126.

[728] R. NJEUFACK TEMGWA, « Réflexion sur les procédés alternatifs de réalisation des sûretés réelles conventionnelles en droit OHADA », *Juridis Périodique* n°92, Octobre-Novembre-Décembre 2012, p.107-120.

[729] M. BOURASSIN, V. BRÉMOND et M.-N. JOBARD-BACHELLIER, *Droit des sûretés*, qui y voient un mouvement de reflux du principe de l'inopposabilité des exceptions

banques, veulent respecter leurs engagements, ne serait-ce que pour préserver leur crédibilité internationale. En tout état de cause, le règlement qu'ils effectuent n'est que provisoire, puisqu'ils bénéficieront d'un recours contre un autre garant en cas de contre-garantie, ou d'un recours contre leurs clients, donneurs d'ordre.

689. Le principe du paiement immédiat et direct est nécessaire pour obtenir une garantie véritablement efficace. Mais malgré le caractère automatique, le paiement ne doit pas être effectué dans toutes les hypothèses. Pour reprendre l'expression de J. STOUFFLET, il ne s'agit pas « *d'un droit abstrait à l'encaissement d'une somme d'argent* »[730]. Des contrôles sont nécessaires.

Le bénéficiaire d'une garantie autonome bénéficie donc d'un droit exclusif à la somme d'argent prévue par le contrat ; mais il doit demander au garant sa mise en jeu. Une fois cette demande effectuée, le paiement aura lieu et il produira certaines conséquences. Le droit exclusif consiste pour le bénéficiaire à obtenir avec rapidité et avec un formalisme réduit le paiement d'une certaine somme d'argent prévue par un contrat.

Dans de nombreuses hypothèses, l'engagement sera pur et simple. Aucune modalité précise n'aura été stipulée dans le contrat. La demande du bénéficiaire pourra être effectuée dans des conditions très simplifiées. La volonté des parties a été d'exclure au maximum les formalités de mise en œuvre de la sûreté ; il ne faut pas – sinon leur volonté serait dénaturée – les faire ressurgir indirectement. Les parties ne peuvent pas moduler le contrat de garantie en fonction de leurs intérêts. Ce type d'engagement n'est pas plus ou moins accessoire au gré de la volonté des intéressés, tout au moins lors de l'exécution de la garantie.

690. Un formalisme minimal est cependant nécessaire. La garantie doit être appelée par le bénéficiaire. L'appel qui est adressé au garant devra être ferme et dépourvu d'équivoque. L'équivoque empêcherait la mise en jeu. La forme dans laquelle l'appel doit être effectué est *a priori* indifférente. Mais le garant, pour conserver son recours contre le donneur d'ordre, devra démontrer à son client qu'il a effectivement, et à bon droit, effectué le paiement, ce qui nécessite le plus souvent un écrit. Indispensable, la réclamation doit être ferme et non équivoque et émaner du véritable bénéficiaire. Présentant un caractère *intuitu personae,* la garantie à première demande ne peut pas être transférée à un tiers sans l'accord du garant.

Lorsque les formalités prévues par le contrat de garantie ont été respectées, rien ne doit venir troubler le mécanisme de paiement. Le garant doit exécuter son engagement avec diligence. Cependant, il existe une sorte de délai de

[730] Note sous Paris, 24 nov. 1981 et 25 mars 1982, JCP 1982. II. 19876.

réflexion lui permettant éventuellement d'effectuer certaines vérifications. On considère généralement que ce délai est de cinq jours[731].

L'évolution des relations entre les parties au contrat de base amène parfois les donneurs d'ordre à regretter l'engagement qu'ils ont fait souscrire au garant. Ils estiment que le paiement de la garantie serait injuste, faute pour eux de pouvoir ultérieurement recourir, de façon efficace, contre les bénéficiaires. Aussi ont-ils cherché à obtenir des mesures de caractère provisionnel pour empêcher un paiement[732]. Leur intérêt est certain, puisque l'engagement du garant a été pris sur leur ordre. Les voies de la mise sous séquestre des fonds et de la saisie-attribution ont été les plus fréquemment employées.

Les garants sont le plus souvent hostiles à ces mesures qui nuisent à leur crédibilité internationale. Aussi n'est-il pas étonnant de les voir solliciter la mainlevée de ces mesures judiciaires. Les donneurs d'ordre ont essayé de bloquer les fonds prévus par le contrat de garantie. En effet, une fois ceux-ci sortis du territoire, leurs chances de pouvoir les faire rapatrier, en cas de paiement injustifié, sont faibles. C'est ainsi qu'en France, ils se sont fondés sur les articles 872 et 873 du code de procédure civile et donc sur la prise en considération d'un dommage imminent qu'il conviendrait de prévenir. Dans un premier temps, en effet, elle a admis la mise sous séquestre des fonds[733]. Cette solution équivalait à une interdiction de paiement, puisque la somme prévue par le contrat n'était pas versée. La volonté du donneur paralyserait l'engagement du banquier garant, ce qui est contraire à l'esprit de la garantie et à la force obligatoire du contrat. Aussi la jurisprudence a-t-elle modifié sa position. Le 3 décembre 1984, la Cour d'appel de Paris a décidé que « *la mesure de séquestre ordonnée par le premier juge n'est pas davantage fondée que ne l'aurait été la défense de payer ; que le résultat d'une pareille disposition est identique à l'égard du bénéficiaire de la contre-garantie, puisque la mise sous séquestre vise à empêcher le paiement à première demande* »[734]. De son côté, la Cour de cassation a censuré des juges du fond qui avaient admis un tel blocage aux motifs qu'en se déterminant ainsi, sans relever l'existence d'une fraude ou d'un abus manifeste qui seuls auraient été de nature à faire obstacle à l'exécution de la garantie à première demande

---

[731] Art. 46 AUS ; KALIEU ELONGO (Y.R), *Les sûretés personnelles dans l'espace OHADA*, op. cit.,

[732] J. DÖHM, « Mesures provisionnelles et séquestre pour empêcher l'appel abusif d'une garantie à première demande ; synthèse de la jurisprudence et de la doctr. de quelques pays européens », *RD aff. int.* 1992. 887.

[733] Paris, 2 juin 1982, préc. supra, n° 23. – T. com. Paris, 29 oct. 1982, D. 1983. IR 301, obs. M. VASSEUR. – Paris, 29 nov. 1982, D. 1983. IR 302, obs. M. VASSEUR ; M. SAKHO, « Le nouvel Acte uniforme OHADA portant organisation des sûretés : Propos introductifs autour d'une refonte d'envergure du droit des sûretés », op. cit.,

[734] Paris, 3 déc. 1984, Banque 1985. 92, obs. J.-L. RIVES-LANGE, *RTD com.* 1985. 342, obs. M. CABRILLAC et B. TEYSSIÉ.

souscrite sur les instructions du donneur d'ordre par les banques garantes et contre-garantes, la cour d'appel n'a pas donné de base légale à sa décision [735].

691. La solution se justifie facilement en cas de créance trouvant sa source dans le contrat couvert. L'autonomie de l'engagement à première demande impose que ce dernier ne trouble pas la mise en jeu de la garantie. Admettre une saisie-attribution le ferait réapparaître, puisque le juge, en autorisant cette mesure, porterait nécessairement une appréciation sur lui. Elle se justifie plus difficilement en cas de créances extérieures. Le raisonnement utilisé est loin de bénéficier d'une assise juridique irréprochable et la solution est due à des raisons de commodité pratique.

En essayant de paralyser le paiement de la garantie par des moyens dilatoires, le donneur d'ordre (ou parfois le garant) risque d'engager sa responsabilité civile. La partie victime de cette ordonnance, donc le bénéficiaire, si elle obtient gain de cause, pourra obtenir des dommages-intérêts. Cette responsabilité est encourue indépendamment de toute faute particulière et bien qu'il n'ait pas été démontré à la charge du poursuivant ni malignité, ni méchanceté, ni concert frauduleux.

C- Les moyens de défense

692. L'article 47 AUS est clair et précis : « Le donneur d'ordre ne peut faire défense de payer au garant que si la demande de paiement du bénéficiaire est manifestement abusive ou frauduleuse. Le contre-garant dispose de la même faculté dans les mêmes conditions ».

Ne pouvant se servir de l'opération commerciale comme moyen de défense, les donneurs d'ordre, le plus souvent, et les garants, moins souvent, mais sans doute de plus en plus fréquemment en raison de l'augmentation des garanties données par un particulier, ont utilisé les correctifs d'équité que sont la fraude et l'abus manifeste. Leur admission en jurisprudence a généré un abondant contentieux dans lequel les considérations d'équité sont souvent présentes. Les juges tentent parfois de rétablir un certain équilibre. Bien que ces deux notions soient souvent confondues par la doctrine en matière de garantie à première

---

[735] Com. 3 mai 1988, *Bull. civ.* IV, n° 149, D. 1989. 430, note M. VASSEUR, *RD bancaire et bourse*, 1989. 134, obs. M. CONTAMINE-RAYNAUD. La même solution a été donnée pour la saisie-arrêt, devenue la saisie-attribution depuis la loi n° 91-650 du 9 juillet 1991 portant réforme des procédures civiles d'exécution (D. 1991. 317). La jurisprudence a repris la solution qu'elle avait adoptée pour le crédit documentaire, en raison de la similitude, sur ce point, de la difficulté à résoudre.

demande[736], il est nécessaire, du moins en théorie, de les dissocier, ce que l'article 47 AUS ne semble pas faire.

693. Si ces deux notions ont un but commun, leurs conditions d'application diffèrent. La fraude consiste en l'utilisation ou le détournement d'une règle juridique pour acquérir un droit dont on aurait dû normalement être privé. Elle suppose certaines manœuvres de la part de son auteur. Au contraire, l'abus de droit, dont l'abus manifeste est une variété, ne requiert pas ces manœuvres. Il ne peut exister que par référence à un droit préexistant qui, en matière de garantie à première demande, ne peut être que l'opération couverte. L'appel devient abusif quand le donneur d'ordre ne doit rien au bénéficiaire, ce qui contredit en grande partie l'autonomie de la garantie. L'abus manifeste se situe dans les relations entre le donneur d'ordre et le bénéficiaire, alors que la fraude se trouve dans celles entre ce dernier et le garant[737].

- **Domaine de la fraude en matière de garantie autonome**

Pour jouer son rôle paralysant, la fraude doit d'abord être prouvée avant le paiement de la garantie. Elle doit ensuite être manifeste, en ce sens que la preuve doit en être établie sans que l'on doive recourir à des mesures d'information ou à des mesures d'instruction. Elle doit enfin émaner du bénéficiaire. La position du garant est alors souvent délicate. Le plus souvent, la défense de payer en raison de la fraude émanera du donneur d'ordre. Il refusera ou acceptera ce blocage en appréciant les différents éléments de preuve qui lui seront fournis, ce qui le plus souvent l'amènera à apprécier si le contrat couvert a été ou non bien exécuté. S'il refuse le blocage de manière injustifiée, il ne pourra pas recourir contre le donneur d'ordre. S'il l'accepte, là encore de manière injustifiée, il engagera sa responsabilité vis-à-vis du bénéficiaire.

La doctrine s'est opposée sur les conditions d'admission de cette notion. Certains se sont engagés dans la voie de la fraude renforcée[738] ou de celle qui « *crève les yeux* »[739]. En réalité, la demande de paiement par le bénéficiaire est frauduleuse ou elle ne l'est pas. Il n'existe pas une bonne fraude et une mauvaise fraude. L'expression de fraude ou d'abus manifeste signifie simplement qu'il ne doit pas y avoir de doute, que la preuve doit être

---

[736] G. MARTY et P. RAYNAUD, par JESTAZ, op. cit., n° 642 ; Ph. SIMLER, op. cit., n° 1029 ; H., L. et J. MAZEAUD et F. CHABAS, par Y. PICOD, op. cit., n° 53-12 ; M. CABRILLAC, C. MOULY, S. CABRILLAC et Ph. PÉTEL, op. cit., n° 530 ; pour une dissociation, du moins de manière théorique : J. FRANÇOIS, *op. cit.,* n° 421 ; S. PIÉDELIÈVRE, op. cit. [supra, n° 38], n° 261 ; C. HANNOUN, Réflexions sur la distinction entre la fraude et l'abus de droit dans les garanties à première demande, RD bancaire et bourse 1988. 187, E. SOUPGUI, Thèse, op. cit.

[737] R. NJEUFACK TEMGWA, « Réflexion sur les procédés alternatifs de réalisation des sûretés réelles conventionnelles en droit OHADA », op. cit.,

[738] Ph. MALAURIE et L. AYNÈS et P. CROCQ, op. cit., n° 343.

[739] M. VASSEUR, note D. 1988. 213.

irréfutable. Tel n'est pas le cas lorsqu'il existe seulement un risque de fraude ou s'il existe un désaccord entre les parties donnant lieu à un litige.

694. D'autres auteurs, à l'inverse, ont proposé, pour assurer une meilleure protection du donneur d'ordre, une définition large de la notion de « fraude ». On a affirmé qu'elle était « l'utilisation déloyale de la garantie pour s'assurer un avantage illégitime au détriment du donneur d'ordre »[740]. Cette définition n'insiste pas suffisamment sur la nécessaire présence de manœuvres de la part du bénéficiaire. Elle est aussi inconciliable avec l'impossibilité d'utiliser l'opération commerciale, de manière directe, pour démontrer la fraude. On a aussi proposé d'appliquer ici la solution donnée par la jurisprudence en matière de fraude paulienne admettant que la seule conscience chez le débiteur du préjudice causé à son créancier suffisait à la démontrer, ce qui éviterait d'avoir à prouver l'intention de nuire[741].

Il faut s'interroger sur le rôle du contrat de base. Si celui-ci ne peut pas être utilisé de manière directe, en application du principe d'autonomie, il peut, indice insuffisant par lui-même, être un des éléments permettant la démonstration de la fraude, qui casse un arrêt d'appel s'étant fondé uniquement sur des considérations inhérentes au contrat de base, sans caractériser l'abus manifeste ou la fraude de l'auteur de l'appel de la garantie). Il doit exister d'autres faits prouvant, de manière certaine, l'existence de manœuvres de la part du bénéficiaire.

695. On peut déduire que la fraude ne pourra être démontrée si la garantie à première demande reste dans le domaine qui lui a été assigné et que seul le contrat de base est invoqué. À l'inverse, dès que la garantie va servir à un but autre que celui de garantie, la fraude sera établie.

La Convention CNUDCI réglemente partiellement la fraude. Son article 19, paragraphe 1er, envisage trois hypothèses de refus de paiement. D'abord, aucun document n'est authentique ou tous ont été falsifiés. Ensuite, le paiement n'est pas dû sur le fondement des motifs invoqués dans la demande et des documents joints. Enfin, compte tenu de l'engagement de garantie, la demande du bénéficiaire n'a pas de justification possible. L'article 19, paragraphe 2, en prévoit quatre hypothèses. La première s'analyse en une déclaration de principe résultant du but de toute garantie, à savoir que le risque couvert ne s'est pas matérialisé. La deuxième concerne la caducité ou la nullité de l'opération couverte, prononcée par une juridiction étatique ou par un tribunal arbitral, sauf si l'engagement prévoyait la couverture de ce risque. La troisième envisage l'exécution de ses obligations par le donneur d'ordre. Là

---

[740] J. STOUFFLET, note JCP 1986. II. 20593.

[741] Ph. SIMLER, op. cit., n° 1029; M. SAKHO, « Le nouvel Acte uniforme OHADA portant organisation des sûretés : Propos introductifs autour d'une refonte d'envergure du droit des sûretés », op. cit.,

encore, le projet s'éloigne de la position française. La quatrième vise l'empêchement de l'exécution de l'obligation du garant, en raison d'une faute intentionnelle du bénéficiaire.

- **Domaine de la fraude dans la contre-garantie**

696. La question de la fraude en matière de contre-garantie est liée à sa nature juridique. Si l'on considère qu'elle ne peut être mise en jeu qu'en cas de déclenchement de la garantie de premier rang, alors il faudra nécessairement établir l'existence d'une collusion frauduleuse entre le garant de premier rang et le contre-garant. Au contraire, si on la considère comme une véritable garantie à première demande, totalement indépendante, cette nécessité de collusion frauduleuse devient superflue et inutile.

La doctrine, dans sa majorité, s'est montrée plutôt favorable à la démonstration d'une collusion frauduleuse[742]. L'article 19, paragraphe 2, de la Convention CNUDCI précise que le paiement ne pourra être refusé que si le garant de premier rang a payé de mauvaise foi. Juridiquement, la collusion n'est pas nécessaire pour paralyser la mise en jeu de la contre-garantie, même si, en pratique, elle se rencontre fréquemment. La contre-garantie s'analyse en une véritable garantie à première demande, totalement indépendante de la garantie de premier rang. La fraude doit émaner uniquement du garant de premier rang, bénéficiaire de la contre-garantie. En outre, la notion de fraude doit se suffire à elle-même.

Deux conséquences en découlent. D'une part, la contre-garantie pourrait être paralysée alors que la garantie de premier rang n'aurait pas été déclenchée, ce qui se révèle impossible si l'on exige une collusion. Il suffit d'imaginer le détournement de fonction de la contre-garantie. D'autre part, en cas d'appel frauduleux de la garantie de premier rang, la collusion existera puisque le garant de premier rang connaîtra le caractère frauduleux de l'appel, le paiera néanmoins et mettra en œuvre la contre-garantie en toute connaissance de cause. Mais ici, la collusion frauduleuse tend seulement à faciliter la preuve de la fraude du garant de premier rang. La paralysie de la contre-garantie résulte non de la collusion, mais de la seule fraude du garant de premier rang.

D- Les recours

698. Il s'agit de l'un des aspects du régime de la garantie autonome qui la rapproche du cautionnement. L'article 48 précise que le garant qui a fait un paiement conformément aux termes de la garantie dispose des mêmes recours que la caution contre le donneur d'ordre.

---

[742] Par exemple : J. FRANÇOIS, op. cit., n° 422 ; Ph. MALAURIE, L. AYNÈS et P. CROCQ, *op. cit.*, n° 343 ; Ph. SIMLER et Ph. DELEBECQUE, op. cit., n° 315.

En effet, même si elle est autonome, la garantie autonome est avant tout une sûreté. Par conséquent, le garant n'est pas tenu au paiement définitif, puisqu'il a agi sur ordre. Mais le contrat de garantie s'insère dans une opération économique d'ensemble. Il sera nécessaire d'apurer certaines relations. Trois recours peuvent être exercés après le paiement de la garantie. Le premier, celui du garant contre le donneur d'ordre, doit s'effectuer dans tous les cas, car le garant s'est engagé sur ordre ; les deux autres sont hypothétiques. Le deuxième appartient au donneur d'ordre contre le bénéficiaire, en cas de paiement indu de la garantie. Le troisième permet au garant de premier rang de recourir contre le contre-garant.

- **Recours du garant contre le donneur d'ordre**

699. La jurisprudence n'a pas pris expressément partie sur la nature juridique du recours entre le garant et le donneur d'ordre. Le contrat unissant ces deux protagonistes prévoit toujours le remboursement du premier par le second. Bien qu'agissant de manière autonome, le garant a agi sur ordre ; il doit être remboursé une fois sa prestation effectuée. Faute de rapports contractuels entre eux, un garant de premier rang ne pourrait pas recourir contre le donneur d'ordre. Il n'existe pas, comme en matière de cautionnement, de recours avant paiement. Un tel recours nécessite l'existence d'un texte le prévoyant. La seule possibilité ouverte au garant serait de solliciter une mesure conservatoire, si le recouvrement de sa créance est menacé, même si sa créance n'est qu'éventuelle.

Les rapports entre le donneur d'ordre et le garant s'analysent en un contrat de crédit[743], et non en un mandat, car le mandataire représente le mandant. Ce recours suppose par définition que le garant ait payé en tout ou en partie le montant de la garantie. Même si la garantie à première demande est autonome, elle s'analyse en une sûreté. Par conséquent, le garant ne doit pas être tenu au paiement définitif. En revanche, toujours en cas de contre-garantie, le garant de premier rang ne peut agir en remboursement contre le donneur d'ordre.

Le montant de ce recours comporte ce qui a été payé au bénéficiaire, plus éventuellement des intérêts, le remboursement de frais et des dommages-intérêts. Ces intérêts courent du jour du paiement de la garantie et ils sont dus jusqu'à complet remboursement. Des difficultés liées aux taux de change risquent parfois d'apparaître. Il faut supposer que le paiement de la garantie a été effectué à l'étranger dans une monnaie étrangère et que le remboursement est effectué en franc CFA ou toute autre monnaie en vigueur dans l'espace OHADA. La conversion doit-elle intervenir au jour du paiement de la garantie ou au jour du remboursement du garant ?

---

[743] V. en ce sens, Paris, 28 juin 1989, RD bancaire et bourse 1990. 48, obs. M. CONTAMINE-RAYNAUD, D. 1990, somm. 212, obs. M. VASSEUR.

Le recours du garant n'est pas possible si le paiement de la garantie a été effectué à tort, puisque, dans cette hypothèse, il n'est pas satisfactoire. Pour cette raison, le garant doit toujours prévenir le donneur d'ordre d'une demande de paiement du bénéficiaire, faute de perdre éventuellement son recours. Il appartient au donneur d'ordre de prouver le caractère injustifié du paiement, preuve qui doit être rapportée au plus tard au moment du paiement[744].

Il est possible qu'à l'occasion de ce recours, le donneur d'ordre cherche à engager la responsabilité du garant, ce qui lui permettrait de compenser la somme qu'il est tenu de rembourser avec les dommages-intérêts dus par le garant. Ce dernier peut avoir manqué à son obligation de conseil, tout du moins si le donneur d'ordre n'est pas un professionnel rompu aux affaires et aux techniques de garantie. Il en va de même si le garant a méconnu les ordres du donneur d'ordre, par exemple en souscrivant une garantie à première demande au lieu et place d'un cautionnement ou en souscrivant une garantie à première demande au lieu et place d'une garantie documentaire ou sur demande justifiée.

- **Recours du donneur d'ordre contre le bénéficiaire**

700. Le recours du donneur d'ordre contre le bénéficiaire, extérieur au contrat de garantie, atteste qu'il ne donne pas « *un droit abstrait à l'encaissement d'une somme d'argent* »[745]. Cela démontre le dualisme de la garantie à première demande, qui est un engagement autonome et qui est une sûreté, c'est-à-dire une institution émise pour remédier à une inexécution ou une mauvaise exécution des obligations résultant d'un contrat de base.

On retourne alors dans le domaine de l'exécution du rapport commercial, ce qui était impossible pendant le déroulement de l'opération de garantie. Ce recours s'explique par la théorie de l'enrichissement injustifié : le bénéficiaire s'étant enrichi au détriment du donneur d'ordre, puisque ce dernier a dû rembourser le garant[746]. Pour la jurisprudence, « *le donneur d'ordre d'une garantie à première demande est recevable à demander la restitution de son montant au bénéficiaire, à charge pour lui d'établir que le bénéficiaire en a reçu indûment le paiement, par la preuve de l'exécution de ses propres obligations contractuelles, ou par celle de l'imputabilité de l'inexécution du contrat à la faute du cocontractant bénéficiaire de la garantie ou par la nullité du contrat de base, et ce sans avoir à justifier d'une fraude ou d'un abus manifeste, comme en cas*

---

[744] M. SAKHO, « Le nouvel Acte uniforme OHADA portant organisation des sûretés : Propos introductifs autour d'une refonte d'envergure du droit des sûretés », op. cit.,

[745] J. STOUFFLET, note JCP Cl 1982. 13897.

[746] V. cep. Ph. MALAURIE, L. AYNÈS et P. CROCQ, op. cit., n° 346, qui considèrent que la restitution est similaire à celle due par le dépositaire d'un gage-espèce lorsque la dette n'existe pas ou est éteinte.

d'opération préventive à l'exécution de la garantie par le garant »[747]. Ce recours est soumis aux règles du droit commun de la preuve.

- Recours du garant de premier rang contre le contre-garant

701. En cas de recours du garant de premier rang contre le contre-garant, on ne peut pas véritablement parler de recours au sens strict du terme : l'engagement souscrit par le contre-garant vis-à-vis du garant de premier rang s'analyse en une véritable garantie autonome.

Le contre-garant ne peut pas se prévaloir de l'absence de déclenchement de la garantie de premier rang pour refuser d'exécuter son engagement ; de même la contre-garantie peut avoir un montant supérieur à celui de la garantie de premier rang. Sa durée est d'ailleurs en général supérieure afin de permettre son déclenchement si la garantie de premier rang avait été actionnée le dernier jour avant sa date d'expiration.

Section 2- Les contrats portant sur sûretés réels

702. Les sûretés réelles sont des mécanismes affectant un bien - le plus souvent appartenant au débiteur - au paiement de sa dette en cas de défaillance. L'Acte uniforme en a prévu plusieurs, portant tantôt sur des meubles, tantôt sur les immeubles : les privilèges, le gage de meubles corporels, le nantissement de meubles incorporels, l'hypothèque... Cependant seules certaines d'entre elles peuvent faire l'objet de convention. On peut citer principalement parmi ces dernières le gage (Sous-section 1), le nantissement (Sous-section 2) et l'hypothèque (Sous-section 3).

Sous-section 1- Le contrat de gage

703. L'AUS appréhende le gage comme un contrat par lequel le constituant accorde à un créancier le droit de se faire payer par préférence sur un bien meuble corporel ou un ensemble de biens meubles corporels, présents ou futurs[748]. Il s'agit donc d'une sûreté réelle, et plus précisément une sûreté

---

[747] Com. 7 juin 1994, JCP 1994. II. 22312, note J. STOUFFLET, JCP 1994. I. 3807, n° 15, obs. Ph. SIMLER, D. 1995, somm. 19, obs. M. VASSEUR, JCP E 1994. II. 637, note L. LEVENEUR, RD bancaire et bourse 1994. 181, obs. M. CONTAMINE-RAYNAUD. La même solution s'applique en cas d'appel jugé abusif (Com. 15 juin 1999, n° 94-13.615 , Bull. civ. IV, n° 126, D. 2000. 112, note Y. PICOD , *RTD com.* 1999. 941, obs. M. CABRILLAC ; M. SAKHO, « Le nouvel Acte uniforme OHADA portant organisation des sûretés : Propos introductifs autour d'une refonte d'envergure du droit des sûretés », op. cit.,

[748] F. ANOUKAHA, Le Droit des sûretés dans l'acte uniforme OHADA, op. cit., P. CROCQ., « Les grandes orientations du projet de réforme de l'Acte uniforme portant organisation des sûretés. Bientôt un droit des sûretés dans l'OHADA », *Droit et patrimoine*, n° 197, novembre 2010, p. 52 et s. spéc. ; V. art. 92 AUS. Cette définition se rapproche sensiblement de celle

mobilière corporelle. Le gage ne peut porter que sur un bien corporel ou un ensemble de biens corporels, peu importe que ces biens soient présents ou futurs alors qu'antérieurement à la réforme, le gage pouvait porter indifféremment sur les biens corporels ou incorporels aussi divers et variés que le fonds de commerce ou les parts sociales. Le gage peut garantir des créances présentes ou futures. Il confère au créancier le droit de se faire payer sur la chose objet du gage, par préférence aux autres créanciers.

En dépit des règles spéciales pour certaines formes de gage, l'AUS dégage de manière générale la constitution (Paragraphe 1) et les effets (Paragraphe 2) du gage obéissent en général aux mêmes types de règles[749].

Paragraphe 1- La constitution du gage

704. La constitution d'un gage suppose l'existence, comme pour tout contrat, d'un accord de volontés. Mais, à la différence de la plupart des contrats, le gage supposait également, avant la réforme du droit des sûretés, la remise du bien qui en était l'objet, ce qui en faisait un contrat réel. Ces deux conditions étaient cumulatives. Cette dualité de conditions a été supprimée par la réforme du droit des sûretés : si l'existence d'un accord de volontés des parties est bien toujours une condition du gage (A), il n'en va plus de même de la dépossession, les conditions de validité (B) et de forme (C) du gage quant au bien grevé ayant été profondément modifiées (D).

A- Les conditions relatives aux parties

705. Les parties à l'accord de volontés sont le constituant du gage (1), qui n'est pas nécessairement le débiteur de la créance garantie, et le bénéficiaire (2) du gage qui, en revanche, est nécessairement le titulaire de la créance garantie.

---

retenue en droit français où, depuis la réforme des sûretés intervenue en mars 2006, le gage est désormais défini à l'article 2333 nouveau du Code civil comme : « une convention par laquelle le constituant accorde à un créancier le droit de se faire payer par préférence sur ses autres créanciers sur un bien mobilier ou un ensemble de biens mobiliers corporels, présents ou futurs ».

[749] Sur la forme du gage, Voir par exemple en ce sens : Cour d'Appel d'Abidjan, arrêt n° 107 du 20 mars 2002, société Delbeau c/ CFAO-CI, ohadata J-04-173 ; le juris-ohada, n° 1/2004, janvier-mars 2004, p. 59 où le juge décide que le gage ne peut être considéré comme constitué en l'absence de remise de la chose au créancier gagiste et d'enregistrement du contrat de gage. Également : Cour d'appel d'Abidjan, arrêt n° 895 du 12 juillet 2002, N. et G. c/ P F : défaut d'enregistrement du contrat de gage ; KALIEU ELONGO (Y.R), *Les sûretés personnelles dans l'espace OHADA*, op. cit.,

1- Le constituant du gage

706. Le constituant du gage n'est pas nécessairement le débiteur. Le gage peut être consenti par le débiteur ou par un tiers, ce qui, dans ce dernier cas, constitue ce que la pratique a pris l'habitude d'appeler un « *cautionnement réel* ». Dans ce cas, il s'agit d'une caution dont le régime est mixte c'est-à-dire que les règles applicables sont aussi bien celles relatives aux sûretés réelles que celles qui concernent les sûretés personnelles. Le constituant doit avoir la capacité d'aliéner le bien et le pouvoir de constituer une sûreté. L'absence de capacité entraîne la nullité relative du contrat. Le pouvoir du constituant peut être limité lorsqu'il est en difficulté. Ainsi, la décision de règlement préventif interdit au débiteur de constituer des sûretés ; il ne peut donc pas consentir un gage. De même, en cas d'ouverture d'une procédure de redressement judiciaire, le débiteur ne peut constituer de sûreté qu'avec l'assistance du syndic[750].

707. En revanche, sous réserve de la possibilité de donner en gage un bien futur, le constituant du nantissement doit nécessairement être le propriétaire du bien nanti et il doit avoir la capacité de l'aliéner.

2- Le bénéficiaire du gage

708. N'importe quel créancier peut voir n'importe quelle créance garantie par un gage. Il peut s'agir aussi bien d'une créance actuelle que d'une créance future, la loi exigeant seulement, dans ce dernier cas, que la créance soit déterminable. La raison en est que la commission Grimaldi qui a préparé cette réforme a fait, en matière de gage (comme en matière de nantissement et d'hypothèque), le choix de maintenir le principe de spécialité quant à l'assiette et quant aux créances garanties, tout en l'assouplissant, car l'admission d'une sûreté *omnibus,* grevant tous les meubles du débiteur ou garantissant toutes ses dettes à l'égard d'un créancier, aurait nécessairement impliqué d'admettre une intervention du juge pour éviter que la sûreté ne devienne excessive ou que tout le crédit d'un débiteur ne soit affecté à un seul créancier, ce qui aurait alors généré une part d'incertitude remettant en cause la sécurité des créanciers.

---

[750] F. ANOUKAHA, « Le droit des sûretés dans l'acte uniforme OHADA au regard de l'évolution mondiale du droit des affaires. Recherche effectuée à l'institut international pour l'unification du droit privé (UNIDROIT) », *Revue Unidroit* ; En cas de liquidation des biens, le débiteur ne peut pas consentir de sûreté, seul le syndic pourrait le faire si la nécessité s'impose, ce qui est rare parce que l'entreprise est appelée à disparaître.

B- Les conditions relatives au bien donné en gage

709. Par le passé, le gage supposait la remise du bien grevé à la différence de l'hypothèque[751] et, en conséquence, seuls les meubles corporels pouvaient être donnés en gage[752]. Antérieurement à la réforme de l'AUS, l'article 18 AUS disposait que : le contrat de gage ne produit effet que si la chose gagée est effectivement remise au créancier ou à un tiers convenu. Aujourd'hui, à la suite de l'émergence de nouvelles sortes de biens et du développement de nombreux gages et nantissements spéciaux sans dépossession, la réforme du droit OHADA a, à la fois, abandonné cette exigence d'une remise du bien[753].

Le gage impliquait, en effet, la dépossession effective du débiteur ainsi que la mise en possession du créancier cette exigence était de l'essence même du gage, car c'était là ce qui distinguait le gage de l'hypothèque. La dépossession constituait donc, en principe, une condition de validité du gage et, à défaut, la convention entre les parties ne constituait qu'une simple promesse de gage.

La dépossession du débiteur devait être permanente et sa disparition entraînait l'extinction du gage si cette dernière était volontaire.

La dépossession du débiteur présentait, toutefois, en pratique, de nombreux inconvénients à la fois pour le créancier, parce qu'il était tenu de conserver le bien, ce qui est source de frais, et pour le débiteur, parce qu'il ne pouvait utiliser pour son crédit les biens dont il ne pouvait se déposséder comme, par exemple, ceux qui constituaient son outil de travail ou ceux qui étaient destinés à être exploités par lui.

Afin d'y remédier, le législateur a créé de gages sans dépossession. En effet, aux termes de l'article 97 AUS, le contrat de gage est opposable aux tiers, soit par l'inscription au Registre du Commerce et du Crédit mobilier, soit par la remise du bien gagé entre les mains du créancier gagiste ou d'un tiers convenu entre les parties. Désormais, la dépossession du constituant n'est qu'une modalité du gage, une condition d'opposabilité qui peut être remplacée par l'inscription du contrat au RCCM. L'institution de cette modalité fait disparaître le caractère réel du contrat de gage. Le gage peut donc être constitué sans dépossession[754].

---

[751] F. ANOUKAHA, A. CISSE-NIANG, M. FOLI, J. ISSA-SAYEGH, I.Y. NDIAYE, M. SAMB, OHADA Suretés, op. cit., DOMAT, *Les lois civiles dans leur ordre naturel,* livre III, titre I, introduction de la sect. 1re, 2e éd., 1696.

[752] POTHIER, Traité des contrats de bienfaisance, t. 2, 1767, p. 406 s.

[753] A. ARCEAU-COTTE et L. J. LAISNEY, « Vers un nouveau droit du gage OHADA » in, *« Bientôt un droit des sûretés dans l'OHADA »*, Droit et patrimoine, n° 197, novembre 2010, p. 66 et s.

[754] Sur les avantages de cette nouvelle forme de gage sans dépossession, lire, A. MARCEAU-COTTE et L. J. LAISNEY, « Vers un nouveau droit du gage OHADA » in *« Bientôt un droit*

Le régime juridique de cette modalité du gage est ainsi aménagé aux articles 51 et suivants de l'AUS. L'inscription est prise par le constituant, le créancier ou l'agent des sûretés auprès de la juridiction compétente sur présentation des différents documents exigés par la loi. L'inscription est maintenue et reste valable tant que le créancier n'a pas été complètement désintéressé c'est-à-dire tant qu'il n'a pas reçu le paiement de la dette en principal, intérêts et autres accessoires. C'est pourquoi l'article 98 interdit au constituant d'exiger la radiation de l'inscription tant que ce paiement n'est pas intervenu. L'inscription du gage produit un effet particulier à l'égard des ayants cause à titre particulier du constituant qui ne peuvent être regardés comme des possesseurs de bonne foi. Par conséquent, le créancier gagiste peut exercer son droit de suite à leur encontre[755].

Lorsque plusieurs gages successifs sans dépossession ont été constitués sur le même bien, le rang des créanciers est déterminé par l'ordre de leur inscription[756]. Par contre, lorsqu'un bien donné en gage sans dépossession fait ultérieurement l'objet d'un gage avec dépossession, le droit de préférence du créancier gagiste antérieur est opposable au créancier gagiste postérieur lorsqu'il a été régulièrement publié, et ce, nonobstant le droit de rétention du créancier gagiste avec dépossession[757].

C- Les formalités

710. Aux termes de l'article 96 AUS, « *à peine de nullité, le contrat de gage doit être constaté dans un écrit contenant la désignation de la dette garantie, la quantité des biens donnés en gage ainsi que leur espèce ou leur nature* ». Afin d'éviter une éventuelle fraude entre le constituant du nantissement et le créancier nanti, au détriment des autres créanciers du débiteur, le législateur exige la rédaction d'un écrit constatant la constitution du gage. Pour éviter le risque d'antidate, cet écrit devait soit être établi par acte authentique. Ceci constituait une garantie pour les tiers à l'encontre d'une fraude commise par un constituant qui antidaterait le contrat de nantissement, par exemple, pour échapper à une saisie. L'ancien article 2074 du Code civil prévoyait, en outre, que cet écrit devait indiquer le montant de la somme due

des sûretés dans l'OHADA », op. cit., p.66 et s. D'autres auteurs voient cependant doutent de l'utilité du gage avec dépossession dès lors que le droit de rétention fictif dont il est assorti ne joue pas pleinement en cas d'ouverture d'une procédure contre le débiteur. En ce sens : BOURASSIN et al, op. cit., p. 521.

ARt. 97 AUS ; F. CHIFFLOT BOURGEOIS, « Les garantics de paiement, l'effort des sûretés dans l'espace OHADA », *Revue de droit bancaire et financier,* janvier-février 2011, p. 16 à 24.

[756] Art. 107 AUS.

[757] Art. 107 al.2 AUS ; J. ISSA-SAYEGH, « Acte uniforme portant organisation des sûretés. Commentaires », *ÉDICEF/ÉDITIONSFFA*, 1999.

ainsi que l'espèce et la nature des biens donnés en gage ou un état annexé de leur qualité, leur poids et leurs mesures.

711. Cette exigence d'un écrit n'était, en principe, qu'une simple condition d'opposabilité aux tiers. Mais, l'exigence d'un écrit a été renforcée dans la mesure où elle est devenue une condition de validité du gage et non plus une simple condition d'opposabilité de celui-ci, ce qui fait du contrat de gage un contrat solennel[758].

D- Les biens susceptibles d'être donnés en gage

712. L'AUS a prévu des règles particulières applicables à certains gages. Ces règles concernent le matériel professionnel, les véhicules automobiles et les stocks. Antérieurement à la réforme, ces biens faisaient l'objet de nantissement. Mais, la nouvelle définition du nantissement, qui ne concerne que les biens incorporels et celle du gage qui porte uniquement sur les biens corporels, a eu pour conséquence de faire rentrer ces biens dans la catégorie des gages. Cette nouvelle définition du gage justifie également que le gage sur créances ait disparu pour être remplacé par un nantissement de créances.

713. S'agissant du gage des véhicules automobiles, à l'origine, il était destiné à favoriser la vente à crédit des véhicules automobiles en accordant une protection particulière au vendeur de véhicules automobiles. Mais, par la suite, elle est devenue une sûreté de droit commun pouvant garantir toutes sortes de créances faute de précision particulière de l'AUS sur les créances garanties. L'article 118 précise que le gage des véhicules automobiles est régi par les articles 92 à 117 AUS relatives au droit commun du gage. Seules quelques dispositions particulières sont prévues par les articles 118 et 119 AUS[759].

714. Quant au gage de matériel professionnel, il est régi par les règles de droit commun à savoir les articles 92 à 117 AUS. La seule règle spécifique contenue à l'article 118 est celle qui prévoit que le matériel professionnel faisant partie d'un fonds de commerce peut être nanti en même temps que les autres éléments du fonds, conformément aux dispositions des articles 162 à 165 de l'AUS. Avant la réforme, il s'agissait d'un nantissement spécial qui était tantôt qualifié de nantissement de biens d'équipement professionnel, de nantissement de l'outillage et du matériel ou tout simplement de nantissement de matériel professionnel. Ce gage est utile en ce qu'il permet de favoriser l'investissement, mais il n'est pas très utilisé dans la pratique parce qu'il subit la concurrence du crédit-bail et de la clause de réserve de propriété.

---

[758] En ce sens, V. égal. : L. AYNÈS, « Le nouveau droit du gage », *Dr. et patr.* juill.-août 2007, p. 48 s., spéc. p. 50.
[759] J. ISSA-SAYEGH, « Le gage sur créances de sommes d'argent », *Penant,* n° spécial, juillet 2002, Ohadata D-02-18.

715. Le gage de stocks se caractérise par la nature corporelle et fongible des biens sur lequel il porte, c'est-à-dire que le stock est une quantité de choses d'égale valeur et interchangeables (ex. : pétrole, café, blé, sucre, etc.) qui s'oppose aux corps certains qui sont individualisés dès l'origine. Le stock se caractérise plus par sa valeur que par la quantité de biens qui le composent à un moment donné puisque, par hypothèse, il est appelé à se renouveler. Pourtant, cette caractéristique n'a pas semblé être prise en compte par les rédacteurs de la réforme, qui ont assimilé le stock aux biens qui le composent. Cela explique qu'ils en ont fait un gage de meuble corporel. L'existence du gage de stocks ne s'oppose d'ailleurs pas à la possibilité de mise en gage des biens suivant les règles applicables au gage de droit commun des biens corporels conformément à l'article 120 AUS[760]. Le régime du gage des stocks[761] est, à quelques exceptions près, le régime de droit commun du gage.

Paragraphe 2 - Les effets du gage

716. La constitution du gage produit, naturellement, des effets sur le devenir du bien grevé. Toutefois, les relations entre ce devenir et le contrat de gage sont réciproques. L'étude des effets du gage ne serait donc pas complète si, en plus des droits et obligations des parties (A), on n'envisageait pas aussi ici la résistance que le gage peut opposer à l'évolution du bien qui en est l'objet (B).

A- Les droits et obligations des parties

717. Les parties au contrat de gage bénéficient de plusieurs prérogatives, mais sont également tenues de certaines obligations relatives au bien remis ou conservé à titre de gage. Si les obligations (2) et droits (1) concernent principalement le créancier gagiste qui a reçu le bien objet du gage, elles concernent aussi, dans le cas du gage sans dépossession, le constituant du gage.

1- Les droits

718. Elles concernent surtout le créancier gagiste qui bénéficie du droit de rétention (a), du droit de suite (b) et du droit de préférence (c).

---

760 Par rapport aux créances garanties, le gage de stocks n'est pas une sûreté spéciale, contrairement à ce qui est prévu en droit français où la sûreté ne peut bénéficier qu'à certaines personnes ; Y-R. KALIEU ELONGO, *Droit et Pratique des sûretés réelles OHADA*, op. cit.,

761 Par une ordonnance du 26 janvier 2016, le législateur français a réformé le régime du gage des stocks pour le rapprocher de celui du gage de droit commun. Sur ce nouveau régime, lire : JUILLET (C.), *La réforme du gage des stocks*, Dalloz, 2016, chr., p. 561 et sv.

a- Le droit de retenir le bien grevé

719. En matière de gage avec dépossession, les droits du créancier sont renforcés par un droit de rétention qui lui est expressément reconnu par l'article 99 AUS qui dispose que « *lorsque le gage est constitué avec dépossession, le créancier gagiste peut, sous réserve de l'application de l'article 107, alinéa 2 du présent Acte uniforme, opposer son droit de rétention sur le bien gagé, directement ou par l'intermédiaire du tiers convenu, jusqu'au paiement intégral en principal, intérêts et autres accessoires, de la dette garantie* ». L'article 100 ajoute que « *s'il a été dessaisi contre sa volonté, le créancier peut revendiquer la chose gagée comme un possesseur de bonne foi* ».

Ce droit de rétention supposant la détention effective du bien, il ne pouvait pas, en principe, exister dans le cas des gages sans dépossession[762]. La jurisprudence et la doctrine en admettaient, toutefois, de manière exceptionnelle, l'existence lorsque la loi a conféré au créancier une possession fictive du bien donné en gage et, de ce fait, une forme plus ou moins édulcorée de pouvoir de blocage de ce bien. Tel est le cas du gage de véhicule automobile et des warrants sans dépossession[763].

720. Le droit de rétention, qui permet au créancier de conserver la chose tant qu'il n'a pas été payé, est indivisible en ce sens que le créancier peut retenir la chose tant qu'il n'a pas reçu de paiement intégral, alors même qu'un paiement partiel aurait été effectué et que la chose donnée en gage pourrait être divisée[764]. Le droit de rétention du gagiste est en principe invincible en l'absence du paiement, même dans les procédures collectives. L'article 149 AUPCAP prévoit à cet effet que le gage ne peut être retiré en cas de liquidation des biens que contre paiement de la dette[765].

b- Le droit de préférence sur le prix

721. Selon article 104 AUS, le créancier gagiste a un droit de préférence sur le prix de vente du bien qui lui permet d'être payé avant les créanciers chirographaires. Avant l'entrée en vigueur des nouvelles dispositions de

---

[762] A. MINKOA SHE, *Droit des sûretés et des garanties du crédit dans l'espace OHADA*, t. II, Les Garanties réelles, éd. Dianoïa ; J. ISSA-SAYEGH, « Le gage sur créances de sommes d'argent », *Penant,* n° spécial, juillet 2002, Ohadata D-02-18.

[763] C. rur., art. L. 342-8, dans le cas du warrant agricole ; C. com., art. L. 523-8, dans le cas du warrant hôtelier ; C. com., art. L. 524-6, dans le cas du warrant pétrolier ; L. 12 sept. 1940, art. 7, dans le cas du warrant industriel. V. Également A. MARCEAU COTTE et L.J. LAISNEY, « Vers un nouveau droit du gage OHADA. Bientôt un droit des sûretés dans l'OHADA », op. cit., p. 66 et s.

[764] Art. 114 AUS ;

[765] Sur le régime du gage en cas de procédures collectives, voir Y-R. KALIEU ELONGO, *Droit et pratique des sûretés réelles*, op. cit., p.47 ; A. MINKOA SHE, *Droit des garanties et des sûretés du crédit, T.2, les garanties réelles,* p.97, n°590 et sv.. Encyclopédie OHADA.

l'AUS, il devait cependant subir la primauté d'autres créanciers, de rang supérieur, dans les cas où la loi admettait l'existence d'un gage sans dépossession sans pour autant conférer au créancier gagiste un droit de rétention fictif lui permettant d'exclure le concours avec les autres créanciers. Cette situation a totalement. En effet, le nouvel AUS a conféré un droit de rétention fictif à tous les gages sans dépossession, ce qui permet désormais à leur bénéficiaire de l'emporter face à des créanciers de rang supérieur.

722. Il convient de distinguer les différentes catégories de sûretés avec lesquelles un gage sans dépossession est susceptible d'entrer en conflit[766].

Le droit de préférence s'exerce conformément à l'article 226 AUS dont il en ressort que les créanciers gagistes sont classés en quatrième position sur le prix de vente des meubles après les frais de justice, les frais de conservation et les créances de salaire super privilégiés. Entre les créanciers gagistes, l'ordre de paiement dépend de l'ordre d'inscription du gage et, en l'absence d'inscription, de l'ordre de constitution des différents gages.

Lorsqu'un gage sans dépossession vient en conflit avec un privilège général, il faut appliquer la règle dégagée par la doctrine selon laquelle les privilèges spéciaux l'emportent sur les privilèges généraux[767]. Cette règle connaît toutefois des exceptions et certains privilèges généraux priment les privilèges spéciaux et donc, également, les créanciers bénéficiaires d'un gage sans dépossession. Tel est le cas du privilège des frais de justice et de certains privilèges fiscaux dits « de premier rang ».

723. Lorsqu'un gage sans dépossession vient en conflit avec une sûreté conventionnelle faisant, elle aussi, l'objet d'une inscription, le rang des créanciers en conflit est alors déterminé par la date de leurs inscriptions.

De la même façon, lorsqu'un gage sans dépossession vient en conflit avec un privilège spécial mobilier non soumis à publicité et fondé sur l'idée de gage, la préférence doit être déterminée suivant la date à laquelle chacune des sûretés a été rendue opposable aux tiers.

724. Enfin, lorsqu'un gage sans dépossession vient en conflit avec un privilège fondé sur l'idée de conservation, le conflit se règle en comparant la date de constitution du gage et la date des frais de conservation.

---

766 R. NJEUFACK TEMGWA, « Réflexion sur les procédés alternatifs de réalisation des sûretés réelles conventionnelles en droit OHADA », op. cit.,

767 Com. 25 oct. 1976, Bull. civ. IV, n° 267, *RTD com.* 1977. 82, obs. A. JAUFFRET, D. 1977. 380, note TAISNE, à propos du conflit entre un nantissement de fonds de commerce et le privilège de l'URSSAF ; *adde :* T. civ. Seine, 23 févr. 1957, JCP 1957. II. 10921, note E. BECQUE, dans le cas du conflit entre le nantissement de film cinématographique et un privilège général.

c- Le droit de suite du créancier gagiste

725. Étant un droit réel sur la chose d'autrui, le gage peut être exercé sur le bien quel que soit le propriétaire de ce dernier et, en cas de vente, le créancier bénéficie, en principe, d'un droit de suite qui a été expressément consacré par les textes[768].

Ce droit de suite est cependant parfois susceptible d'être tenu en échec : tel est le cas, tout d'abord, du fait de la perte d'individualisation de son objet, lorsque le nantissement a pour objet des biens fongibles qui se trouvent mélangés au sein du stock du tiers acquéreur. Tel est le cas, ensuite, du fait de l'adoption d'un plan de cession de l'entreprise du constituant du gage. Tel est le cas, enfin, en raison de l'application de l'article 2279 du Code civil, au profit du tiers acquéreur de bonne foi.

Cette application de l'article 2279 du Code civil devrait être empêchée par la publication du gage lorsque l'opposabilité de ce dernier est soumise à l'accomplissement obligatoire d'une formalité de publicité. En effet, cet accomplissement fait alors naître, en principe, une présomption irréfragable de connaissance de l'existence du droit publié qui pèse sur tous les tiers et qui, excluant qu'un tiers puisse alors être de bonne foi, empêche ce dernier de pouvoir se prévaloir de l'article 2279.

2- Les obligations des parties

726. Les parties au contrat de gage et principalement le créancier gagiste sont tenues de différentes obligations. Ces obligations sont l'interdiction d'user du bien remis en gage, l'obligation de le conserver (a) et surtout de le restituer (b).

Lorsque le gage emporte dépossession, le créancier gagiste ne peut user de la chose donnée en gage ni en percevoir les fruits. La solution est fondée sur l'article 103 AUS qui rapproche le créancier gagiste du dépositaire qui reçoit une chose en dépôt. La règle n'est cependant pas d'ordre public. Les parties peuvent stipuler que le créancier aura l'usage de la chose et en percevra les fruits. S'il est ainsi autorisé à percevoir les fruits, il doit les imputer sur les intérêts qui peuvent lui être dus et à défaut sur le capital de la dette.

a- L'obligation de conservation du bien donné en gage

726. Tant que le gage subsiste, le bien nanti ne doit pas être détourné de son affectation, à peine d'exposer l'auteur du détournement aux peines de l'abus de confiance. Le respect de cette affectation fait naître également une obligation d'entretien et de conservation du bien qui pèse sur celui qui en a la détention, qu'il s'agisse du créancier, dans le cas d'un gage avec dépossession,

---

[768] V. Art. 100 AUS.

du débiteur, dans le cas d'un nantissement sans dépossession, ou même du tiers convenu, dans le cas d'un gage avec entiercement.

Quoi qu'il en soit, le créancier gagiste ou le tiers doit, selon l'article 108 AUS, conserver et en bon état, le bien qui lui est remis, et ce, dans les mêmes conditions qu'un dépositaire rémunéré. Lorsque la constitution du gage suppose la dépossession du débiteur, le créancier ne doit pas abuser du bien grevé en l'utilisant ou en disposant. En outre, il a aussi une obligation d'entretenir et de réparer le bien qui lui a été confié, à peine d'engager sa responsabilité à l'égard du débiteur, à moins que seul ce dernier ne soit en mesure de percevoir le danger qui menace le bien nanti ou d'y faire face[769].

727. Le débiteur doit alors rembourser au créancier les dépenses qui ont été utiles et nécessaires à la conservation du bien donné en gage.

Cette obligation de conserver la substance du bien grevé peut même imposer au créancier de vendre celui-ci lorsqu'il s'agit d'un bien périssable[770]. En effet, le rétenteur ayant une obligation de conservation des biens retenus et la meilleure façon de préserver la valeur de biens périssables consistant souvent à les vendre en temps utile, cette vente pourrait alors être exceptionnellement analysée comme étant un acte conservatoire imposé au rétenteur par son obligation de conservation, sous réserve de la consignation du prix ainsi obtenu.

En revanche, cette obligation de conservation ne saurait imposer au créancier de restituer tout ou partie du bien grevé au débiteur et de renoncer ainsi à son droit de rétention.

Lorsque la possession du bien est laissée au débiteur, l'obligation de conserver la valeur du bien donné en gage en constitue la contrepartie naturelle. Celle-ci peut aussi bien imposer au débiteur d'exploiter le bien, lorsque la conservation de celui-ci en dépend[771], que lui interdire d'effectuer un acte susceptible d'en diminuer la valeur.

A fortiori, l'obligation de conservation interdit, en principe, au débiteur de renoncer à la propriété du bien donné en garantie.

Une réserve doit, cependant, être faite dans le cas des gages sans dépossession ayant pour objet des biens fongibles : le débiteur peut alors

---

[769] C. BRENNER, *L'acte conservatoire*, Bibl. droit privé, t. 323, 1999, LGDJ, n°s 744 s. ; Y-R. KALIEU ELONGO, *Les sûretés personnelles dans l'espace OHADA*, op. cit.,

[770] En ce sens, G. MARTY, P. RAYNAUD et P. JESTAZ, *Les sûretés. La publicité foncière*, 2e éd., 1987, Sirey, n° 90.

[771] En ce sens, M. VIVANT, « « L'immatériel en sûreté », *Mélanges CABRILLAC*, 1999, Dalloz/Litec, p. 405 s., spéc. p. 417 s.

disposer des biens, mais il a l'obligation de les remplacer de manière à maintenir un stock constant de biens nantis.

b- L'obligation de restitution

728. Elle ne s'impose qu'en cas de gage avec dépossession. Le créancier gagiste ou le tiers convenu est tenu de restituer la chose lorsque, à l'échéance, la créance garantie a été entièrement payée en capital, intérêts et accessoires[772]. Le constituant doit alors rembourser au créancier gagiste ou au tiers convenu les dépenses utiles et nécessaires éventuellement engagées pour la conservation du gage. En raison de l'indivisibilité du gage, qui joue même en cas de division successorale de la dette ou de la créance entre les héritiers du débiteur ou du créancier, le paiement partiel n'entraîne pas restitution partielle du gage même s'il s'agit de choses divisibles par nature[773].

729. La restitution porte sur les biens remis ainsi que les accessoires et les fruits ou produits perçus sur le bien et sur les sommes venues en remplacement ou les objets substitués. S'il s'agit de choses fongibles, le créancier doit remettre la même quantité de choses de même nature.

Le défaut de restitution, la restitution incomplète ou le retard dans la restitution entraîne la responsabilité contractuelle du créancier ou du tiers convenu. Le défaut de restitution peut également être sanctionné pénalement pour détournement de gage par application de certaines dispositions pénales[774].

B- La réalisation du gage

730. La réalisation du gage peut s'effectuer par la vente du bien grevé (1), l'attribution conventionnelle du gage (2), en cas d'ouverture d'une procédure collective à l'encontre du débiteur (3), ou par attribution judiciaire du bien grevé (4).

1- La vente du bien grevé

731. Aux termes de l'article 104 AUS qui : « *faute de paiement à l'échéance, le créancier gagiste muni d'un titre exécutoire peut faire procéder à la vente forcée de la chose gagée, huit jours après une sommation faite au débiteur et, s'il y a lieu, au tiers constituant du gage dans les conditions*

---

[772] Art. 113 AUS.

[773] Art. 114 AUS.

[774] Voir par exemple : article 402 du Code pénal ivoirien, article 319 (1) 4 du Code pénal camerounais.

prévues par les dispositions organisant les voies d'exécution auxquelles le contrat de gage ne peut déroger ».

La vente forcée ne requiert pas une procédure de saisie du bien grevé si le bien est déjà en la possession du créancier, ou si le débiteur le lui remet spontanément, ce qui rend, dans ce cas, la réalisation de cette sûreté moins onéreuse et a pour conséquence que l'insaisissabilité n'est pas, dans cette hypothèse, un obstacle à la constitution et à la réalisation d'un gage[775].

Toutefois, même dans cette hypothèse, la vente du bien grevé doit, en principe, être autorisée en justice et être effectuée aux enchères suivant les formes prescrites pour la saisie-vente.

Lorsque le gage est sans dépossession et que le débiteur ne remet pas spontanément le bien grevé à son créancier, ce dernier ne pourra le faire vendre aux enchères qu'après l'avoir saisi.

2- L'attribution conventionnelle du gage

732. Pour tous les gages, il peut être convenu, lors de la constitution du gage ou postérieurement, qu'à défaut d'exécution de l'obligation garantie, le créancier deviendra propriétaire du bien gagé. L'article 104 AUS autorise en effet les parties à convenir, lors de la constitution du gage, que le bien pourra être attribué en paiement au créancier gagiste, faute de paiement. L'alinéa 3 de cet article dispose fort à propos que « *Si le bien gagé est une somme d'argent ou un bien dont la valeur fait l'objet d'une cotation officielle, les parties peuvent convenir que la propriété du bien gagé sera attribuée au créancier gagiste en cas de défaut de paiement. Il en va de même pour les autres meubles corporels lorsque le débiteur de la dette garantie est un débiteur professionnel. En ce cas, le bien gagé doit être estimé au jour du transfert par un expert désigné à l'amiable ou judiciairement, toute clause contraire étant réputée non écrite* ». Ce texte offre davantage de souplesse aux parties en admettant la validité du pacte commissoire contracté *ab initio,* tout en respectant la finalité protectrice de l'ancienne prohibition, puisque la protection du constituant n'est pas remise en cause dans la mesure où, d'une part, la valeur du bien grevé doit être objectivement déterminée et où, d'autre part, la restitution d'un éventuel excédent de valeur est imposée au créancier.

---

[775] Pour quelques applications, voir par ex. Tribunal de Première Instance de Cotonou, 1re chambre civile moderne, jugement n° 26/03-1re CCIV du 7 mai 2003, F.E. c/ T. G. et autres, ohadata J-06-152.; Tribunal de Première Instance de Cotonou, jugement par défaut, n° 81/02 - 1re CCIV du 30 octobre 2002, L'État béninois représenté par l'agent judiciaire du trésor c/ sté S.B. Sarl, A.H.G., ohadata J-06-147 (réalisation d'un permis d'habiter aboutissant à la mise en vente de l'immeuble) ; Tribunal régional hors classe de Dakar, jugement civil n° 1975 du 2 décembre 2008, SFE c/ M.S. A.D.B. D., ohadata J-04-274.

Cette disposition de l'AUS pose toutefois un problème d'interprétation, car, si elle dit bien que la valeur du bien doit être déterminée au jour de son transfert de propriété, elle ne précise pas, en revanche, à quelle date ce transfert se produit : est-ce à l'échéance automatiquement ou bien à l'expiration du délai donné par la mise en demeure de payer adressée par le créancier, ou encore à la date où l'estimation peut avoir lieu ? La question est controversée en doctrine et, pour prévenir cette difficulté, il sera important de déterminer cette date dans l'acte constitutif du gage[776].

3- La réalisation du gage en cas d'ouverture d'une procédure collective à l'encontre du débiteur

733. En cas d'ouverture d'une procédure collective à l'encontre du débiteur, il y a suspension des poursuites individuelles des créanciers et assistance ou dessaisissement du débiteur. Le créancier ne peut plus entreprendre ou poursuivre la réalisation du gage dont le sort dépend de la décision du syndic. L'article 149 AUPCAP prévoit qu'en cas de liquidation des biens, le syndic, autorisé par le juge commissaire, peut, en remboursant la dette, retirer le bien mis en gage. La créance étant payée et le bien restitué, le gage s'éteint. Mais, si dans le délai de trois mois suivant la mise en liquidation, le syndic n'a pas retiré le gage ou entrepris la réalisation du bien gagé, le créancier gagiste peut exercer ou reprendre les poursuites individuelles en vue de faire vendre le bien. Il sera néanmoins tenu dans ce cas de rendre compte au syndic. En cas de cession partielle ou totale d'actif, il n'y a purge de la sûreté que si le créancier gagiste est désintéressé sur le prix de cession.

L'article 149 AUPCAP ainsi cité s'applique pleinement aux gages sans dépossession en cas d'ouverture d'une procédure de sauvegarde ou redressement judiciaire et donc en cas de vente du bien grevé en période d'observation ou après l'adoption d'un plan de redressement de l'entreprise, car, dans ces hypothèses, le droit de rétention fictif ne peut pas être opposé à la procédure collective. En revanche, il n'en va pas de même lorsque le constituant du gage fait l'objet d'une procédure de liquidation judiciaire et que le bien grevé est compris dans un plan de cession ou vendu de manière isolée, car ce droit de rétention fictif est alors opposable à la procédure collective.

4- L'attribution judiciaire du bien grevé

734. L'AUS permet au créancier de demander l'attribution du bien grevé en pleine propriété, et ce, quel que soit le rang du créancier gagiste. L'article 104 al.2 AUS permet au créancier gagiste de faire ordonner en justice que le

---

[776] A. DADOUN, « La date du transfert de propriété en exécution du pacte commissoire », *Dr. et patr.* 2009, n° 187, p. 42 ; Y-R. KALIEU ELONGO, *Les sûretés personnelles dans l'espace OHADA*, op. cit.,

bien grevé lui demeurera en paiement jusqu'à due concurrence du solde de sa créance[777] après une estimation faite par expert ou suivant les cours pour les biens qui font souvent l'objet de transactions sur les marchés internationaux tels que les matières premières. L'attribution se fait ainsi à hauteur de la valeur du bien déterminée par un expert et sous le contrôle du juge, ce qui n'empêche pas, toutefois, que la détermination de cette valeur puisse aussi résulter d'un accord des parties. L'attribution du gage transfère la propriété au créancier et éteint la créance de celui-ci à concurrence de sa valeur[778]. Si cette valeur est supérieure au montant de la dette garantie, le créancier doit verser la différence au débiteur ou la consigner, s'il existe d'autres créanciers. Dans le cas inverse, il demeure créancier chirographaire du débiteur pour cette différence.

Cette attribution confère au créancier gagiste un droit exclusif qui lui permet d'échapper au concours des créanciers privilégiés qui, à défaut, bénéficieraient d'un rang préférable à condition, du moins, que la sûreté de ces derniers soit dépourvue d'un droit de suite.

Sous-section 2- Le nantissement

735. Le nantissement est l'affectation d'un meuble incorporel ou d'un ensemble de meubles incorporels présents ou futurs à la garantie d'une ou plusieurs créances présentes ou futures à condition que celles-ci soient déterminées ou déterminables[779]. Il s'agit donc d'une sûreté mobilière incorporelle, contrairement au gage qui est une sûreté mobilière corporelle. Le législateur n'a pas organisé un régime général du nantissement. L'article 126 énumère plutôt les différents biens pouvant faire l'objet de nantissement à savoir les créances (Paragraphe 1), le compte bancaire qui n'est qu'une modalité des créances, les droits d'associés et valeurs mobilières et les comptes de titres financiers (Paragraphe 2), les droits de propriété intellectuelle (Paragraphe 3) et le fonds de commerce (Paragraphe 4). Cette énumération n'est toutefois faite qu'à titre indicatif, ce qui signifie que d'autres biens pourraient également faire l'objet de nantissement.

---

[777] La jurisprudence française décide que "L'effet translatif s'opère dès le jugement d'attribution" (Cass. com., 24 janvier 2006, JCP Ed. E, 2006, 1753, obs. Ph. DELEBECQUE).
[778] Com. 24 janv. 2006, n° 02-11.989, JCP 2006. I. 131, n° 15, obs. Ph. DELEBECQUE.
[779] Lire l'art. 125 AUS ; A. FENEON, « Le nantissement des stocks de matières premières : une garantie adaptée et efficace de l'acte uniforme sur les sûretés », *Penant* n° spécial 840, p. 274 et s.

Paragraphe 1- Le nantissement de créances

736. L'AUS organise un régime de droit commun du nantissement de créances[780]. Mais, il est apparu que le nantissement de compte bancaire n'est qu'un dérivé du nantissement de créance, puisque l'article 136 dispose : « Le nantissement de compte bancaire est un nantissement de créance ». Il existe donc un régime de droit commun en cette matière (1), même si on peut noter l'existence de quelques règles propres au nantissement de comptes bancaires (2).

A- Le régime de droit commun

737. Le nantissement de créances est une opération à trois personnes. Il suppose qu'un débiteur, le constituant, apporte en garantie de sa dette une créance dont il est titulaire à l'égard d'un tiers. La créance, qui fait l'objet du nantissement, peut être de nature civile ou commerciale. C'est la nature de cette créance nantie qui confère à la sûreté son caractère également civil ou commercial. De même, la créance garantie peut être une créance présente ou future, dès lors qu'elle a été déterminable avec différents éléments qui assurent son individualisation, tels que le nom du débiteur, le lieu du paiement et notamment les échéances. Le nantissement a enfin vocation à s'étendre aux accessoires, sauf si les parties ont convenu de procéder autrement[781].

738. Le nantissement de créances est soumis à une triple formalité : l'écrit, l'inscription au RCCM, la notification au débiteur de la créance garantie : l'écrit est exigé à peine de nullité. Il doit contenir un certain nombre d'éléments énumérés à l'article 127. L'inscription du nantissement au RCCM a pour effet de le rendre opposable aux tiers à compter de la date de cette inscription, même si, entre les parties, le nantissement prend effet à la date de sa conclusion. La notification au débiteur de la créance nantie a pour effet de rendre le contrat opposable à son égard. Elle doit être faite par écrit, à défaut, le débiteur doit intervenir à l'acte. Il s'agit d'affirmer les droits du gagiste sur la créance qui est affectée en garantie, d'interdire au débiteur de se libérer entre les mains du créancier originaire sous peine de régler deux fois la même dette, car qui paye mal paye deux fois. En l'absence de notification, le constituant a le droit de recevoir valablement le paiement, mais à l'échéance, il doit en verser le montant au créancier nanti. Après la notification, seul le créancier nanti peut recevoir le paiement en capital, intérêts et accessoires.

---

[780] Voir pour aller loin sur la question I.L. MIENDJIEM, « La floating charge de droit anglais et les nantissements du droit OHADA », *Revue de la Recherche juridique* : Droit prospectif, 2009- 3, p. 1571.

[781] C. civ., art. 2359 camerounais ; D. LOUKAKOU, « Les valeurs mobilières dans l'Acte uniforme relatif au droit des sociétés commerciales dans l'espace OHADA », *Penant*, n° 844, Juillet-Septembre 2003, p.

À l'égard des tiers ensuite, le nantissement, par principe retranscrit dans un écrit, est jugé opposable aux tiers « *à la date de l'acte* ». Il appartiendra au tiers contestataire pour certains[782], au créancier pour d'autres[783], d'apporter la preuve, par tous moyens, de l'exactitude de la date, la précaution en la matière résidant dans le recours à un enregistrement de l'acte qui confère ainsi date certaine[784].

739. L'AUS a mis un terme à l'exigence classique de la remise du titre, comme condition de validité du nantissement. Antérieurement, l'*opposabilité* du nantissement civil ou commercial était subordonnée à la *remise* au créancier gagiste ou au tiers convenu du titre constatant la créance engagée. Cette solution, vivement critiquée, conduisait à empêcher le nantissement de créances non constatées par écrit, éventualité non négligeable dans la vie des affaires. C'est pourquoi l'exigence avait été tempérée en France par la Cour de cassation, qui avait alors considéré que, si la tradition était matériellement impossible, la mise en possession était suffisamment réalisée par la signification du nantissement au débiteur[785]. Une telle interprétation n'a plus lieu d'être désormais, car cette condition a été supprimée, afin de faciliter la constitution de cette sûreté.

▪ **Les effets du nantissement de créances de droit commun**

740. Avant la réforme de l'AUS, l'unique disposition relative aux effets du nantissement de créance en droit camerounais, l'article 2081 du code civil, prévoyait que le créancier avait le droit de percevoir les *intérêts de la créance nantie.* Aucune précision n'était apportée en ce qui concerne les *droits du créancier sur le capital de la créance donnée en gage arrivée à échéance.* Deux hypothèses, antérieurement distinguées par la doctrine, sont désormais retenues par les textes selon que l'échéance de la créance engagée dans le cadre du nantissement est antérieure ou postérieure à celle de la créance garantie.

Si l'échéance de la créance engagée est antérieure à celle de la créance garantie, le créancier ne pouvait, avant la réforme, prétendre recevoir seul le montant du capital, car il lui était interdit de disposer du gage avant l'exigibilité de sa propre créance ; d'un autre côté, le constituant ne pouvait disposer seul d'un bien dont il s'était dessaisi. La seule solution consistait alors à faire intervenir, conjointement au paiement, le créancier gagiste et le titulaire de la

---

782. CROCQ, « Le nantissement de créance », *RLDC,* 2006, n° 29, suppl. p. 13, spéc. n° 9, p. 14.
783 J. STOUFFLET, « Le nantissement de biens incorporels », *JCP E* 2006, supplément au n° 20-21, 18 mai 2006, p. 19, spéc. n° 14, p. 21.
784 C. ALBIGES et M.-P. DUMONT-LEFRAND, *Droit des sûretés,* 2007, coll. HyperCours, Dalloz, n° 486.
785 Civ. 1re, 10 mai 1983, *Bull. civ.* I, n° 141, D. 1984. 433, note G. LÉGIER, D. 1984, IR 1982, obs. M. VASSEUR, DEFRÉNOIS 1983. 1393, note A. PIEDELIÈVRE.

créance engagée[786], solution expressément prévue par le Code civil allemand[787]. En pratique, les actes de nantissement conféraient au créancier gagiste le droit de recevoir seul le paiement à la faveur d'un mandat ou d'une délégation. Depuis l'entrée en vigueur des nouvelles dispositions de l'AUS, les personnes habilitées à obtenir le recouvrement de la créance sont déterminées[788]. Si le nantissement a été au préalable notifié, le créancier nanti est seul habilité à recevoir le montant de la créance nantie. Cette solution institue, selon certains auteurs[789], un droit de rétention au bénéfice du créancier, le constituant ne pouvant plus percevoir le paiement de la créance. Ce même créancier n'a pas, toutefois, la possibilité de s'attribuer les sommes, car sa créance n'est pas arrivée à échéance. Les fonds alors perçus doivent être conservés à titre de garantie sur un compte ouvert auprès d'un établissement habilité à les recevoir. Dès lors, à la suite de la défaillance du débiteur de la créance garantie et huit jours après une mise en demeure infructueuse, le créancier peut affecter les fonds au paiement de sa créance. S'il s'avère que le montant de la créance nantie est supérieur à celui de la créance garantie, le créancier devra très logiquement verser la différence au constituant.

Si l'échéance de la créance engagée est postérieure à celle de la créance bénéficiant de la sûreté, la réalisation de la sûreté s'accomplissait, avant l'AUS, selon les règles de droit commun, aucune disposition spécifique n'étant alors édictée. Si elle demeurait sans effet dans les huit jours qui suivaient, la créance était vendue aux enchères. Le créancier gagiste pouvait demander au tribunal de décider que la créance engagée lui soit attribuée jusqu'à due concurrence, après estimation faite par experts. En pratique, une clause de cession ou de délégation conditionnelle était stipulée ; la condition étant le défaut de paiement de la créance garantie, le titulaire devenait titulaire de la créance engagée dans l'hypothèse d'une réalisation de la condition. La dérogation à la prohibition des pactes commissoires était justifiée dans la mesure où les inconvénients desdits pactes ne se retrouvaient pas ici[790]. Le pragmatisme, qui semblait devoir l'emporter sur le juridisme, a été confirmé avec l'AUS. Si, à l'échéance de la créance garantie, le créancier nanti est confronté à une défaillance du débiteur, il peut tout d'abord attendre l'échéance de la créance nantie, selon l'article 134, alinéa 2

---

[786] M. PLANIOL et G. RIPERT, *Traité théorique de droit civil français*, t. 12, par E. BECQUÉ, L, op. cit, n° 117.
[787] C. civ., art. 1281.
[788] V. Art. 133 AUS.
[789] M.-N. JOBARD-BACHELIER, M. BOURASSIN et V. BRÉMOND, *Droit des sûretés*, coll. U, Sirey, n° 1804, 2007 ; A. AYNÈS, *Consécration légale des droits de rétention*, D. 2006, chron. 1301.
[790] P. THÉRY, Sûretés et publicité foncière, 2e éd., 1998, PUF, n° 266 ; *contra :* D. LEGEAIS, Les garanties conventionnelles sur créances, 1986, Economica, n° 162.

AUS. Il dispose ensuite de la faculté d'attribution de la créance, soit sur décision judiciaire, soit de manière conventionnelle.

B - Les règles propres au nantissement de comptes bancaires

741. Le nantissement de compte bancaire suit quasiment le même régime que tous les nantissements de créance. Les articles 137 à 139 apportent toutefois quelques dérogations. L'objet de la garantie s'entend du solde créditeur provisoire (arrêté provisoire) ou définitif (en cas de clôture du compte) au jour de la réalisation de la sûreté ou au jour de l'ouverture d'une procédure collective contre le débiteur sous réserve des opérations en cours (chèque émis, virement). L'article 138 permet aux parties de déterminer les conditions dans lesquelles le débiteur (constituant) pourra continuer à disposer des sommes inscrites sur le compte nanti. Quant à l'article 139, il précise que le nantissement de compte bancaire subsiste tant que le compte n'a pas été clôturé et que la créance garantie n'a pas été intégralement payée. La sûreté est réalisée dans les mêmes conditions que le nantissement de créance.

Paragraphe 2- Le nantissement des titres sociaux et des comptes de titres financiers

742. L'AUS dans sa version antérieure, organisait déjà le nantissement des titres sociaux à travers le nantissement des droits d'associés et valeurs mobilières. La réforme intervenue y a ajouté le nantissement de comptes de titres financiers. Bien qu'ils soient traités sous la même section, ils relèvent de régimes relativement différents. Il faut étudier séparément le nantissement des titres sociaux (A) et nantissement des comptes de titres financiers (B).

A- Le nantissement des titres sociaux

743. Les titres sociaux peuvent faire l'objet de diverses opérations, telles que la cession, la saisie ou le nantissement réglementé par les art. 140 à 145. Ce type a été autrefois discuté, compte tenu de l'*intuitus personae* et des difficultés liées à la dépossession[791]. L'article 140 dispose à cet effet que « les droits d'associés et valeurs mobilières des sociétés commerciales et ceux cessibles des personnes morales assujetties à l'immatriculation au RCCM peuvent faire l'objet d'un nantissement conventionnel ou judiciaire ».

Les règles de sa constitution (1) ainsi que celles de sa réalisation (2) méritent d'être précisées.

[791] J. CARBONNIER, « La mise en gage des parts d'intérêt dans les sociétés de personnes », *Rev. sociétés* 1957. 24.

1- La constitution du nantissement

744. L'AUS précise l'objet de cette forme de nantissement en parlant de droits d'associés et valeurs mobilières des sociétés commerciales et personnes morales assujetties à l'immatriculation. Sous cette formulation, on englobe :

- Les parts sociales émises par les sociétés en nom collectif, les sociétés en commandite simple et les sociétés à responsabilité limitée, qui sont toutes des formes de sociétés reconnues et organisées par l'AUSCGIE.
- Les valeurs mobilières émises par les sociétés par actions et plus particulièrement les sociétés anonymes. Ces valeurs comprennent les actions qui représentent les droits d'associés et les obligations représentant les droits des créances. Ces titres de sociétés anonymes peuvent être des titres nominatifs ou au porteur ;
- Les titres participatifs, les certificats d'investissement, dès lors qu'ils sont émis par les sociétés commerciales et qu'ils sont cessibles ;
- Les titres émis par les GIE (groupements d'intérêt économique), puisque la loi parle de personnes morales soumises à immatriculation.

745. Pour ce qui est de sa constitution proprement dite, le nantissement de titres sociaux doit être établi par écrit. Cet écrit doit contenir un certain nombre de mentions énumérées à l'art. 141. Au même titre que pour le gage, cette catégorie de nantissement suppose la conclusion d'un écrit imposé pour la validité de la sûreté, qui désigne la dette garantie, mais aussi la quantité des biens donnés en gage, ainsi que leur espèce ou leur nature. L'opposabilité du nantissement au tiers, en particulier à la société, est assurée par les mesures de publicité qui sont également prévues en matière de gage : une inscription du nantissement des parts sociales est assurée auprès du greffe du tribunal du lieu d'immatriculation de la société dont les parts sont nanties. Le bordereau remis au greffier doit comporter différentes mentions relatives aux sociétés dont les parts sont nanties : la forme, la dénomination sociale, l'adresse du siège social, le numéro d'immatriculation au registre du commerce et des sociétés, le nombre de parts sociales nanties et leur valeur nominale. En plus de ces formalités, il doit répondre aux exigences particulières prévues par l'AUSCGIE[792].

746. Quant aux effets, enfin, il faut préciser les prérogatives du créancier nanti avant d'envisager la réalisation de la sûreté. Le nantissement des titres sociaux confère au créancier un droit de suite et un droit de préférence qui sont mis en œuvre comme en matière de gage. Le créancier peut donc suivre le titre s'il passe en d'autres mains, par exemple

---

[792] V. art. 77, 319, 322 AUSCGIE.

en cas de cession, pour le saisir, le faire vendre et se payer sur le prix dans les mêmes conditions qu'en matière de gage.

2- La réalisation du nantissement

747. Le principal écueil, en matière de réalisation de gage, tient à l'existence de l'*intuitus personae* auquel on risque ici de porter atteinte, le nantissement pouvant conduire à l'arrivée d'un associé indésirable au sein de la société de personnes. Une procédure d'agrément est alors indispensable pour éviter l'irréparable.

En ce qui concerne les SARL, il faut se référer à la procédure d'agrément prévue par l'AUSGIE pour la cession : consentement de la majorité des associés représentant au moins les trois quarts des parts sociales après notification du projet à la société et à chacun des associés, ledit consentement étant réputé acquis si la société n'a pas fait connaître sa décision dans le délai de trois mois à compter de la dernière notification. Si la société a donné son consentement au projet de nantissement de parts sociales, l'accord emportera l'agrément du cessionnaire en cas de réalisation forcée des parts sociales nanties. La société peut, toutefois, préférer racheter les parts après réalisation du gage.

Pour les sociétés en nom collectif, la loi n'a rien prévu en matière de nantissement de parts qui demeure exceptionnel. On considère que l'intrusion ne peut avoir lieu sans le consentement unanime des associés. En l'absence de consentement, le créancier gagiste ne pourra bénéficier que des seuls avantages financiers liés à la détention de parts[793].

Le créancier nanti bénéficie enfin des différentes mesures applicables en matière de gage lors de la défaillance du débiteur. Il dispose désormais de la faculté de demander en justice que les parts lui soient attribuées, à moins qu'il puisse obtenir l'exécution d'un pacte commissoire licite. En toute hypothèse, la valeur du bien nanti sera évaluée au jour du transfert par un expert.

748. Quoi qu'il en soit, en toute hypothèse, à défaut de paiement de la dette, le créancier peut, soit faire procéder à la vente forcée, soit demander l'attribution judiciaire du titre jusqu'à due concurrence et d'après estimation faite par expert ou suivant les cours. Pour les sociétés dont les titres sont cotés en bourse, l'art. 145 prévoit que le créancier peut les faire exécuter en bourse. Ainsi, le cours des titres sur le marché permet de déterminer leur valeur.

---

793 R. NJEUFACK TEMGWA ,« Réflexion sur les procédés alternatifs de réalisation des sûretés réelles conventionnelles en droit OHADA », op. cit.,

B- Le nantissement de comptes de titres financiers

749. C'est « la convention par laquelle le constituant affecte, en garantie d'une obligation, des valeurs mobilières et autres titres financiers figurant dans un compte spécial ouvert au nom du titulaire et tenu par la personne morale émettrice ou l'intermédiaire financier ».

Le nantissement de compte de titres financiers porte sur un ou plusieurs titres ou instruments financiers inscrits dans un compte et qui peuvent être de natures diverses. L'article 146 cite les valeurs mobilières (actions, obligations), mais il peut y avoir d'autres titres. Le compte peut même comporter des sommes d'argent qui représentent en général le produit ou les fruits (dividendes) des titres inscrits en compte.

750. S'agissant des formalités, ce nantissement est constitué tant entre les parties qu'à l'égard de la personne morale émettrice et des tiers par une déclaration datée et signée par le titulaire du compte. Cette déclaration contient, à peine de nullité, certaines mentions énumérées à l'art. 147. L'inscription au RCCM n'est pas une formalité obligatoire. Le créancier nanti peut obtenir du teneur de compte, une attestation de nantissement comportant l'indication des titres financiers et des sommes inscrites. Il peut aussi obtenir du teneur de compte spécial une attestation d'inventaire des sommes inscrites au crédit de ce compte (art. 150).

Le titulaire des sommes et titres nantis peut continuer à en disposer dans les conditions définies d'accord parties avec le créancier. Le teneur de compte lorsqu'il n'est pas créancier nanti doit être informé des conditions de disposition et il est tenu de les respecter. Le créancier nanti bénéficie d'un droit de rétention fictif sur les titres et sommes. La violation de ce droit de rétention a pour conséquence l'inopposabilité des actes conclus. Ce droit de rétention est également utile en cas d'ouverture d'une procédure collective contre le constituant.

751. La réalisation du nantissement apparaît être nettement simplifiée du fait de l'absence de l'intervention judiciaire. Toutefois, elle doit être obligatoirement précédée d'une mise en demeure préalable adressée par le créancier nanti au débiteur[794].

La réalisation proprement dite se fait suivant différents modes de réalisation prévus par l'article 154 à savoir : Le transfert direct en pleine propriété des sommes figurant dans le compte (comparer avec le transfert fiduciaire de sommes d'argent) ; la vente des titres inscrits dans le compte au besoin sur le marché financier pour les titres des sociétés cotées en bourse par

---

[794] D. LOUKAKOU, « Les valeurs mobilières dans l'Acte uniforme relatif au droit des sociétés commerciales dans l'espace OHADA », *Penant*, n° 844, Juillet-Septembre 2003, p. 261.

le créancier nanti ou le teneur de compte (s'il est différent); l'attribution en pleine propriété des titres nantis.

Paragraphe 3- Le nantissement des droits de propriété intellectuelle

752. Le nantissement de droits de propriété intellectuelle est défini comme la convention par laquelle le constituant affecte, en garantie d'une obligation, tout ou partie de ses droits de propriété intellectuelle existants ou futurs.

Ce nantissement porte sur les droits de propriété intellectuelle, qui comprennent d'une part les droits d'auteur et d'autre part les droits de propriété industrielle, qui regroupent les brevets d'invention, les marques de fabrique et de commerce, les dessins et modèles, etc., sans que cette énumération soit exhaustive. Le nantissement ne s'étend pas, sauf convention contraire, aux accessoires et fruits résultant de l'exploitation du droit.

753. Le nantissement de droits de propriété intellectuelle doit être établi obligatoirement par écrit comportant certaines mentions à peine de nullité. Le contrat doit ensuite faire l'objet d'inscription au RCCM pour être opposable aux tiers. En plus de ces formalités communes à tous les nantissements, le nantissement des droits de propriété intellectuelle doit faire l'objet d'inscription dans les registres de propriété intellectuelle dans les conditions prévues par les réglementations particulières. Le nantissement doit être également publié lorsque les législations particulières le prévoient.

Pour ce qui est des prérogatives, le nantissement confère au créancier le droit de suite et le droit de préférence comme en matière de gage. La réalisation du nantissement se fait suivant les conditions de droit commun c'est-à-dire comme en matière de gage.

Paragraphe 4- Le nantissement du fonds de commerce

754. Le nantissement peut être conventionnel ou judiciaire. Le nantissement judiciaire ne présente pas de différences notables avec le nantissement conventionnel pour ce qui est des formalités et des effets, sauf qu'il comporte deux phases : une phase provisoire qui, après l'autorisation judiciaire d'inscription, donne lieu à l'inscription provisoire et une phase définitive qui aboutit à l'inscription définitive de la sûreté après la décision judiciaire de validité passée en force de chose jugée. Il suit quasiment le même régime que l'hypothèque judiciaire. Cela est perceptible aussi bien en ce qui concerne leur domaine (A), les règles relatives à la publicité (B) à la protection des tiers (C), et à sa réalisation (D).

A- Le domaine

755. Le nantissement porte obligatoirement sur la clientèle, l'enseigne et le nom commercial qui sont les éléments incorporels principaux du fonds de commerce. Mais, si les parties le souhaitent, le nantissement pourra porter sur les autres éléments incorporels (droit au bail, brevets d'invention, marques de fabrique, de service et de commerce, dessins et modèles et tous les droits de propriété industrielle attachés au fonds) et sur le matériel professionnel. Cette extension doit faire l'objet d'une clause spéciale désignant les biens nantis et elle doit être soumise à des mesures de publicité au RCCM. Le nantissement ne peut pas porter sur les marchandises ou sur les créances. Tous les éléments grevés du nantissement garantissent de manière indivisible la totalité de la créance sans distinguer entre la part de la créance affectée aux éléments incorporels et celle affectée au matériel.

B- Les formalités

756. Le nantissement est constaté par un écrit[795]. Cet acte doit comporter obligatoirement certaines mentions : noms et domicile des parties (créancier, débiteur ou tiers constituant), numéro d'immatriculation du débiteur au RCCM, désignation précise du fonds (siège et succursales), désignation des éléments nantis, montant de la créance en précisant les conditions d'exigibilité et les intérêts, élection de domicile du créancier. Le nantissement doit être inscrit au RCCM [796] et est valable pour la durée de l'inscription.

C- La protection du créancier

757. Le fonds de commerce nanti continue à être administré par le commerçant qui peut même en disposer. Ceci contribue à exposer le créancier bénéficiaire à certains risques, tels que la perte de valeur du fonds. C'est pourquoi la loi a pris des mesures pour parer à ces dangers. Le créancier est protégé en cas de vente du fonds ou d'éléments séparés du fonds. De même, le créancier inscrit, s'il ne peut s'opposer à la vente peut, conformément à l'article 177 AUS, former une surenchère au $1/10^e$ du prix global figurant dans l'acte de vente c'est-à-dire proposer de rattacher au prix proposé majoré de 10%. En outre, si le commerçant a l'intention de déplacer le fonds, il doit en informer le créancier à l'avance en indiquant le nouvel emplacement. S'il ne respecte pas cette obligation, il y a déchéance du terme. Par ailleurs, il peut arriver que le propriétaire des locaux abritant le fonds envisage de résilier le bail, par exemple pour défaut de paiement des loyers. Dans ce cas, il lui est

---

[795] Art. 163 AUS.
[796] Art. 165 AUS.

fait obligation de notifier sa demande au créancier inscrit. La résiliation ne produit ses effets qu'à l'expiration d'un délai de deux mois après la notification. Pendant ce délai, les créanciers peuvent échapper aux conséquences de la résiliation en payant le propriétaire à la place du locataire. En l'absence de notification, la résiliation est inopposable au créancier.

D- La réalisation du nantissement

758. Le créancier nanti bénéficie, comme les autres créanciers, du droit de suite, du droit de préférence et du droit de réalisation. À travers le droit de suite, le créancier dispose, lorsque le débiteur manque de payer sa créance à l'échéance, du droit de saisir le bien, de procéder à la vente forcée des éléments du fonds de commerce et d'en recevoir le paiement pour le principal de la créance et des intérêts. Dans la pratique, le droit de suite est rarement mis en œuvre, car l'acquéreur du fonds peut s'affranchir des sûretés inscrites par une procédure de purge, comme en matière d'hypothèque. Il faut aussi souligner que le droit de suite ne s'exerce que sur la vente du fonds en entier et non sur celle de ses différents éléments. Le droit de préférence est reconnu quant à lui au créancier nanti dans les mêmes conditions que les autres créanciers.

Sous-section 3- Le contrat d'hypothèque

Dès qu'elle est régulièrement constituée (paragraphe 1), l'hypothèque produit un certain nombre d'effets (paragraphe 2). Ces effets se ressentent même en cas de transmission (paragraphe 3) ou d'extinction (paragraphe 4).

Paragraphe 1- La formation du contrat d'hypothèque

759. L'hypothèque est un contrat conclu entre le créancier qui bénéficie de la sûreté et le constituant qui la concède sur un ou plusieurs de ses immeubles. Il peut s'agir du débiteur ou d'un tiers[797]. On parle, dans ce dernier cas, de caution réelle et plus précisément de caution hypothécaire dont le régime emprunte aussi bien à celui du cautionnement qu'à celui de l'hypothèque. Elle est constituée pour garantir une créance[798]. La créance garantie est le plus souvent une créance présente, c'est-à-dire concomitante, à la constitution de

[797] V. pour plus de détail M. BROU KOUAKOU, « Le droit OHADA et le cautionnement hypothécaire », op. cit., p. 273, ohadata D-06-53. ; P. BOUBOU, « La réalisation de l'hypothèque dans le projet de réforme de l'Acte uniforme sur les sûretés : Priorité à la viabilité des garanties » Exposé présenté le 28 octobre 2010 à l'Université de DSCHANG à l'occasion des Journées annuelles OHADA 2010 ; F.K. DECKON, « L'interdiction de l'hypothèque des biens à venir », *Penant*, n° 844, juillet-septembre 2003, p. 331.

[798] KALIEU ELONGO (Y.R), *Droit et pratique des sûretés réelles, OHADA*, PAF, 2e éd., p.31 et s.

l'hypothèque. Il peut également s'agir d'une créance future[799] ou d'une créance antérieure. Mais, dans cette dernière hypothèse, la constitution de l'hypothèque peut donner lieu à quelques difficultés si le débiteur fait l'objet d'une procédure collective. Il résulte de l'article 68 de l'AUPCAP que l'hypothèque consentie par le débiteur pour dette antérieure est déclarée inopposable lorsqu'elle l'a été pendant la période suspecte.

La constitution de l'hypothèque est soumise aux conditions générales de formation des contrats et surtout à des conditions particulières qui concernent les parties au contrat et le contrat lui-même. Il y a au total des conditions de fond (A) et de forme (B) à observer.

A- Conditions de fond : patrimoine et personne du constituant

760. La validité du droit hypothécaire librement consenti au créancier exige qu'il soit satisfait aux trois conditions de fond suivantes : le constituant doit être titulaire du droit sur lequel il consent hypothèque. En d'autres termes, le droit grevé doit figurer dans le patrimoine du constituant (1). Ce dernier, en outre, doit justifier de la capacité (2) et des pouvoirs nécessaires à la constitution d'hypothèque (3).

1- Présence du droit grevé dans le patrimoine du constituant

761. Le constituant ne sera pas nécessairement le débiteur principal. Il peut agir en tant que caution réelle ou caution hypothécaire, donc comme obligé accessoire. Il n'est plus alors obligé personnellement envers le créancier et cesse de répondre de la dette sur la totalité de son patrimoine. Il engage seulement un bien ou un droit lui appartenant, et c'est en raison de l'existence dans son patrimoine de ce bien grevé qu'il est tenu ***propter rem*** envers le créancier[800].

762. Qu'il soit obligé principal ou accessoire, le constituant doit justifier d'un droit sur le bien affecté à la garantie hypothécaire, et ce peut être en qualité de propriétaire, de nu-propriétaire, d'usufruitier, d'emphytéote. Il importe, par conséquent, de vérifier si ce droit objet de l'hypothèque existe ou non, puis d'en préciser les modalités et caractères.

---

[799] Art. 190 AUS.

[800] (V. Hypothèque [Civ.] ; sur l'absence d'engagement personnel à la charge de la caution réelle, V. la jurisprudence récente, quoique rendue à la faveur d'un investissement de titres dématérialisés, Cass. ch. mixte 2 déc. 2005, D. 2006, AJ 61, obs. V. Avena-Robardet , D. 2006. 729, avis J. Sainte-Rose et p. 733, note L. Aynès ; V. égal., s'agissant de cautionnement hypothécaire, Cass. 1re civ. 7 et 21 févr. 2006, D. 2006. 1543, note V. Bonnet , et les nombreuses réf. cit. par les auteurs)

La vérification de l'existence du droit à hypothéquer au moment même de la constitution d'hypothèque soulève deux difficultés relatives, la première, à l'hypothèque de la chose d'autrui, la seconde, à l'hypothèque de biens à venir.

L'hypothèque de la chose d'autrui est traditionnellement frappée de nullité absolue en jurisprudence, pour défaut d'objet[801].

La sanction de la nullité absolue autorise tout intéressé à s'en prévaloir : le véritable propriétaire, ***verus dominus,*** et ses ayants cause, le constituant lui-même, ses créanciers chirographaires, ainsi que les acquéreurs détenant l'immeuble de son chef alors même qu'il en serait devenu propriétaire. Que le constituant, en effet, vienne à acquérir ensuite le droit grevé ne consolide nullement la constitution d'hypothèque. Aucune régularisation ni ratification n'est possible (ce qui est caractéristique des nullités absolues et les oppose en cela, notamment, aux nullités relatives). Ni l'une ni l'autre ne saurait même émaner du véritable propriétaire succédant au constituant et qui donnerait son accord à l'hypothèque.

Un tempérament à cette solution rigoureuse propre au droit hypothécaire est cependant introduit au nom des principes généraux du droit. La théorie de l'apparence, d'une part, permet de valider l'hypothèque constituée par le propriétaire apparent par application de la maxime ***Error communis facit jus,*** à la condition que le créancier soit de bonne foi et qu'il y ait eu erreur véritablement commune, sinon invincible. Ainsi en serait-il de l'hypothèque consentie par un héritier apparent, que chacun tient pour le ***verus dominus.*** La protection du crédit et la sécurité des transactions commandent la solution.

763. Tout patrimoine par essence subit un mouvement permanent de fluctuations. Et tout bien immeuble qui vient l'intégrer, reçoit vocation à subir affectation hypothécaire du chef de son titulaire. Toute la question est de savoir si le droit hypothécaire peut ou non faire porter son objet sur un bien étranger au patrimoine du constituant, soit que ce bien n'existe encore nulle part (hypothèse au demeurant la plus rare), soit que, plus vraisemblablement, il figure dans un patrimoine étranger à celui du constituant. Sous cette seconde éventualité, la plus plausible et fréquente, l'hypothèque de biens à venir présente un lien de parenté avec l'hypothèque de la chose d'autrui.

---

801 Voir en ce sens : Cour d'Appel de Bobo – Dioulasso, Chambre civile et commerciale, arrêt n°81 du 05 mai 2003, BIB C/ O. K. et O. D., www.ohada.com, ohadata J 04-193; v. également CA du Centre, arrêt n° 615/civ/06-07 du 17 octobre 2007, Mme Yonkeu née SEI Christine c/ Liman Saibou, Mamadou Saibou, inédit , Tribunal de grande instance de Ouagadougou, jugement n° 446 du 9 mai 2001, Bank of Africa c/ N. P. K. et autres, ohadata J-04-05. ; Cour d'appel de Bobo - Dioulasso, Chambre civile et commerciale, arrêt n° 81 du 5 mai 2003, BIB c/ O. K. et O. D., ohadata J-04-193. Lire particulièrement sur cette question, I. L. MIENDJIEM, *La situation des occupants du domaine national*, Thèse, Université de Yaoundé 2 Soa, 2008.

39. Plutôt que d'une différence de statut juridique du bien, dans tous les cas absent du patrimoine du constituant, ce serait d'une nuance purement psychologique que naîtrait davantage la dissociation entre les deux hypothèses : il y aurait hypothèque de bien à venir lorsque le constituant convoiterait l'acquisition du bien d'autrui avec quelque espoir sérieux de le recueillir dans son patrimoine en vertu d'un titre qu'il détient. Par exemple, il justifie de la qualité d'héritier présomptif ou, mieux encore, de copartageant ; ou bien, il est bénéficiaire d'une promesse unilatérale de vente ou d'un pacte de préférence, titulaire d'un droit de préemption légal…

764. Au contraire, à défaut de tout raisonnable espoir de se rendre quelques jours titulaire de droit réel sur l'immeuble, voire de toute intention en ce sens, le bien grevé d'hypothèque ***a non domino*** alors qu'il n'est nullement convoité par le constituant ne présente plus le caractère de bien à venir au regard de ce dernier. Il n'y a pas même droit éventuel, de sorte que l'octroi purement arbitraire de la sûreté apparaît constitutif de manœuvres frauduleuses.

765. Cela explique que d'autres fondements soient proposés à l'appui de l'interdiction d'hypothéquer des biens à venir : prohibition des pactes sur succession future[802], à laquelle est empruntée la sanction de la nullité absolue; protection du constituant qui n'est pas conscient de la portée de son acte comme il le serait pour un bien présent (mais alors, la nullité se devrait de n'être que relative) ; raisons d'ordre moral[803] ; atteinte au principe de spécialité …

Il apparaît certain que, même dans les cas où elle est autorisée, l'hypothèque de biens à venir se révèle inopportune. C'est pourquoi la pratique se détourne de cette possibilité lorsqu'il est fait exception à la prohibition de principe.

2 - Capacité du constituant

766. Les hypothèques conventionnelles ne peuvent être consenties que par ceux qui ont la capacité d'aliéner les immeubles qu'ils y soumettent[804].

La constitution d'hypothèque, en effet, se range dans la catégorie des actes de disposition. Elle est tenue pour une aliénation partielle de l'immeuble. L'incapacité du constituant est sanctionnée de nullité, ici relative, s'agissant

---

[802] (C. civ., art. 1130, al. 2 camerounais.

[803] La loi n'a pas voulu que l'on puisse manger son blé en herbe, arguent P. MALAURIE et L. AYNÈS, Sûretés. Publicité foncière, par AYNÈS et CROCQ, 2e éd., 2006, Defrénois, n° 666.

[804] Pour une application au sujet d'une hypothèque consentie par un ex-époux sur un immeuble donné par son épouse, mais seulement après révocation de plein droit de la donation suite au divorce prononcé aux torts exclusifs du donataire, V. Cass. 3e civ. 24 sept. 2003, JCP 2003. IV. 2774.

d'une nullité de protection[805]. Les incapacités sont de droit étroit. C'est pourquoi un majeur sous sauvegarde de justice et un mineur émancipé peuvent valablement consentir seuls hypothèque. Le majeur sous curatelle doit obtenir l'assistance du curateur. Pour un majeur ou un mineur sous tutelle, ce sera l'œuvre du tuteur muni d'une autorisation du conseil de famille. Quant au mineur sous administration légale, il sera représenté par ses parents avec autorisation du juge des tutelles.

767. De l'incapacité proprement dite se rapproche l'insolvabilité. Le débiteur insolvable peut en principe consentir une hypothèque, pourvu que cela soit sans fraude ; s'il y avait fraude, l'action paulienne s'ouvrirait aux autres créanciers. En cours de procédure de saisie immobilière, toutefois, serait entachée de nullité l'hypothèque constituée après la publication du commandement de payer (octroyée antérieurement, il est vrai, mais publiée elle-même après publication du commandement, elle serait frappée d'inopposabilité). Toutefois, ces nullités et inopposabilités seraient contournées si le débiteur consignait la somme nécessaire au désintéressement des créanciers inscrits, du créancier saisissant et aux frais de saisie[806].

Le droit des sûretés demeure soumis à rude épreuve en cas de procédure de sauvegarde, de redressement ou de liquidation de biens. En effet, l'hypothèque soulève également quelques difficultés dans les sociétés commerciales, notamment à l'égard des dirigeants sociaux ; il faut parfois déterminer s'ils ont le pouvoir d'engager les biens sociaux et, par conséquent, de les donner en garantie. Et en cas de procédures collectives, les pouvoirs pour constituer une hypothèque sont également affectés. En cas de règlement préventif, la décision de suspension provisoire des poursuites individuelles qui ouvre la procédure interdit au débiteur la constitution des sûretés[807]. En cas de redressement judiciaire, les pouvoirs du débiteur étant limités, l'assistance du syndic est nécessaire pour continuer l'activité et donc pour conclure certains actes, tels que la constitution de l'hypothèque[808]. Dans l'hypothèse de liquidation des biens, le syndic se substitue au débiteur qui ne peut plus agir[809] ; par conséquent, celui-ci n'a plus le pouvoir de consentir une hypothèque. Seul le syndic dans l'hypothèse où la continuation de l'activité est autorisée pourrait consentir éventuellement une hypothèque si l'obtention

---

[805] J. ISSA-SAYEGH, « La liberté contractuelle dans le droit des sûretés OHADA », *Penant* n°851, avril-juin 2005, p. 150-173 ; KALIEU ELONGO (Y.R), *Droit et pratique des sûretés réelles OHADA*, op. cit., p.32 et s.

[806] Sur cette question, lire ; M. BRIZOUA-BI, « L'attractivité du nouveau droit OHADA des hypothèques », op. cit., p. 87.

[807] Art. 11 AUPCAP. »

[808] Art. 52 AUPCAP; KALIEU ELONGO (Y.R), *Droit et pratique des sûretés réelles OHADA*, PAF, 2e éd., p.35.

[809] Art. 53 AUS.

d'un crédit est nécessaire. Mais on peut douter de l'utilité pratique de ce pouvoir, car l'entreprise est appelée à être liquidée.

3 - Pouvoirs du constituant

Outre sa capacité, le constituant doit justifier de ses pouvoirs. Ainsi, en régime communautaire, aucune constitution d'hypothèque qui ne serait consentie de l'accord des deux époux ne peut grever un immeuble figurant dans la masse commune ; constituée par un seul époux, elle serait entachée de nullité relative. En droit OHADA, pour ce qui est des régimes matrimoniaux et en ce qui concerne l'hypothèque donnée par un époux sur les biens communs dans le régime de la communauté, il faut ici se référer aux règles applicables dans les différents États en la matière[810]. Le pouvoir de l'un des époux ou du mari de constituer seul une hypothèque sur les immeubles de la communauté varie suivant les différentes législations nationales[811].

B- Les conditions de forme

769. Le contrat d'hypothèque doit être établi par écrit et il doit être inscrit. En effet, l'hypothèque conventionnelle peut être établie sous diverses formes, mais, dans tous les cas, il s'agira d'un acte écrit dont la nature dépend des dispositions nationales applicables et plus particulièrement de la loi du lieu de situation de l'immeuble. L'écrit peut trois formes :

- acte authentique établi par le notaire territorialement compétent. En effet, si le consensualisme se veut le principe dans notre droit, il reçoit une exception en matière hypothécaire où la volonté des parties se voit entourée de formalisme : l'hypothèque conventionnelle peut être consentie par un acte passé en la forme authentique et, qui plus est, par-devant notaire.

L'exigence d'un acte notarié ne découle point ici indirectement, comme c'est le cas en matière de vente d'immeuble, de l'impératif d'observer le formalisme propre à la publicité foncière en vue de procéder à la publication, par l'acquéreur, de son droit. Pas davantage n'y a-t-il là une simple règle de preuve. C'est bien la validité même de l'acte constitutif qui se trouve en cause : contenue sous toute forme autre que notariée, la volonté des parties se voit privée d'effets. Donc, de l'acte constitutif naît le droit hypothécaire. La forme

---

[810] V. Au Cameroun, les articles 1421 et 1426 C. civ. ; en Côte d'Ivoire, l'article 82 de la loi du 26 juin 2019 relative au mariage ; en République centrafricaine, le code de la famille du 30 décembre 2021, au Burkina Faso, l'article 331 du code des personnes et de la famille du 19 novembre 1989 (KALIEU ELONGO (Y.R), *Droit et pratique des sûretés réelles OHADA*, op. cit. p.33 et s.)

[811] Cour d'appel de Ouagadougou, chambre civile et commerciale, arrêt n° 42 du 2 avril 2004, T. A. c/ Société Générale des banques du Burkina Faso, ohadata J-05-226.

notariée s'impose en tant que condition de validité ***inter partes*** du contrat hypothécaire et de l'hypothèque qu'il renferme. Elle n'intervient plus à titre de simple élément d'opposabilité aux tiers de la sûreté, encore que l'efficacité de cette dernière continue à en demeurer tributaire.

- acte authentique établi par une autorité administrative ou judiciaire habilitée à faire de tels actes. Certains actes des autorités administratives en effet (et non plus la totalité de ceux-ci) contiennent parfois une constitution d'hypothèque au profit de l'État.
- acte sous seing privé dressé suivant un modèle agréé par la conservation de la propriété foncière.

Quelle que soit la forme de l'écrit, il devra comporter les éléments relatifs à l'identité des parties, notamment le constituant de l'hypothèque, à la créance garantie et à l'assiette de la garantie (tout en notant que la sûreté peut porter sur les immeubles futurs). La constitution d'une hypothèque conventionnelle n'est valable que si le titre authentique constitutif de la créance ou un acte authentique postérieur déclare spécialement la nature et la situation de chacun des immeubles sur lesquels l'hypothèque est consentie. Le caractère indolore de l'hypothèque[812], dans l'immédiat du moins, fait courir le risque de voir le débiteur épuiser son crédit en totalité face à un créancier avide. C'est pourquoi la désignation, dans l'acte constitutif, de l'immeuble ou des immeubles affectés à la garantie hypothécaire est prescrite à peine de nullité, ici relative, s'agissant d'une nullité de protection.

Rien n'interdit d'hypothéquer chaque immeuble présent, mais à la condition de le désigner. Ainsi, ne satisfait pas à l'exigence légale la mention selon laquelle tous les immeubles du débiteur situés dans telle commune seraient grevés. À supposer la totalité des biens immobiliers engagée au jour où est dressé l'acte constitutif, il n'y aurait point pourtant hypothèque générale, les fluctuations du patrimoine du débiteur se prêtant à d'éventuelles acquisitions ultérieures.

Si l'acte constitutif ne contient pas les éléments de précision indispensables, ceux-ci pourront figurer dans un acte authentique postérieur. Le rôle du notaire tend en pratique à écarter cette solution. Le respect de ces prescriptions dans les bordereaux d'inscription nécessaires à la publicité serait inopérant à couvrir la nullité ; l'inscription affecte seulement l'opposabilité aux tiers, non la validité entre les parties.

Le contrat doit être inscrit. L'inscription assure la publicité de l'hypothèque. Cette publicité est utile pour les éventuels acquéreurs de l'immeuble qui, à travers elle, peuvent se renseigner sur la situation de l'immeuble, pour les prêteurs de deniers qui peuvent s'assurer de la situation

[812] Selon l'expression de CABRILLAC et MOULY, *op. cit.* [n° 9], n° 792.

réelle de l'immeuble que l'emprunteur leur donne en garantie et éventuellement pour tous les tiers[813].

L'inscription de l'hypothèque est une formalité obligatoire prévue par l'article 195 de l'AUS pour les hypothèques conventionnelles et judiciaires. Cette inscription est faite conformément aux règles de publicité édictées par l'État Partie où est situé le bien grevé. Elle sera généralement prise au livre foncier suivant les règles de publicité foncière prévues dans chaque État.

Aux termes de l'article 206 de l'AUS et s'agissant de l'hypothèque conventionnelle, « tant que l'inscription n'est pas faite, l'acte d'hypothèque est inopposable aux tiers et constitue entre les parties une promesse synallagmatique qui les oblige à procéder à la publicité ». Par ailleurs, en l'absence d'inscription de l'hypothèque consentie, le créancier reste chirographaire.

770. Lorsque l'hypothèque porte sur un démembrement du droit de propriété, l'inscription doit être notifiée par acte extrajudiciaire aux titulaires d'autres démembrements à savoir le propriétaire, le tréfoncier ou le bailleur[814].

Certains évènements peuvent empêcher que la sûreté régulièrement obtenue soit inscrite. Ainsi, en est-il de la survenance d'une procédure collective. Il ressort de l'article 73 AUPCAP que la décision d'ouverture d'une procédure de redressement judiciaire ou de liquidation des biens arrête le cours des inscriptions des sûretés. Par conséquent, l'hypothèque ne peut plus être inscrite. Toutefois, l'inscription d'une hypothèque régulièrement prise peut-être renouvelée malgré l'ouverture de la procédure. Par ailleurs, sont inopposables de droit lorsqu'elles sont faites pendant la période suspecte, les inscriptions provisoires d'hypothèques c'est-à-dire les hypothèques judiciaires.

L'inscription donne généralement lieu à la délivrance au requérant, d'un certificat d'inscription. Quant aux tiers, ils peuvent avoir accès à l'état d'inscription des hypothèques en se faisant délivrer, par les services de la conservation foncière, un extrait ou des copies des inscriptions. Il est généralement délivré à cet effet, contre paiement des droits y afférents, soit un certificat d'inscription des droits ou charges, soit un relevé des droits immobiliers.

771. Quant à ses effets, l'inscription de l'hypothèque lui confère un rang à compter du jour où elle est prise[815]. Autrement dit, l'hypothèque régulièrement publiée prend rang du jour de l'inscription[816]. Les hypothèques doivent être inscrites pour devenir opposables aux tiers. L'hypothèque, qui n'a pas vocation à rester

---

813 KALIEU ELONGO (Y.R), *Droit et pratique des sûretés réelles OHADA*, PAF, op.cit., p.35 et s.
814 Art. 195, al. 4 AUS.
815 KALIEU ELONGO (Y.R), *Droit et pratique des sûretés réelles OHADA*, op.cit., p.39 et s.
816 Art. 196 al. 4.

occulte, n'est opposable aux tiers que si elle est publiée. L'inscription est le seul mode légal de publicité. L'organisation matérielle de la publicité hypothécaire rend l'inscription efficace jusqu'à ce que cessent les effets de celle-ci.

Quant à la durée de l'inscription, celle-ci n'a pas un caractère perpétuel[817]. L'inscription a une durée déterminée qui doit être fixée par la convention ou la décision de justice. Cette durée ne peut excéder trente ans à compter du jour où la formalité a été accomplie sauf disposition contraire d'une loi nationale. Il s'agit d'une innovation introduite dans l'AUS. L'effet de l'inscription cesse et on dit qu'il y a péremption, si l'inscription n'est pas renouvelée avant l'expiration de la durée pour laquelle elle était consentie.

Le renouvellement, lorsqu'il intervient, doit l'être pour une durée déterminée. Il permet de conserver le rang de la sûreté c'est-à-dire que c'est la date de première inscription qui est prise en compte, les évènements qui interrompent l'inscription n'ayant pas d'effet, comme la survenance d'une procédure collective. Il faut toutefois préciser que la durée de l'inscription est différente de la durée de l'hypothèque qui, elle, peut être indéterminée[818].

Les formalités prévues pour l'inscription doivent être également respectées pour tous les actes relatifs à l'hypothèque c'est-à-dire la transmission, le changement de rang, la subrogation et l'extinction de l'hypothèque[819].

Paragraphe 2 - Les effets de l'hypothèque

772. Ils doivent être envisagés successivement dans les rapports entre le créancier et le constituant (A), dans les rapports entre le créancier hypothécaire et les autres créanciers (B) et enfin dans les rapports entre le créancier hypothécaire et le tiers détenteur (C).

A- Dans les rapports entre le créancier et le constituant

773. Tant que la valeur de l'immeuble grevé n'est pas apparue ou que la réalisation de cet immeuble n'est pas amorcée, le créancier est protégé contre les actes du constituant qui diminueraient la valeur du droit grevé. Lorsque la réalisation forcée de l'immeuble est engagée, des obligations plus importantes

[817] KALIEU ELONGO (Y.R), *Droit et pratique des sûretés réelles OHADA*, PAF, 2e éd., p.35 et s.
[818] L'effet de l'inscription cesse et on dit qu'il y a péremption, si l'inscription n'est pas renouvelée avant l'expiration de la durée pour laquelle elle était consentie (sur l'absence de renouvellement et ses conséquences, voir par ex. : TPI Yaoundé Centre administratif, ord. n° 632/C du 2 juin 2002, Aff. Mme veuve Ayissi Tsogo née Eboudou Zambo c/ CFC et autres, ohadata J-04-413).
[819] Art. 201 de l'AUS.

pèsent sur le constituant dans le but de préserver les droits désormais acquis du créancier. Il faut donc distinguer les effets avant (1) et après la réalisation (1).

1- Les effets avant la réalisation de l'hypothèque

774. Deux principes contradictoires gouvernent cette période : d'une part, il faut réduire au maximum la gêne du constituant qui reste en possession de l'immeuble afin qu'il puisse l'exploiter ; d'autre part, il faut préserver la valeur du bien, puisqu'elle est affectée au créancier en garantie de sa créance. Le débiteur ne doit rien faire qui diminue cette valeur.

775. Ses prérogatives seront désormais limitées. Il doit jouir du bien en bon père de famille. Son abusus est limité par l'interdiction d'aliéner les produits ou de détruire les biens. Ainsi, le propriétaire de l'immeuble peut continuer d'y habiter ou de l'exploiter, de percevoir les revenus (par exemple les loyers et les revenus locatifs) et les fruits naturels (les récoltes d'une plantation), de consentir des baux pour une période limitée, mais il ne doit pas entreprendre de travaux qui diminueraient la valeur de l'immeuble ou entreprendre tout acte ayant le même effet : extraction de gravier si c'est une carrière ; coupe de bois si c'est une forêt[820].

776. En fin de compte, le propriétaire de l'immeuble hypothéqué ne peut, au détriment des droits du créancier, faire aucun acte de disposition matérielle ou juridique qui, directement ou par sa nature, aurait pour conséquence de diminuer la valeur de l'immeuble. Le créancier peut surveiller les actes matériels du constituant et solliciter toutes les mesures conservatoires lui permettant d'éviter que des fractions d'immeuble ne disparaissent ou que leur prix ne soit versé au constituant.

777. Mais les actes de vente ou de constitution des droits réels postérieurs à l'hypothèque ne peuvent nuire au créancier qui bénéficie du droit de suite et du droit de préférence. Dans la pratique pourtant, les créanciers interdisent parfois aux débiteurs l'accomplissement de tout acte postérieur à la constitution d'hypothèque, comme la constitution de bail, la délégation des loyers, la constitution de nouvelles sûretés, etc. Il s'agit parfois de clauses abusives qui pourraient être dénoncées par le débiteur ou le constituant.

2- Les effets lors de la réalisation de l'hypothèque

778. Le créancier non payé met en œuvre la sûreté dont il bénéficie. Alors que l'AUS dans sa version antérieure ne prévoyait qu'un seul mode de réalisation à savoir la vente sur saisie immobilière, le créancier disposait désormais de trois moyens différents de réalisation : la vente par voie de saisie

---

[820] H. SAWADOGO, *La protection des droits du créancier par les sûretés réelles immobilières*, Mémoire de master, Université Thomas Sankara -Burkina Faso, 2021.

immobilière (a), l'attribution conventionnelle (b) et l'attribution judiciaire de l'immeuble (c).

a- La vente par voie de saisie immobilière

779. La saisie de l'immeuble hypothéqué en vue de sa réalisation est le principal moyen offert au créancier lorsque le débiteur ne s'exécute pas. Le produit de la réalisation servira à désintéresser le créancier hypothécaire et éventuellement d'autres créanciers.

La procédure de saisie proprement dite relève des voies d'exécution telles qu'organisées par l'AUPSRVE aux articles 246 et suivants (saisie immobilière) auxquelles les parties ne peuvent déroger, dans la convention d'hypothèque[821].

L'ouverture d'une procédure collective modifie les conditions de réalisation de l'hypothèque prévues par l'AUPSRVE.

b- L'attribution judiciaire

780. L'article 198 issu de la réforme de l'AUS dispose que « *à moins qu'il ne poursuive la vente du bien hypothéqué selon les modalités prévues par les règles de la saisie immobilière, auxquelles la convention ne peut déroger, le créancier hypothécaire impayé peut demander en justice que l'immeuble lui demeure en paiement* ». Le droit OHADA admet donc que le créancier impayé puisse obtenir en justice l'attribution de l'immeuble hypothéqué comme en matière de gage. La condition préalable à l'attribution judiciaire est l'évaluation de l'immeuble par un expert. Celui-ci sera désigné, soit à l'amiable, par le débiteur et le créancier, soit par le juge saisi par l'un des parties[822]. La seule limite à l'attribution judiciaire concerne le cas où l'immeuble objet de l'hypothèque constitue la résidence principale du constituant c'est-à-dire sert de logement pour lui et sa famille. En dehors de cette exception, tout créancier hypothécaire peut demander l'attribution judiciaire de l'immeuble donné en garantie. Le juge saisi est en principe tenu de la prononcer sans pouvoir juger de l'opportunité de la demande. L'immeuble est attribué au créancier à concurrence de sa créance. C'est la raison pour laquelle l'article 200 nouveau al. 2 prévoit que si la valeur excède le montant de la créance garantie, le créancier doit au constituant une somme égale à la différence et s'il existe d'autres créanciers hypothécaires, la somme

---

[821] Lire sur la question F. ANOUKAHA et A.D.TJOUEN, *Les procédures simplifiées de recouvrement et les voies d'exécution,* PUA, Yaoundé, 1999 ; P-G. POUGOUÉ et F. TEPPI KOL-LOKO, *La saisie immobilière dans l'espace OHADA*, PUA, Yaoundé, 2e éd., 2010.

[822] Art. 200 de l'AUS.

doit être consignée. On peut toutefois s'interroger sur les moyens qui garantiront le paiement de cette différence au constituant.

c- L'attribution conventionnelle

781. Elle est prévue et organisée par l'article 199 nouveau de l'AUS qui dispose : « à condition que le constituant soit une personne morale ou une personne physique dûment immatriculée au Registre du Commerce et du Crédit mobilier et que l'immeuble hypothéqué ne soit pas à usage d'habitation, il peut être convenu dans la convention d'hypothèque que le créancier deviendra propriétaire de l'immeuble hypothéqué. À l'issue d'un délai de trente jours suivant une mise en demeure de payer par acte extra-judiciaire demeurée sans effet, le créancier pourra faire constater le transfert de propriété dans un acte établi selon les formes requises par chaque État Partie en matière de transfert d'immeuble ». Cette disposition est quasiment identique à l'article 2459 du Code civil français, issu de l'ordonnance du 23 mars 2006. Le droit OHADA admet donc désormais le pacte commissoire, qui est la convention selon laquelle les parties décident que le bien sera attribué au créancier en cas de défaillance du débiteur.

Elle était déjà reconnue en matière mobilière.

Il résulte de l'article 199 précité, les précisions quant au domaine et aux modalités de l'attribution. S'agissant du domaine et contrairement à l'attribution judiciaire qui peut être mise en œuvre par tous les créanciers, l'attribution conventionnelle est doublement limitée quant aux constituants et aux immeubles concernés. Pour ce qui est des constituants, cette procédure ne peut concerner que les constituants (débiteurs ou tiers) qui sont des personnes morales ou des personnes physiques immatriculées (commerçants ou entreprenants). Précisément, seuls les immeubles donnés en hypothèque par ces personnes peuvent faire l'objet d'attribution judiciaire. Elle ne peut donc être mise en œuvre sur les immeubles des autres débiteurs ou constituants personnes physiques. Pour ce qui est des immeubles concernés ou précisément de leur destination, l'attribution conventionnelle ne peut pas porter sur des immeubles à usage d'habitation. Ceci exclut, non seulement, ceux servant de résidence du constituant (qu'il s'agisse de la résidence principale ou secondaire), mais aussi tous les autres immeubles destinés à l'habitation qu'ils soient ou non occupés ou qu'ils soient occupés par des tiers (cas des immeubles mis en location). Seule importe donc la destination de l'immeuble.

782. Pour ce qui est des modalités ou de la mise en œuvre, l'attribution judiciaire comprend plusieurs étapes. Elle doit d'abord être convenue préalablement dans la convention d'hypothèque. Elle ne saurait donc résulter d'une convention ultérieure ou d'un avenant à la convention principale – contrairement à l'attribution judiciaire pour laquelle le créancier peut opter seulement après la défaillance du débiteur. C'est sur la base de cette

convention que le créancier pourra, en cas de défaillance, opter soit pour la saisie, soit pour l'attribution de l'immeuble. Ensuite, le créancier doit, en cas de défaillance, adresser une mise en demeure de payer au débiteur. Il ne peut agir que si cette mise en demeure est restée sans effet à l'issue d'un délai de trente jours. Enfin, le créancier doit faire constater le transfert de propriété. Autrement dit, un acte de propriété doit être établi en son nom suivant les formes requises par la loi nationale en matière de transfert d'immeuble. Dans la plupart des pays de l'OHADA, le transfert de propriété s'établissant par un acte notarié, le notaire devra intervenir de nouveau pour établir le titre de propriété au nom du créancier. Il faut ajouter que, comme en ce qui concerne l'attribution judiciaire, l'intervention de l'expert est nécessaire pour l'évaluation de la valeur de l'immeuble. Il pourra être désigné, soit d'accord partie, soit judiciairement. Cette intervention peut être source de coût et de longueur supplémentaire de la procédure. Comme en matière d'attribution judiciaire, l'attribution conventionnelle de l'immeuble, si elle éteint la créance, peut rendre le créancier hypothécaire débiteur de la soulte si la valeur de l'immeuble qui lui a été transférée est supérieure à la somme qui lui était due.

B- Dans les rapports entre le créancier hypothécaire et les autres créanciers : le droit de préférence

783. L'hypothèque confère à son titulaire un droit de préférence par rapport aux autres créanciers[823]. Aux termes de l'art. 225 (3) de l'AUS, le créancier hypothécaire vient en troisième rang sur le prix de vente de l'immeuble ; il est primé par le privilège des frais de justice et les créances de salaires super-privilégiées, mais il prime lui-même d'autres créanciers, notamment les créanciers chirographaires. Entre les créanciers hypothécaires, tous bénéficiaires d'une créance hypothécaire, c'est la date d'inscription qui est prise en compte pour le classement des créanciers et non la date de naissance de la créance garantie. En cas d'inscription de l'hypothèque le même jour, la préférence devrait être accordée au titre le plus ancien. Mais, dans la pratique parfois, puisque l'on ne mentionne pas l'heure de l'inscription, les inscriptions effectuées le même jour viennent en concours sans considération de l'ancienneté du titre.

Le droit de préférence s'exerce sur le prix de la vente de l'immeuble. Peu importe que la vente soit amiable ou faite aux enchères. Il s'exerce aussi sur toute somme représentant la valeur de l'immeuble, telle qu'une indemnité d'assurance ou d'expropriation. Le droit de préférence garantit le principal, les frais et trois ans d'intérêts au même rang. Pour les intérêts non couverts, le

---

[823] Art. 197 de l'AUS.

créancier peut prendre des inscriptions particulières portant hypothèques à compter de leurs dates.

C- Dans les rapports entre le créancier hypothécaire et les tiers détenteurs : le droit de suite

784. Le droit de suite prévu par l'article 197 de l'AUS signifie que le créancier hypothécaire inscrit, tant qu'il n'a pas été payé totalement de sa créance, peut faire saisir l'immeuble entre les mains de celui auquel il a été cédé pour le faire vendre et se faire payer sur le prix. Aux termes de l'art. 223 al. 2 AUS, « le droit de suite s'exerce contre tout tiers détenteur de l'immeuble dont le titre est publié postérieurement à l'hypothèque ». Le tiers détenteur est généralement un acquéreur, c'est-à-dire un acheteur, un donataire ou un légataire particulier. Il peut s'agir aussi d'un ayant-cause à titre universel, tel un héritier non tenu personnellement à la dette et dont le droit est né après la constitution de l'hypothèque.

Si la cession a été faite à titre onéreux et que le prix n'a pas encore été payé c'est-à-dire dans l'hypothèse d'une vente de l'immeuble faite à crédit, au lieu de saisir l'immeuble, le créancier pourrait plutôt chercher à se faire payer en priorité selon son rang sur le montant qui est dû par l'acquéreur au vendeur. Dans ce cas, c'est la mise en œuvre du droit de préférence qui lui permet en réalité d'être payé.

785. Dans certains cas, la loi décide que le droit de suite ne s'exerce pas contre le tiers acquéreur. Il en est ainsi en cas de vente sur saisie immobilière ou de vente aux enchères qui emporte automatiquement purge des hypothèques. Le droit de suite est également exclu en cas d'aliénation d'éléments séparés de l'immeuble qui deviennent alors meubles par nature. Exemple : les récoltes coupées ou les matériaux issus de la démolition de l'immeuble.

La mise en œuvre du droit de suite prend obligatoirement la forme d'une procédure de saisie immobilière, mais qui connaît quelques aménagements destinés à protéger le tiers acquéreur : il est protégé contre la vente forcée, il peut mettre en œuvre la procédure de purge et il peut délaisser l'immeuble.

S'agissant de la première option, le tiers acquéreur est protégé contre la vente forcée que lui impose le créancier hypothécaire :

- Il peut invoquer les exceptions et moyens de défense liés à la dette garantie (paiement, prescription, nullité) ou à l'hypothèque.
- Il peut également opposer l'exception de garantie que peut lui devoir le créancier poursuivant, puisque « qui doit garantie ne peut évincer ».
- Il peut opposer le bénéfice de discussion. Le tiers détenteur peut retarder les poursuites contre lui jusqu'à la preuve que le débiteur n'a

pas d'autres immeubles hypothéqués à la même dette, susceptibles de saisie. Mais, cette protection est limitée, ses conditions de mise en œuvre étant restrictives.

- Il peut invoquer la faculté de payer qui lui est faite au début de la procédure en se fondant sur l'article 223 al.2 de l'AUS qui permet au tiers détenteur de désintéresser le créancier poursuivant du montant intégral de sa créance en disposant que : « Bien que le tiers détenteur ne soit pas personnellement obligé à la dette, il peut désintéresser le créancier poursuivant du montant intégral de sa créance, en capital, intérêts et autres accessoires, en se subrogeant à lui ». Le tiers adoptera cette solution s'il n'a pas encore payé le débiteur vendeur du montant de la créance et si celui-ci suffit pour payer les créanciers. Il pourra même payer une seconde fois si l'opération est plus avantageuse pour lui. Et lorsqu'il a payé, il est subrogé, dans les droits du créancier principal contre le débiteur et bénéficie des sûretés que le créancier s'était fait éventuellement consentir.

786. Quant à la faculté de délaisser l'immeuble, s'il ne veut ou ne peut payer la dette, le tiers détenteur peut délaisser l'immeuble, c'est-à-dire faire abandon de la détention, mais le délaissement n'est possible que si le prix est insuffisant pour payer les créanciers. Il peut donc être rétracté à tout moment contre le paiement des créanciers jusqu'à l'adjudication.

787. Enfin, la purge permet de libérer l'immeuble des sûretés qui le grèvent. Par cette procédure, l'acquéreur paie aux créanciers, de manière anticipée dès l'acquisition de l'immeuble ou après l'exercice du droit de suite, les sommes représentant la valeur réelle de l'immeuble, ce qui lui permet de garder l'immeuble et d'obtenir ainsi l'extinction et la radiation de toutes les hypothèques. Elle suppose évidemment que le prix n'ait pas déjà été payé au débiteur. Elle est obtenue même si le prix offert ne permet pas de désintéresser tous les créanciers.

Paragraphe 3- La transmission de l'hypothèque

788. Les hypothèques légales, judiciaires ou conventionnelles sont susceptibles d'être transmises à un autre bénéficiaire que le créancier au profit duquel la sûreté existe.

Cette transmission peut s'opérer, soit à titre accessoire (A), soit à titre principal (B).

A- La transmission à titre accessoire

789. Le transfert de la créance garantie emporte transmission de plein droit des accessoires et notamment de l'hypothèque.

La transmission, à titre accessoire, de l'hypothèque s'effectue lorsqu'il y a cession de créance garantie par ce droit réel immobilier.

Elle peut également résulter de la loi lorsque la créance est dévolue aux héritiers. Ces derniers acquièrent, avec la créance, la sûreté qui lui est attachée. Il en est de même pour les donataires et légataires de la créance.

Quant à la formalité de transmission, l'art. 201 de l'AUS prévoit qu'elle peut se faire par acte notarié ou par acte sous seing privé suivant un modèle conforme aux règles de l'État partie concerné. La transmission doit être également publiée.

B - La transmission à titre principal

790. hypothèque sans céder la créance qu'elle garantit. Il reste toutefois créancier, mais à titre chirographaire. Mais l'hypothèque étant un droit accessoire, le cessionnaire doit être aussi créancier du débiteur.

Cette transmission peut revêtir deux aspects : la subrogation à l'hypothèque (1) et la cession de rang ou d'antériorité (2).

1. La subrogation à l'hypothèque

Il s'agit de la convention par laquelle le titulaire de la sûreté concède les droits qui en découlent à une autre personne pour garantir une autre créance qu'a cette dernière sur le propriétaire de l'immeuble grevé. Il ne s'agit donc pas d'une véritable subrogation réelle, mais de la mise à la disposition du subrogé de la sûreté réelle appartenant au subrogeant, d'une substitution dans le bénéfice de cette sûreté[824]. Dans ce cas, l'hypothèque est détachée de la créance hypothécaire pour être rattachée à une créance ordinaire. La convention établie entre les parties cédant ou cessionnaire emporte transmission de toutes les prérogatives de l'hypothèque dans la limite, bien sûr, de l'inscription prise.

Le créancier hypothécaire peut, tout en conservant sa créance, céder son hypothèque soit à un autre créancier du même débiteur, soit à l'un de ses propres créanciers.

La convention transmet au cessionnaire les droits que le cédant tenait de l'hypothèque. Mais bien qu'elle soit rattachée à la créance du cessionnaire qui lui sert désormais de support, l'hypothèque transmise reste sous la dépendance de la créance qu'elle garantissait. C'est pourquoi la garantie ne joue qu'à

[824] Art 201 de l'AUS ; KALIEU ELONGO (Y.R), *Droit et pratique des sûretés réelles OHADA*, op.cit., p.39 et s.

concurrence des droits du cédant. Le cessionnaire ne saurait donc être colloqué pour une somme supérieure à celle que garantissait l'hypothèque transmise.

En outre, l'extinction de la créance du cédant entraîne la disparition de l'hypothèque. La garantie du cessionnaire est donc éteinte par le paiement effectué par le débiteur entre les mains du cédant. Mais pour pallier ce risque, la créance peut être donnée en nantissement au cessionnaire.

La subrogation doit être mentionnée en marge de l'inscription hypothécaire ; elle est opposable à l'acquéreur de l'immeuble même si sa publication est postérieure au jugement d'adjudication, dès lors qu'elle n'aggrave pas la situation du débiteur, puisqu'elle investit le subrogé de la créance primitive, ou même si elle n'a pas été publiée.

2. La cession de rang ou d'antériorité

La cession de rang ou d'antériorité est la convention passée entre deux créanciers hypothécaires sur les mêmes biens par laquelle le premier inscrit cède le rang de son inscription à un autre inscrit postérieurement[825].

La convention accordant une priorité de rang peut être antérieure à la constitution de l'hypothèque. Cette cession doit être mentionnée en marge de l'inscription (C. civ., art. 2430). Dans la mesure où elle n'aggrave pas la situation du débiteur, il y a lieu de considérer, par analogie avec la subrogation ou la cession de créances, qu'elle est opposable même à défaut de mention.

La cession d'antériorité met le cessionnaire au lieu et place qu'aurait occupé, dans l'ordre, le cédant.

Il en résulte notamment :

- que la cession d'antériorité n'agit qu'entre le cédant et le cessionnaire, sans pouvoir modifier les droits et obligations des autres créanciers, ni du débiteur ou de ses co-obligés, ni des tiers ;
- qu'elle n'opère que dans la limite de la plus faible des créances[826] ;
- que le cessionnaire de la priorité ne peut pas se prévaloir du rang hypothécaire cédé si la créance garantie par l'hypothèque est éteinte ou a elle-même perdu son rang.

En tout état de cause, le cessionnaire n'est classé au rang avantageux qu'il a acquis que dans la mesure où la créance du cédant n'est pas éteinte et seulement dans la limite de son montant et dans la limite du montant de sa propre créance. Si la somme due au cessionnaire est inférieure à la créance du cédant, ce dernier

[825] V. art. 201 de l'AUS

[826] V. en droit français Cass. 37e civ., 23 janvier 1973, n° 71-14197.

est colloqué au rang qu'il a cédé pour la différence[827]. La cession d'antériorité n'est soumise à aucune formalité particulière, sauf qu'elle doit être passée dans la même forme que le contrat constitutif d'hypothèque et qu'elle doit être publiée conformément à l'article 201 de l'AUS.

Paragraphe 4. Extinction des hypothèques

L'hypothèque s'éteint soit par voie principale (A), soit par voie accessoire (B).

A- Extinction par voie accessoire

Toutes les causes d'extinction de l'obligation principale peuvent éteindre l'hypothèque : le paiement, la compensation, la dation en paiement, la prescription de la créance, la novation.

L'extinction de l'obligation ancienne s'étend à tous ses accessoires. Par exception, les sûretés d'origine peuvent être réservées pour la garantie de la nouvelle obligation avec le consentement des tiers garants.

L'extinction de l'obligation principale doit être totale. En cas de paiement partiel, l'hypothèque subsiste en garantie du solde restant dû et le créancier tire du principe de l'indivisibilité de l'hypothèque le droit de saisir le bien dans sa totalité.

On peut y ajouter trois autres causes d'extinction de l'hypothèque : la renonciation du créancier à l'hypothèque ; l'accomplissement des formalités de purge par le tiers détenteur de l'immeuble ; la prescription.

À cette énumération il convient, enfin, d'ajouter : la perte du bien grevé ; l'annulation ou rescision du titre de propriété du constituant ; la résiliation de l'hypothèque garantissant des créances futures[828].

L'hypothèque consentie pour une durée indéterminée en garantie de créances futures est résiliable par le constituant à tout moment, sous réserve de respecter un préavis de trois mois ; une fois résiliée, l'hypothèque ne demeure que pour la garantie des créances nées.

---

[827] KALIEU ELONGO (Y.R), *Droit et pratique des sûretés réelles OHADA*, op.cit., p.39 et s.

[828] V. Arrêt n° 171/2019 du 23 mai 2019, affaire AFRILAND First bank c/ CIBEC Sarl, SC SARL et SCPM SARL.

B- extinction par voie accessoire

L'hypothèque étant un droit accessoire à une créance, elle s'éteint avec celle-ci, quelle que soit la cause de l'extinction (paiement, dation en paiement, confusion, compensation, novation, prescription).

Toutefois l'hypothèque ne s'éteint que si la créance disparaît en totalité[829]. Du fait de l'indivisibilité de l'hypothèque, un paiement partiel laisse subsister l'hypothèque tout entière, pour garantir le surplus de la créance.

En cas de compensation, celui qui a omis de l'invoquer conserve les sûretés de l'obligation primitive à condition toutefois qu'il établisse qu'il avait une juste cause d'ignorer la créance qui devait compenser sa dette.

En cas de novation, les parties peuvent convenir de rattacher à l'obligation nouvelle, les hypothèques garantissant l'obligation éteinte.

---

[829] V. tribunal de Grande instance du Mfoundi, jugement civil n° 179 du 23 janvier 2002, Y.A.M. et autres c/ Standard Chatered Bank, ohadata J-04-423

TROISIÈME PARTIE

LES CONTRATS RELATIFS AUX LITIGES COMMERCIAUX

791. En affaires, le litige est parfois inévitable. Et l'on s'accorde même à reconnaître que tout contrat est un litige qui s'ignore ; et que contrat et litige sont en partie liés et ce n'est pas étonnant que le premier se soit emparé du second. Ce qui, de l'avis de certains, serait étonnant : À côté des choses, richesses existantes, et des prestations, où la richesse implique l'activité humaine, le litige aurait du mal à devenir une catégorie originale du contrat.

Mais pourtant, il faut l'admettre, le litige est bel et bien devenu l'objet d'un contrat ! Recourir au contrat pour éviter le contentieux judiciaire - taxé de tous les maux (lenteur, indiscrétion, coût, résultats aléatoires, imprévisibilité…) nuisibles au bon déroulement des affaires – est de longue date une pratique courante.

Certains milieux d'affaires vont même préférer avoir recours à d'autres mécaniques que les procédures étatiques pour régler les différends inhérents aux affaires : le recours au contrat a pour objectif d'éviter la justice étatique et de maitriser le litige. La doctrine a coutume de classer ces formules, en plein essor et parfois encouragées par les pouvoirs publics, sous la bannière de « modes alternatifs de règlement de conflits »[830].

792. Le législateur OHADA, convaincu de ce que le procès judiciaire suscite la contradiction (peu propice à renouer des liens après le litige) et se prête mal aux explications techniques et approfondies (que requiert parfois le litige commercial) s'est également arrimé à la mouvance en consacrant ces modes alternatifs de règlement des litiges qui facilites la réalisation des affaires en période de crise.

Cependant, ce vocable de modes alternatifs de règlement des litiges renferme plusieurs espèces : conciliation, transaction, médiation, arbitrage. Le

---

[830] G. CORNU, « Les modes alternatifs de règlement des conflits », *Rapport de synthèse : RID*. comp.1997, p. 313 ; DARANKOUM (E.-S.), « La garantie du droit d'accès des personnes à la justice arbitrale dans l'espace OHADA : Analyse critique à partir de l'expérience d'une grande intégration. Juridique régionale en Afrique » in https://sites.google: com/site/colloqueida2011/les-communicants/emmanuels=darankoum(Consultéle14/05/2021).

législateur OHADA ne s'est intéressé qu'aux seuls modes d'entre eux qui conduisent effectivement à évincer le juge étatique du litige, c'est-à-dire d'une part dans la convention de médiation (Chapitre 1) et d'autre part dans la convention d'arbitrage (Chapitre 2).

CHAPITRE 1

LES CONVENTIONS D'ARBITRAGE

793. La convention d'arbitrage désigne l'accord par lequel les parties décident de soumettre un litige qui les oppose à des arbitres. Les termes convention d'arbitrage, et clause compromissoire ou compromis sont ici interchangeables. Le compromis d'arbitrage est une convention d'arbitrage conclue après la naissance du litige. La clause compromissoire ou compromis d'arbitrage est une clause insérée dans le contrat, donc antérieure à la naissance du différend[831].

Seuls le Traité OHADA et le Règlement d'Arbitrage de la CCJA parlent des deux notions, tandis que l'AU/DA ne parle que de « *convention d'arbitrage* » sans en préciser les conditions de validité. Aussi, convient-il de se référer à ces deux textes pour apprécier les conditions de validité 'Section 1) et les effets (Section 2) de la convention d'arbitrage.

Section 1 - Les conditions de validité de la convention d'arbitrage

794. Comme tout acte juridique, la convention d'arbitrage est assujettie aux règles du droit commun qui gouvernent la conclusion des accords de volontés. Les dispositions du titre III du livre III du Code civil ont donc vocation à s'appliquer. Toutefois, parce qu'elle est un acte juridique grave, la convention d'arbitrage fait, à certains égards, l'objet d'une réglementation particulière. Seule celle-ci sera détaillée dans le cadre de cette étude. Après avoir exposé les conditions de fond qui s'imposent lors de la formation de la convention d'arbitrage, il conviendra d'envisager les conditions de forme.

Paragraphe 1- Les conditions de fond

795. Conséquence du principe d'autonomie de la convention d'arbitrage, la validité de celle-ci devrait être appréciée sans tenir compte de l'acte substantiel.

---

[831] CAMARA (F. K.) et Abdoullah CISSÉ (A.), « Arbitrage et médiation dans les cultures juridiques négro-africaines : entre la prédisposition à dénouer et la mission de trancher », in Revue de l'arbitrage 2009-N°2, p.285 ; R. AMOUSSOU-GUENOU, « L'arbitrage dans le Traité relatif à l'Organisation pour l'Harmonisation du Droit des Affaires en Afrique (OHADA) », *RDAI/IBLJ* n°3, 1996, p. 321-332 ; AKA (N.), FÉNÉON (A.). Et TCHAKOUA (J.-M.),*Le nouveau droit de l'arbitrage et de la médiation en Afrique (OHADA)*, LGD] Lextenso, Coll, Droits Africains, 2018,363 p. ; KENFACK DOUAINI (G.) (sous la dir. de), *L'État africain dans l'arbitrage international*, Puppa, Pau 2018, p. 304.

Pourtant, de manière quelque peu paradoxale, tel n'est pas systématiquement le cas. Si certaines des conditions de fond s'apprécient au regard de la convention d'arbitrage elle-même, il n'en demeure pas moins que d'autres, et non des moindres, s'apprécient par référence au contrat principal.

A- Les conditions de fond appréciées au regard de la convention d'arbitrage

796. La convention d'arbitrage, considérée en tant qu'acte indépendant, suppose, pour être valable, l'existence de consentements libres et éclairés s'accordant sur un objet licite. Le consentement d'abord, l'objet ensuite.

1- Consentement à la convention d'arbitrage

797. Il résulte des exigences formelles qui s'imposent à la convention d'arbitrage, que le consentement devrait, en principe, être exprès.

Le consentement peut intervenir en différents temps[832]. Il doit être exempt de vices. Celle-ci étant indépendante du contrat principal, l'intégrité des consentements doit être appréciée de manière autonome.

Bien que présentant quelques singularités relatives aux conditions d'appréciation des vices, la convention d'arbitrage suit, pour le reste et s'agissant de la police des consentements, les règles du droit commun. Les spécificités les plus marquées concernent la liberté de consentir (a) et le pouvoir de consentir (b).

a - Liberté de consentir

798. Déclinaison du principe de liberté contractuelle, la liberté de consentir à une convention d'arbitrage connaît cependant des exceptions. Les restrictions à cette liberté s'attachent tantôt à rendre obligatoire, tantôt à interdire le recours à l'arbitrage.

---

[832] Selon que les parties concluent une clause compromissoire ou un compromis, les consentements sont donnés, avant ou après la naissance du contentieux. Le plus souvent, ils sont formulés simultanément. S'agissant de la clause compromissoire, le consentement à la convention se confond généralement avec le consentement à l'acte principal. Toutefois, rien ne s'oppose à ce que les parties décident qu'il en soit autrement et prévoient, par un acte distinct et éventuellement différé, le recours à l'arbitrage ; P. FOUCHARD, « Le système de l'arbitrage de l'OHADA: le démarrage », *Petites Affiches* N°205, Association Henri Capitant, 2004, p.52-63 ; M.T. DIOP, *La cour commune de justice et d'arbitrage de l'OHADA, bilan après dix (10) années d'existence*, Mémoire Master, UCAD, 2003 ; DOGUE (K. O. C.), « L'essor de la médiation en ligne pendant la crise sanitaire du COVID-19 », in BEPP spécial Droit OHADA et COVID-19 n°32-avril 2020, pp. 25 et s.

L'hypothèse peut surprendre ! Mais de manière exceptionnelle, le législateur peut forcer le recours à l'arbitrage. Il en est ainsi, en cas d'adhésion à une convention d'arbitrage. Techniquement distincte de l'arbitrage forcé, l'adhésion à un contrat contenant une convention d'arbitrage s'en rapproche en ce que la place accordée aux volontés est, là aussi, considérablement restreinte. Une illustration permettra de s'en convaincre. Lorsqu'une personne acquiert un bien faisant l'objet d'une copropriété, elle déclare simultanément adhérer au règlement de copropriété qui précise les droits et obligations de chaque copropriétaire et détermine l'organisation et la gestion dudit bien. Si le règlement prévoit un recours à l'arbitrage en cas de contentieux entre copropriétaires, l'acquéreur n'a d'autre choix que de l'accepter. Sans être forcé, son consentement est orienté. Il n'a d'autre possibilité que d'adhérer à ces stipulations ou de renoncer à contracter.

799. Plus généralement, l'adhésion à un contrat comportant une convention d'arbitrage se rencontre lorsqu'il existe un déséquilibre entre les parties contractantes. L'une, souvent la plus puissante économiquement, impose le recours à l'arbitrage, l'autre, si elle souhaite contracter, n'a pas d'autre alternative que d'accepter[833].

Aux termes de l'article 1124 du Code civil, sont incapables de contracter les mineurs non émancipés et les majeurs protégés. L'incapacité d'exercice ne prive pas la personne de ses droits, mais de son aptitude à exercer les droits dont elle est titulaire. Ces incapacités répondent à un souci de protection de l'incapable lui-même. C'est parce qu'il n'a pas l'expérience ou les qualités requises pour défendre seul ses intérêts qu'il doit être représenté ou assisté. De la gravité des actes juridiques projetés dépend le régime des incapacités. Il convient donc, en premier lieu, de déterminer la nature juridique de la convention d'arbitrage afin de pouvoir, en second lieu, préciser l'étendue des incapacités.

800. La convention d'arbitrage étant un acte de disposition[834], elle est d'une particulière gravité en ce qu'il emporte renonciation à saisir les juridictions étatiques.

---

[833] V. sur cette question MISKE, A. ISHAGH OULD, *L'arbitrage en Mauritanie*, Mémoire Master, UCAD, 2005 ; PINNA, *Réflexions sur l'arbitrage forcé*, Cah. arb., vol. V, 2011, Pedone, p. 144 ; A. DIA, *Quel(s) droit(s) communautaire(s) des affaires pour un règlement pertinent des différends d'affaires en Afrique de l'Ouest*?, Mémoire Master, UCAD, 2007.

[834] V. MALAURIE, AYNÈS et GAUTIER, op. cit., n° 1221, le rattachement de la convention d'arbitrage à cette catégorie d'actes fait aujourd'hui l'objet de vives discussions. Certains auteurs contestent le caractère systématique de cette qualification et proposent de distinguer selon que la décision de l'arbitre est susceptible ou non d'influer sur la propriété des biens au cœur du contentieux. Dans la première branche de l'alternative, la qualification d'acte de disposition serait opportune, dans la seconde branche, celle d'acte d'administration serait préférable (Convention d'arbitrage, J.-Cl. Pr. civ., fasc. 1022. – Pour une appréciation critique :

En raison de cela, le mineur non émancipé ne peut pas conclure une convention d'arbitrage. En revanche, son représentant légal peut agir en son nom et pour son compte. Dans tous les cas cependant, la conclusion de la convention d'arbitrage doit être autorisée par le juge des tutelles ou le conseil de famille. De même, on considère généralement que, pour faire un acte valable, il faut être sain d'esprit. C'est à ceux qui agissent en nullité pour cette cause de prouver l'existence d'un trouble mental au moment de l'acte. Il s'ensuit qu'en principe les majeurs incapables ne peuvent passer une convention d'arbitrage. Cependant, à défaut de preuve de l'altération des facultés mentales, au moment de la formation de l'acte, la convention d'arbitrage est considérée comme conclue par une personne capable.

Enfin, le droit des procédures collectives édicte, à l'égard du débiteur faisant l'objet d'une mesure de sauvegarde, de redressement ou de liquidation judiciaire, une interdiction de conclure une convention d'arbitrage sans autorisation préalable du juge-commissaire[835].

b- Pouvoir de consentir

801. Dans quelle mesure une personne peut-elle valablement compromettre pour autrui ? La réponse à cette question dépend de la qualité des parties à la convention d'arbitrage. Selon que l'on est en présence d'une personne privée ou d'une personne publique, les solutions retenues sont bien différentes.

Le contrat de mandat est classiquement défini comme l'acte par lequel une personne, le mandant, donne pouvoir à une autre, le mandataire, de conclure en son nom et pour son compte un (ou plusieurs) acte(s) juridique(s) avec un tiers. Le Code civil distingue mandat conçu en termes généraux et mandat exprès. Tandis que le premier ne définit pas avec précision la mission du mandataire, le second, à l'inverse, vise un ou plusieurs actes déterminés. L'intérêt de la distinction réside dans la détermination des pouvoirs reconnus au mandataire. Alors que le mandat conçu en termes généraux ne confère que le seul pouvoir de passer des actes d'administration, le mandat exprès peut, quant à lui, permettre de conférer le pouvoir de passer des actes de disposition.

SERAGLINI et ORTSCHEIDT, op.cit., n° 86. Particulièrement stimulante, cette proposition doctrinale semble toutefois s'inscrire en faux contre le droit positif. À cet égard, on ne manquera pas de remarquer que le décret du 22 décembre 2008 relatif aux actes de gestion du patrimoine des personnes placées en curatelle ou en tutelle (Décr. n° 2008-1484) répertorie le compromis et la clause compromissoire conclus au nom de la personne protégée dans la catégorie des actes de disposition.

[835] R. AMOUSSOU-GUENOU, « L'arbitrage dans le Traité relatif à l'Organisation pour l'Harmonisation du Droit des Affaires en Afrique (OHADA)», *RDAI/IBLJ* n°3, 1996, p.321-332 ; A. DIA, .- Quel(s) droit(s) communautaire(s) des affaires pour un règlement pertinent des différends d'affaires en Afrique de l'Ouest ? op. cit. ; FOUCHARD, « Arbitrage et faillite », *Rev. arb*. 1998. 471 ; R. AMOUSSOU-GUENOU, *Ibid.*

La convention d'arbitrage étant un acte ressortissant de cette dernière catégorie, il convient de penser que seul un mandat exprès peut valablement fonder le pouvoir de compromettre. D'un point de vue formel, le mandat doit impérativement contenir la mention du pouvoir de conclure la convention d'arbitrage. Cette exigence résulte du principe d'interprétation stricte du mandat posé par l'article 1989 du Code civil en vertu duquel « *le mandataire ne peut rien faire au-delà de ce qui est porté dans son mandat : le pouvoir de transiger ne renferme pas le pouvoir de compromettre* ».

802. À la suite de la jurisprudence, le législateur a reconnu aux représentants des personnes morales de droit privé le pouvoir d'engager celles-ci par une convention d'arbitrage[836]. Ainsi, un gérant peut compromettre, pour le compte d'une société, sans autorisation préalable, dès lors que le contentieux à l'origine de l'arbitrage a un lien avec l'objet social.

803. Traditionnellement, les représentants des personnes morales de droit public ne sont pas autorisés à compromettre pour le compte de la collectivité ou de l'établissement public qu'elles dirigent[837]. Les différends qui concernent l'État relèvent de la compétence exclusive des juridictions administratives. La raison de cette prohibition tient au fait que l'État est détenteur de la puissance publique et du pouvoir de juger qu'il délègue à ses tribunaux et il n'est pas acceptable pour lui de porter les litiges qui l'intéressent devant des juges privés. Ce principe présente un certain nombre d'inconvénients.

Le premier inconvénient apparaît lorsque le principe est respecté, c'est-à-dire que la personne morale de droit public n'accepte pas en raison des limitations qui s'imposent à ces personnes ; lorsqu'elles participent aux opérations du commerce international, la personne morale de droit public n'accepte pas de convenir dans une clause d'arbitrage qui lui est souvent proposée de soumettre un éventuel litige à la justice arbitrale.

Le deuxième inconvénient apparaît lorsque le principe n'est pas respecté c'est-à-dire lorsque l'État ou la personne morale de droit public après avoir accepté de signer un contrat contenant une clause compromissoire se retranche par la suite derrière la prohibition de compromettre qui lui est faite pour tenter

---

[836] COHEN, « L'engagement des sociétés à l'arbitrage », *Rev. arb.* 2006. 35 ; P. FOUCHARD, « Le système de l'arbitrage de l'OHADA : le démarrage », *Petites Affiches* N°205, Association Henri Capitant, 2004, p.52-63 ; M. T. DIOP, *La Cour commune de justice et d'arbitrage de l'OHADA, bilan après dix (10) années d'existence,* op. cit. ; KENFACK DOUAÏNI (G.) (sous la dir. de), *L'État africain dans l'arbitrage international*, Puppa, Pau 2018, 304 p.

[837] BANAMBA (B.), « Préparation et négociation des contrats par les États africains et les autres personnes morales de droit public - Le point de vue des praticiens », Actes du Colloque organisé par l'Association pour la promotion de l'Arbitrage en Afrique (APAA) le 1er novembre 2015 à Douala (Cameroun), in L'État africain dans l'arbitrage international (sous la dir. KENFACK DOUAINI (G.), Puppa 2018, p.47.

de se soustraire à l'arbitrage convenu. Sur cette question, l'Acte uniforme pour certains auteurs a opéré une véritable révolution qui avait déjà été amorcée quelque temps avant quand le droit positif avait admis que l'État ou la personne morale de droit public pouvait être partie à l'arbitrage ou pouvait compromettre lorsqu'il se trouvait dans le cadre du commerce international. En d'autres termes, seuls les contrats internationaux pouvaient permettre à l'État d'accepter une clause compromissoire[838].

L'acte uniforme va beaucoup plus loin, puisqu'il pose dans son article 2, alinéa 2 le principe selon lequel l'État et les personnes morales de droit public peuvent être parties à un arbitrage sans pouvoir invoquer leur propre droit pour contester la capacité à compromettre ou la validité de la convention d'arbitrage.

Il y aurait donc une admission ponctuelle du recours à l'arbitrage reconnue aux personnes publiques. Autrement dit, l'interdiction de compromettre connaît des exceptions. Des catégories d'établissements publics à caractère industriel et commercial peuvent aujourd'hui être autorisées à compromettre. Et, s'inscrivant dans le mouvement de « *contractualisation* » du droit administratif, le recours à cette pratique par la personne publique était inévitable. Plus généralement, sous l'influence de la doctrine, semble se dessiner une évolution favorable à l'arbitrage en droit public.

2- L'objet de la convention d'arbitrage

804. L'arbitrabilité désigne l'aptitude d'un litige à faire l'objet d'un arbitrage[839]. Dans le but de protéger l'intérêt général et certains intérêts purement privés considérés comme supérieurs, le législateur a strictement encadré les conditions d'accès à l'arbitrage. Il s'ensuit que tous les contentieux ne sont pas susceptibles d'être tranchés par un juge privé. La disponibilité des droits et l'ordre public constituent les deux critères à l'aune desquels la licéité de l'objet est appréciée.

---

[838] Cf. Aff. Galakis, Civ., 02 mai 1966, Grands Arrêts du DIP n°44, p. 401 ; S. NDENGOU OLLO, *La convention d'arbitrage dans le projet d'Acte uniforme sur le Droit de l'Arbitrage en OHADA*, Mémoire de Maîtrise, Université de Dschang, 1997-1998 ; AKA (N.), FÉNÉON (A.). Et TCHAKOUA (J.-M.), *Le nouveau droit de l'arbitrage et de la médiation en Afrique (OHADA)*, LGD] Lextenso, Coll, Droits Africains, 2018, p.363.

[839] CAMARA (F. K.) et Abdoullah CISSÉ (A.), « Arbitrage et médiation dans les cultures juridiques négro-africaines : entre la prédisposition à dénouer et la mission de trancher », in Revue de l'arbitrage 2009-N°2, p.285 ; JARROSSON, « L'arbitrabilité, présentation méthodologique », *RJ com.* 1996. 1. ; LEVEL, « L'arbitrabilité », *Rev. arb.* 1992. 213 ; J. BELIBI et G. KENFACK DOUAJNI, « Le juge d'appui dans l'arbitrage OHADA », *Revue de l'ERSUMA*. Droit des Affaires – Pratique professionnelle, n° Spécial, novembre/décembre 2011, p. 51-58.

a - La disponibilité des droits

805. La convention d'arbitrage suppose, pour être valable, que les droits litigieux qui en sont l'objet soient disponibles, c'est-à-dire qu'ils puissent faire l'objet d'un commerce juridique. Selon l'article 2 de l'AUDA « *toute personne physique ou morale peut recourir à l'arbitrage* (ou compromettre) sur les droits dont elle a la libre disposition ». Ce qui, a contrario veut dire qu'elles ne peuvent recourir à l'arbitrage pour régler un litige mettant en cause des droits indisponibles.

Cet article constitue une limite au droit de recourir à l'arbitrage.

Du fait de l'absence de précision dans ce texte, la question de l'arbitrabilité ou non d'un litige est renvoyée à la législation de chaque pays. Au Cameroun, pour déterminer quelle matière est arbitrable, il faut se référer l'article 2, alinéa 1 de l'Acte uniforme sur l'arbitrage. Et cette disposition doit être complétée par les articles 576 et 577 du Code de Procédure Civile et commerciale (CPCC). Aux termes des articles 576 du CPCC et 2 alinéa 1, l'on ne peut compromettre que sur les droits dont on a la libre disposition. Ces textes énoncent donc un principe directeur ou un critère d'arbitrabilité du litige.

Selon l'article 577 du CPCC, on ne peut compromettre sur les dons, les aliments, le logement et les vêtements, sur la séparation entre mari et femme, le divorce, les questions d'état des personnes en général ni sur aucune contestation qui serait sujette à communication au ministère public. Ce texte vise les droits familiaux, plus généralement les droits liés au statut personnel ; les parties n'en ont pas la « *libre disposition* », dès lors, ils sont indisponibles. Dans ces conditions, on ne peut recourir à l'arbitrage pour régler des litiges nés de l'exercice desdits droits. De même, doit-on noter que ne sont pas arbitrables les litiges qui font l'objet d'une attribution impérative de compétence au profit d'une autre juridiction. Ainsi sont non arbitrables les litiges portant notamment sur le droit pénal, l'ouverture des procédures collectives ou les mesures d'exécution forcée.

806. Cependant, il y a lieu de noter une exception pour les pays qui envisagent ces droits sous un angle contractuel, notamment les États-Unis d'Amérique où l'on peut divorcer par contrat[840].

La question se pose pour les litiges relatifs aux droits sociaux et les procédures collectives. S'agissant des droits sociaux, la solution la plus courante est qu'une clause compromissoire n'est pas valable, mais un compromis d'arbitrage est valide, notamment dans le cas de licenciement et

---

840 R. AMOUSSOU-GUENOU, « L'arbitrage dans le Traité relatif à l'Organisation pour l'Harmonisation du Droit des Affaires en Afrique (OHADA) », op. cit., MISKE, A. ISHAGH OULD, *L'arbitrage en Mauritanie*, op. cit.,

des conséquences juridiques qui en découlent. Selon la Cour de cassation[841], la clause compromissoire insérée dans un contrat de travail international n'est pas opposable au salarié qui a saisi régulièrement la juridiction française compétente en vertu des règles applicables, peu importe la loi régissant le contrat de travail. Dans l'espace OHADA, la Cour d'appel d'Abidjan reconnaît à deux cadres de l'ASECNA, partis à la retraite sans avoir perçu leur indemnité de cessation d'activités, le droit de recourir à la constitution d'un tribunal arbitral. Il faut préciser qu'une clause d'arbitrage avait été incluse dans le Règlement d'emploi du personnel d'encadrement de l'ASECNA[842].

807. En matière de liquidation, la jurisprudence fait une distinction. Lorsque le liquidateur agit au nom du débiteur dessaisi et se substitue à lui, les engagements souscrits par le débiteur avant l'ouverture de la liquidation judiciaire, au rang desquels peut figurer une clause compromissoire, lui sont opposables, car il se substitue à une partie contractante. En d'autres termes, ils sont arbitrables. Un arrêt de la chambre civile du 26 avril 1906[843] considérait déjà comme arbitrables, des litiges qui ont leur cause "dans des faits ou dans des contrats antérieurs à la faillite (liquidation) et se sont produits de la même façon en dehors d'elle ; ou encore, relativement à une action en nullité pour dol, un arrêt de la première Chambre civile du 29 janvier 2014[844] a jugé que, lorsque le « liquidateur use de la faculté de poursuivre l'exécution d'un contrat, celle-ci s'accompagne de tous les droits et obligations qui s'y rattachent, ce qui implique l'observation de la clause compromissoire qui y est stipulée »[845].

808. En revanche, lorsque le liquidateur judiciaire agit dans l'intérêt collectif des créanciers, comme il le fait dans le cadre d'une action en nullité de la période suspecte, il ne se substitue pas à une partie contractante, il « *ne se substitue pas au débiteur dessaisi pour agir en son nom, mais exerce une action au nom et dans l'intérêt collectif des créanciers de sorte qu'une clause compromissoire stipulée à l'acte litigieux est manifestement inapplicable au litige* »[846]. En d'autres termes, cet acte litigieux est inarbitrable. Cet arrêt est intéressant parce qu'il rappelle la compétence exclusive du tribunal de la procédure collective pour toutes les contestations nées de cette procédure ou

---

[841] Cass. soc. 4 mai 1999 ; J. BELIBI et G. KENFACK DOUAJNI, « Le juge d'appui dans l'arbitrage OHADA », *Revue de l'ERSUMA*. Droit des Affaires – Pratique professionnelle, n° Spécial, novembre/décembre 2011, p. 51-58.

[842] Cour d'appel d'Abidjan, Ordonnance de référé n°1435 du 2 juillet 2003, Tour Kouakou Edmond et Amani N'Zué c/ ASECNA). Ohadata J-04-177.

[843] Civ., 26 avril. 1906, D. 1907, I, p. 25, note VALERY ; P. FOUCHARD, « Le système de l'arbitrage de l'OHADA: le démarrage », op. cit.,

[844] Civ., arrêt n° 12-29.104 du 29 janvier 2014, Procédures n° 5, mai 2014, comm. 145, obs. L. WEILLER.

[845] Civ., 1er arrêt n° 6/2015 du 1er avril 2015, JCP 2015, 1273, note C. LEBEL.

[846] Com., n° 20/2015 du 17 novembre 2015, alerte 319, obs. L. FIN-LANGER.

sur lesquelles celle-ci a une influence juridique. Il consacre l'inarbitrabilité des litiges liés à l'ouverture de la procédure collective.

b- L'ordre public

809. Aux termes de l'article 2060 du Code civil, il est interdit de compromettre plus généralement dans toutes les matières qui intéressent l'ordre public. La formule est « ambiguë », « *équivoque* »[847] et « difficile d'interprétation »[848].

Elle signifie, en premier lieu, que la décision arbitrale ne peut méconnaître une règle d'ordre public sous peine de nullité. En ce sens, l'ordre public est sollicité pour contrôler la sentence arbitrale[849]. Il s'ensuit qu'une convention d'arbitrage qui impose à l'arbitre de rendre une solution contraire à l'ordre public a un objet illicite.

En second lieu, la formule de l'article 2060 signifie que l'arbitrabilité d'un litige doit s'apprécier au regard de ses liens avec l'ordre public. En ce sens, l'ordre public est sollicité pour déterminer la compétence de l'arbitre. L'ordre public a ainsi une double fonction : contrôler la décision de l'arbitre et déterminer les conditions d'accès à l'arbitrage. C'est pourquoi il est essentiel de distinguer l'intervention de l'ordre public au sein de la sentence arbitrale et l'intervention de l'ordre public au sein de la convention d'arbitrage[850]. Il

---

[847] J. BELIBI et G. KENFACK DOUAJNI, « Le juge d'appui dans l'arbitrage OHADA », op. cit., A LEVEL, op. cit., p. 232.

[848] KAMGAING (P.-C.), « De « l'ordre public international des États parties » à « l'ordre public international » en contentieux arbitral OHADA : du pas sur place ? » BEPP n° 29 ; janvier 2020, p. 11 ; SERAGLINI et ORTSCHEIDT, op. cit., n° 107.

[849] V. sur cette question : MAYER, « La sentence contraire à l'ordre public au fond », *Rev. arb.* 1994. 615 s. ; MEULDERS-KLEIN (M. Th.), « Réflexions sur l'état des personnes et l'ordre public », in Écrits en hommage à Gérard CORNU, Paris ; P.U.F, 1994, pp. 317 et s.

[850] CCJA, Assemblée plénière, Arrêt N° 104/2015 du 15 octobre 2015. Affaire : État du Bénin c/ Société Commune de Participation et Patrice TALON *« Attendu en effet que s'il est constant qu'une juridiction arbitrale est compétente pour connaître des litiges engendrés par l'exercice par un État de ses prérogatives de puissance publique, autant que cet État peut recourir à l'arbitrage relativement à ses droits, ce pouvoir juridictionnel ne doit se limiter qu'à la question des réparations dues à une personne physique ou morale privée, consécutives à des dommages résultant de l'exercice de ces prérogatives de puissance publique, sans avoir à juger de la validité des actes pris par l'État dans l'exercice de ses prérogatives ;*
Qu'en l'espèce, la sentence arbitrale du 13 mai 2014, au lieu de ne se limiter qu'aux condamnations pécuniaires, a déclaré que « le décret n° 2013-485 du 18 novembre 2013 est de nul effet sur la convention de création de la SODECO en date du 10 octobre 2008 et par conséquent, décide que ladite convention n'est pas suspendue du fait de ce décret »; que ce faisant, cette sentence a contrarié l'ordre public international ; qu'il échet de prononcer son annulation » ; S. NDENGOU OLLO, La convention d'arbitrage dans le projet d'Acte uniforme sur le Droit de l'Arbitrage en OHADA, op. cit.,

apparaît alors que les solutions retenues actuellement ont été le fruit d'une longue évolution.

890. Jusqu'au début du XXe siècle, la jurisprudence excluait le recours à l'arbitrage lorsque des règles d'ordre public étaient applicables au fond du litige[851]. Cette interprétation particulièrement stricte avait pour conséquence de réduire considérablement le domaine de l'arbitrage. Seuls les différends non concernés par l'application de normes impératives étaient susceptibles d'être soumis à un juge privé. La défiance qu'inspirait alors ce mode de résolution des litiges explique sans doute une telle solution. L'arbitre ne saurait être compétent pour assurer la défense de règles d'ordre public ! D'un point de vue technique, la position adoptée par la jurisprudence n'était guère satisfaisante. Elle procédait d'une assimilation fort contestable des « *matières qui intéressent l'ordre public* » avec les « *règles d'ordre public* ». Sous l'influence de la doctrine[852], non sans difficultés, la jurisprudence fit évoluer sa position. Désormais, seule la violation, par les parties, d'une règle d'ordre public rendait le litige inarbitrable[853].

891. Il résultait de cette solution que l'arbitre saisi d'un litige devait, au préalable, s'assurer que les parties au contrat n'avaient pas enfreint une règle d'ordre public. S'il constatait une telle violation, il devait se déclarer incompétent, la convention d'arbitrage étant frappée de nullité pour cause d'illicéité de son objet. Cette solution, bien que marquant une véritable rupture avec la conception initialement adoptée, fit l'objet de vives critiques. D'abord, il paraissait quelque peu déroutant d'imposer à l'arbitre d'étudier le fond du litige pour se prononcer sur sa compétence. La question de la compétence ne doit-elle pas précéder toute analyse au fond ? Ensuite, il était paradoxal d'interdire à l'arbitre de prononcer la nullité de la convention lorsque celui-ci estimait qu'une règle d'ordre public était violée et, dans le même temps, admettre qu'il puisse déclarer le contrat valable lorsqu'il avait la conviction contraire[854].

892. Quoi qu'il en soit, aujourd'hui, il est formellement prescrit par la loi que l'arbitrage est exclu, d'une part, pour les questions relatives à l'état, la

---

851 Civ. 9 janv. 1854, DP 1854. 1. 59. – Req. 6 juill. 1899, S. 1901. 1. 357; DP 1899. 1. 50.

852 V. not. HEBRAUD, obs. sous Com. 29 nov. 1950, RTD civ. 1951. 106. – MOTULSKY, Écrits, Études et note sur l'arbitrage, t. 2, 1974, Dalloz, p. 53 ; G. KENFACK DOUAJNI, « L'arbitrage CCJA comme modèle pour l'élaboration d'un instrument universel en vue d'une meilleure circulation internationale des sentences », *Journal du droit international (Clunet)* n° 4, octobre 2013, var. 5, 14 p.

853 Com. 20 nov. 1950, *Bull. civ.* III, n° 355; D. 1951. 170 ; S. 1951. 120, note ROBERT ; *Gaz. Pal.* 1951. 1. 80 ; R. AMOUSSOU-GUENOU, « L'arbitrage dans le Traité relatif à l'Organisation pour l'Harmonisation du Droit des Affaires en Afrique (OHADA) », op. cit., p. 321-332.

854 MAYER, « Le contrat illicite », *Rev. Arb*, 1984, p. 205 s. ; A. DIA,« Quel(s) droit(s) communautaire(s) des affaires pour un règlement pertinent des différends d'affaires en Afrique de l'Ouest ? », op. cit.,

capacité des personnes, le divorce et la séparation de corps et, d'autre part, pour celles intéressant les collectivités et les établissements publics. De même, certaines matières, bien que non expressément visées, doivent néanmoins être considérées comme inarbitrables. Il en est ainsi de toutes celles qui, par nature, entretiennent des liens étroits avec l'ordre public à l'instar du droit pénal, du droit fiscal ou du droit des procédures collectives, qui constituent de ce fait aussi des matières inarbitrables[855].

La notion d'ordre public étant par nature imprécise, les critères d'arbitrabilité présentent une certaine souplesse. Il en résulte que les solutions retenues par notre système juridique sont loin d'être figées. En témoigne le droit de la concurrence, le droit des sociétés qui sont aujourd'hui des domaines largement ouverts à l'arbitrage. Demain, c'est sans doute le droit de la propriété industrielle qui connaîtra la même évolution. Le processus est d'ores et déjà en marche[856].

893. En définitive, il convient bien de reconnaître que l'arbitrabilité est marquée du sceau de la complexité. C'est d'abord la nature juridique spécifique de la convention d'arbitrage, à la fois acte conventionnel et acte juridictionnel, qui est source de confusions. C'est au prix d'un raffinement extrême de la notion d'ordre public que l'on peut être en mesure de rendre compte des solutions du droit positif. À la suite d'autres auteurs, il a ainsi été proposé de distinguer ordre public de fond et ordre public juridictionnel. C'est ensuite l'articulation entre les différents critères d'arbitrabilité qui s'avère particulièrement délicate. Les liens qui unissent la question de la disponibilité des droits et celle de l'ordre public font l'objet de vives discussions. Les auteurs sont partagés et les analyses proposées sont bien différentes. Si on ajoute à cela que la notion d'ordre public est extrêmement mouvante, l'arbitrabilité apparaît comme l'une des notions les plus subtiles du droit de l'arbitrage.

Paragraphe 2 - Les conditions de forme

894. À peine de nullité, la convention d'arbitrage doit respecter certaines conditions de forme.

Et à propos, aux termes de l'article 3-1 de l'AUDA, « la convention d'arbitrage doit être faite par écrit ou par tout autre moyen permettant d'en

[855] ANCEL, « Arbitrage et procédure collective », *Rev. arb.* 1983, spéc. p. 255, et du même auteur : « Arbitrage et procédures collectives après la loi du 25 janvier 1985 », *Rev. arb.* 1987, p. 127 ; DOGUE (K. O. C.), « L'essor de la médiation en ligne pendant la crise sanitaire du COVID-19 », in BEPP spécial Droit OHADA et COVID-19 n°32-avril 2020, p. 25 et s. ; KAMGAING (P.-C.), « De « l'ordre public international des États parties » a « l'ordre public international » en contentieux arbitral OHADA : du pas sur place ? » BEPP n° 29; janvier 2020, p. 11.

[856] BONNET et JARROSSON, « L'arbitrage des litiges de propriété industrielle en droit français », *in* Actes du colloque organisé par l'IRPI, 1994, Litec, p. 61 ; P. FOUCHARD, « Le système de l'arbitrage de l'OHADA : le démarrage », op. cit.,

administrer la preuve, notamment par la référence faite à un document la stipulant ». Cette exigence formelle concerne aussi bien la clause compromissoire que le compromis. Le législateur fait ainsi le choix du formalisme plutôt que celui du consensualisme. Ce parti pris peut s'expliquer par la nature particulièrement grave de la convention d'arbitrage. Le consensualisme présente en effet l'inconvénient de conduire à des consentements donnés sans une réflexion suffisante. Le formalisme, à l'inverse, permet de protéger l'intégrité du consentement des parties en s'assurant, notamment, que celui-ci est éclairé. Il permet en outre, en cas de circulation de la convention d'arbitrage, d'informer le cessionnaire de l'existence de la convention. Enfin, il réduit considérablement les difficultés probatoires. Toutefois, ces avantages ne sont pas sans contreparties. Le formalisme est un facteur de complexité du processus contractuel. La lourdeur des procédures qu'il impose apparaît comme un frein à la circulation des richesses. Cela explique sans doute qu'en matière d'arbitrage international, la convention d'arbitrage « n'est soumise à aucune condition de forme ». Cette conception libérale n'a pas été retenue s'agissant de l'arbitrage interne, contrairement aux souhaits de certains[857].

895. Consacrant une jurisprudence bien établie, le législateur a considéré que l'exigence d'écrit est respectée lorsque la convention d'arbitrage résulte d'un échange d'écrits ou d'un document auquel il est fait référence dans la convention principale[858]. La condition relative à l'écrit peut ainsi être satisfaite de plusieurs manières. La convention d'arbitrage peut d'abord être contenue dans le contrat principal sous seing privé. Dans cette hypothèse, le consentement à la convention (qui sera forcément une clause compromissoire) est déduit du consentement à l'acte substantiel. La convention d'arbitrage peut ensuite figurer dans un acte écrit distinct du contrat principal (ce sera toujours le cas concernant le compromis). Le consentement des parties résulte ici de la convention elle-même. Plus délicate est la situation où la convention d'arbitrage résulte d'un document auquel il est simplement fait référence dans le contrat principal. On parle alors de clause d'arbitrage par référence[859]. Celle-ci peut être définie comme la stipulation figurant dans un document annexe, pas nécessairement signé par les parties, émanant parfois de l'une d'elles, auquel l'acte substantiel fait référence : les conditions générales de vente en sont un exemple type. L'admission de cette clause n'est pas sans questionner,

---

[857] AKA (N.), FÉNÉON (A.) et TCHAKOUA (J.-M.), *Le nouveau droit de l'arbitrage et de la médiation en Afrique (OHADA)*, LGD] Lextenso, Coll, Droits Africains, 2018, p. 363. GAILLARD et DE LAPASSE, « Commentaire analytique du décret du 13 janvier 2011 portant réforme du droit français de l'arbitrage », *Cah. Arb,* 2011, p. 263 ; LOQUIN, op. cit., p. 255 .
[858] Art. 3-1 al. 4 in fine de l'AUDA.
[859] OPPETIT, « La clause d'arbitrage par référence », *Rev. Arb*, 1990, p. 551 ; G. KENFACK DOUAJNI, « L'arbitrage CCJA comme modèle pour l'élaboration d'un instrument universel en vue d'une meilleure circulation internationale des sentences », op. cit., p. 14.

spécialement lorsqu'on la met en perspective avec les finalités du formalisme. L'exigence d'écrit trouve sa raison d'être dans la protection du consentement des parties à la convention d'arbitrage. Celui-ci doit être éclairé, les parties doivent contracter en connaissance de cause. Or, il n'est pas certain que la clause d'arbitrage par référence permette systématiquement de garantir l'intégrité des consentements. Aussi, dans le silence des textes, il semble cohérent de penser que le document annexe doit avoir été transmis au moment de la conclusion du contrat principal. Que la référence au document, au sein de l'acte substantiel, doit être écrite et comporter la mention de l'existence d'une convention d'arbitrage. Enfin, il paraît souhaitable d'exiger que le document annexe soit signé des deux parties de sorte que l'existence des consentements ne fasse aucun doute.

Section 2- Les effets de la convention d'arbitrage

896. La convention d'arbitrage valablement formée s'impose aux parties qui l'ont conclue. Elle présente cette particularité d'être dépourvue d'effet obligationnel. Elle est simplement obligatoire[860]. Dès lors que l'élément déclencheur (le litige) survient, la convention produit ses effets automatiquement et les parties n'ont d'autre possibilité que de la respecter. Dérogeant au principe de l'effet relatif des conventions (paragraphe 1), la norme ainsi créée produit, qui plus est, des effets à l'égard de certains tiers (paragraphe 2).

Paragraphe 1- Les effets à l'égard des parties à la convention d'arbitrage

897. La convention d'arbitrage a un seul effet caractéristique à l'égard des parties : elle opère un transfert de compétence de la juridiction étatique au profit du tribunal arbitral.

A- La signification du transfert de compétence

898. En concluant une convention d'arbitrage, les parties décident de soumettre la résolution de leur différend à un juge privé. Il s'ensuit que le tribunal étatique, qui aurait eu vocation à connaître du contentieux, en l'absence de convention, est incompétent. Ce mécanisme de transfert de compétence présente ainsi un double aspect. Le premier qualifié d'« effet

---

[860] ANCEL, « Force obligatoire et contenu obligationnel du contrat », *RTD civ*, 1999, p. 771 et s., et aussi « Arbitrage et novation », *Rev. Arb*, 2002, p. 3 ; S. NDENGOU OLLO, *La convention d'arbitrage dans le projet d'Acte uniforme sur le Droit de l'Arbitrage en OHADA*, op. cit.,

positif » de la convention d'arbitrage impose le recours à un arbitre. Le second, qualifié d'« effet négatif » de la convention d'arbitrage, emporte renonciation des parties à saisir les juridictions étatiques.

1- Le recours obligatoire à un tribunal arbitral (effet positif)

899. Lorsqu'une convention d'arbitrage a été valablement conclue, les parties sont tenues de soumettre la résolution de leur litige à un arbitre. La convention d'arbitrage, dépourvue d'effet obligationnel, est insusceptible d'inexécution. En effet, seul le contenu obligationnel dans la mesure où il pose des règles de conduite n'est pas certain d'être honoré : les parties peuvent aller à l'encontre de ces règles. La raison même de l'existence de l'obligation est liée à la possibilité concrète de sa violation. Rien de tel s'agissant de la convention d'arbitrage. En tant que norme obligatoire elle s'impose aux parties, son non-respect est inconcevable, ses effets sont automatiques[861]. C'est au demeurant l'analyse que retient, dans le silence des textes, la jurisprudence.

Cependant, ce que les contractants ont fait d'un commun accord, ils peuvent le défaire par un autre accord mutuel, le *mutuus dissensus*, même si la CCJA semble adopter une solution plutôt singulière, voire étonnante. En effet, dans un arrêt du 8 mars 2012[862], elle consacre la faculté reconnue aux parties de rompre unilatéralement la convention d'arbitrage.

900. Quoi qu'il en soit, le droit commun de la révocation s'applique à la convention d'arbitrage. C'est en effet l'interprétation à laquelle invite l'article 13, alinéas 1 et 3 AUA, un ensemble de dispositions qui consacrent bien une incompétence relative du tribunal étatique en présence d'une convention d'arbitrage. D'une part, l'alinéa 1 conditionne l'incompétence du tribunal étatique ainsi qu'il suit : « *lorsqu'un différend faisant l'objet d'une procédure arbitrale en vertu d'une convention d'arbitrage est porté devant une juridiction étatique, celle-ci doit, si l'une des parties en fait la demande, se déclarer incompétente* »[863]. D'autre part, l'alinéa 2, plus explicite, précise qu'*« en tout état de cause, la juridiction étatique ne peut relever d'office son*

[861] MBAYE, FATY MBACKE, Le principe de l'autonomie de la clause compromissoire, Mémoire Master, UCAD, 2007.

[862] CCJA, Arrêt N°012/2012 du 08 mars 2012. Affaire Société EICB C/ Société GROUPE EOULEE, Rec. Jur N°18, janv.- juin. 2012, p 114 et 174), CCJA, Arrêt n° 097/2015 du 23 juillet 2015 (Affaire SODIMA SA devenue SANIA-Cie SA C/ DRAMERA Mamadou) ; MISKE, A. ISHAGH OULD, *L'arbitrage en Mauritanie*, op. cit., A. DIA, *Quel(s) droit(s) communautaire(s) des affaires pour un règlement pertinent des différends d'affaires en Afrique de l'Ouest?*, op. cit.,

[863] CCJA, 1re chambre, arrêt N°09 du 29 juin 2006 - Affaire F.K.A. c/ H.A.M, Le Juris-Ohada, n° 04/2006, p 2, Ohadata J-07-23.

incompétence »[864]. L'incompétence du tribunal étatique n'est donc pas d'ordre public. C'est ainsi que la saisine d'une juridiction judiciaire vaut renonciation à la clause d'arbitrage par le demandeur[865]. De même, on pense que le fait que le défendeur, assigné devant une juridiction étatique, ne se prévale pas de la clause compromissoire avant toute défense au fond peut également constituer une renonciation au bénéfice de cette convention.

901. Le *mutuus dissensus* produit les mêmes effets qu'un terme extinctif. Il emporte ainsi la résiliation de la convention, c'est-à-dire rupture de celle-ci pour l'avenir. À compter de sa révocation, la convention d'arbitrage est privée d'effets. Si antérieurement à la renonciation, certains différends avaient d'ores et déjà été soumis et résolus par un arbitre en vertu de la convention d'arbitrage (clause compromissoire forcément), la révocation de celle-ci n'aura aucune incidence sur ces événements passés. La révocation ne joue que pour le futur.

La révocation aura systématiquement une portée générale lorsqu'elle interviendra en présence d'un compromis. Celui-ci, conclu pour un litige déterminé, est anéanti.

2- La renonciation à saisir les tribunaux étatiques (effet négatif)

902. La convention d'arbitrage a pour effet de rendre incompétents les tribunaux étatiques. En ce sens, la convention d'arbitrage apparaît comme un acte abdicatif. Les parties renoncent à se prévaloir du droit de saisir les juridictions étatiques qui auraient eu, normalement, vocation à connaître du litige. De là découle la qualification d'acte de disposition de la convention d'arbitrage. Cet effet négatif de la convention d'arbitrage est consacré à l'article 13 AUDA. Aux termes de ce texte : « Lorsqu'un différend faisant l'objet d'une procédure arbitrale en vertu d'une convention d'arbitrage est porté devant une juridiction étatique, celle-ci doit, si l'une des parties en fait la demande, se déclarer incompétente ». La juridiction étatique ne pouvant relever d'office son incompétence, il appartient au défendeur de l'invoquer. La règle édictée est d'ordre public. Elle garantit l'efficacité de l'accord de volontés et l'obligatoriété de la convention d'arbitrage. Elle connaît toutefois quelques exceptions.

De manière exceptionnelle, cependant, lorsque le litige n'a pas encore été soumis à l'appréciation d'un tribunal arbitral, la juridiction étatique saisie du contentieux est compétente lorsque la convention apparaît manifestement nulle ou inapplicable. Deux conditions cumulatives doivent donc être réunies. Il convient, en premier lieu, que le tribunal arbitral n'ait pas été saisi du

---

[864] Article 13 » al. 3 AUA ; CAMARA (F. K.) et Abdoullah CISSÉ (A.), « Arbitrage et médiation dans les cultures juridiques négro-africaines : entre la prédisposition à dénouer et la mission de trancher », in Revue de l'arbitrage 2009-N°2, p.285.
[865] CA Paris, 7 juillet 1994, *Rev. arb.* 1995, p. 107.

différend. En second lieu, il est nécessaire que la convention d'arbitrage soit manifestement nulle ou inapplicable[866].

De même, l'existence d'une convention d'arbitrage ne fait pas obstacle, tant que le tribunal arbitral n'est pas constitué, à ce qu'une partie saisisse une juridiction de l'État aux fins d'obtenir une mesure d'instruction ou une mesure provisoire ou conservatoire. Les parties à la convention d'arbitrage peuvent, dans l'attente de la constitution du tribunal arbitral, s'adresser aux juridictions étatiques afin de voir prononcer toutes mesures d'instruction et toutes mesures provisoires ou conservatoires qui s'avèrent nécessaires. Cette restriction trouve sa raison d'être dans le fait que seul l'État dispose des pouvoirs de contrainte sur les biens et les individus.

B- L'étendue du transfert de compétence

903. Ce sont les parties à la convention d'arbitrage qui, en s'accordant sur l'objet de celle-ci, vont déterminer l'étendue du transfert de compétence. Le tribunal arbitral n'est compétent que dans la limite de la mission que les parties ont entendu lui confier. La portée du transfert de compétence est donc intimement liée à l'objet de la convention d'arbitrage. Lorsque celui-ci est clairement défini, c'est-à-dire lorsque la volonté des parties de recourir à l'arbitrage est certaine et que les litiges susceptibles d'être soumis à l'appréciation du juge privé sont désignés avec précision, il sera aisé de mettre en œuvre le transfert de compétence. C'est généralement le cas du compromis. Celui-ci étant conclu une fois le litige né, les parties sont en mesure de fixer distinctement les frontières de la mission de l'arbitre. En revanche, tel n'est pas le cas de la clause compromissoire qui, bien souvent, du fait de sa conclusion *ab initio,* est rédigée en des termes imprécis. En pratique, la rédaction de ces clauses est souvent source de difficultés. Dès lors, il est nécessaire de les interpréter afin de déterminer l'étendue de leurs effets. Ainsi, en présence d'une convention d'arbitrage particulièrement obscure, voire contradictoire, il appartient, en premier lieu, à l'arbitre d'interpréter la volonté des parties. Sauf hypothèse de nullité ou d'inapplicabilité manifeste, le juge étatique est incompétent. Naturellement, cela ne remet pas en cause le fait que l'arbitre interprète la clause litigieuse sous le contrôle éventuel du juge, celui-ci pouvant toujours être saisi d'un recours par l'une des parties[867].

---

[866] CACHARD, « Le contrôle de la nullité ou de l'inapplicabilité manifeste de la clause compromissoire », *Rev. Arb*, 2006, p. 893 ; J. BELIBI et G. KENFACK DOUAJNI, « Le juge d'appui dans l'arbitrage OHADA », op. cit., R. AMOUSSOU-GUENOU, « L'arbitrage dans le Traité relatif à l'Organisation pour l'Harmonisation du Droit des Affaires en Afrique (OHADA) », op. cit.,

[867] S. NDENGOU OLLO, La convention d'arbitrage dans le projet d'Acte uniforme sur le Droit de l'Arbitrage en OHADA, op. cit.,

Paragraphe 2- Les effets à l'égard des tiers à la convention d'arbitrage

904. Dans certaines circonstances, la convention d'arbitrage produit des effets à l'égard des tiers. Il en est ainsi en cas de transmission de la convention d'arbitrage, mais encore lorsque le contrat principal contenant la clause compromissoire prévoit une stipulation pour autrui.

A- La transmission de la convention d'arbitrage

905. La question de la circulation de la convention d'arbitrage concerne exclusivement la clause compromissoire. Il s'agit là, paradoxalement d'une conséquence du caractère accessoire du contrat d'arbitrage. Concrètement, les modalités de transmission de la clause d'arbitrage sont de deux sortes : la convention d'arbitrage peut être transmise à titre universel ou à titre particulier.

Le premier cas concerne les personnes physiques et les personnes morales. S'agissant des personnes physiques, la transmission peut s'opérer à cause de mort ; les héritiers venant à la succession, la clause compromissoire qui liait le de cujus leur est transmise, et les héritiers peuvent s'en prévaloir sauf hypothèse d'un contrat conclu intuitu personae.

Quant aux personnes morales, elles peuvent également disparaître en transmettant leur patrimoine à une ou plusieurs autres personnes morales. La disparition peut se réaliser par fusion ou par absorption. Aussi, en cas de fusion ou d'absorption, la nouvelle structure est liée par la convention d'arbitrage obligeant la société absorbée ou l'une des sociétés ayant fusionné. Enfin, la disparition peut aussi se réaliser par le canal de la liquidation judiciaire (faillite). Par exemple, en matière de liquidation, la première Chambre civile de la Cour de cassation française[868] considère que, lorsque le « liquidateur use de la faculté de poursuivre l'exécution d'un contrat, celle-ci s'accompagne de tous les droits et obligations qui s'y rattachent, ce qui implique l'observation de la clause compromissoire qui y est stipulée ». Il s'agit notamment des litiges qui ont leur cause dans des faits ou dans des contrats antérieurs à la faillite (liquidation judiciaire[869].

S'agissant de la transmission à titre particulier, contrairement à la transmission à titre universel, elle résulte généralement d'un mécanisme contractuel, telle la cession de créances, la cession de contrat, la subrogation

---

[868] G. KENFACK DOUAJNI, « L'arbitrage CCJA comme modèle pour l'élaboration d'un instrument universel en vue d'une meilleure circulation internationale des sentences », op. cit., p.14. ; Civ., 1er arrêt n° 6/2015 du 1er avril 2015, JCP 2015, 1273, note C. LEBEl.
[869] Civ., 26 avril. 1906, D. 1907, I, p. 25, note VALERY.

(par exemple en matière d'assurance) … Ainsi, la transmission d'un contrat, ou de droits nés de ce contrat, emporte transmission de la clause compromissoire qui y est stipulée. Ainsi, un droit de créance compris dans le contrat qui contient une clause compromissoire peut être cédé. Dans la cession de créances, un créancier, le cédant, transmet à un tiers, le cessionnaire, la créance qu'il détient sur son débiteur, le cédé. En fait, le cessionnaire se voit transmettre l'ensemble des droits et obligations du cédant et acquiert la qualité de partie au contrat. De telle sorte que, lorsqu'une créance procède d'un contrat qui contient une clause compromissoire, la cession de cette créance emporte automatiquement transmission au cessionnaire, à titre d'accessoire de la créance, de l'engagement compromissoire dont il peut se prévaloir ou qui peut lui être opposé[870] : la convention d'arbitrage est elle-même cédée avec la créance. C'est souhaitable en cas de litige, même si la clause a été signée par les contractants du départ, alors que le tiers devenu cessionnaire n'a jamais signé la clause, même si on lui cède la créance.

906. Dans un groupe de contrats, la transmission de l'accord compromissoire, par le mécanisme contractuel, se présente de manière particulière, si, en amont de la chaîne il y a une clause compromissoire. Celle-ci peut-elle circuler à travers les contrats de la chaîne ?

Dans un arrêt de février 2001,[871] il a été jugé que, « *dans une chaîne homogène de contrats translatifs de marchandises, la clause d'arbitrage international se transmet avec l'action contractuelle, sauf preuve de l'ignorance raisonnable de l'existence de cette clause* ». Dans cet arrêt, la circulation de la convention d'arbitrage est ici limitée dans une chaîne homogène des contrats translatifs de propriété (ce qui revient à l'hypothèse de ventes successives : vente + vente). Ainsi, l'on aboutissait à la solution, souvent incohérente, selon laquelle tout ensemble contractuel translatif de propriété, mais dans lequel intervenait un contrat d'entreprise, rendait la chaîne « hétérogène » et « rompait » la transmissibilité de la clause.

907. Mais, afin d'apporter une certaine souplesse à une solution radicale pour la partie se voyant imposer une clause d'arbitrage qu'elle n'avait jamais négociée, la Cour de cassation française a introduit la notion d'« ignorance raisonnable » de la clause. Cette réserve était synonyme de barrière de protection en faveur du sous-acquéreur qui pouvait s'opposer à la clause compromissoire en apportant la preuve de son ignorance raisonnable. La transmission de la clause compromissoire était donc subordonnée à l'absence d'ignorance raisonnable de celle-ci. Dans un autre arrêt de 2007,[872] la Cour de

---

870 Civ., 1re, 5 janvier 1999, Banque Worms c/ R Bellot et SNTM-Hyproc, Revue crit., 1999, 537, note E. PATAUT.
871 Cass. Civ I, 6 février 2001, arrêt Peavey.
872 Cass. 1re, Civ., 27 mars 2007, n°04-20842, Alcatel Business Systems c/ Amkor Technology.

cassation française étend la solution Peavey aux chaînes hétérogènes de contrats translatifs de propriété et affirme pour la première fois le principe de transmission de façon automatique de la clause compromissoire dans une chaîne de contrats ; peu importe que cette chaîne soit homogène ou hétérogène. Dans l'affaire Alcatel[873], un ensemble contractuel complexe faisait intervenir plusieurs sociétés : Alcatel, fabricant français de mobiles, signe avec la société belge AME pour la fabrication d'une puce électronique. MME conclut avec l'américain Amkor un contrat de vente de composants électroniques, assorti d'une clause compromissoire. Amkor est lié par contrat avec Anam, une société coréenne fabriquant de composants électroniques. Par la suite, Alcatel et son assureur AGF assignent devant les tribunaux français Amkor, ses deux filiales françaises et Anam en paiement de dommages-intérêts. Les défendeurs contestent la compétence de la juridiction étatique en s'appuyant sur la clause compromissoire. Le tribunal arbitral a finalement retenu sa compétence. La Cour de cassation française dans cette affaire affirme pour la première fois le principe de la transmission de la clause compromissoire dans une chaîne hétérogène de contrats et met fin à la distinction entre chaîne hétérogène ou homogène de contrats comme critère de circulation de la convention d'arbitrage[874].

908. Enfin, dans le contrat d'assurance, on considère qu'une telle clause compromissoire est transmise au tiers par l'effet de la subrogation. L'idée est la suivante : une clause compromissoire est insérée dans le contrat d'assurance conclu entre la société d'assurance et son client, l'assuré. Si un dommage est causé à un tiers au contrat d'assurance (la victime) par l'assuré, la victime va saisir directement un tribunal étatique contre l'assureur pour obtenir réparation. Mais ce dernier va relaver l'incompétence du tribunal étatique sur la base de la clause compromissoire incluse dans le contrat d'assurance. La victime, tiers à ce contrat, peut-elle se voir imposer la convention d'arbitrage ?

La position de la jurisprudence est la suivante : la victime qui agit dans le cadre de l'action directe contre l'assureur exerce un droit de l'assuré tiré du contrat d'assurance. Le bénéfice du contrat est transféré avec ses accessoires, au rang desquels figure la clause compromissoire. L'illustration nous est donnée par un arrêt de Cour de cassation française en son arrêt rendu en date du 19 décembre 2018. Dans cette affaire, une péniche appartenant à une société de transport maritime, titulaire d'une police d'assurance souscrite auprès d'un pool de sociétés d'assurances, celle-ci contenant une clause compromissoire, a heurté un barrage et causé des dommages à l'ouvrage, dont la gestion est confiée à l'établissement public VNF. VNF a alors assigné la

---

[873] Cass. 1re, Civ., 27 mars 2007, n°04-20842, Alcatel Business Systems c/ Amkor Technology

[874] O. CUPERLIER, « Modernité et spécificité de l'arbitrage OHADA », *Revues des Juristes de Sciences Po*, n° 2, avril 2010, 23, p. 6.

société propriétaire du navire ayant causé les dommages et ses assureurs devant les juridictions de Nancy en réparation de son préjudice subi. La cour d'appel a conclu à l'incompétence des juridictions étatiques, du fait de la présence de la clause compromissoire stipulée dans le contrat d'assurance.

Selon VNF dans son pourvoi, la clause d'arbitrage lui est inopposable, car il est une partie tierce à la police d'assurance, liant initialement la société de transport maritime et le pool de sociétés d'assurances, et qu'elle n'a pas exprimé son consentement à l'arbitrage. Ainsi, la clause compromissoire lui est manifestement inapplicable, et le contentieux relève ipso facto de la compétence des juridictions étatiques, et non de la juridiction arbitrale.

En réponse, la Cour de cassation, dans ses motifs, énonce que la clause compromissoire est opposable à la victime, car la victime agit dans le cadre de l'action directe contre l'assureur et exerce un droit de l'assuré tiré du contrat d'assurance. Le bénéfice du contrat est transféré en effet avec ses accessoires, au rang desquels figure la clause compromissoire.

909. Dans l'espace OHADA, la jurisprudence ne s'est pas encore clairement exprimée sur la question de la transmission de la convention d'arbitrage. Il faut, toutefois, signaler un arrêt du 22 juillet 2008 de la Cour d'appel de Port-Gentil au Gabon, qui en a eu l'occasion. Malheureusement, elle a rejeté le principe de la transmission de la clause compromissoire à un tiers en cas de cession de contrat[875]. En l'espèce, Monsieur K… est recruté par la CFG en qualité d'agent administratif. Du fait des pertes cumulées, la CFG est vendue à la société C… par Protocole de cession des actifs conclu en 2001, entre l'État gabonais et la CFG d'une part et C… d'autre part. Le protocole de cession contient une clause compromissoire. À la suite de la restructuration subséquente, Monsieur K…, perd son emploi et saisit le Tribunal pour solliciter la condamnation de la société C… à lui payer diverses sommes d'argent. La société C… fait appel du jugement et soulève, à titre principal, l'incompétence de la Cour et des juridictions gabonaises, dessaisies au profit d'un collège arbitral ou de juridictions internationales, pour régler les litiges du protocole de cession et de la convention de mise à disposition du personnel.

La Cour d'appel rejette l'exception d'incompétence soulevée en opposant un argument classique selon lequel s'il y avait bien une clause compromissoire dans le protocole de cession d'actifs, l'incompétence des juridictions étatiques, en raison de l'existence d'une convention d'arbitrage, doit être soulevée avant toute défense au fond ; que le fait de ne pas avoir invoqué l'incompétence du juge étatique devant le premier juge ne permet pas à l'intimé de la soulever en appel. Par ailleurs, la cour précise que la clause compromissoire insérée dans le protocole de cession ne vaut qu'à l'égard des

875 CA Port-Gentil, Chambre sociale, arrêt du 22 juillet 2008, affaire Koumba Kondjo c/ La Confédération syndicale Gabonaise et la société CORA WOOD GABON. Ohadata J-08-174.

parties contractantes, c'est-à-dire entre la partie cédante et la partie cédée pour les litiges susceptibles de s'élever entre elles.

B- La convention d'arbitrage et stipulation pour autrui

910. La question des effets de la convention d'arbitrage à l'égard des tiers se pose encore lorsque le contrat principal, contenant la clause compromissoire, prévoit une stipulation pour autrui. En présence d'un tel montage contractuel, la Cour de cassation française a dû déterminer dans quelle mesure le tiers bénéficiaire était, lui aussi, tenu de recourir à l'arbitrage. Sa position a évolué. Elle a tout d'abord considéré que le principe d'effet relatif des conventions faisait obstacle au jeu de la clause compromissoire à l'égard du bénéficiaire de la stipulation[876]. Puis, partant de l'idée que la stipulation pour autrui ne pouvait faire naître sur la tête du tiers bénéficiaire uniquement des droits sans jamais pouvoir lui imposer des obligations, la Cour régulatrice a admis que celui-ci puisse seul se prévaloir de la clause compromissoire à l'égard du promettant[877]. Cette solution n'était guère satisfaisante. Non seulement, elle conduisait à un émiettement des contentieux, le promettant devant systématiquement saisir les juridictions étatiques. Mais en outre, elle procédait d'une analyse discutable de la convention d'arbitrage, celle-ci ne faisant, par définition, jamais naître d'obligations. Ceci explique-t-il cela ? La Cour de cassation opéra un revirement de jurisprudence. Elle estime désormais que « *la clause d'arbitrage contenue dans le contrat liant le stipulant au promettant peut être invoquée par et contre le tiers bénéficiaire d'une stipulation pour autrui* »[878].

911. La solution retenue par la jurisprudence est, d'un point de vue technique, parfaitement justifiée. Il convient ici de rappeler que le droit du tiers bénéficiaire naît de la stipulation non de l'acceptation de celui-ci. C'est à ce titre, d'ailleurs, que la stipulation pour autrui constitue une dérogation au principe de l'effet relatif du contrat. L'acceptation a pour seul effet de consolider ce droit, la stipulation devenant irrévocable. Il s'ensuit que le droit dont est titulaire le tiers bénéficiaire trouve sa source dans l'accord de volontés liant le stipulant au promettant. Il apparaît dès lors cohérent que ce droit soit soumis à l'ensemble des clauses et conditions insérées dans le contrat. Au premier rang de celles-ci figure la convention d'arbitrage. C'est le droit ainsi modelé par l'accord de volontés qui naît dans le patrimoine du tiers

---

[876] Com. 4 juin 1985, Rev. arb. 1987. 139, note GOUTAL ; RTD civ. 1986. 593, obs. MESTRE ; G. KENFACK DOUAJNI, « L'arbitrage CCJA comme modèle pour l'élaboration d'un instrument universel en vue d'une meilleure circulation internationale des sentences », op. cit.,

[877] Civ. 1re, 20 oct. 1987, *Rev. arb.* 1988. 559.

878 Civ. 1re, 11 juill. 2006, n° 03-11.983, D. 2006. Pan. 3028, obs. Clay; Rev. arb. 2006. 969, note Larroumet; RTD com. 2006. 773, obs. LOQUIN ; JCP 2006. II. 10183, note LEGROS.

bénéficiaire. Soit ce dernier accepte le droit tel qu'il a été configuré, soit il refuse le bénéfice de la stipulation : « *le tiers ne peut pas accepter en retranchant ce qui ne lui convient pas* »[879].

Paragraphe 3- L'extension de la convention d'arbitrage aux tiers

912. La volonté des parties, socle du pouvoir juridictionnel de l'arbitre, et la nature conventionnelle de la clause d'arbitrage imposent un effet relatif de la clause compromissoire à l'égard des tiers. Que ce soit en matière d'arbitrage international ou interne, aucun texte ne fait mention d'un quelconque mécanisme d'extension de la convention d'arbitrage, d'où la question de savoir si l'élargissement du cercle des personnes concernées par une clause compromissoire peut être accepté.

La question de l'éventuelle extension de la convention d'arbitrage aux non-signataires est celle qui se pose en dehors de toute transmission des droits contractuels auxquels ladite convention pourrait se rapporter. L'histoire de l'arbitrage nous renseigne du reste qu'au départ, les arbitres s'étaient eux-mêmes montrés assez réticents quant à l'idée d'accepter d'étendre les effets de la convention d'arbitrage à des parties non-signataires.

913. Un changement profond dans l'approche de cette question s'est opéré et on a fini par admettre progressivement l'extension des effets de la clause compromissoire à des tiers au contrat la contenant. C'est au demeurant dans le cadre de litiges internationaux que cette règle est désormais observée par les arbitres, essentiellement au nom de considérations pratiques et par faveur à l'efficacité de la procédure arbitrale. Désormais, il est largement admis que la signature du contrat contenant la clause compromissoire n'est pas l'unique manifestation de la volonté des parties au recours à l'arbitrage. Un consentement implicite de voir leurs litiges soumis à l'arbitrage comme mode alternatif de résolution de différends peut être déduit du comportement des parties. Cette solution qui a le mérite d'être pragmatique a par la suite reçu l'onction des juridictions étatiques[880].

Mais il importe de présenter préalablement la position de la jurisprudence en dehors de l'espace OHADA (A) avant celle de la CCJA (B).

---

879 LARROUMET, « Promesse pour autrui, stipulation pour autrui et arbitrage », *Rev. Arb*, 2005. 903.

880 O. CUPERLIER, « Modernité et spécificité de l'arbitrage OHADA », op. cit.,

A-La jurisprudence hors espace OHADA

914. L'extension de la clause compromissoire s'opère par l'élargissement de l'objet de l'engagement compromissoire à d'autres contrats conclus entre les mêmes parties (1) ou entre personnes morales (2).

1- L'extension à d'autres contrats conclus entre les mêmes parties

915. Cette situation concerne en réalité deux hypothèses visées :

Dans une première, l'extension est opérée à l'égard des contrats répétés sans clause compromissoire. En l'occurrence, des parties en relation habituelle passent une suite de contrats d'une nature proche de celle d'un contrat précédent qui comporte une clause compromissoire alors que les contrats suivants ne renouvellent pas cette clause, probablement parce qu'ils sont conclus de façon plus sommaire ou non écrite (contrats conclus par téléphone, télécopie, etc.). Selon la jurisprudence, il y a renouvellement implicite de la clause compromissoire « *dès lors qu'un courant d'affaires important et régulier existait entre les parties et que toutes les factures produites comportaient une clause donnant compétence à une chambre arbitrale* »[881].

Dans une seconde hypothèse, l'extension est opérée à l'égard des contrats complémentaires, sur le fondement de la continuité économique desdits contrats, ou des liens économiques étroits existant entre les contrats. Le premier contrat, seul, contient une clause compromissoire et le litige survient sur l'application du second. En effet, entre les mêmes parties, la jurisprudence étend les effets de la clause compromissoire à une convention autre que celle qui la contient, mais qui présente avec elle certains liens de connexité ou de complémentarité. Ainsi, on a admis l'extension d'une clause compromissoire à un contrat de travail annexé à un protocole de cession du contrôle d'une société[882].

L'affaire Glencore est une belle illustration de l'extension à un contrat complémentaire du premier contrat[883]. Glencore vend du riz à la société Afric, une société de droit congolais ; le contrat conclu comporte une clause compromissoire. Le contrat est exécuté pendant plusieurs années jusqu'en 1997, lorsque surviennent les évènements de guerre au Congo. La société Afric, informe la société Glencore qu'elle sera dans l'impossibilité de stocker

---

[881] Paris, 1er mars 1983, *Rev. arb.* 1983. 491, J. ROBERT ; CUPERLIER, « Modernité et spécificité de l'arbitrage OHADA », op. cit., G. KENFACK DOUAJNI, « L'arbitrage CCJA comme modèle pour l'élaboration d'un instrument universel en vue d'une meilleure circulation internationale des sentences », op. cit..

[882] Paris, 28 février 1992, *Rev. arb.* 1992. 649, D. COHEN. Position contraire adoptée par la Cour d'appel de Port-Gentil précité (CA Port-Gentil, Chambre sociale, arrêt du 22 juillet 2008, affaire Koumba Kondjo c/ La Confédération syndicale Gabonaise et la société CORA WOOD GABON. Ohadata J-08-174.

[883] Paris, 23 novembre 1999, Rev. arb. 2000. 501, X. Y.

la marchandise ; les deux parties conviennent, sans clause compromissoire, pour une restitution et un remboursement, mais par la suite, la société Glencore refuse de procéder à certains remboursements, ce qui pousse la société Afric à mettre en œuvre la procédure d'arbitrage. La société Glencore estime qu'il existe deux contrats différents et que le litige concerne le second accord, alors que la clause d'arbitrage n'est incluse que dans le premier. Cependant, pour la Cour d'appel de Paris, « *ces deux accords successivement conclus à quelques semaines d'intervalle et qui concernaient la vente et la reprise entre les parties d'une même marchandise ont constitué à l'évidence des conventions complémentaires ou à tout le moins connexes. Ainsi, il se déduit des liens économiques étroits existants entre les deux phases de l'opération que la volonté implicite des parties a été nécessairement d'étendre les effets de la clause compromissoire à l'ensemble du contentieux aux composantes indissociables pouvant survenir entre elles à propos de leur exécution* ».

2- L'extension entre personnes morales

916. La question s'est posée à propos de l'extension au sein d'un groupe de sociétés et de l'extension entre l'État et un organisme étatique.

Concertant le groupe de sociétés, le principe demeure l'indépendance juridique de chaque société du groupe. Une société-mère ne peut se substituer à une filiale pour engager une action en justice[884], et la société-mère ne répond pas des engagements de ses filiales[885]. Ce principe connaît cependant des exceptions, et parmi celles-ci, la jurisprudence admet, dans certains cas, qu'une clause compromissoire, signée par une société appartenant à un groupe, soit étendue à une autre société du même groupe. Il reste à résoudre le problème du fondement de l'extension d'une clause signée par le membre d'un groupe de sociétés à une autre société du groupe.

917. La recevabilité de l'extension est son acceptation tacite ou présumée de la clause, qui se déduit de la participation plus ou moins active de la société au stade de la négociation, de l'exécution ou la résiliation du contrat. À cet égard, dans la sentence *Dow Chemical*, les arbitres retiennent que « *la clause compromissoire expressément acceptée par certaines des sociétés du groupe doit lier les autres sociétés qui, par le rôle qu'elles ont joué dans la conclusion, l'exécution ou la résiliation des contrats contenant ladite clause,*

---

[884] Com., 18 mai 1999, Dr. Soc. août 1999, n° 1287 ; J. DJOGBENOU, « Les leviers juridiques et judiciaires de l'attractivité économique des territoires. L'informel et le règlement des litiges par application du droit OHADA », in *Travaux de l'AEDJ dans l'espace OHADA, Droit et attractivité économique : le cas de l'OHADA, sous la coordination scientifique de Loïc CADIET*, IRJS Éditions, 2013, p.145-166.
[885] ; Com., 24 mai 1982, *Dr. Soc.* août 1983, 361, note BEGUIN.

apparaissent selon la commune volonté de toutes les parties à la procédure, comme ayant été de véritables parties à ces contrats ou comme étant en premier chef concernées par ceux-ci et par les litiges qui peuvent en découler »[886]. Les arbitres requièrent ainsi une participation active de la société dans le contrat en question pour accepter de lui étendre les effets d'une clause compromissoire. Cette solution respecte la notion de personnalité morale distincte au sein d'un même groupe de sociétés.

Dans l'affaire *Kis France*, la Cour d'appel de Paris approuve les arbitres d'avoir procédé à l'interprétation des conventions et retenu l'étroite imbrication des obligations réciproques des parties ainsi que la situation de domination des deux sociétés mères à l'égard de leurs filiales soumises à leurs décisions commerciales et financières pour en déduire la volonté des parties de rendre l'action recevable contre les sociétés mères en application de la clause d'arbitrage conclue entre les sociétés filiales[887].

918. En ce qui concerne la deuxième hypothèse, c'est-à-dire l'extension entre l'État et un organisme étatique, on peut relever deux possibilités : la première est relative à l'extension à l'État d'une clause signée par un organisme public. L'extension s'opère lorsqu'une entité économique qui dépend directement d'un État (entreprise publique) s'engage par une clause compromissoire. L'État dont elle dépend est-il engagé ? La position de la jurisprudence sur la question est une position de réserve.

Dans une affaire, l'affaire du Plateau des Pyramides[888], un contrat est conclu pour la réalisation d'un ensemble touristique près des Pyramides, entre une société américaine SPP et une entité publique égyptienne. Et le contrat contenait une convention d'arbitrage et comportait la mention du ministre égyptien du Tourisme « *approuvée, agrée et certifiée* », suivie de sa signature. Une procédure d'arbitrage est mise en œuvre, pour annulation du projet, par la SPP contre l'entité publique égyptienne, sa partenaire, et l'État Égyptien. La sentence arbitrale rendue par la Chambre de commerce Internationale (CCI) a étendu à l'État Égyptien l'effet de la convention d'arbitrage. La Cour d'appel de Paris, saisie par un recours en annulation, refusera de déduire de la clause par laquelle le ministre égyptien « *approuve, ratifie et agrée* » le contrat, l'existence d'un consentement de l'État à l'arbitrage. La cour relève, de plus, que la signification donnée à cette clause est seulement de satisfaire

[886] Sentence CCI, 23 septembre 1984, *Rev. arb.* 1984. 137, JDI 1983. 899, obs. Y. DERAINS ET PARIS, 21 octobre 1983, *Rev. arb.* 1984. 98, A. CHAPPELLE.

[887] Paris, 31 octobre 1989, *Rev. Arb*, 1992. 90, p. 74 D. COHEN.

[888] B. BANAMBA, *Cours de droit de l'arbitrage*, Master 2, Douala, 2020/2021 ; O. CUPERLIER, « Modernité et spécificité de l'arbitrage OHADA », op. cit., J. DJOGBENOU, « Les leviers juridiques et judiciaires de l'attractivité économique des territoires. L'informel et le règlement des litiges par application du droit OHADA », op. cit., p.145-166.

au respect d'une réglementation dans l'approbation et la surveillance des projets touristiques. Des principes similaires ont été développés par la justice suisse dans l'affaire Westland. En effet, dans cette deuxième espèce, quatre États arabes, la République Arabe d'Égypte (RAE), les Emirats Arabes Unis, l'Arabie Saoudite et le Qatar concluent en avril 1975 une convention ayant pour objet la création d'un organisme dénommé *Arab Organization for Industrialization* (AOI), dont le but est de développer, dans l'intérêt de ces États, une industrie militaire. En février 1978, l'AOI conclut un contrat avec *Westland Helicopters Ltd.* (Westland), société privée britannique, pour la création d'une entreprise conjointe dénommée *« The Arab British Helicopter Company »* (ABH), destinée à assurer la fabrication, le montage et la vente d'hélicoptères. Le contrat comprend une clause d'arbitrage. Suite aux Accords de Camp David (septembre 1978) et la perspective de la conclusion d'un Traité de Paix entre Israël et l'Égypte, les trois autres pays partenaires au sein de l'AOI annoncent en mai 1979 la fin de l'existence de l'AOI.

919. Face à cette situation, la société Westland décide d'ouvrir une procédure arbitrale CCI conformément à la clause d'arbitrage insérée dans le contrat passé avec AOI et, en même temps, décide d'attraire les États associés. Dans sa sentence, le tribunal arbitral fait droit aux prétentions de Westland et décide que la clause d'arbitrage lie incontestablement AOI, mais aussi les 04 États. L'Égypte, seul État ayant participé à la procédure, introduit un recours devant la Cour de justice de Genève pour obtenir l'annulation de la sentence. En octobre 1977, celle-ci est effectivement annulée au motif qu'en laissant AOI conclure seul avec Westland le contrat litigieux, les États associés avaient entendu ne pas se soumettre à la clause d'arbitrage. Le tribunal fédéral suisse saisi par pourvoi confirme, dans un arrêt de principe, la position de la Cour de Genève.

Comme dans l'affaire des Pyramides, les juges dans l'affaire Westland vont considérer qu'un État est engagé du fait d'une entreprise publique, lorsque par son comportement pendant la négociation du contrat, son exécution et la naissance du litige, il a participé directement à la gestion du contrat.

920. La deuxième possibilité est celle relative à l'extension à un organisme public d'une convention d'arbitrage conclue par l'État. La jurisprudence a eu l'occasion de se prononcer sur cette question à propos d'un contrat de vente de pétrole entre le Gabon et la société Swiss Oil corporation contenant une clause d'arbitrage CCI. Des problèmes de fixation du prix du pétrole ayant surgi, des négociations s'ouvrirent qui virent l'intervention de Petrogab, la Société Nationale Pétrolière du Gabon et un avenant au contrat fut signé entre Swiss Oil d'une part, et l'État gabonais et Petrogab d'autre part. Mais les parties ne parvenant pas à se mettre d'accord sur la formule de détermination du prix, Swiss Oil refusa de payer une partie des enlèvements effectués et en réaction, le Gabon cessa toute livraison. Swiss Oil entama alors une procédure arbitrale à la fois contre le Gabon (seule partie au contrat de vente contenant

l'accord compromissoire) et contre Petrogab. Celle-ci souleva l'exception d'incompétence du tribunal à son égard. La question soumise au tribunal était de savoir si la clause d'arbitrage signée par l'État Gabonais, mais pas par Petrogab liait cette dernière ? Le tribunal, dans sa sentence prononcée le 3 mai 1987, fit une réponse négative, et considérait que Petrogab n'était pas liée par la clause d'arbitrage pour trois motifs : Pétrogab n'avait pas signé la clause ; son intervention à l'avenant était celle d'un simple mandataire d'exécution ; la nature publique de ses relations avec l'État gabonais s'opposait à ce que la clause lui soit étendue en vertu de la théorie des groupes de sociétés. En refusant d'annuler la sentence sur recours de Swiss Oil, la Cour d'appel de Paris estima qu'il n'existe pas des « *liens tels qu'ils puissent être considérés comme constituant une unité économique unique autorisant l'extension de la clause compromissoire à Petrogab* ».

B- La position de la CCJA sur l'extension de l'accord compromissoire

921. La CCJA n'a certainement pas atteint le perfectionnement de ses solutions jurisprudentielles comme ailleurs, loin de là. Cependant, petit à petit, une jurisprudence se construit sur la question, parfois avec une certaine incohérence, autour de quelques cas.

La question s'est posée dans un arrêt de la CCJA, du 24 février 2005[889], dans un cas d'une grande évidence. Il s'agissait de l'hypothèse d'extension de la clause compromissoire à l'annexe du contrat. La CCJA censure un arrêt de la Cour d'appel d'Abidjan ayant retenu que la juridiction arbitrale compétente pour le règlement des litiges nés d'un contrat ne pouvait pas connaître des différends portant sur l'annexe du contrat[890].

Une deuxième décision de la CCJA a été rendue en 2010, dans une espèce relativement plus intéressante, en ce qu'elle tranchait la question de l'extension de la clause compromissoire à des contrats connexes. Dans cette affaire, la CCJA sanctionne un arrêt de la Cour d'appel qui a refusé d'étendre la convention d'arbitrage aux contrats connexes. Elle relève en effet qu'une clause compromissoire d'arbitrage attribuant compétence à une institution d'arbitrage pour régler « *tout litige qui pourrait naître de l'interprétation, de l'exécution et de la résiliation du présent contrat s'impose aussi bien aux juges d'appel qu'aux parties litigantes dont singulièrement Monsieur F..., défendeur au pourvoi, lequel, bien que n'étant pas signataire dudit contrat, trouve nécessairement dans l'objet et dans l'exécution de celui-ci le*

[889] CCJA, arrêt n°12, 24 février 2005, Société de manufacture de Côte d'Ivoire dite MACACI c/ May Jean-Pierre, Rec. Jurisp. de la CCJA n°5, janvier-juin 2005, volume 2, p. 27.
[890] B. BANAMBA, *Cours de droit de l'arbitrage*, Master 2, op. cit.

fondement même de sa qualité réelle ou prétendue de créancier poursuivant ou, à tout le moins, de mandataire censé être commis par de tiers architectes, du reste non clairement identifiés par lui en l'occurrence, pour quérir une commission sur le marché défini par le contrat susdit »[891].

922. Un contrat d'entreprise avait été conclu avec stipulation d'une clause compromissoire. Celle-ci a été étendue au courtier ayant négocié le marché de construction, pour le compte de l'entrepreneur auquel il réclamait le paiement de la commission due. Les juges ont considéré qu'il y avait connexité entre la créance du courtier et le contrat de construction, d'où l'extension de ladite clause[892].

Enfin, dans un arrêt du 29 avril 2015[893], la CCJA admet, très indirectement, le principe de l'extension. En effet, alors qu'une partie qui avait participé à la mise en place du tribunal arbitral demandait par la suite l'annulation de la sentence rendue, la Cour a tiré du fait que le demandeur en annulation avait souhaité « *l'extension de l'arbitrage à d'autres qui ne sont pas parties à la convention d'arbitrage* », une volonté commune des parties d'accepter ledit arbitrage.

---

891 CCJA, 1re Ch., arrêt n° 24, 08 avril 2010, Joseph Roger c/ Fofana Cdrom Juriafrica. Jurisprudence CCJA et Textes OHADA annotés, 2e édition, 2011.

892 G. KENFACK DOUAJNI, « L'arbitrage CCJA comme modèle pour l'élaboration d'un instrument universel en vue d'une meilleure circulation internationale des sentences », op. cit.,

893 N°069/2015 du 29 avril 2015 Affaire La société Bougainvilliers, La société Immobilière Thiam Banda, devenue société d'investissements Thiam Banda SA, Les Héritiers de feu Mayoro Wade cc/ Monsieur Paul Mochet.

CHAPITRE 2

LA CONVENTION DE MÉDIATION

923. Grâce à l'Acte uniforme relatif à la médiation du 23 novembre 2017, l'espace OHADA vient de s'enrichir d'un nouvel instrument de régulation des rapports juridiques et comble un vide par l'introduction de la médiation dans l'arsenal juridique de l'organisation894. L'AUM la définit comme « *tout processus, quelle que soit son appellation, dans lequel les parties demandent à un tiers de les aider à parvenir à un règlement amiable d'un litige, d'un rapport conflictuel ou d'un désaccord (ci-après le différend) découlant d'un rapport juridique, contractuel ou autre ou lié à un tel rapport, impliquant des personnes physiques ou morales, y compris des entités publiques ou des États* ». De la lecture de l'article 1 de l'AUM, on peut déduire que le nouveau texte s'appliquerait à toutes les matières. Il semble pour cela *a priori* libéral dès lors qu'il considère que tous les différends, quelle que soit la matière et quelle qu'en soit la source, peuvent faire l'objet de médiation[895].

Quelque type de médiation (Section 1), l'AUM, soumet le recours à cette technique à un certain nombre d'exigences (Section 2). Cela se justifie notamment par les effets particuliers que produit ce contrat (Section 3).

Section 1- La typologie des conventions de médiation

924. Il y a deux formes de médiation qui sont : le contrat de médiation et la clause de médiation[896]. Elle est un contrat, si l'accord de recours à la

---

[894] OTTO (I.), « Médiation et OHADA.», Revue de 'ERSUMA, 1°4.sept. 2014, p. 237 et s. ; OTTO (I.), « L'Acte uniforme OHADA relatif à la médiation : La faculté d'évoluer de l'adjudication à la collaboration en matière de justice en Afrique francophone », Ohadata D-17-24, http:// www.tribunejustice.com/lacte-uniforme-ohada-relatif- a-la-mediation-la-faculte-devoluer-de-ladjudication-a-lalcollaboration en matiere de justice-en-afrique-francophone/.; TADJUDJE (W.), « Quelle médiation dans l'espace OHADA sans professionnalisation des médiateurs ? Les inspirations du contexte belge », in Revue de l'ERSUMA 2018-2/N°9. n. 104 et s.

[895] G. KENFACK DOUAJNI, « La conciliation et la médiation dans les pratiques contractuelles », in Colloque de Libreville sur « Les pratiques contractuelles d'affaires et les processus d'harmonisation dans les espaces régionaux » du 26 au 28 octobre 2011, p. 260-266 ; CORRÉA (O.), « La médiation et la conciliation en droit sénégalais. Libres propos sur un texte réglementaire » in-Bulletin de droit économique de la faculté de droit de l'université Laval, (2017) 2.

[896] BENSIMON (S.), BOURRY D'ANTIN (M.), PLUYETTE(G.), Art et techniques de la médiation, LexisNexis Paris, 2°édition 2018, p. 793. BLOHORN-BRENNEUR (B.), La médiation pour tous dans l'espace OHADA et en Afrique de l'Ouest- Théorie, pratique et cadre juridique de la médiation, L'Harmattan, Paris, 2018, 220 p. ; CAMARA (F. K.) et Abdoullah

médiation est conclu après la naissance du conflit897. Elle est une clause, si le recours à la médiation est inclus dans le contrat initial ou juste peu de temps après la signature de ce dernier. Le contrat de médiation est un contrat indépendant en soi dans le fond et la forme du contrat initial, parce qu'il n'est pas intégré ou associé avec ce dernier, et ce, quel que soit l'objet: civil, familial, commercial et administratif, comme la vente, la location, l'échange, l'indemnisation pour l'expropriation, un marché, une responsabilité contractuelle ou le délit de responsabilité civile, administrative ou de copropriété, les conflits familiaux dans leurs aspects financiers ou même non financiers, comme la réconciliation entre les mariés pour la sauvegarde du foyer familial[898].

Il est nommé contrat de médiation parce qu'elle n'est pas une clause dans le contrat initial. Cependant, si ce dernier inclut un accord qui prévoit le recours à la médiation pour résoudre un conflit qui peut surgir, il est appelé clause de médiation, qui est une clause instituée par les parties et forme un article du contrat, si d'un point de vue formel elle est considérée comme intégré au contrat, elle est en revanche indépendante et se trouve non concernée par la nullité ou l'annulabilité du contrat initial.

925. Les clauses dans les contrats sont considérées comme étant des conditions d'accompagnement auxquelles les deux parties conviennent, que le contrat soit personnel ou matériel. Elles sont autres que les clauses obligatoires dans les contrats conformément à la loi ou les transactions régies par la jurisprudence. En plus des clauses fondamentales du contrat qui doivent être valables, car exigées par la loi, la clause facultative dans les contrats est instituée par la volonté des contractants et exécutée par la partie qui s'est engagée au bénéfice de l'autre partie. Dans la médiation, elle est considérée comme une condition générale au profit de toutes les parties parce qu'elle est instituée dans le but de résoudre ou d'éviter un conflit à l'amiable et ne s'applique pas à l'un au détriment de l'autre.

On peut distinguer entre le contrat de médiation et la clause de médiation en se référant à la date de l'accord. Par exemple, si la médiation est conclue juste

---

CISSÉ (A.), « Arbitrage et médiation dans les cultures juridiques négro-africaines : entre la prédisposition à dénouer et la mission de trancher », in Revue de l'arbitrage 2009-N°2, p.285.

[897] CARBONNIER (J.), « Réflexion sur la médiation », in La médiation, un mode alternatif de résolution des conflits; Colloque de Lausanne du 15 novembre 1991, Zurich 1992,p.11-21, paru in Écrits, PUF, oct. 2008, p.1016.et s.

[898] A. SAWADOGO, Le règlement des litiges par la médiation en droit OHADA, op. cit., OSMAN (F.) (sous la dir. de), La médiation en matière civile et commerciale- Un nouveau champ d'exploration pour les modes alternatifs de règlement des différends en Méditerranée, Préface de Charles JARROSSON, Bruylant, Belgique 2012, p. 397. ; FÉNÉON (A.), « La médiation post-arbitrale ou la médiation ! secours de l'exécution des sentences arbitrales rendues contre les États », in l'État africain dans l'arbitrage international, soif la dir. de KENFACK DOUAJNI (G.); p.277.

après la conclusion du contrat initial, elle est considérée comme une clause, car elle forme un article du contrat que le conflit a surgi ou pas encore ou qu'il est devenu probable et qu'il ait accord sur la médiation pour l'éviter.

Alors que si le contrat initial a été conclu et qu'un conflit est survenu ou non à son propos. Et qu'il y a eu accord sur la médiation pour le résoudre ou bien l'éviter et puisque cet accord ne se confond pas avec le contrat initial et lui est différent dans le temps, alors il est considéré comme un contrat de médiation.

Une autre différence entre le contrat de médiation et la clause de médiation consiste dans le fait que le contrat de médiation doit préciser l'objet du conflit qu'on cherche à résoudre par le médiateur qui tentera une conciliation entre les parties. Ce dernier doit être nommé ou sa procédure de nomination doit être précisée. Tandis que la clause de la médiation ne stipule pas l'objet du conflit par ce qu'il n'est pas encore survenu.

Section 2- La formation de la convention de médiation

926. Dans la médiation, la procédure prend appui sur la convention de médiation, laquelle est soumise aux mêmes conditions que la clause compromissoire. En effet, pour être valable, la convention doit être faite par écrit ou par tout autre moyen permettant d'en administrer la preuve. Elle ne doit également être entachée d'aucun vice, tel que l'erreur, le dol ou la violence[899].

L'AUM définit la médiation comme « *tout processus, quelle que soit son appellation, dans lequel les parties demandent à un tiers de les aider à parvenir à un règlement amiable d'un litige, d'un rapport conflictuel ou d'un désaccord (ci-après le différend) découlant d'un rapport juridique, contractuel ou autre ou lié à un tel rapport, impliquant des personnes physiques ou morales, y compris des entités publiques ou des États* ».

De la lecture de l'article 1 de l'AUM, on peut déduire que le nouveau texte s'appliquerait à toutes les matières. Il semble pour cela a priori libéral dès lors qu'il considère que tous les différends, quelle que soit la matière et quelle qu'en soit la source, peuvent faire l'objet de médiation. En fait le domaine de la médiation ne peut pas être sans limite. On peut d'abord recourir au Traité OHADA qui, contrairement à l'article 1er de l'AUM, semble délimiter son

---

899 BENSIMON (S.), BOURRY D'ANTIN (M.), PLUYETTE(G.), Art et techniques de la médiation, LexisNexis Paris, 2°édition 2018, p. 793. BLOHORN-BRENNEUR (B.) (sous la dir. de), Conciliation et médiation commerciales. Domaine d'application et droit comparé, L'Harmattan, Paris, 2013, 183 p ; BLOHORN-BRENNEUR (B.), La médiation pour tous dans l'espace OHADA et en Afrique de l'Ouest- Théorie, pratique et cadre juridique de la médiation, L'Harmattan, Paris, 2018, 220 p. ; NGWANZA (A.), « Regards franco-africains sur les étapes: de la médiation commerciale », in Journal africain du droit des affaires (ADA), 2011-1, pp. 36-48.

champ d'application aux matières que le Traité désigne comme faisant partie de son domaine de compétence.

927. Est-il besoin de le rappeler, le traité OHADA vise « *l'harmonisation du droit des affaires dans les États membres* » (article 1er du traité). Et selon l'article 2 qui dresse la liste des matières, il s'agit des matières qui entrent dans le domaine du droit des affaires, notamment, l'ensemble des règles relatives au droit des sociétés et au statut juridique des commerçants, au recouvrement des créances, aux sûretés, au régime du redressement des entreprises et de la liquidation judiciaire, au droit de l'arbitrage, au droit du travail, au droit comptable, au droit de la vente et des transports et « *toute autre matière que le Conseil des Ministres déciderait, à l'unanimité, d'y inclure, conformément à l'objet du Traité ...* ».

D'autre part, une conception large du domaine de la médiation s'oppose au principe général selon lequel les modes alternatifs de règlement de conflits ne sont admis que dans les matières où les individus ont la libre disposition de leurs droits[900].

Section 3- Les effets de la convention de médiation

928. Il convient de les examiner sous deux angles : d'abord l'hypothèse où la convention est normalement exécutée par les parties ; elle génère alors des obligations (Paragraphe 1), ensuite l'hypothèse où la convention n'est pas exécutée par une partie, auquel cas on peut se demander si des sanctions pourraient être prononcées (Paragraphe 2).

Paragraphe 1- Les obligations des parties

929. S'interroger sur les effets des clauses de médiation nécessite que l'on revienne sur leur nature juridique. De nature « *exclusivement conventionnelle* », ces clauses devraient en principe, comme toute convention, être source d'obligations contractuelles et, de ce fait, être génératrices d'une certaine « *efficacité contractuelle* ». « *Une clause de médiation ou de conciliation est constitutive d'un engagement contractuel qui doit être respecté, conformément à l'article 1134 C. civ.* », rappelle un auteur. Afin de tester cette affirmation, nous proposons de dégager les diverses obligations contractuelles susceptibles de naître de telles clauses. La doctrine, dans son ensemble, distingue entre plusieurs catégories d'obligations : obligations de

---

[900] V. OTTO (I.), « L'Acte uniforme OHADA relatif à la médiation : La faculté d'évoluer de l'adjudication à la collaboration en matière de justice en Afrique francophone », Ohadata1724, http://www.tribunejustice.com/lacte-uniforme-ohada-relatif-a-la-mediation-la-faculte-devoluer-de-ladjudication-a-lalcollaboration-en-matiere-de-justice-en-afrique-francophone/

résultat et obligations de moyens ou encore, obligations de faire et obligations de ne pas faire. Nous retiendrons la première catégorie[901].

930. Préalablement, il convient de souligner que la doctrine est unanime pour considérer que les clauses de médiation ne sauraient emporter obligation, pour les parties, d'aboutir à un accord : « *ces différentes clauses se bornent à faciliter l'ouverture d'une discussion entre les parties* [...] *elles ne sont pas par elles-mêmes porteuses d'un règlement amiable du litige* »[902]. En revanche, les avis sont longtemps restés partagés sur la création, par ces clauses, d'une obligation de ne pas porter le différend devant un juge[903].

L'obligation de ne pas porter le différend devant un juge, obligation de ne pas faire, appartient à la catégorie des obligations de résultat. En application de cette obligation, tant que les parties n'ont pas étrenné la voie amiable, elles ne peuvent pas s'engager dans la voie juridictionnelle pour faire trancher leur différend. En d'autres termes, il s'agit d'une obligation provisoire de ne pas agir en justice, relativement à l'objet litigieux d'obligation provisoire de ne pas agir en justice. Celle-ci s'impose aux parties tant qu'elles n'ont pas mis en œuvre de manière effective la procédure préalable de conciliation ou bien tant qu'elles n'y ont pas renoncé expressément et d'un commun accord, par *mutuus dissensus*. Cette obligation de ne pas faire s'accompagne corrélativement d'obligations de faire : celle d'engager les négociations, d'en organiser le cadre concrètement par la désignation d'un tiers ou bien par la détermination d'un lieu et d'une date de rencontre avec la partie adverse ; celle de se présenter en personne le jour de la tentative de conciliation ou de médiation.

931. On précisera cependant que, pour un auteur,[904] la reconnaissance de l'existence d'une obligation de ne pas saisir le juge a pu susciter d'importantes réserves au regard du droit commun des renonciations. Selon cet auteur, prise à la lettre, l'obligation de résultat qui consisterait pour des parties à ne pas pouvoir saisir le juge des contestations qui pourraient naître à l'occasion de l'exécution de leur contrat serait proche d'une « *renonciation de portée générale à élever un litige éventuel et d'une consistance inconnue devant une*

---

[901] Ancel (P.), M. Cottin (M.), « L'efficacité procédurale des clauses de conciliation ou de médiation », D. 2003, p.1387.

[902] OSMAN (F.) (sous la dir. de), La médiation en matière civile et commerciale- Un nouveau champ d'exploration pour les modes alternatifs de règlement des différends en Méditerranée, Préface de Charles JARROSSON, Bruylant, Belgique 2012, p. 397. ; X. LAGARDE, « L'efficacité des clauses de conciliation ou de médiation », op. cit., p. 382.

[903] J.-M. MOUSSERON, *Technique contractuelle*, n° 1875 ; CAMARA (F. K.) et Abdoullah CISSÉ (A.), « Arbitrage et médiation dans les cultures juridiques negro-africaines : entre la prédisposition à dénouer et la mission de trancher », in Revue de l'arbitrage 2009-N°2, p.285.

[904] G. KENFACK DOUAJNI, « La conciliation et la médiation dans les pratiques contractuelles », op. cit.,
X. LAGARDE, « L'efficacité des clauses de conciliation ou de médiation », op. cit., p. 386.

juridiction »[905]. Une telle renonciation serait donc dépourvue de valeur juridique en raison de sa généralité et de son objet : l'action en justice. Certes, si l'action en justice est bien un « *droit subjectif processuel disponible dans les conditions du droit subjectif substantiel dont il a pour objet de permettre la sanction* »[906], elle est également « *la traduction technique du pouvoir général d'ester en justice, qui est considéré comme une liberté publique et qui, à ce titre, constitue une chose hors du commerce des particuliers* »[907]. Ceci explique que la validité de telles clauses soit doublement conditionnée : non seulement par l'existence éventuelle de dispositions d'ordre public qui pourraient interdire de disposer des droits subjectifs en cause ; mais encore, par la nécessité que la renonciation à l'action en justice porte sur des droits particuliers prédéterminés, sinon acquis[908]. Or, c'est précisément sur ce dernier point que des difficultés peuvent apparaître : peut-on réellement considérer que des parties qui décident par avance de renoncer à porter devant le juge les contestations qui pourraient naître de l'exécution de leur contrat procèdent à une détermination de ces contestations ? N'est-ce pas « *nécessairement renoncer sans savoir que de renoncer par avance* »?

932. En vérité, les contestations en cause sont, sinon déterminées, à tout le moins déterminables, ce qui rend selon nous la renonciation valable. Sont en effet le plus souvent visés « *les contestations relatives au présent contrat* »[909] ou bien encore « *tout différend résultant de l'interprétation ou de l'exécution du présent contrat* »[910]. Ces dispositions, bien qu'elles soient très générales, ne sont pas pour autant obscures. Aussi, les risques d'interprétation abusive de la part de professionnels à l'encontre de non-professionnels ne sont pas si grands. Mais surtout, il faut bien rappeler qu'il ne s'agit pas, encore une fois, *via* ces clauses, de contraindre les parties à trouver une solution négociée à leur différend, voire de renoncer définitivement à leur droit d'agir en justice, mais simplement de tenter de maintenir, aussi longtemps que possible, « *leur relation sous le signe de la bonne entente* »[911] et à cette fin, de privilégier la voie amiable sur la voie juridictionnelle. La renonciation à l'action n'est donc que temporaire. On pourrait d'ailleurs y voir plus une *mise sous condition* de

---

905 X. LAGARDE, *Ibid.*

906 L. CADIET, « Clauses relatives aux litiges », op. cit., n° 6.

907 *Ibid* ; BLOHORN-BRENNEUR (B.), *La médiation pour tous dans l'espace OHADA et en Afrique de l'Ouest- Théorie, pratique et cadre juridique de la médiation,* L'Harmattan, Paris, 2018, 220 p. ; CORRÉA (O.), « La médiation et la conciliation en droit sénégalais. Libres propos sur un texte réglementaire » in-Bulletin de droit économique de la faculté de droit de l'université Laval, (2017) 2.

908 P. RAYNAUD, « La renonciation à un droit », *RTDCiv*, 1936. 763 et suiv., spéc.

909 J.-M. MOUSSERON, *Technique contractuelle,* op. cit., n° 112.

910 *Ibid.*

911 X. LAGARDE, « L'efficacité des clauses de conciliation ou de médiation », op. cit., p. 389.

l'exercice de l'action, qui serait en quelque sorte déplacé dans le temps[912], qu'une renonciation : tant que les parties n'auront pas tenté, loyalement, de se rapprocher à l'amiable, elles ne pourront pas saisir le juge ou l'arbitre. En revanche, une fois la condition exécutée, et si elle aboutit bien évidemment à une non-conciliation ou à une conciliation partielle, les parties recouvrent intégralement leur liberté d'action, sans plus de restrictions.

Reste alors à s'interroger sur une ultime obligation : celle qui consiste, pour les parties, à devoir « déployer les efforts nécessaires en vue de parvenir, en toute loyauté, à une issue négociée du litige qui naîtrait du contrat principal »[913] et qualifiée par la doctrine d'obligation de moyens[914]. La reconnaissance de l'existence d'une telle obligation est une manière de mettre en exergue le devoir de loyauté dont toute partie doit faire preuve lors de l'exécution d'une clause de conciliation ou de médiation. En effet, mettre en œuvre, de manière effective, la procédure de conciliation ou de médiation préalable n'aurait aucun sens si cela ne s'accompagnait pas, dans un deuxième temps, au sein de la structure ainsi mise en place, d'une recherche loyale et sincère par les parties d'une solution amiable à leur différend. Cependant, parce que l'on ne saurait contraindre les parties à aboutir à une solution conventionnelle, cette obligation ne saurait être que de moyens. Concrètement, cela signifie que l'échec de la tentative de rapprochement ne peut être assimilé à une inexécution de l'obligation ; seule la preuve de l'existence d'un comportement fautif peut être considérée comme telle. Mais parler de la sanction de cette obligation nous amène à envisager plus largement la question de la sanction des clauses de conciliation ou de médiation.

Paragraphe 2- Les sanctions de l'inexécution de la convention de médiation

933. En présence d'obligations de nature contractuelle, on est enclin à penser qu'en cas d'inexécution de ces obligations, ce sont nécessairement les règles du droit commun des obligations qui s'appliquent et, plus précisément, « *les mécanismes ordinaires de la responsabilité civile* »[915]. Il existe en effet

---

[912] P.ANCEL,« L'encadrement de la juridiction par le contrat », in *Le conventionnel et le juridictionnel dans le règlement des différends*, 1998.

[913] X. LAGARDE, *Ibid.*

[914] En ce sens L. CADIET, « Liberté des conventions et clauses relatives au règlement des litiges... », op. cit., CARBONNIER (J.), « Réflexion sur la médiation », in La médiation, un mode alternatif de résolution des conflits; Colloque de Lausanne du 15 novembre 1991, Zurich 1992,p.11-21, paru in Écrits, PUF, oct. 2008, p.1016.et s.

[915]COLONNA D'ISTRIA (F.), « La sanction de l'inexécution de la clause de médiation : pour l'octroi de dommages-intérêts » inLa médiation en matière civile et commerciale, op. cit., p.197 et s. ; G. KENFACK DOUAJNI, « La conciliation et la médiation dans les pratiques contractuelles », op. cit., J.-M. MOUSSERON, *Technique contractuelle*, op. cit., n° 130.

des mécanismes de sanction purement contractuels transposables aux clauses de conciliation et de médiation. Cependant, leur étude montre que ces dispositions ne sont pas suffisantes, puisque leur application exclusive revient à donner auxdites clauses une portée extrêmement faible. Aussi, doctrine et jurisprudence ont convenu qu'il importait d'ajouter aux sanctions purement contractuelles d'autres sanctions, mais de nature cette fois-ci procédurale, seules à même d'assurer leur pleine efficacité aux clauses de conciliation ou de médiation[916].

934. Les sanctions contractuelles des clauses de médiation sont diverses. Elles varient selon que l'inexécution qu'elles visent à sanctionner porte sur une obligation de résultat ou de moyens.

Il y a inexécution d'obligations de résultat chaque fois que les parties ne sont pas parvenues au but recherché. Par exemple, pour ce qui nous concerne : le juge aura été saisi ; les procédures de conciliation ou de médiation préalables n'auront pas été mises en œuvre ; le tiers n'aura pas été désigné, etc.... En présence d'obligations de faire ou de ne pas faire, ce sont les dispositions de l'article 1142 du Code civil qui s'appliquent, lesquelles prohibent le recours à l'exécution forcée "en nature" et autorisent exclusivement la condamnation au paiement de dommages et intérêts. Le fondement de cette règle est que l'on ne saurait porter atteinte à l'intégrité physique ou bien à la liberté des personnes en les contraignant à accomplir un fait[917]. Mais la liberté de la personne du débiteur est-elle réellement en cause avec les clauses de conciliation et de médiation ? Il ne semble pas, si bien que l'on peut affirmer, avec un auteur, que « *ces considérations paraissent largement inopérantes à propos des clauses de conciliation et l'on ne voit donc pas qu'elles justifieraient une mise à l'écart de l'exécution en nature* »[918].

935. Dans le même temps, n'est-il pas illusoire de vouloir contraindre une partie, récalcitrante à toute forme de négociation, à s'engager en conciliation, procédure où le consentement est primordial et, surtout, indispensable pour permettre un rapprochement ? Car si effectivement, procéder à la désignation d'un tiers ou participer à des réunions de conciliation sont des obligations qui

---

[916] KITIO (E.), « La sanction de l'inobservation de la clause de médiation », BEPP n°27, p.13 ; Ancel (P.), M. Cottin (M.), « L'efficacité procédurale des clauses de conciliation ou de médiation », D. 2003, p.1387.

[917] OSMAN (F.) (sous la dir. de), La médiation en matière civile et commerciale- Un nouveau champ d'exploration pour les modes alternatifs de règlement des différends en Méditerranée, Préface de Charles JARROSSON, Bruylant, Belgique 2012, p. 397. ; F. TERRE, Ph. SIMLER, Y. LEQUETTE, Les obligations, op. cit., n° 1015 et suiv.

[918] X. LAGARDE, « L'efficacité des clauses..., » op. cit., p. 397 ; FÉNÉON (A.), « La médiation post-arbitrale ou la médiation ! secours de l'exécution des sentences arbitrales rendues contre les États », in l'État africain dans l'arbitrage international, soif la dir. de KENFACK DOUAJNI (G.); p.277.

peuvent parfaitement être exécutées en nature, sous contrainte judiciaire, en revanche, tel n'est pas le cas – ou très difficilement – de l'obligation de moyens qui en découle, à savoir, faire des propositions en vue de parvenir à un règlement amiable du conflit. Aussi, il semble sans intérêt de vouloir contraindre une partie à effectuer les premières étapes d'une procédure de conciliation lorsque les chances de succès, au final, sont réduites et que toute l'opération risque de n'aboutir qu'à un ralentissement du traitement du litige.

On comprendra alors que, d'un point de vue purement contractuel, la sanction la plus raisonnable de l'inexécution d'obligations de résultat naissant de clauses de conciliation ou de médiation, reste la condamnation au paiement de dommages et intérêts, car toute condamnation à l'exécution forcée est illusoire. Mais si cette sanction est peut-être raisonnable, elle n'en est pas moins décevante, car c'est reconnaître une portée très relative et plutôt symbolique aux clauses de conciliation et de médiation. Aussi, devant le constat de l'insuffisance d'une telle sanction, la jurisprudence, confortée par la doctrine, en a échafaudé une autre sur le plan procédural, destinée à renforcer l'efficacité de ces clauses. Mais avant de nous y intéresser, il convient d'achever notre étude des sanctions contractuelles des clauses de conciliation ou de médiation, en envisageant la sanction de l'inexécution d'obligations de moyens.

936. L'inexécution des obligations de moyens ne sera établie que par la preuve que l'une des parties a commis une faute dans l'accomplissement de cette obligation et non pas par le simple constat que le résultat souhaité n'a pas été atteint. Preuve devra donc être faite que l'une des parties ne s'est pas comportée comme l'aurait fait tout « *bon père de famille* » : soit en rejetant toutes les propositions de son adversaire, soit en n'en formulant aucune, soit encore en faisant des propositions excessives ou bien dérisoires[919]... etc. La preuve de l'existence d'une faute sera relativement difficile à rapporter. Aussi, ce sera bien souvent aux juges de rechercher, en considération des faits de l'espèce, si l'échec de la conciliation ou de la médiation dissimule un refus de négocier[920], autrement dit, un comportement fautif ou non. Le cas échéant, la partie fautive pourra être condamnée au paiement de dommages et intérêts, toujours sur le fondement de l'article 1142 du Code civil.

937. Mais alors, ne doit-on pas craindre qu'une telle recherche de la faute contrevienne au devoir de confidentialité qui doit en principe couvrir toute

---

919 J.-M. MOUSSERON, *Technique contractuelle*, op. cit., n° 128 et s. ; KITIO (E.), « La sécurisation de l'exécution de l'accord de médiation: aspects pratiques », in BEPP n°30, févr. 2020, p.52.

920 J.-M. MOUSSERON, *Technique contractuelle*, op. cit., n° 129 ; CAMARA (F. K.) et ABDOULLAH CISSÉ (A.), « Arbitrage et médiation dans les cultures juridiques négro-africaines : entre la prédisposition à dénouer et la mission de trancher », in Revue de l'arbitrage 2009-N°2, p.285.

procédure de conciliation ou médiation[921], ainsi qu'au devoir d'impartialité du juge ? « *En examinant les conditions dans lesquelles s'est déroulée la tentative de conciliation ou de médiation* [...], *le risque existe que le litige ne soit tranché qu'en considération de ce qui s'est dit ou fait au cours de cette tentative* », fait remarquer à juste titre un auteur[922], pour ajouter que, « *quelles qu'aient été les circonstances de la négociation, leur dévoilement aurait inévitablement pour effet de perturber les conditions d'exercice de la juridictio* ». Il est vrai que si le juge amené à se prononcer sur les modalités d'exécution de la clause de conciliation ou de médiation, et donc sur l'existence d'un éventuel comportement répréhensible – que l'on pourrait appeler, avec un auteur, le juge de la conciliation[923]- est celui-là même qui doit également se prononcer sur le fond et trancher le litige qui n'a pas pu être réglé à l'amiable – le juge du litige - on peut craindre que le regard qu'il portera sur l'affaire ne sera pas aussi neuf que celui que requiert l'exigence d'impartialité.

Aussi, la seule manière d'offrir aux parties toutes les garanties nécessaires sur ce plan serait qu'il y ait séparation des fonctions de *juge de la conciliation* et de *juge du litige*, ce qu'actuellement seule une autodiscipline des magistrats permet d'assurer. Cette autodiscipline est celle de l'article 339 du nouveau code de procédure civile et qui consiste, pour le « *juge qui suppose en sa personne une cause de récusation ou estime en sa conscience devoir s'abstenir* », de se faire remplacer par un autre juge. Une autre solution serait que le juge de la conciliation, après avoir constaté que l'une des parties n'a pas respecté ses engagements en ce qui concerne la clause de conciliation ou de médiation, refuse de statuer au fond. Mais c'est alors aborder la question de la sanction des clauses de conciliation ou de médiation sur le plan procédural.

938. La recherche d'une autre voie que la voie strictement contractuelle pour sanctionner l'inexécution des clauses de conciliation ou de médiation a résulté du sentiment d'insatisfaction procuré par cette dernière. Se contenter, à titre de sanction, d'une condamnation au paiement de dommages et intérêts revenait à donner à ces clauses une portée extrêmement limitée, car insuffisamment dissuasive. À chaque fois, il fallait, mais il suffisait au débiteur de payer le prix pour échapper à ses obligations contractuelles. De fait, dans le but de redonner aux clauses de conciliation ou de médiation toute l'efficacité qu'elles méritent – ne serait-ce que sur le fondement de l'article 1134 du Code civil - doctrine et jurisprudence se sont orientées vers la

---

[921] En ce sens, X. LAGARDE, L'efficacité..., op. cit., p. 393 ; BLOHORN-BRENNEUR (B.), La médiation pour tous dans l'espace OHADA et en Afrique de l'Ouest- Théorie, pratique et cadre juridique de la médiation, L'Harmattan, Paris, 2018, 220 p.

[922] *Ibid.*; KITIO (E.), « La sanction de l'inobservation de la clause de médiation », BEPP n°27, p.13.

[923] *Ibid.*, p. 394; COLONNA D'ISTRIA (F.), « La sanction de l'inexécution de la clause de médiation : pour l'octroi de dommages-intérêts » in La médiation en matière civile et commerciale, op. cit., p.197 et s.

recherche d'une nouvelle voie : celle de l'efficacité procédurale des clauses de conciliation ou de médiation[924].

Cette nouvelle voie a consisté à rechercher une sanction de l'inexécution de ces clauses non plus en application des règles du droit commun des obligations, mais en application des règles du droit judiciaire privé, par analogie avec les sanctions prévues en cas de non-respect des procédures préalables de conciliation judiciaire prévues par la loi. L'idée était alors d'empêcher le juge de statuer tant que les parties n'apportaient pas la preuve qu'elles avaient exécuté les obligations découlant de leur clause de conciliation ou de médiation. Diverses méthodes ont été étrennées par la jurisprudence, qui n'ont pas toutes fait l'unanimité en doctrine. Parmi elles, on peut citer le sursis à statuer[925] ou plus catégoriquement encore, l'irrecevabilité de la demande en justice[926]. Un auteur[927] a proposé encore une troisième solution qui consisterait pour le juge à pouvoir ordonner d'office une procédure de médiation ou de conciliation judiciaire sur le fondement respectif des articles 131-1 et suivants ou 830 et suivants du nouveau code de procédure civile, malgré la disparition de l'accord des parties sur ce point.

939. Indépendamment de la méthode choisie, l'objectif poursuivi est le même : faire que la mise en œuvre effective de la procédure préalable de conciliation ou de médiation prévue conventionnellement par les parties ne soit plus exclusivement à la charge de ces dernières, mais également à la charge du juge chaque fois que l'une d'elles l'aurait saisi en méconnaissance de la clause de règlement amiable. La participation du juge peut être plus ou moins active, mais tend toujours à faire prévaloir la voie amiable sur la voie juridictionnelle.

La jurisprudence rendue sur cette question est longtemps restée inégale[928], ce qui n'était pas sans poser problème. Si la majorité des juridictions acceptait de prononcer l'irrecevabilité de la demande en justice formée en violation d'une clause de conciliation ou de médiation au motif que cette dernière constituait une fin de non-recevoir conventionnelle, cela n'a pas toujours été le cas : certains tribunaux s'y opposaient catégoriquement et rejetaient cette solution[929]; d'autres, de manière plus mesurée, adoptaient des solutions

---

[924] *Ibid.*, p. 395 ; OSMAN (F.) (sous la dir. de), La médiation en matière civile et commerciale- Un nouveau champ d'exploration pour les modes alternatifs de règlement des différends en Méditerranée, Préface de Charles JARROSSON, Bruylant, Belgique, 2012, 397 p.
[925] CA Fort-de-France, 20 déc. 1996, Juris-Data n° 046551 cité par Ch. JARROSSON, RGDP 1998. 167 et s. ; CARBONNIER (J.), « Réflexion sur la médiation », in La médiation, un mode alternatif de résolution des conflits ; Colloque de Lausanne du 15 novembre 1991, Zurich 1992, p. 11-21, paru in Écrits, PUF, oct. 2008, p.1016.et s.
[926] Ch. JARROSSON, note préc., *Rev. arb.* 1996. 618 ; L. CADIET, « Clauses relatives aux litiges », op. cit.,
[927] Ch. JARROSSON, note préc., *Rev. arb.* 1996. 618 ; L. CADIET, *Ibid.*
[928] En ce sens, Ch. JARROSSON, note s./ Cass. civ. 2e, 6 juillet 2000 et Cass. civ. 1e, 23 janv. 2001.
[929] N. CAYROL, Thèse, op. cit., n° 328 et 329.

intermédiaires. La jurisprudence rendue sur la question est longtemps restée inégale, ce qui n'était pas sans poser problème. Si la majorité des juridictions acceptait de prononcer l'irrecevabilité de la demande… au motif que cette dernière constituait une fin de non-recevoir conventionnelle, cela n'a pas toujours été le cas : certains tribunaux s'y opposaient catégoriquement et rejetaient cette solution ; d'autres, de manière beaucoup plus mesurée, adoptaient des solutions intermédiaires. Heureusement, la Cour de cassation, dans un arrêt rendu en chambre mixte le 14 février 2003, a mis un terme à ces divergences en qualifiant les clauses de conciliation préalable de fins de non-recevoir. Un bref rappel de la jurisprudence antérieure permettra de mieux comprendre l'immense portée de cet arrêt de principe.

940. Les juridictions qui admettaient la recevabilité de la demande en justice formée en dépit de l'existence d'une clause de conciliation ou de médiation invoquaient souvent, au soutien de leur décision, que la saisine du juge par l'une des parties valait renonciation implicite à la procédure de conciliation préalable[930]. C'était considérer, de façon défaitiste, que « *dès lors qu'un grain de sable vient gripper la fragile machine à concilier, point n'est besoin de s'acharner : la conciliation échouera*[931]. Cette position était notamment celle adoptée par la première chambre civile de la Cour de cassation française, dans deux récents arrêts des 23 janvier[932] et 6 mars 2001. Dans chacune de ces deux affaires, la Cour déclarait de manière péremptoire que les clauses « *subordonnant une action judiciaire à une conciliation des parties* »[933] ou « *prévoyant une conciliation préalable avant toute procédure* »[934] ne constituaient pas des fins de non-recevoir. Elle en déduisait alors que ces préalables n'étaient pas obligatoires[935] et qu'en conséquence, ils ne devaient être assortis d'aucune sanction.

En rejetant ainsi la qualification de fin de non-recevoir, la première chambre refusait d'admettre que celle-ci puisse avoir un fondement conventionnel[936]. C'était donc refuser que des parties puissent décider d'aménager conventionnellement l'exercice de leur droit d'agir en justice en

---

930 L'arrêt de la Cour de cassation du 15 janvier 1992, rendu par sa deuxième chambre *Rev. Arb.* 1992 ; KITIO (E.), « La sanction de l'inobservation de la clause de médiation », BEPP n°27, p.13 ; KITIO (E.), « La sécurisation de l'exécution de l'accord de médiation : aspects pratiques », in BEPP n°30, févr. 2020, p.

931 Ch. JARROSSON, note s./ Cass. civ. 2e, 6 juillet 2000, Cass. civ. 1e, 23 janv. 2001 et 6 mars 2001.

932 Clinique du MORVAN c./ Vermuseau et autres, Bull. civ. I, n° 11, p. 7 et *Rev. Arb.* 2001, n° 4.

933 Syndicat national de l'édition phonographique et autres c./ Syndicat national des artistes musiciens.

934 Cass. civ. 1e, 6 mars 2001, préc., BLOHORN-BRENNEUR (B.), La médiation pour tous dans l'espace OHADA et en Afrique de l'Ouest- Théorie, pratique et cadre juridique de la médiation, L'Harmattan, Paris, 2018 220 p.

935 Cass. civ. 1e, 6 mars 2001, préc.

936 L. CADIET, « Liberté des conventions… », op. cit., n° 15.

le faisant dépendre d'une condition suspensive - ici, une tentative de conciliation – ou bien en le déplaçant dans le temps. C'était encore donner à une inexécution unilatérale de l'obligation de ne pas agir en justice les mêmes effets qu'un *mutuus dissensus*, ce qui n'était pas admissible au vu de l'article 1134 du Code civil. C'était enfin admettre que des parties puissent s'engager de manière purement potestative, en pure violation des dispositions de l'article 1174 du Code civil[937].

941. Ces décisions, vivement critiquées par la doctrine, revenaient à nier purement et simplement la portée des clauses de conciliation et de médiation[938] en les exonérant de toute forme de sanction. Elles remettaient en cause leur nature contractuelle et la force obligatoire qui leur est attachée sur le fondement de l'article 1134 du Code civil. La mise en place du cadre des négociations en vue d'une tentative de conciliation ainsi que la recherche de bonne foi d'une solution amiable sont des obligations *contractuelles* découlant de la clause de conciliation, qui s'imposent aux cocontractants. Elles doivent à ce titre être exécutées spontanément ou leur inexécution sanctionnée, à moins qu'elles n'aient été révoquées par les parties, de leur consentement mutuel.

Heureusement, la première chambre civile de la Cour de cassation restait isolée dans sa position de refus. On observe, en effet, que la fin de non-recevoir était majoritairement retenue par les autres chambres de la haute juridiction. Ainsi, la troisième chambre civile de la Cour de cassation française dans un premier temps[939], puis la chambre commerciale[940] dans un second temps, récemment suivie par la deuxième chambre civile,[941] affirmaient très nettement que toute action en justice intentée en méconnaissance d'une clause de conciliation était irrecevable.

942. Ce faisant, ces différentes chambres donnaient aux clauses de conciliation leur véritable portée : considérées comme des stipulations contractuelles à part entière et non pas comme de simples « *clauses de style dont on pourrait s'affranchir sans dommage* »[942], elles devaient être exécutées de bonne foi ou bien faire l'objet d'une renonciation mutuelle. Plus encore, en cas de renonciation, celle-ci ne pouvait être équivoque : si elle pouvait être implicite, elle devait néanmoins résulter « *d'actes manifestant sans équivoque la volonté de renoncer au droit considéré* », a pu rappeler la chambre

---

937 Ch. JARROSSON, note s./ Cass. civ. 1e, 23 janv. 2001, *Rev. Arb.* 2001, p. 757.

938 Ch. BOILLOT, La transaction et le juge, th. Paris I, 2001, n° 48, note 89.

939 CAMARA (F. K.) et Abdoullah CISSÉ (A.), « Arbitrage et médiation dans les cultures juridiques négro-africaines : entre la prédisposition à dénouer et la mission de trancher », in Revue de l'arbitrage 2009-N°2, p.285.Cass. civ. 3e, 5 juillet 1989, Bull. civ. III, n° 158, commenté par G. VIRASSAMY

940 Cass. com., 28 nov. 1995, préc.

941 Cass. civ. 2e, 6 juillet 2000, Sté Polyclinique des Fleurs c./ Peyrin, *Rev. Arb.* 2001, p. 749.

942 Cass. com., 28 nov. 1995 préc., p. 618.

commerciale[943]. Aussi, à défaut de renonciation bilatérale, claire et manifeste, l'inexécution des clauses de conciliation ou de médiation devait être sanctionnée et la seule sanction concevable et appropriée sur le plan procédural consistait en l'irrecevabilité de l'action en justice[944].

Affirmer cela, c'était confirmer et valider l'existence des fins de non-recevoir d'origine conventionnelle ; c'était reconnaître, nous dit un auteur, que les parties pouvaient, « *du moment qu'elles ne suppriment pas totalement l'accès au juge, « neutraliser l'action en justice » temporairement, jusqu'à ce qu'elles aient mis à exécution la clause de conciliation ou de médiation, voire d'expertise, dont elles étaient convenues* ». En prenant une telle position, ces décisions procédaient à une transposition, sinon une imitation, de la solution traditionnellement retenue par les juges lorsque le préalable de conciliation est imposé par un texte.

944. En marge de cette solution, mais dans le même esprit, certaines juridictions[945] préféraient recourir à la technique du sursis à statuer, autre variété de sanctions procédurales. « *Le sursis à statuer*, commente un auteur, *apparaît comme une sanction tout à la fois souple et efficace* »[946]. Le souci des juges de vouloir contraindre les parties à respecter leurs engagements en les renvoyant « *à la procédure amiable* » ne pouvait qu'être approuvé. Mais le fait que le sursis soit laissé à la discrétion des juges lui donnait un caractère aléatoire et l'empêchait d'être pleinement satisfaisant. Plus encore, il supposait que le juge avait préalablement déclaré l'action en justice recevable, ce qui revenait, selon nous, à sacrifier la force obligatoire des clauses conventionnelles.

C'était donc bien l'irrecevabilité qui s'imposait « *comme la sanction de l'inexécution d'une clause de conciliation préalable, comme l'instrument de la volonté des parties* »[947]. Et c'est ce qu'a affirmé haut et fort la haute juridiction dans son arrêt du 14 février 2003 en déclarant que « *la clause d'un contrat instituant une procédure de conciliation obligatoire et préalable à la saisine du juge, dont la mise en œuvre suspend jusqu'à son issue le cours de la prescription, constitue une fin de non-recevoir qui s'impose au juge si les parties l'invoquent* ». Disant cela, la Cour confère une véritable – et redoutable – efficacité processuelle à ladite clause.

L'efficacité des clauses de conciliation préalable n'est donc plus à rechercher dans le droit des obligations, mais parmi les dispositions du droit

---

943 Cass. com., 28 nov. 1995 préc., p. 618.

944 V. en ce sens, CA Versailles, 11 septembre 1998, préc.

945 Fort-de-France, 20 déc. 1996, Juris-Data n° 046551 ; RGDP 1998. 167, obs. Ch. JARROSSON

946 Ch. JARROSSON, *Rev. arb.* 2001, p. 762, n° 24.

947 Ch. JARROSSON, *Rev. arb.* 2001, p. 763, n° 25.

judiciaire. En rangeant ces clauses dans la famille des fins de non-recevoir, la haute juridiction leur donne une efficacité maximale, puisqu'elle prive les parties à la convention de leur droit d'agir en justice tant que ces dernières n'auront pas étrenné la voie amiable. Par ce truchement, la Cour est parvenue au résultat souhaité depuis le début, mais jusque-là rendu impossible par l'article 1142 du Code civil : aboutir à l'exécution en nature de l'obligation de conciliation, mais indirectement, puisque les parties ne sont à aucun moment véritablement contraintes de le faire ; elles se voient plus subtilement privées d'un droit – leur droit d'action relativement à l'objet litigieux – qui ne leur sera restitué qu'une fois l'obligation de conciliation préalable convenablement exécutée. Finalement, en faisant appel au droit judiciaire, en donnant aux clauses de conciliation une pleine efficacité procédurale, la Cour de cassation est parvenue à leur restituer leur force obligatoire, autrement dit à leur restituer, indirectement, leur pleine efficacité contractuelle[948].

945. On l'aura compris, l'esprit de la conciliation extrajudiciaire est donc, autant que faire se peut, d'éviter la voie juridictionnelle – que celle-ci soit judiciaire ou privée – ou à tout le moins, de la reporter dans le temps. Avec la conciliation judiciaire en revanche, ce n'est plus en amont du traitement juridictionnel que les parties se rencontrent, mais à l'occasion de celui-ci. L'objectif n'est alors plus d'éviter le contentieux, mais plutôt d'y mettre un terme prématurément. Il s'agit moins de dissuader les parties de s'engager dans un rapport contentieux que de les persuader d'en sortir.

---

[948] BLOHORN-BRENNEUR (B.), La médiation pour tous dans l'espace OHADA et en Afrique de l'Ouest- Théorie, pratique et cadre juridique de la médiation, L'Harmattan, Paris, 2018, p. 220.

INDEX APHABETIQUE

(Les chiffres renvoient aux numéros des paragraphes)

S

T

TABLE DES MATIÈRES

Structures éditoriales du groupe L'Harmattan

L'Harmattan Italie
Via degli Artisti, 15
10124 Torino
harmattan.italia@gmail.com

L'Harmattan Hongrie
Kossuth l. u. 14-16.
1053 Budapest
harmattan@harmattan.hu

L'Harmattan Sénégal
10 VDN SICAP AMITIE 3
BP 45034 Dakar-Fann
direction@senharmattan.com

L'Harmattan Cameroun
Tsinga/Derrière polyclinique FECAFOOT
BP 11486 Yaoundé
jacques.koukam@harmattan.fr

L'Harmattan Burkina Faso
Villa 281, secteur 23 623, rue 14.32
Ouagadougou
zagbie@outlook.fr

L'Harmattan Guinée
Almamya, rue KA 028 OKB Agency
BP 3470 Conakry
harmattanguinee@yahoo.fr

L'Harmattan RDC
185, avenue Nyangwe
Commune de Lingwala – Kinshasa
matangilamusadila@yahoo.fr

L'Harmattan Congo
219, avenue Nelson Mandela
BP 2874 Brazzaville
deunovmikhael@gmail.com

L'Harmattan Mali
Immeuble Mgr Jean Marie Cissé
Aci Hamadallaye
BP 145 Bamako
syllaka@yahoo.fr

L'Harmattan Togo
Djidjole – Maison Amela
face EPP BATOME
02 BP 20680 Lomé
didieramela11@gmail.com

L'Harmattan Côte d'Ivoire
Résidence Karl – Cité des Arts
Abidjan-Cocody
03 BP 1588 Abidjan
harmattan.ivoire@gmail.com

L'Harmattan Bénin
Rue 604, (Immeuble à l'entrée
de la rue UCAO- Cite de Saint-Jean)
Cotonou
stepcorpus@gmail.com

Nos librairies en France

Librairie internationale
16, rue des Écoles
75005 Paris
librairie.internationale@harmattan.fr
01 40 46 79 11
www.librairieharmattan.com

Librairie des savoirs
21, rue des Écoles
75005 Paris
librairie.sh@harmattan.fr
01 46 34 13 71
www.librairieharmattansh.com

www.ingramcontent.com/pod-product-compliance
Lightning Source LLC
LaVergne TN
LVHW011137061026
849535LV00003B/519
* 9 7 8 2 3 3 6 5 8 9 4 2 8 *